汽车先进技术论坛丛书

车辆结构有限元分析

王国军　李栓成　等编著
陈　欣　主　审

机 械 工 业 出 版 社

《车辆结构有限元分析》简单介绍了有限元技术在车辆结构分析中的地位作用与应用现状，有限元分析的理论基础；详细介绍了进行车辆结构静力学分析、模态分析、谐响应分析、瞬态动力学分析、疲劳分析的基本方法和操作步骤，对于每一种分析方法，都给出了具体的案例。书中案例源于工程实际与经典教材，很多具有原创性；案例丰富，突出实用性。为方便读者学习，本书配有光盘。

本书不仅可以作为车辆工程相关专业的教材，对从事车辆装备和其他机械结构分析的工程人员也极具参考价值。

图书在版编目（CIP）数据

车辆结构有限元分析/王国军等编著. —北京：机械工业出版社，2013.10（2025.1重印）

（汽车先进技术论坛丛书）

ISBN 978-7-111-43416-0

Ⅰ.①车… Ⅱ.①王… Ⅲ.①汽车—结构分析—有限元分析 Ⅳ.①U463

中国版本图书馆CIP数据核字（2013）第165734号

机械工业出版社（北京市百万庄大街22号 邮政编码100037）

策划编辑：何士娟 责任编辑：何士娟

责任校对：陈 越 封面设计：路恩中

责任印制：张 博

北京雁林吉兆印刷有限公司印刷

2025年1月第1版第5次印刷

184mm×260mm · 20印张 · 491千字

标准书号：ISBN 978-7-111-43416-0

定价：89.90元

电话服务

客服电话：010-88361066

010-88379833

010-68326294

网络服务

机 工 官 网：www.cmpbook.com

机 工 官 博：weibo.com/cmp1952

金 书 网：www.golden-book.com

机工教育服务网：www.cmpedu.com

前　言

作者结合近年参与车辆装备研究科研课题，以及在“车辆结构有限元”课程讲授过程中取得的成果，编写了本书。书中简单介绍了有限元技术在车辆结构分析中的地位作用与应用现状，有限元分析的理论基础；详细介绍了进行车辆结构静力学分析、模态分析、谐响应分析、瞬态动力学分析、疲劳分析的基本方法和操作步骤，对于每一种分析方法，都给出了具体的案例。本书讲解由浅入深，并配有光盘，适合读者自学。相对其他有限元类图书，本书具有如下特色：

1. 书中案例源于工程实际与经典教材，很多具有原创性。本书编写过程中，注意从论文、科研项目、经典车辆设计有关教材中选取案例，其中大部分案例都是作者首创编写、调试，具有一定的原创性，令人耳目一新。

2. 案例丰富，突出实用性。在本书编写过程中，侧重案例讲解与实际操作，理论部分只进行深入浅出的介绍。本书有近50个案例，每个案例都有详细的操作步骤，便于读者边看书，边实际操作。

3. 选择的操作平台具有发展潜力和广泛的应用群体。进行有限元分析的商业软件有很多，但是在高校和企业比较普及的是ANSYS，其中ANSYS Workbench操作平台目前最为流行，应用范围较广。本书在撰写过程中选择以ANSYS Workbench为操作平台，同时兼顾ANSYS的传统操作平台ANSYS APDL。

4. 基于ANSYS Workbench的结构疲劳分析，目前还没有中文书籍全面系统介绍这部分内容，本书首次介绍了基于ANSYS Workbench的疲劳分析理论和操作方法，对指导读者进行车辆结构或其他机械结构进行疲劳分析都具有很强的实用价值。

本书由王国军、李栓成、王立操、闫世良和高岩编著。本书不仅可以作为车辆工程相关专业的教材，而且对从事车辆装备和其他机械结构分析的工程人员也极具参考价值。

由于水平有限，本书难免有疏漏之处，恳请广大读者批评指正。

本书配案例操作步骤视频和案例文件，请添加客服人员微信（13070116286）获取。

编　者

目 录

第1章 车辆结构有限元分析概述

1.1 有限元技术在车辆工程中的地位与作用

近年来中国车辆工业发展迅速。2009 年汽车整车产量达 1379 万辆，销售 1364 万辆，成为世界第一汽车生产和消费国。2011 年我国汽车销售超过 1850 万辆。但是，国产车辆技术水平与市场要求差距还很大。在国内外汽车市场激烈竞争的局面下，车辆技术质量已成为各厂家的第一生命线。

有限元技术对提高车辆质量和车辆企业开发能力具有重要作用。目前许多商业有限元分析软件功能全面，涉及结构、疲劳、热、流体、电磁场、碰撞、钣金成形等专业领域，这些软件易学易用，已经成为车辆开发必不可少的工具。

在很多车辆知名企业中，有限元分析已是车辆设计链中必需的工作，没有有限元分析的设计不能进入下一个技术流程。新车开发中的疲劳寿命、振动、噪声、刚度、强度等问题，可通过有限元技术在设计阶段解决，提高设计质量，缩短开发周期，节省开发费用，同时避免产品投放市场初期可能出现的质量问题。目前，国际上大多数车辆企业将新产品开发工作分为四个阶段：

第一阶段——市场策划阶段。通过市场调研，设定市场定位，建立新产品目标。

第二阶段——概念设计和可行性研究。有限元技术可以帮助总设计师粗略确定车身、发动机等主要总成的拓扑和结构参数。分析虽然不是最后精确的结果，但可以使总设计师做到“心中有数”，以便能够向设计工程师布置明确的设计任务，分配强度、刚度、质量等设计指标，从而保证设计指标既是高水平的又是可行的。

第三阶段——产品设计和原型车确认。在这一阶段需要大量应用有限元技术，以便得到优化设计的结果。有限元技术支持大部分汽车零部件的分析与设计，帮助工程师应用有限元技术进行强度、刚度校核和优化设计，保证产品设计水平。

第四阶段——确认设计，解决设计存在的问题。针对样车试验中暴露的问题，可以应用有限元技术进行专项分析，诊断问题原因，验证对策可行性，将问题解决在投放市场之前。这个阶段已经有完全的有限元分析技术参数，可以进行各种更详细、更精确的分析，建立评价标准和结果档案。

美军充分认识到了有限元技术在提高车辆可靠性中的重要作用。美国国防部与和政府工业电子信息协会密切合作，开发了一个新的标准 GEIA-STD-0009（系统设计、开发、制造可靠性程序标准)。美国国防部承担这一项目的原因是许多系统在开发阶段的初始试验和评价中达不到可靠性要求，国防科学开发试验与评价中心认为解决这一问题急需一个新的可靠性程序。GEIA-STD-0009 的核心是可靠性工程和可靠性增长，如图 1-1 所示。虚拟分析作为可靠性试验评价过程中的一个基础环节，已经写入标准。

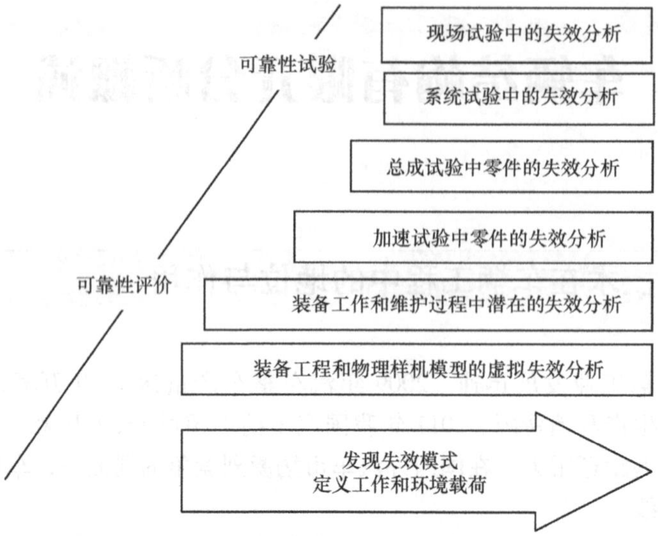

图 1-1　GEIA-STD-0009 可靠性试验评价验证过程

图 1-2 是文献[3]在对 GEIA-STD-0009 介绍过程中给出的某战术车辆通过阿伯丁试验场典型道路的仿真分析实例。

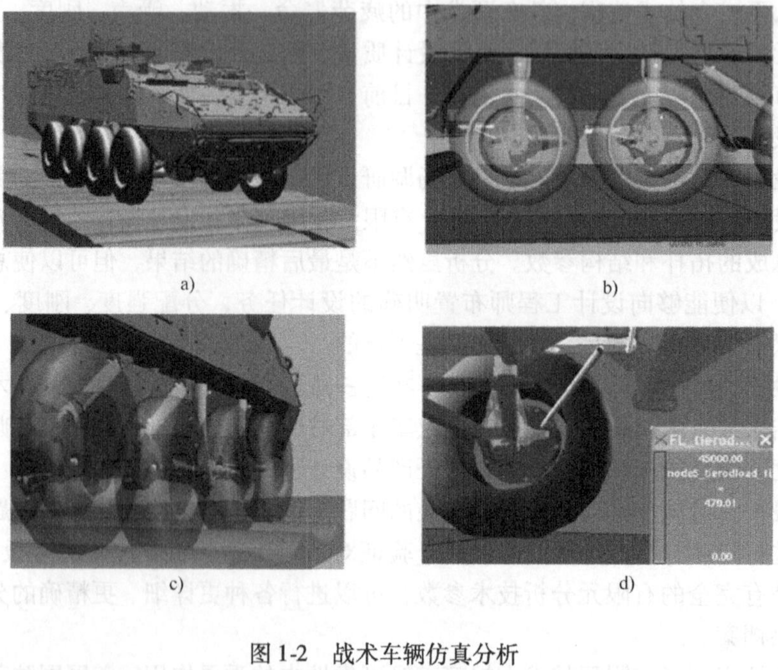

图 1-2　战术车辆仿真分析

a) 比利时道路　b) 压过 10in(1in = 0.0254m) 的半圆木　c) 6in 搓板路　d) 仿真分析

通过上述仿真分析，可以得到悬架上各零件的载荷信息，图 1-3 是利用这些载荷对悬架 A 型控制臂进行疲劳寿命计算的结果，并且需要将这些仿真分析结果与实际测试结果相比较。图 1-4 给出了 A 型控制臂上应变测点布置情况。

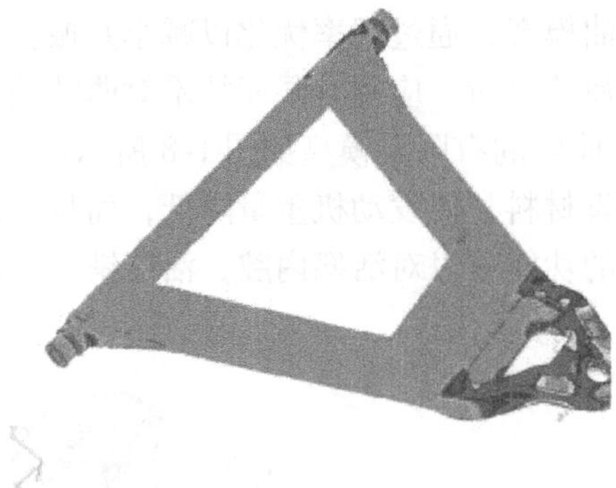

图 1-3　对悬架 A 型控制臂进行疲劳寿命计算

图 1-4　A 型控制臂上应变测点布置情况

1.2 有限元技术在车辆工程中的应用

1. 发动机机体

发动机机体同时承受着热负荷和机械负荷，本质上是多物理场耦合工作体，图 1-5 是某 V6 发动机机体热分析、结构分析和热—结构耦合分析的有限元模型。

机体、缸盖的热分析特别重要，热疲劳是失效和“拉缸”的主要原因，为保证可靠性与耐久性，可以应用有限元技术分析机械和热负荷下的刚度、强度，如图 1-6 所示。

图 1-5　V6 发动机有限元整体模型

图 1-6　缸盖、机体分析

有限元方法可以算出机体的固有频率及模态，以控制噪声源。此外还可以模拟机体的热冲击实验、热—结构耦合分析，计算出机械负载、热负荷双重作用下机体的变形和应力分布。

2. 曲柄连杆机构运动件

活塞、曲柄连杆等运动件是承受热-机械耦合负荷的部件，因为往复运动，其质量对整个发动机性能非常重要。有限元热和机械载荷下的分析可以为设计提供依据。连杆强度是发动机设计关键，有限元柔体—柔体接触计算功能可以准确模拟连杆与大头盖、活塞销、曲柄间联合工作状况，如图 1-7 所示。

有限元模态分析功能可以计算出曲轴扭转与弯曲模态，通过频率优化以减小共振。有限元的疲劳计算功能，能进行曲轴的疲劳分析，预测疲劳寿命。应用有限元技术对曲轴轴颈及油膜进行流-固耦合分析，可以评价曲轴的耐磨性，曲轴的有限元模型如图 1-8 所示。

曲轴连杆机构运动件的重量优化设计，不仅节省材料，使发动机重量降低，而且对改善发动机整体的工作状况特别有效，有限元形状优化的功能可以对活塞内腔、活塞销孔、连杆形状、曲轴圆角和曲柄臂尺寸进行优化设计。

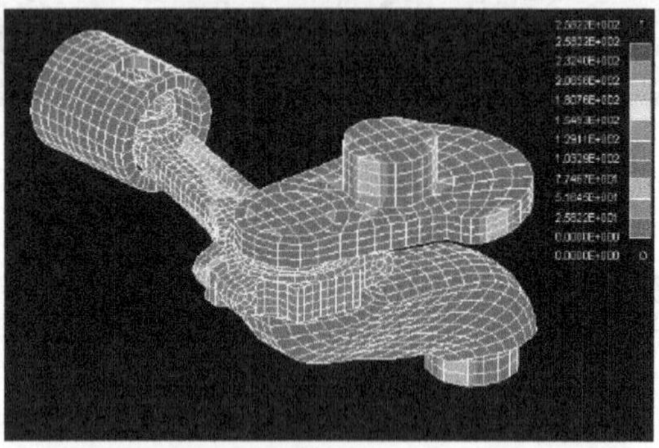

图 1-7　曲柄连杆机构的柔体运动学、动力学分析

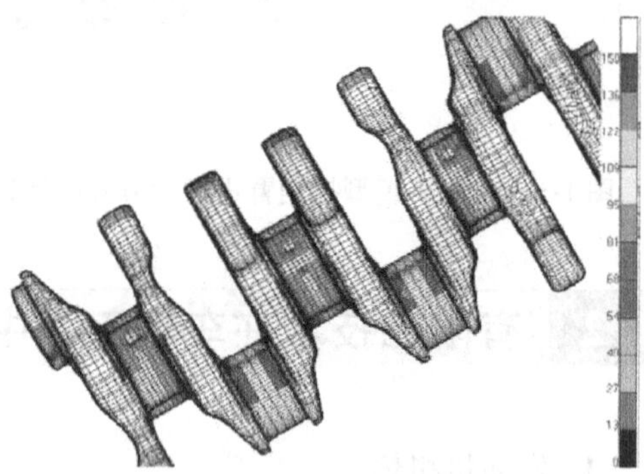

图 1-8　曲轴的有限元模型

3. 配气机构

进排气门、气门弹簧、摇臂、推杆、挺杆、凸轮轴、正时齿轮组成的配气机构直接影响发动机性能，要求进行精确计算。通过有限元分析能够考虑配气机构中各个部件的弹性变形，从而取得比刚体假定更精确的凸轮-气门运动规律。气门弹簧承受高频交变载荷，随着多气门设计的发展趋势，对弹簧尺寸限制加大，有限元非线性瞬态动力分析及疲劳分析的功能，可用于分析非线性变节距弹簧高应力破坏及疲劳损坏问题。进、排气门受高速冲击载荷和高温载荷作用，有限元技术可以对热-结构耦合问题进行仿真分析，对进、排气门进行疲劳寿命预测。

配气机构分析中存在着大量的接触问题，有限元软件中高级接触单元、接触向导、智能化接触参数设置功能可以引导设计工程师方便地进行配气机构的非线性分析，解除了非线性参数选取试凑的麻烦，加速分析进度。图 1-9 为利用有限元结构分析找到了摇臂座裂纹发生的原因，提出改进方法的案例。

4. 进排气系统

进排气系统的设计涉及结构-热-流体-声的综合作用，是典型的多物理场问题。有限元流体动力学计算功能可分析气道的流场分布（图 1-10）、压力分布、温度分布、湍流动能、湍流耗散率，得到气道几何形状对进气效率的影响；通过有限元流场优化，可降低发动机由于进、排气阻力而造成的功率损失。

图 1-9　气门摇臂的有限元分析

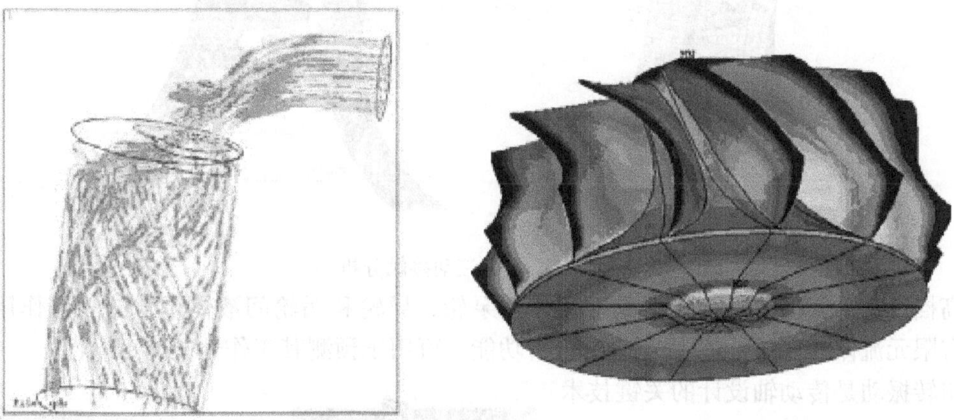

a)　　b)

图 1-10　流场分布

a）进气螺旋　b）增压器涡轮分析

进气、排气系统是汽车噪声的主要声源。有限元声场分析和声场优化可求解出声压分布及分贝级别。通过对消声器的声-流体-结构耦合的优化仿真，有助于降低排气噪声，减小排气阻力。

5. 燃油供给系

燃油喷射和进气螺旋关系到燃烧和排放，有限元流体动力学分析及优化功能允许设计师在物理样机制造之前考查多种气道方案，从而得到最优设计。

国家已经禁止化油器车销售，电喷技术普遍应用，它通过电控实现智能燃油供给，提高功率和控制排放，有限元多物理场仿真技术可模拟电喷过程的“电-磁-结构多场耦合”的工作状况，用于电喷系统的结构设计和性能评价。

6. 冷却系

冷却系设计焦点是结构、空气、水、油中热的流动和传递过程。通过有限元分析可以得到冷却系内温度分布、结构壁面的对流换热系数等，从而为冷却系的设计提供参考。

7. 传动系

变速器、离合器、万向节、主减速器、差速器、半轴、液力耦合器与液力变速器等组成的传动系承担功率传递功能，部件在随机高载荷条件下工作，强度和振动问题始终是主要矛盾。以主传动弧齿锥齿轮为例，过去 FEM 分析只能针对啮合过程的一个状态分析，现在有限元技术可以在啮合运动全过程中分析齿轮副的强度和刚度。分析对象可以包含齿轮轴和轴承座，以便于发现因为齿轮轴或轴承座刚度不足而造成的弧齿锥齿轮副碎齿问题。齿轮滚动接触分析如图 1-11 所示。

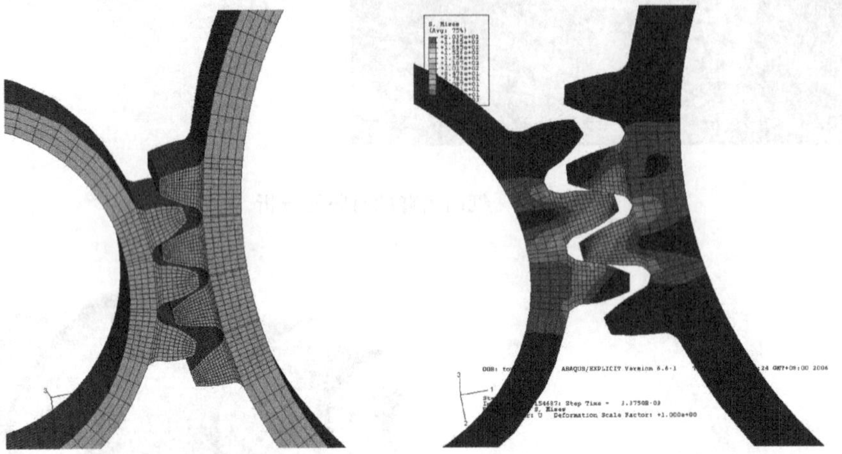

图 1-11　齿轮滚动接触分析

高档汽车采用的液力变矩器是靠流体在泵轮、导轮和涡轮间液体耦合的相互作用工作的。有限元流体和非线性流-固耦合的分析功能，可用于预测其工作性能与可靠性。

扭转振动是传动轴设计的关键技术之一。有限元模态分析可准确预测其固有频率及振型，用于指导设计。

万向节密封套在大变形条件下工作，设计寿命至少要求达到一个大修期。有限元技术可以对密封套进行寿命及密封性能预测，得出不同的轴交叉角与应力关系曲线，从而指导密封套的设计，其局部应力变化如图 1-12 所示。

图 1-12　密封套局部应力变化

8. 承载和行驶系

汽车承载和行驶系是高负荷安全构件，可靠性特别重要。有限元技术可以进行非线性柔体运动学、动力学仿真和优化设计。

车架和车身结构，基本是由梁组件焊接(铆接)而成，分析中可用梁单元模型。有限元软件有梁断面几何参数生成和定义单元的断面形状功能，能以真实断面形状显示梁单元，通过后处理能在断面上显示应力结果、按工程习惯绘制弯矩图等，极大方便了梁系模型应用。

2001 年，John Deere 技术中心公布了“车辆结构耐久性试验与仿真分析一体化技术”研究的部分成果(这一技术由美国国防部资助)。研究报告中指出，有限元分析技术可以在装备虚拟样机阶段进行“现场试验”，有限元分析结果可以与实验室、试车场的分析结果进行相关分析，并相互验证，在设计阶段评估装备的结构寿命，降低设计风险。

图 1-13 所示为 John Deere 技术中心建立的车身的有限元模型和分析结果验证情况。图 1-14 所示为有限元模型的加载条件，图 1-15 所示为计算得到的寿命分布云图。

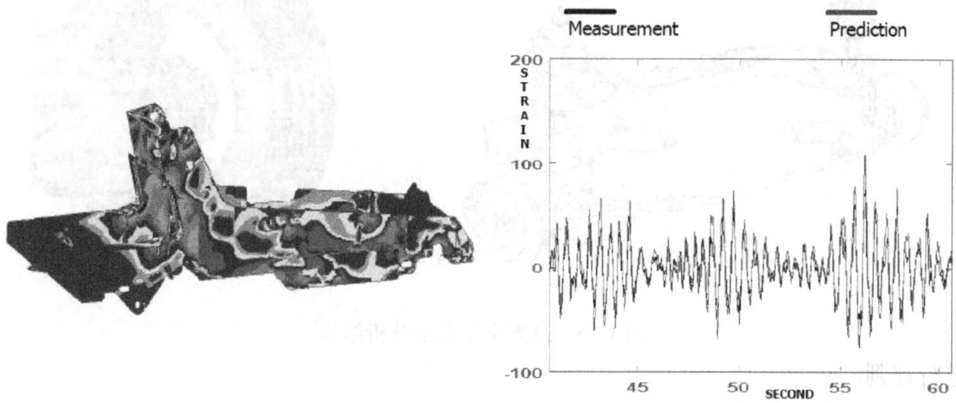

图 1-13　车身的有限元模型和分析结果验证情况

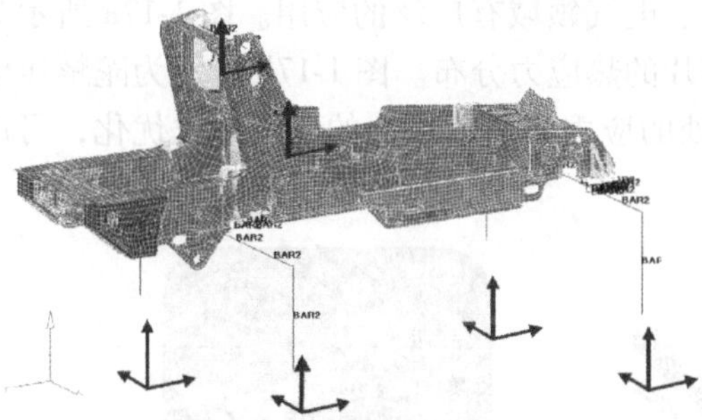

图 1-14　有限元模型加载条件

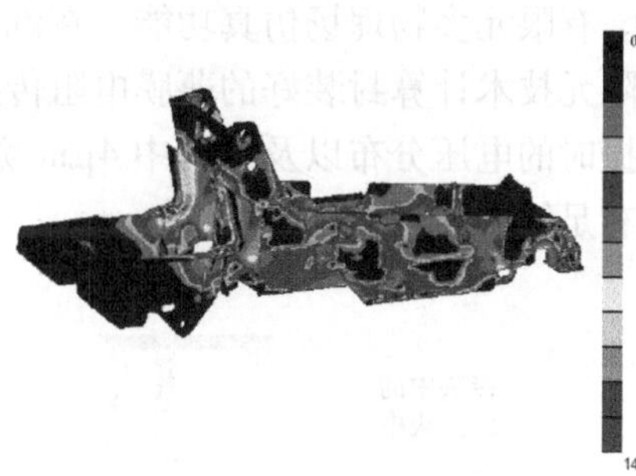

图 1-15　寿命分布云图

报告最后指出，车辆整体结构耐久性是可以预测的；车辆整体结构耐久性预测比试验的效率要高很多；能够节约很多经费；在投入生产之前，车辆整体结构耐久性还可以进一步优化。

传统上动力学分析对象只能是刚体，应力分析的弹性体只能是被约束的。例如，图 1-16 所示的悬架系统的动力学分析现在不需要对各机构部件刚化，可以在考虑结构弹性的同时分析其运动情况和应力响应，从而提高分析精度。

9. 转向系与制动系

动力转向设计中，利用有限元技术进行流体分析可计算出管路中流经各阀门、油管、油泵等处的油液流量、压力，利用流-固耦合分析可计算出动力油缸活塞的运动及应力，从而保证转向特性。

制动系统是一个重要噪声源，制动器本身的振动也影响其工作的可靠性与稳定性，ANSYS 的矩阵单元和约束方程的手段，允许添加阻尼和方程约束，从而方便地建立更符合实际的制动器摩擦耦合模型，进行模态分析，对制动器的尖叫声进行估评，从而抑制制动噪声。

10. 座椅总成

座椅设计不单是舒适性，相关的安全性标准规定了座椅对乘员保护的严格要求，座椅大变形计算成为常规的分析。采用有限元非线性计算功能，可以对座椅靠背和头枕对乘员保护

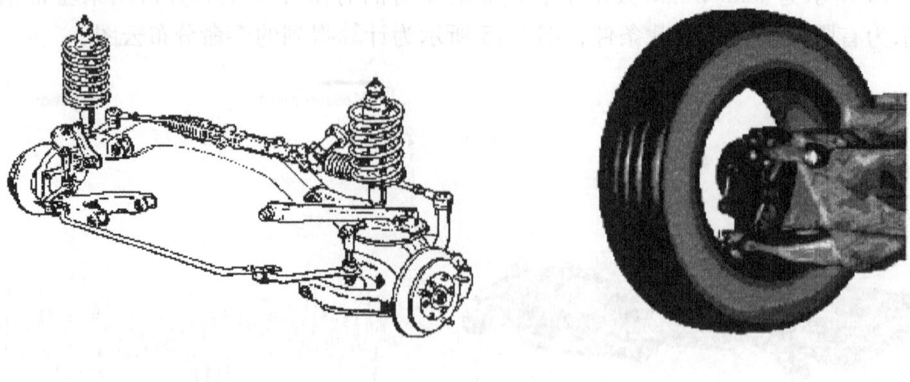

图 1-16　悬架车轮系统分析结果

性能进行评判。

11. 汽车电子、电器

现代汽车已从单一的机械产品变为机电产品，ABS、电子喷射、微机电系统已占到相当的比例。有限元多物理场仿真功能，在汽车电子、电气领域有广泛的应用。图 1-17a 所示为利用有限元技术计算封装好的薄膜电阻传感器芯片的热应力分布。图 1-17b 所示为陀螺压电梁在共振时的电压分布以及结构中 4μm 宽接头处的应力集中。接头的设计通过优化，可以保证其有足够的弹性。

a)

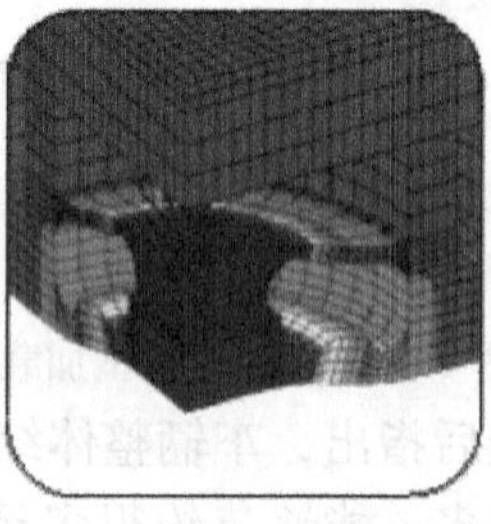

b)

图 1-17　电子产品应力分析
a）芯片的热应力　b）应力集中

1.3 本书的主要内容

通过前面的介绍中可以看出，由于有限元法能够解决结构形状和边界条件都非常任意的力学问题而被广泛使用。应用有限元法可以在汽车设计中对所有的结构件、主要零部件的刚度、强度、稳定性进行分析；可以进行构件的模态分析，同时在计算机屏幕上直观形象地再现构件的振动模态，进一步计算出各构件的动力响应，直观地描绘出动态过程。

本书主要针对车辆结构件以及零部件的强度、刚度、模态、动力学响应、疲劳寿命的分析方法进行介绍。针对具体案例，采用在国内应用比较普及的 ANSYS 软件进行讲解。在讲解过程中，以 Workbench 操作界面为主，同时兼顾 ANSYS 传统界面。

第 2 章

有限元分析基础

2.1 有限元分析理论基础

有限元分析的基本思想是将连续体进行离散，划分成为网格进行计算，这些网格叫做单元。网格间相互连接的交点叫做节点。网格和网格的交线叫做边界。模型上节点总数是有限的，单元数(网格数)也是有限的，这就是“有限元”一词的由来。

2.1.1 有限元分析的基本步骤

1. 物理模型离散化(划分网格)

将需要分析的物理模型离散为由各种单元组成的计算模型，这一步称为单元离散，通俗的说法就是将模型划分为网格。离散后单元与单元之间通过节点相互连接起来。一般情况下，单元划分越细密，则描述应力分布越精确，越接近实际应力分布，但是所需的计算时间越多。所以有限元分析中的结构已经不是原来的物体或结构，而是具有同样材料的由众多单元以一定方式连接成的离散物体。因此，通过有限元分析得到的结果必然是近似的，如果划分的单元细密而且合理，则获得的结果会无限接近实际情况，满足工程分析精度的要求。

2. 定义单元特性

(1) 选择位移模式

在有限元分析中，选择节点位移作为基本未知量时称为位移法；选择节点力为基本未知量时称为力法；取一部分节点力和一部分节点位移作为基本未知量时称为混合法。位移法由于容易实现数值计算，在有限元分析中应用最广。当采用位移法时，物体或结构离散化后，就可以将单元中的一些物理量如位移、应变和应力等由节点位移表示。对单元位移分别采用一些能逼进原函数的近似函数进行描述。有限元分析中将位移表示为坐标变量的简单函数，也就是常说的位移函数。

(2) 定义单元的力学关系

根据单元的材料、形状、尺寸、节点数目、位置等参数，找出单元节点力和节点位移的关系式，这是有限元分析中的关键一步。此时需要应用弹性力学中的几何方程和物理方程来建立力和位移的方程，导出单元刚度矩阵。

(3) 计算等效节点力

物理模型离散化后，假定力是通过节点在单元间进行传递的，但是，对于实际连续体，力是通过单元的公共界面在单元间进行传递的。因此，所有作用在单元边界上的表面力、体积力或者集中力都需要等效地转移到节点上，即用等效的节点力来代替所有作用在单元上的力。

3. 组装单元

利用结构中力的平衡条件和边界条件将各个单元按照原来的结构重新连接起来，形成整体有限元方程，如式(2-1)所示。

$$\boldsymbol{Kq}=\boldsymbol{f} \tag{2-1}$$

式中，$\boldsymbol{K}$ 是整体刚度矩阵；$\boldsymbol{q}$ 是节点位移矩阵；$\boldsymbol{f}$ 是载荷矩阵。

4. 求解未知节点位移

解有限元方程 $\boldsymbol{Kq}=\boldsymbol{f}$ 得到位移。这里，需要根据方程组的具体特点来选择合适的计算方法。

通过上述分析，可以了解，有限元分析的基本思路是“先离散再组装”，离散为了进行单元分析，组装为了对整体结构进行分析。

2.1.2 有限元分析实例

一般而言，有多种方法可用于推导有限元问题的公式，其中包括直接法、最小总势能法、加权余数法。这里有必要指出，无论怎样建立有限元模型，有限元分析的基本步骤都与以上列举的步骤相同。这里通过举例说明介绍直接法。

假设有一端承受载荷 P 的变截面杆，如图 2-1 所示。杆一端固定，另一端承受载荷 P。以 w_1 代表杆的上端宽度，w_2 代表杆的下端宽度，杆的厚度为 t，长度为 L，杆的弹性模量用 E 表示。当杆件承受载荷 P 时，沿杆长度方向上有不同大小的变形。求在载荷 P 作用下，杆末端的位移。在以下的分析中，假设应用的载荷比杆的重量要大得多，因此忽略杆的重量。

1. 前处理阶段

(1) 将求解域离散成有限个单元

首先将问题分解成节点和单元。为突出有限元分析的基本步骤，仅用 5 个节点和 4 个单元来表示整个杆，如图 2-2 所示。不过，需要说明的是，使用的节点和单元数越多，结果可能越精确。这个任务留给读者作为练习来完成。给定杆的模型中有 4 个独立的部分，每个部分均有一个统一的横截面(图 2-3)。每个单元的横截面积，由构成单元节点处的横截面的平均面积表示。

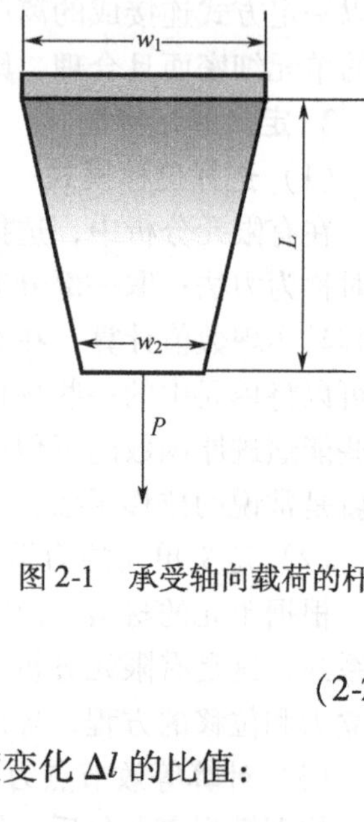

图 2-1 承受轴向载荷的杆

(2) 假定一个近似描述单元特性的解

为了研究典型单元的力学特性，不妨先考虑横截面积为 A、长度为 l 的杆件在外力 F 作用下构件的变形。

构件的平均应力由下式给出：

$$\sigma=\frac{F}{A} \tag{2-2}$$

构件的平均正应变 ε 定义为每单位原始长度 l 与受力前后长度变化 Δl 的比值：

$$\varepsilon = \frac{\Delta l}{l} \tag{2-3}$$

（3）建立刚度矩阵

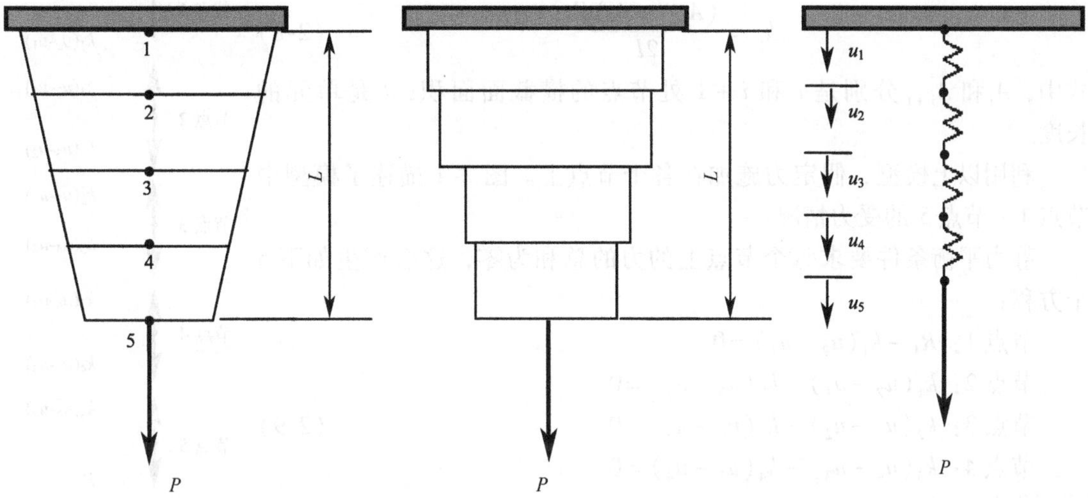

图 2-2 将杆离散成节点和单元

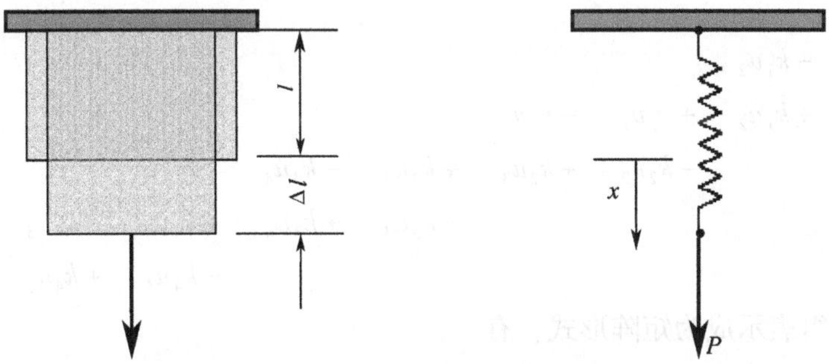

图 2-3 受外力 P 作用的等截面杆

在弹性区域内，应力和应变服从胡克定律，根据胡克定律有

$$\sigma = E\varepsilon \tag{2-4}$$

式中，E 是材料的弹性模量。

联立式(2-2)、式(2-3)和式(2-4)并简化后，有

$$F = \left(\frac{AE}{l}\right)\Delta l \tag{2-5}$$

注意：式(2-4)和常用的弹簧方程 $F = kx$ 很相似。因此，受轴向力作用的等截面杆可以看做是一个弹簧，其等价刚度为

$$k_{eq} = \frac{AE}{l} \tag{2-6}$$

注意，本例中杆件的截面面积在 y 方向上是变化的。作为一次近似，可以将杆看做是由 4 个弹簧串联起来的模型。根据式(2-4)，在 i 和 $i+1$ 节点处，单元的弹性特性可以由相应的弹簧模型描述，即有如下方程：

$$f=k_{eq}(u_{i+1}-u_i)=\frac{A_{avg}E}{l}(u_{i+1}-u_i)=\frac{(A_{i+1}+A_i)E}{2l}(u_{i+1}-u_i) \tag{2-7}$$

这里等价的弹簧单元的刚度由下式给出

$$k_{eq}=\frac{(A_{i+1}+A_i)E}{2l} \tag{2-8}$$

式中，A_i和A_{i+1}分别是i和$i+1$处节点的横截面面积；l是单元的长度。

利用以上模型，假定力施加在各个节点上。图2-4描述了模型中节点1～节点5的受力情况。

静力平衡条件要求每个节点上的力的总和为零，这会产生如下5个方程：

$$\begin{aligned}
&节点1：R_1-k_1(u_2-u_1)=0\\
&节点2：k_1(u_2-u_1)-k_2(u_3-u_2)=0\\
&节点3：k_2(u_3-u_2)-k_3(u_4-u_3)=0\\
&节点4：k_3(u_4-u_3)-k_4(u_5-u_4)=0\\
&节点5：k_4(u_5-u_4)-P=0
\end{aligned} \tag{2-9}$$

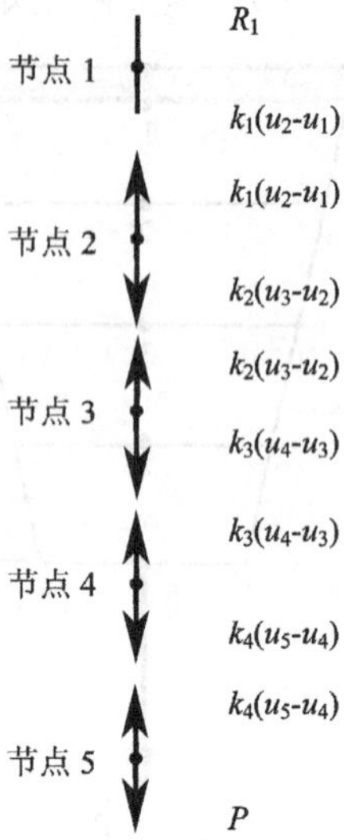

图2-4　节点受力图

把反作用力R_1和外力P从内力中分离出来，重建方程组(2-9)，得

$$\begin{array}{lllllllll}
k_1u_1 & -k_1u_2 & & & & & & & =-R_1\\
-k_1u_1 & +k_1u_2 & +k_2u_2 & -k_2u_3 & & & & & =0\\
& & -k_2u_2 & +k_2u_3 & +k_3u_3 & -k_3u_4 & & & =0\\
& & & & -k_3u_3 & +k_3u_4 & +k_4u_4 & -k_4u_5 & =0\\
& & & & & & -k_4u_4 & +k_4u_5 & =P
\end{array} \tag{2-10}$$

将以上方程组表示成为矩阵形式，有

$$\begin{bmatrix} k_1 & -k_1 & 0 & 0 & 0\\ -k_1 & k_1+k_2 & -k_2 & 0 & 0\\ 0 & -k_2 & k_2+k_3 & -k_3 & 0\\ 0 & 0 & -k_3 & k_3+k_4 & -k_4\\ 0 & 0 & 0 & -k_4 & k_4 \end{bmatrix}\begin{bmatrix} u_1\\ u_2\\ u_3\\ u_4\\ u_5\end{bmatrix}=\begin{bmatrix} -R_1\\ 0\\ 0\\ 0\\ P\end{bmatrix} \tag{2-11}$$

在载荷矩阵中，将反作用力和外加载荷分开便于求解，方程组(2-11)可以写为：

$$\begin{bmatrix} -R_1\\ 0\\ 0\\ 0\\ 0\end{bmatrix}=\begin{bmatrix} k_1 & -k_1 & 0 & 0 & 0\\ -k_1 & k_1+k_2 & -k_2 & 0 & 0\\ 0 & -k_2 & k_2+k_3 & -k_3 & 0\\ 0 & 0 & -k_3 & k_3+k_4 & -k_4\\ 0 & 0 & 0 & -k_4 & k_4 \end{bmatrix}\begin{bmatrix} u_1\\ u_2\\ u_3\\ u_4\\ u_5\end{bmatrix}-\begin{bmatrix} 0\\ 0\\ 0\\ 0\\ P\end{bmatrix} \tag{2-12}$$

从式(2-12)可以很容易地看出，在节点载荷和其他边界条件下，方程组(2-11)给出的关系可以写成如下一般的形式：

$$\boldsymbol{R}=\boldsymbol{k}\boldsymbol{u}-\boldsymbol{F} \tag{2-13}$$

即

［反作用力矩阵］=［刚度矩阵］［位移矩阵］-［荷载矩阵］

在此，读者要注意外部施加的荷载矩阵 $\boldsymbol{F}$ 和反作用力矩阵 $\boldsymbol{R}$ 的区别。

在本例中，由于杆的上端是固定的，节点 1 的位移是零。因此，只有 4 个未知的节点位移 u_2、u_3、u_4和 u_5。节点 1 的反作用力 R_1也是未知的——总共有 5 个未知量。由于方程组(2-12)已给出了 5 个平衡方程式，因此能求出所有的未知数。不过需要注意的是，即使方程的数目和未知数的数目一致，系统方程也包含了两种不同类型的未知数——位移和反作用力。为了在求解时不同时考虑未知的反作用力和位移，而集中考虑未知的位移，可利用已知的边界条件取代系统方程组(2-12)的第一行，使 $u_1=0$。应用边界条件 $u_1=0$ 消除系统方程中未知的反作用力，使得到只有未知位移的方程，则有：

$$\begin{bmatrix} 1 & 0 & 0 & 0 & 0 \\ -k_1 & k_1+k_2 & -k_2 & 0 & 0 \\ 0 & -k_2 & k_2+k_3 & -k_3 & 0 \\ 0 & 0 & -k_3 & k_3+k_4 & -k_4 \\ 0 & 0 & 0 & -k_4 & k_4 \end{bmatrix}\begin{bmatrix} u_1 \\ u_2 \\ u_3 \\ u_4 \\ u_5 \end{bmatrix}=\begin{bmatrix} 0 \\ 0 \\ 0 \\ 0 \\ P \end{bmatrix} \tag{2-14}$$

求解矩阵方程(2-14)就可以得到节点的位移。从以上的解释和对方程组(2-14)的观察，很清楚地知道，关于固体力学问题，只要在有限元公式中应用边界条件，就可以把给定的系统方程组(2-12)转变成一个一般的方程组形式(2-14)。这个由刚度矩阵、位移矩阵和荷载矩阵组成的一般形式，即

［刚度矩阵］［位移矩阵］=［荷载矩阵］

通过上面的关系式求出节点位移后，就可以用方程组(2-13)求得反作用力。接下来，我们将建立单元刚度矩阵，并讨论总刚度矩阵的构成。

由于本例中每个单元有两个节点，每个节点有一个位移量，因而对每个单元需要建立两个方程。这些方程必然涉及节点的位移和单元的刚度。如图 2-5 所示，假设有单元的内力 f_i

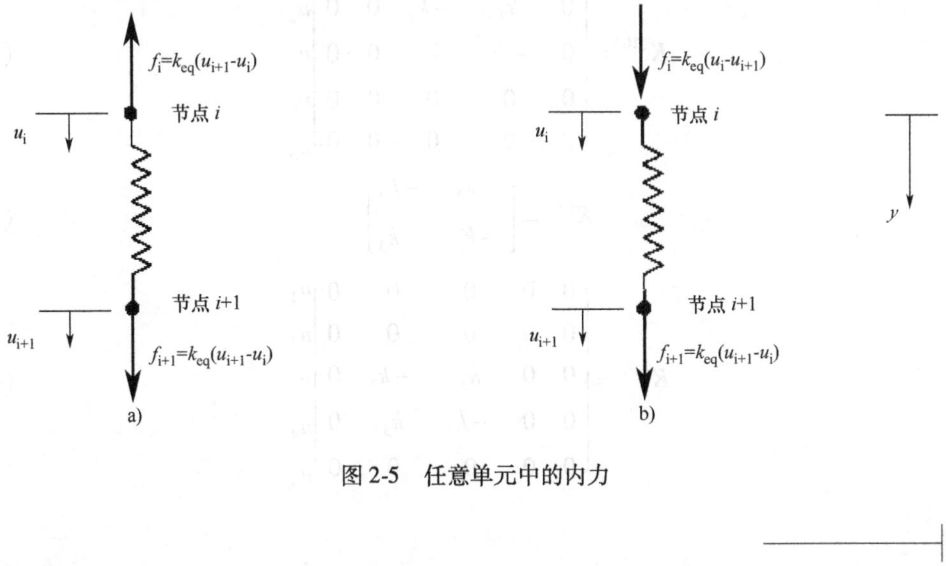

图 2-5　任意单元中的内力

和f_{i+1}，以及端节点的位移u_i和u_{i+1}。静力平衡条件要求f_i和f_{i+1}的和为零。注意，不管采用图中的哪种受力图，f_i和f_{i+1}的总和为零。不过，为保证以后讨论的连续性，这里采用图2- 5b 中给出的表示方法，即f_i和f_{i+1}的正方向相同。节点 i 和 $i+1$ 上的载荷如式(12-15)所示。

$$f_i = k_{eq}(u_i - u_{i+1}) \quad f_{i+1} = k_{eq}(u_{i+1} - u_i) \tag{2-15}$$

将方程组(2-15)表示成矩阵形式，有

$$\begin{bmatrix} f_i \\ f_{i+1} \end{bmatrix} = \begin{bmatrix} k_{eq} & -k_{eq} \\ -k_{eq} & k_{eq} \end{bmatrix} \begin{bmatrix} u_i \\ u_{i+1} \end{bmatrix} \tag{2-16}$$

单元组装：将方程(2-16)描述的单元刚度方程应用到所有单元，并将它们组合起来(即放到一起)将得到总刚度矩阵。

单元(1)的刚度矩阵为

$$\boldsymbol{K}^{(1)} = \begin{bmatrix} k_1 & -k_1 \\ -k_1 & k_1 \end{bmatrix} \tag{2-17}$$

单元(1)在总刚度矩阵中的位置如下：

$$\boldsymbol{K}^{(1G)} = \begin{bmatrix} k_1 & -k_1 & 0 & 0 & 0 \\ -k_1 & k_1 & 0 & 0 & 0 \\ 0 & 0 & 0 & 0 & 0 \\ 0 & 0 & 0 & 0 & 0 \\ 0 & 0 & 0 & 0 & 0 \end{bmatrix} \begin{matrix} u_1 \\ u_2 \\ u_3 \\ u_4 \\ u_5 \end{matrix} \tag{2-18}$$

将节点位移矩阵放在总刚度矩阵中单元(1)的旁边，有助于观察节点对它的邻接单元的影响。类似地，对于单元(2)、单元(3)和单元(4)，有

$$\boldsymbol{K}^{(2)} = \begin{bmatrix} k_2 & -k_2 \\ -k_2 & k_2 \end{bmatrix} \tag{2-19}$$

它在总刚度矩阵中的位置为

$$\boldsymbol{K}^{(2G)} = \begin{bmatrix} 0 & 0 & 0 & 0 & 0 \\ 0 & k_2 & -k_2 & 0 & 0 \\ 0 & -k_2 & k_2 & 0 & 0 \\ 0 & 0 & 0 & 0 & 0 \\ 0 & 0 & 0 & 0 & 0 \end{bmatrix} \begin{matrix} u_1 \\ u_2 \\ u_3 \\ u_4 \\ u_5 \end{matrix} \tag{2-20}$$

$$\boldsymbol{K}^{(3)} = \begin{bmatrix} k_3 & -k_3 \\ -k_3 & k_3 \end{bmatrix} \tag{2-21}$$

$$\boldsymbol{K}^{(3G)} = \begin{bmatrix} 0 & 0 & 0 & 0 & 0 \\ 0 & 0 & 0 & 0 & 0 \\ 0 & 0 & k_3 & -k_3 & 0 \\ 0 & 0 & -k_3 & k_3 & 0 \\ 0 & 0 & 0 & 0 & 0 \end{bmatrix} \begin{matrix} u_1 \\ u_2 \\ u_3 \\ u_4 \\ u_5 \end{matrix} \tag{2-22}$$

$$\boldsymbol{K}^{(4)}=\begin{bmatrix} k_4 & -k_4 \\ -k_4 & k_4 \end{bmatrix} \tag{2-23}$$

$$\boldsymbol{K}^{(4G)}=\begin{bmatrix} 0 & 0 & 0 & 0 & 0 \\ 0 & 0 & 0 & 0 & 0 \\ 0 & 0 & 0 & 0 & 0 \\ 0 & 0 & 0 & k_4 & -k_4 \\ 0 & 0 & 0 & -k_4 & k_4 \end{bmatrix}\begin{matrix} u_1 \\ u_2 \\ u_3 \\ u_4 \\ u_5 \end{matrix} \tag{2-24}$$

根据每个单元在总刚度矩阵中的位置将它们组合起来，即相加，就可以得到它们的最终总刚度矩阵。

$$\boldsymbol{K}^{(G)}=\boldsymbol{K}^{(1G)}+\boldsymbol{K}^{(2G)}+\boldsymbol{K}^{(3G)}+\boldsymbol{K}^{(4G)}$$

$$\boldsymbol{K}^{(G)}=\begin{bmatrix} k_1 & -k_1 & 0 & 0 & 0 \\ -k_1 & k_1+k_2 & -k_2 & 0 & 0 \\ 0 & -k_2 & k_2+k_3 & -k_3 & 0 \\ 0 & 0 & -k_3 & k_3+k_4 & -k_4 \\ 0 & 0 & 0 & -k_4 & k_4 \end{bmatrix}\begin{matrix} u_1 \\ u_2 \\ u_3 \\ u_4 \\ u_5 \end{matrix} \tag{2-25}$$

注意，由单元分析得到的总刚度矩阵如式(2-25)所示，与前面从分析所得到的总刚度矩阵，即方程(2-11)的左侧矩阵完全相同。

（4）应用边界条件和施加荷载

杆的顶端是固定的，即满足边界条件 $u_1=0$；在节点 5 处作用有外力 P。应用这些条件会导出线性方程组(2-26)。

注意，方程(2-26)中矩阵的第一行必须含一个 1，其后跟 4 个 0，以满足给定的边界条件 $u_1=0$。如前所述，还要注意在固体力学问题中，有限元公式通常具有如下的一般形式：

[刚度矩阵][位移矩阵] = [荷载矩阵]

$$\begin{bmatrix} 1 & 0 & 0 & 0 & 0 \\ -k_1 & k_1+k_2 & -k_2 & 0 & 0 \\ 0 & -k_2 & k_2+k_3 & -k_3 & 0 \\ 0 & 0 & -k_3 & k_3+k_4 & -k_4 \\ 0 & 0 & 0 & -k_4 & k_4 \end{bmatrix}\begin{bmatrix} U_1 \\ U_2 \\ U_3 \\ U_4 \\ U_5 \end{bmatrix}=\begin{bmatrix} 0 \\ 0 \\ 0 \\ 0 \\ P \end{bmatrix} \tag{2-26}$$

2. 求解阶段

接下来联立求解代数方程组。为了得到节点的位移量，在此假定 $E=200\text{GPa}$，$w_1=0.002\text{m}$，$w_2=0.001\text{m}$，$t=0.00125\text{m}$，$L=0.10\text{m}$，$P=1000\text{N}$。

杆在 y 方向横截面面积的变化可表示为：

$$A(y)=\left[w_2+\frac{(w_2-w_1)(L-y)}{L}\right]t \tag{2-27}$$

将上述参数输入 Matlab，根据方程(2-27)可计算出每个节点处的横截面面积。输入 Matlab 中的源代码如下：

```
clear;
w1 =0.02;
w2 =0.01;
t =0.00125;
L =0.10;
y =0:0.025:0.1;
length =0.025;
E =2E11;
for i =1:5
A(1,i) =(w2 +(w1 - w2) * (L - y(1,i))/L) * t;
A
```

输出结果如下：

```
A =
  1.0e -004 *
    0.2500     0.2188     0.1875     0.1563     0.1250
```

单元的平均横截面积采用下式进行计算：

$$A_j = \frac{(A_i + A_{i+1})}{2},$$

式中，j 为单元编号，$j=1$，2，3，4；i 为节点编号，$i=1,2,3,4,5$。

每个单元的等效刚度系数可由下式算出：

$$k_{eq} = \frac{(A_{i+1} + A_i)E}{2l}$$

将上述公式输入 Matlab，源代码如下：

```
j =1;
for i =1:4
    Aaverage(1,j) =(A(1,i +1) +A(1,i)) /2;
    k(1,i) =Aaverage(1,j) * E/length;
    j =j +1;
end
Aaverage
k
```

输出结果如下：

```
Aaverage =
  1.0e -004 *
    0.2344     0.2031     0.1719     0.1406
k =
  1.0e +008 *
    1.8750     1.6250     1.3750     1.1250
```

单元刚度矩阵为：

$$K^{(1)}=\begin{bmatrix}k_1 & -k_1\\ -k_1 & K_1\end{bmatrix}=10^8\times\begin{bmatrix}1.875 & -1.875\\ -1.875 & 1.875\end{bmatrix}$$

$$K^{(2)}=\begin{bmatrix}k_2 & -k_2\\ -k_2 & K_2\end{bmatrix}=10^8\times\begin{bmatrix}1.625 & -1.625\\ -1.625 & 1.625\end{bmatrix}$$

$$K^{(3)}=\begin{bmatrix}k_3 & -k_3\\ -k_3 & K_3\end{bmatrix}=10^8\times\begin{bmatrix}1.375 & -1.375\\ -1.375 & 1.375\end{bmatrix}$$

$$K^{(4)}=\begin{bmatrix}k_4 & -k_4\\ -k_4 & K_4\end{bmatrix}=10^8\times\begin{bmatrix}1.125 & -1.125\\ -1.125 & 1.125\end{bmatrix}$$

按照式(2-25)，将单元矩阵组合到一起所产生总刚度矩阵，Matlab 源代码如下：

```
Ktotal1 = [k(1,1)  -k(1,1)  0              0              0; ...
   -k(1,1)            k(1,1)+k(1,2)  -k(1,2)         0              0; ...
   0                  -k(1,2)        k(1,2)+k(1,3)   -k(1,3)        0; ...
   0                  0              -k(1,3)         k(1,3)+k(1,4)  -k(1,4); ...
   0                  0              0               -k(1,4)        k(1,4)];
Ktotal1
```

输出结果如下：

```
Ktotal1 =
  1.0e+008 *
    1.8750   -1.8750         0         0         0
   -1.8750    3.5000   -1.6250         0         0
         0   -1.6250    3.0000   -1.3750         0
         0         0   -1.3750    2.5000   -1.1250
         0         0         0   -1.1250    1.1250
```

应用边界条件 $u_1=0$ 和荷载 $P=1000\text{N}$，按照式(2-26)，生成求解用总体刚度矩阵、载荷条件 P，并求解，Matlab 源代码如下：

```
         [1         0              0              0              0;...
         -k(1,1)   k(1,1)+k(1,2)  -k(1,2)        0              0; ...
Ktotal =  0         -k(1,2)        k(1,2)+k(1,3)  -k(1,3)        0; ...
          0         0              -k(1,3)        k(1,3)+k(1,4)  -k(1,4); ...
          0         0              0              -k(1,4)        k(1,4)];
Ktotal
P = [0 0 0 0 1000]'
u = Ktotal\P
```

输出结果如下：

```
Ktotal =
  1.0e+008 *
     0.0000          0          0          0          0
    -1.8750     3.5000    -1.6250          0          0
          0    -1.6250     3.0000    -1.3750          0
          0          0    -1.3750     2.5000    -1.1250
          0          0          0    -1.1250     1.1250
P =
         0
         0
         0
         0
      1000
u =
1.0e-004 *
  -0.0000
   0.0533
   0.1149
   0.1876
   0.2765
```

u 是各节点最终的位移。

3. 后处理阶段

在本例中，我们可能对其他信息，如每个单元的平均应力等感兴趣。这些值可以由如下方程确定：

$$\sigma = \frac{f}{A_{avg}} = \frac{k_{eq}(u_{i+1} - u_i)}{A_{avg}} = \frac{\dfrac{A_{avg}E}{l}(u_{i+1} - u_i)}{A_{avg}} = E\left(\frac{u_{i+1} - u_i}{l}\right)$$

由于不同节点的位移已知，还可以直接从应力和应变的关系中得到应力：

$$\sigma = E\varepsilon = E\left(\frac{u_{i+1} - u_i}{l}\right)$$

按照上述公式，输入 Matlab 源代码如下：

```
for i=1:4
sigma1(1,i)=E*(u(i+1,1)-u(i,1))/length;
end
```

得到不同单元的平均应力如下：

```
sigma1 =

  1.0e+007 *

    4.2667    4.9231    5.8182    7.1111
```

注意到对于给定的问题，无论在何处将杆截断，截面的内力f均是 1000N。

$$\sigma^{(i)} = \frac{f}{A_{avg}(i)}$$

按照上述公式，输入 Matlab 源代码如下：

```
for i = 1:4

sigma2(1,i) = 1000/Aaverage(1,i);

end
```

得到不同单元的平均应力如下：

```
sigma2 =

  1.0e+007 *

    4.2667    4.9231    5.8182    7.1111
```

我们发现这些结果和从位移信息计算的单元应力是完全相同的。经比较，就本问题而言，位移和应力的计算是正确的。上述 Matlab 源代码可在随书光盘中找到，以供有兴趣的读者调试使用。

2.2 ANSYS 基本操作

2.2.1 用户界面

ANSYS 软件功能非常强大，应用范围很广。ANSYS 软件虽然不断升级，但是其界面从 ANSYS6.0 开始基本稳定下来，不同版本间差别不大。下面介绍 ANSYS 用户界面，如图 2-6 所示。

（1）主窗口

主窗口主要由以下五个部分组成。

1）Utility 菜单。这部分菜单主要实现文件控制、参数选择、图像参数控制及参数输入等功能。

2）Input Window（命令输入窗口）。命令输入窗口（也称为命令栏），允许用户直接输入命令，简化分析过程。

3）Toolbar（工具栏）。工具栏主要由单击按钮组成，这些按钮都是 ANSYS 中常用命令。用户可以根据自己工作类型定义自己的工具栏，以提高分析效率。

4）Main Menu（主菜单）。主菜单包括了 ANSYS 最主要的功能，分为前处理器（Preprocessor）、求解器（Solution）、通用后处理器（General Postprocessor）和设计优化（Design Opt）。

5）Graphic Windows（图形窗口）。图形窗口显示分析过程的模型，在图形窗口中实现图形的选取。在这里可以看到实体建模各个过程的图形并可查看到随后分析的结果。

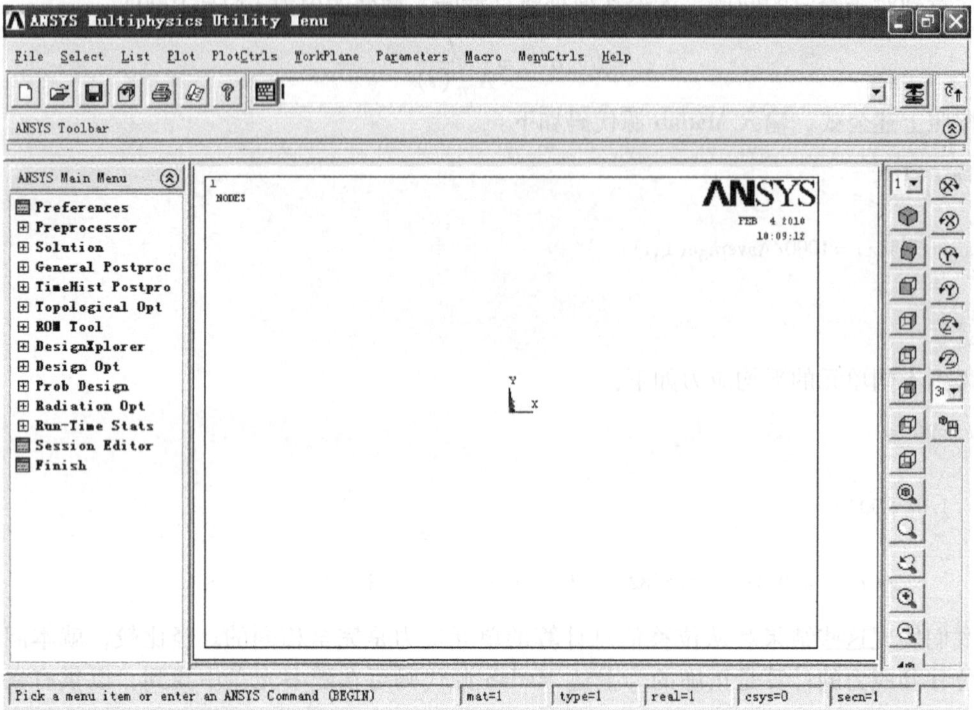

图 2-6　ANSYS 主窗口

(2) Output Windows(输出窗口)

输出窗口(图 2-7)显示程序的文本信息，即以简单形式显示过程数据等信息。通常，输出窗口被主窗口遮盖，如果需要随时可以将输出窗口拖到前面。

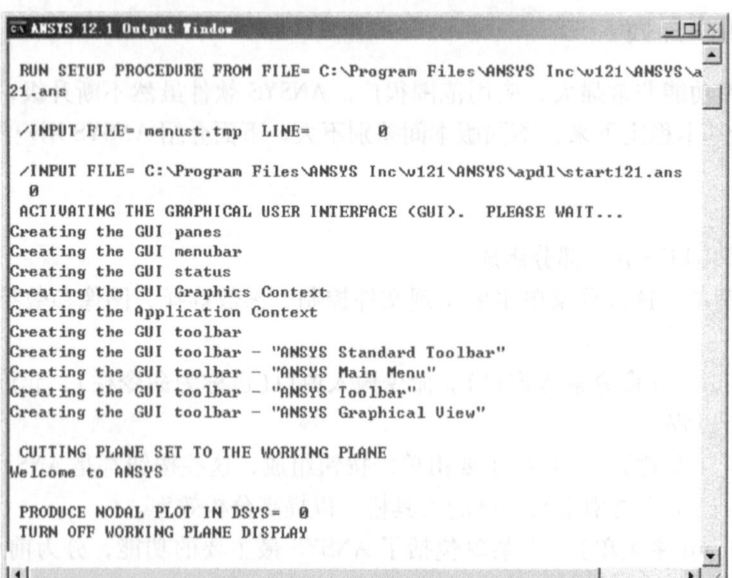

图 2-7　Output Windows

注意：

应该养成经常查看 Output Windows 信息的习惯，检验分析过程是否正确，及时调整。

通过 GUI 可以方便地交互式访问程序的各种功能、命令、用户手册和参考材料，逐步完成整个分析。同时，ANSYS 软件提供了完整的在线说明和帮助文件，以协助有经验的用户进行高级应用。在用户界面中，ANSYS 软件提供了四种通用的命令输入方法：菜单、对话框、工具栏和直接输入命令。

2.2.2　ANSYS 的数据库

ANSYS 采用通用的集中式数据库存储所用模型数据及分析结果。模型数据（包括实体模型和有限元模型、材料参数等）通过前处理器写入数据库；载荷及约束通过求解器写入数据库；分析结果通过后处理器写入数据库。任何数据写入数据库后，如有需要可以被其他处理器调用。例如，后处理器不仅可以调用分析结果，而且可以调入模型数据然后利用这些数据进行后处理计算。

ANSYS 的数据库指在前处理、求解及后处理过程中 ANSYS 保存在内存中的数据。数据库既存储输入数据，如模型几何参数、材料属性及载荷状况等；又存储结果数据，如 ANSYS 分析得到的应力、应变、位移、温度场等。下面介绍常用的 ANSYS 数据库操作。

（1）存储数据库

通过 File 菜单可以进行两种选择，一种是 Save as Jobname. db，即将数据存储到 Jobname. db 文件中，这里 Jobname 是工作文件名，而 Save as 是将数据库存储导到另外一个文件，不改变当前数据库文件状态。数据库文件（扩展名为 db）是数据库当前状态的备份。

（2）恢复数据库

恢复数据库是将数据库文件中数据导入内存，在此过程中，将首先清除当前内存中的数据，然后将其替换成数据库文件中的数据。在 File 菜单中可以通过两种方式导入数据。一种是 Resume Jobname. db，即恢复名为 Jobname. db 的数据库文件；另一种是 Resume from，导入指定文件名的数据库，但是不改变当前文件名。恢复数据库操作对于分析非常重要，读者需要尽快养成随时进行数据库备份的习惯。

注意：

- 针对每个分析项目，设置单独的工作子目录，便于分析过程数据的整理。
- 针对每个分析阶段设置不同的文件名，可以在 ANSYS 启动对话框中设置，也可以通过 File 菜单中 Change Jobname 选项实现。
- 分析过程中，针对进展情况及时保存数据库，数据库名称需要清晰表达分析进展情况。
- 对将要进行的操作（如网格划分、删除等）没有十足把握时，一定要单独保存数据库！
- 如果保存的数据库时间很短，可以通过 RESUME DB 操作恢复。

• 注意保存 Output 文件。交互操作时，Output 文件不能自动保存，因此需要通过如下操作实现。GUI：Utility Menu > File > Swith Output to > File，将 Output 信息保存到指定文件中。

• 一般情况下，分析结束后需要保留文件：log 文件(.log)，数据库文件(.db)，结果文件(.rst,.rth)，载荷步文件(.sol,so2,…)，输出文件(.out)，物理环境文件(.ph1,ph2,…)。

• log 文件只会添加，不会被覆盖，但为了整理方便，必要时需要用单独文件名保存。

2.2.3 ANSYS 的文件格式

ANSYS 文件包括数据库文件、计算结果文件、图形文件等。下面介绍 ANSYS 运行过程中生成文件的类型及其功能(假定所有文件的文件名均为 Frame)。

(1) Frame.db

数据库文件(二进制)，保存实体模型、边界条件和载荷数据。

(2) Frame.dbb

备份数据库文件(二进制)。

(3) Frame.err

ANSYS 分析过程出错记录文件(文本文件)，文件中包含了运行过程中所有错误和警告信息。

(4) Frame.out

ANSYS 操作过程中的输出文件(文本文件)，即 ANSYS Output Windows 中所有输出信息的记录。

(5) Frame.log

.log 文件被称为 ANSYS 命令流文件(文本文件)，是分析过程中所用操作的命令记录。

注意：

依据分析过程喜好不同，可以保留不同类型的 ANSYS 文件。偏好 GUI 操作的用户应该保留数据库文件，在 ANSYS 启动后通过菜单导入即可继续进行分析；偏好命令操作的用户只需保留命令流文件，即.log 文件，文件记录了所有命令及进度，可以使用户快速恢复到原进度，继续展开分析。

2.2.4 ANSYS 的帮助系统

ANSYS 12.0 如其以往的版本一样，提供了强大的在线帮助系统。它包括 ANSYS 所有命令的解释说明和图形用户界面(GUI)的解释，还提供了详细的在线教程和 ANSYS 系统分析指南。

(1) 进入 ANSYS 12.0 帮助系统的方法

读者可以通过四种方法进入 ANSYS 的帮助系统。

1）单击 Utility Menu 菜单中的 Help 菜单。单击 Utility Menu 菜单中的 Help 菜单，将弹出一个下拉菜单。人们经常使用 ANSYS 的 Help 查询相关内容的解释。所以通常是单击下拉菜单的 Help Topics 来进入 ANSYS 的帮助主界面(图 2-8)。ANSYS 的主要帮助界面的左侧列出了相关的查询内容，提供了目录、索引、搜索功能。右侧则显示出帮助的具体内容和解释。

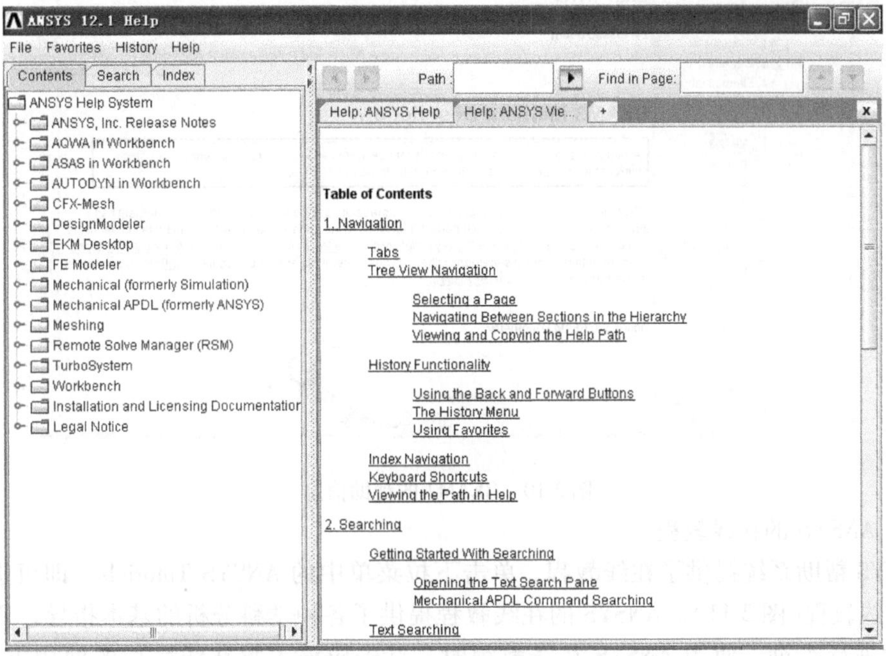

图 2-8　ANSYS 帮助主界面

2）直接启动 ANSYS Help。在 Windows 菜单选择：开始 > 程序 > ANSYS 12 > Help System，将直接进入 ANSYS 的帮助主界面。

3）在对话框直接单击 Help 按钮。用户可以直接在对话框单击 Help 按钮，进入 ANSYS 帮助主界面。

4）通过输入窗口查看帮助信息。用户可以输入命令来查看相关的帮助信息。方法是在输入窗口中输入：Help 及需要查看的内容。例如，在输入窗口中输入 Help BEAM3(图 2-9)。

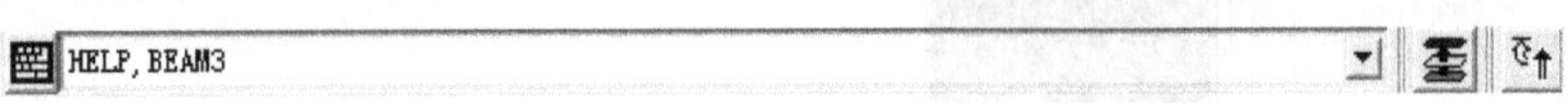

图 2-9　从输入窗口中进入帮助系统

回车后，弹出 ANSYS 帮助主界面，右侧显示的是梁单元 BEAM3 的解释(图 2-10)。这是最常用的了解单元信息或者命令使用的方法。

（2）ANSYS 帮助系统的超链接

ANSYS 的帮助系统中提供了大量的超级链接。帮助系统的解释说明中带有下划线的蓝色字体都是超链接，单击以后将获得相关内容的详细说明。

> **注意：**
> 如果超链接变成了红色，则表示该项内容已经被单击查看过。

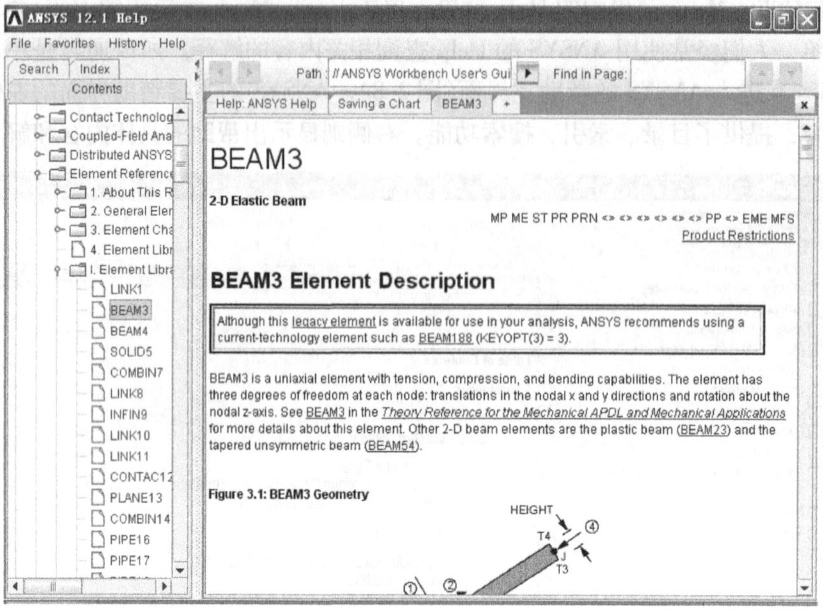

图 2-10 BEAM3 的帮助信息

(3) ANSYS 的在线教程

ANSYS 帮助系统提供了在线教程。单击下拉菜单中的 ANSYS Tutorials，即可进入 ANSYS 的在线教程(图 2-11)。ANSYS 的在线教程提供了各种学科分析的基本指导，用户可以在需要时进行查询。使用 ANSYS 在线教程时，首先应该了解在线教程的使用方法(Start Here 目录)，然后根据自己感兴趣的分析类型选择专门的教程。例如，如果读者对结构分析

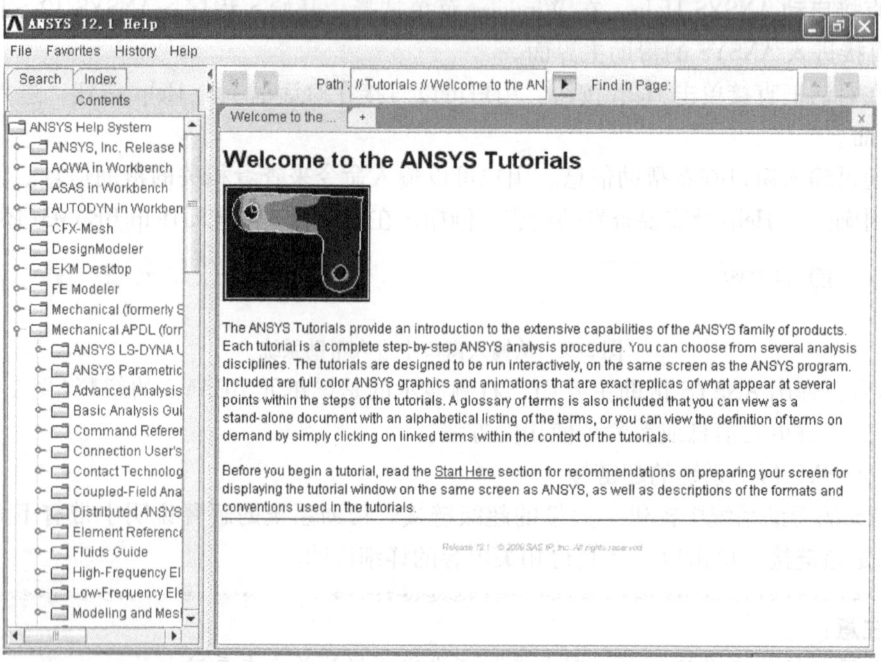

图 2-11 ANSYS 在线教程

感兴趣，可以单击 Structural Tutorial 目录，然后阅读或者查阅结构分析在线教程部分或者全部内容。

2.2.5　简单实例

接下来以图 2-1 为例，介绍经典的 ANSYS 操作环境下的基本操作。基本数据如下：$E=200\text{GPa}$，$w_1=0.002\text{m}$，$w_2=0.001\text{m}$，$t=0.00125\text{m}$，$L=0.10\text{m}$，$F=1000\text{N}$。

在下面的操作中，在杆的短边施加均布的压力，压力大小为

$$P=\frac{F}{w_2 t}=\frac{1000}{0.001\times 0.00125}=80000000\text{Pa}=80\text{MPa}$$

1. 准备工作

(1) 首先启动 ANSYS

(2) 进入前处理器

其操作如下：

GUI：Preprocessor。

命令：/PREP7。

(3) 添加标题

其操作如下：

GUI：Utility Menu > File > Change Title...。

新标题为：Static Analysis。

命令：/TITLE, Static Analysis。

(4) 修改工作名

其操作如下：

GUI：Utility Menu > File > Change Jobname...。

键入工作名：static _ example。

命令：/FILNAME, static_ example, 0。

(5) 定义单位制

在命令行输入/units, si，然后回车，定义单位为国际单位制即长度：m；力：N；压力：Pa；面积：m^2；质量：kg。

(6) 定义各向同性线性材料

GUI：Preprocessor > Material Props > Material Models > Structural > Linear > Elastic > Isotropic，弹出窗口如图 2-12 所示。

输入的材料参数如下：

弹性模量 (Young's modulus EX)：2E10。

泊松比(PRXY)：0.3。

命令：

MP, EX, 1, 10.4e9。

MP, PRXY, 1, 0.3。

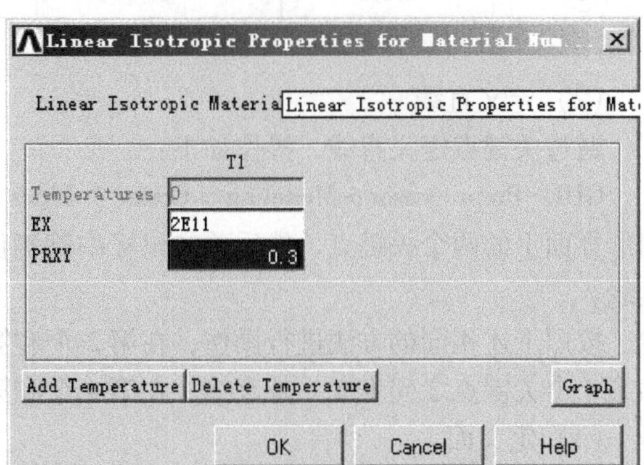

图 2-12　定义弹性模量和泊松比

2. 建立模型

（1）定义关键点(梁的端点)

其操作如下：

GUI：Preprocessor > Modeling > Create > Keypoints > In Active CS，按照如图 2-13 所示进行设置。

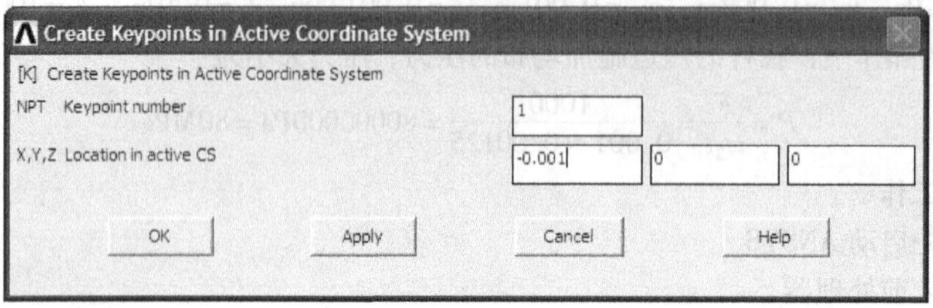

图 2-13　定义第一个点

单击 Apply 按钮，接下来定义第二个点，如图 2-14 所示。

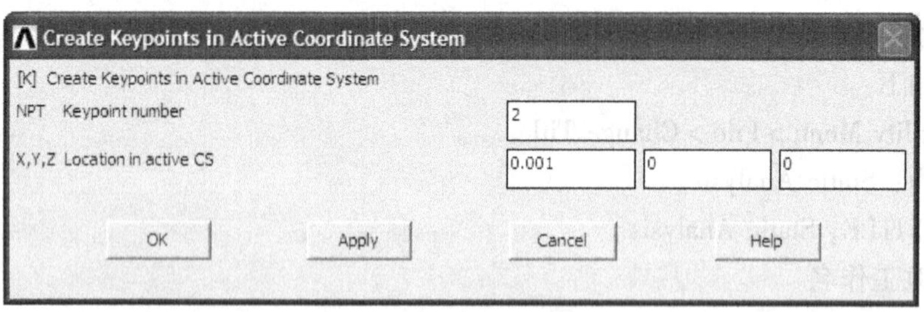

图 2-14　定义第二个点

接下来，按照表 2-1 所示，建立其他两个点。

表 2-1　几何点坐标

编号	*X* 坐标	*Y* 坐标	编号	*X* 坐标	*Y* 坐标
1	-0.001	0	3	-0.0005	-0.1
2	0.001	0	4	0.0005	-0.1

（2）定义直线

通过关键点定义直线，操作如下：

GUI：Preprocessor > Modeling > Create > Lines > Lines > Straight Line，单击鼠标左键拾取图形界面上的两个关键点，然后单击鼠标中键确认，在第 1 个和第 2 个关键点之间生成一条直线。

按照上述相同的方法进行操作，在第 2 个和第 3 个关键点之间生成一条直线，在第 3 个和第 4 个关键点之间生成一条直线，在第 4 个和第 1 个关键点之间生成一条直线。

（3）定义面

通过直线定义平面，操作如下：

GUI：Preprocessor > Modeling > Create > Areas > Arbitrary。

拾取刚刚定义的四条直线，单击 OK 按钮，生成平面，如图 2-15 所示。

(4) 定义单元

GUI：Preprocessor > Element Type > Add/Edit/Delete…。

选择 Solid > Quad 4node 42 单元(平面单元)，单击 OK 按钮，如图 2- 16 所示。

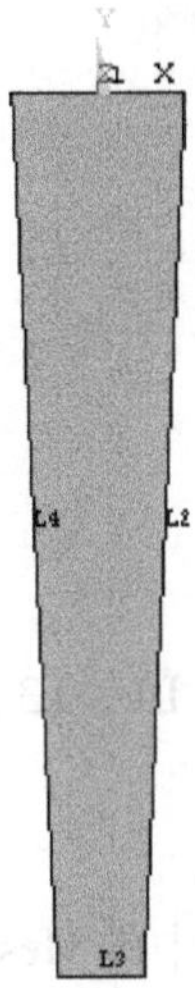

图 2-15　生成平面

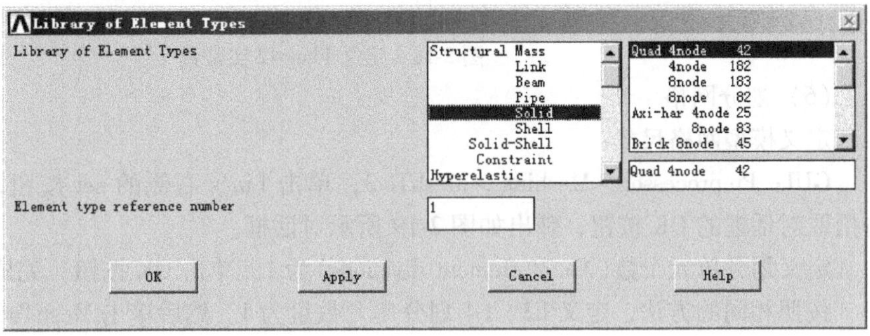

图 2-16　定义单元

命令：ET,1,Plane42。

然后在单元类型窗口(Element Type)单击 option 按钮，弹出单元选项窗口，如图 2-17 所示。设置 K3 属性为 Plane strs w/thk。单击 OK 按钮完成设置，然后在单元类型窗口(Element Type)单击 Close 按钮。

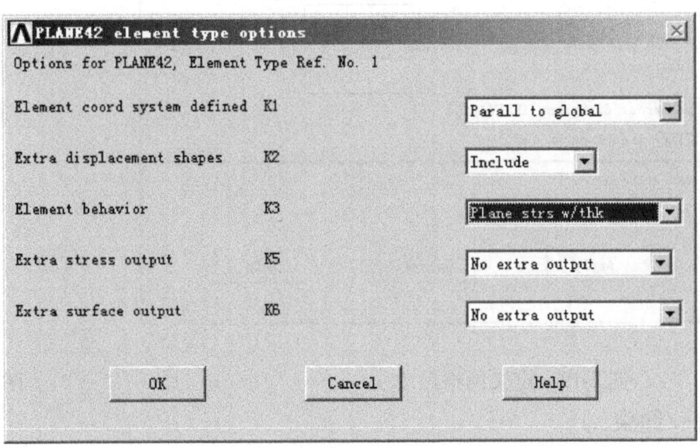

图 2-17　定义单元选项

(5) 定义实常数

定义单元厚度：

GUI：Preprocessor > Real Constants > Add，弹出 Plane42 实常数窗口(Real Constants for

Plane42），如图 2-18 所示，单击 OK 按钮，返回实常数设置窗口，单击 Close 按钮。

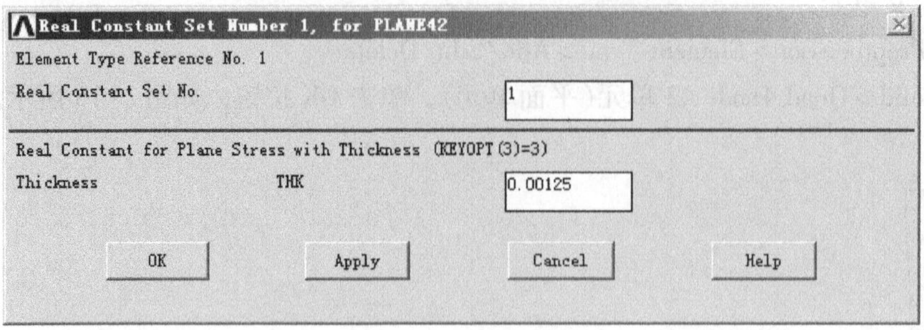

图 2-18　定义 Plane42 实常数

（6）划分网格

定义模型网格尺寸：

GUI：Preprocessor > Meshing > MeshTool，单击 Lines 右侧的 set 按钮，选择 L1、L3，单击拾取对话框的 OK 按钮，弹出如图 2-19 所示对话框。

定义划分单元个数(No. of element divisions)为 1，单击 OK 按钮，完成设置。

按照相同的方法，定义 L2、L4 划分单元数量为 4。然后单击 MeshTool 窗口中的 Mesh 按钮，拾取平面，单击拾取对话框上的 OK 按钮，网格划分完成后如图 2-20 所示。

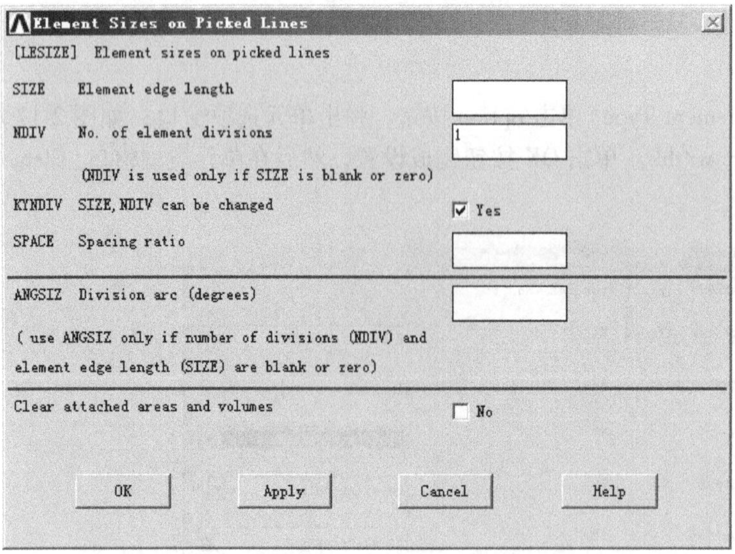

图 2-19　定义网格尺寸

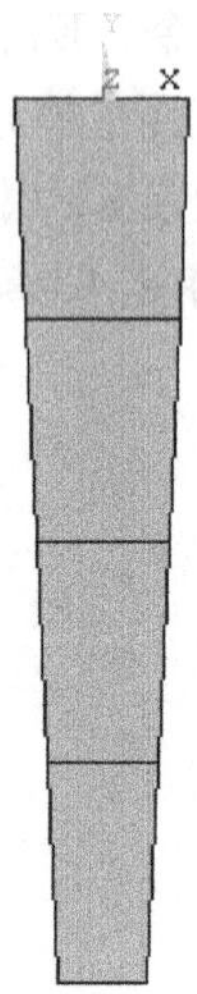

图 2-20　划分网格

（7）施加载荷/约束

定义 L1 的位移约束为全约束，操作如下：

GUI：Solution > Define Loads > Apply > Structural > Displacement > On Lines，弹出拾取对话框，选择 L1，在拾取对话框单击 OK 按钮，弹出自由度选择对话框，选择 All DOF，如图 2-21 所示，单击 OK 按钮。

定义 L3 的载荷为沿着 Y 轴负方向，操作如下：

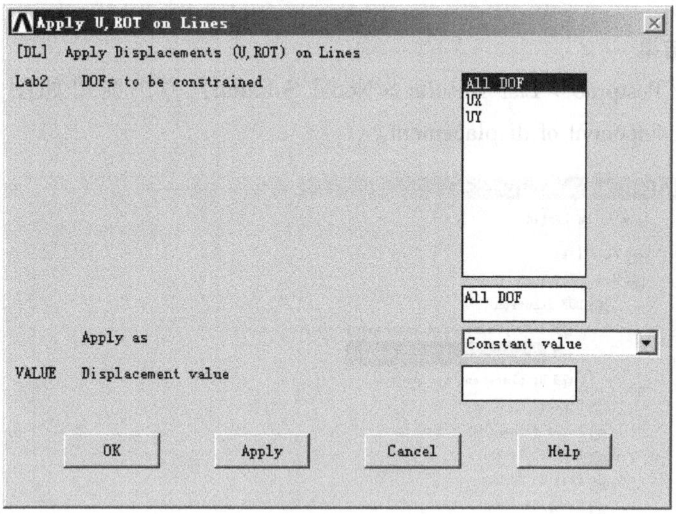

图 2-21　选取需要约束的自由度

GUI：Solution > Define Loads > Apply > Structural > Pressure > On Lines，弹出拾取对话框，选择 L3，在拾取对话框单击 OK 按钮，在压力大小定义对话框定义压力为 -1e6，如图 2-22 所示，单击 OK 按钮。

载荷与约束定义完毕，如图 2-23 所示。

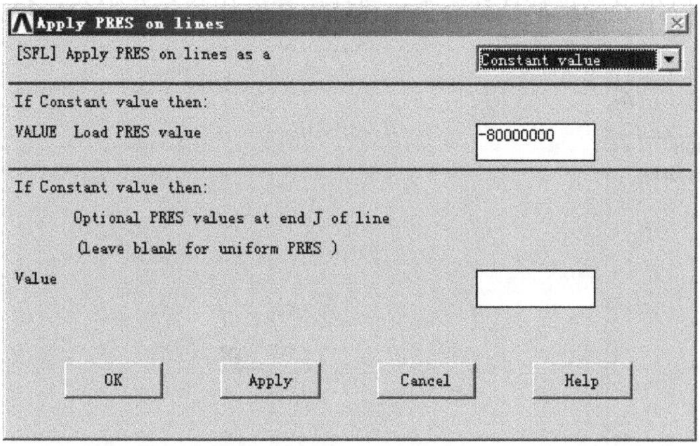

图 2-22　定义压力大小

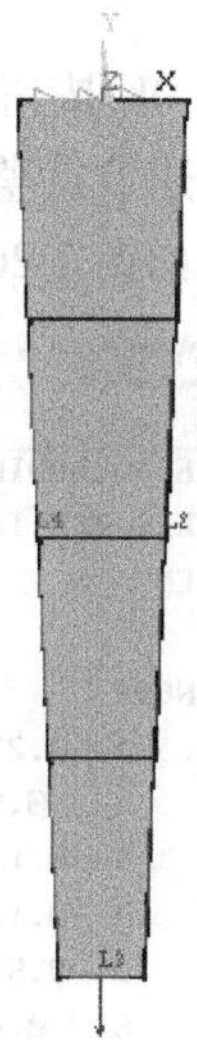

图 2-23　施加载荷与约束

3. 定义分析类型

选择静力学分析，操作如下：

GUI：Solution > Analysis Type > New Analysis > static。

命令：ANTYPE，0。

4. 求解

GUI：Solution > Solve > Current LS。

命令：SOLVE。

5. 查看分析结果

GUI：General Postproc > List Results > Nodal Solution，弹出窗口如图 2-24 所示。选择 DOF Solution > Y-Component of displacement。

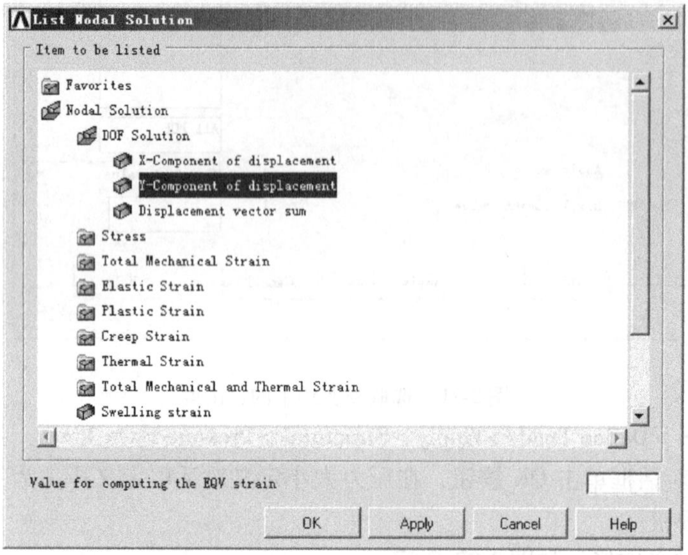

图 2-24　选择节点分析结果

单击 OK 按钮，节点位移列表如图 2-25 所示。

将上述节点整理后得到表 2-2 所示节点位移计算结果，与理论算法比较差异不大，表中节点编号如图 2-26 所示。

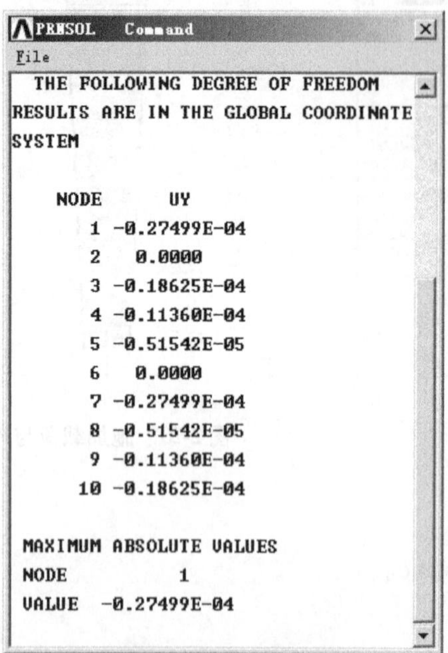

THE FOLLOWING DEGREE OF FREEDOM RESULTS ARE IN THE GLOBAL COORDINATE SYSTEM

NODE	UY
1	-0.27499E-04
2	0.0000
3	-0.18625E-04
4	-0.11360E-04
5	-0.51542E-05
6	0.0000
7	-0.27499E-04
8	-0.51542E-05
9	-0.11360E-04
10	-0.18625E-04

MAXIMUM ABSOLUTE VALUES
NODE 1
VALUE -0.27499E-04

图 2-25　节点位移计算结果

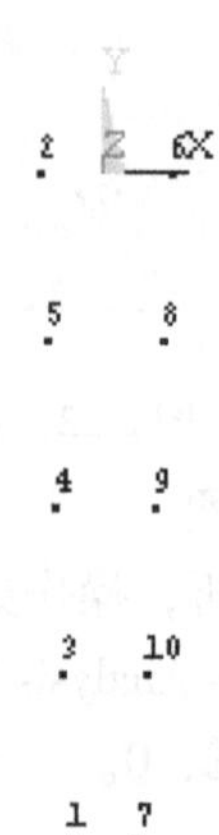

图 2-26　节点编号

表 2-2　节点位移计算结果

节点编号		应力计算结果
2	6	0
5	8	-0.5154E-4
4	9	-0.1136E-4
3	10	-0.1863E-4
1	7	-0.2750E-4

生成应力计算结果：

GUI：General Postproc > Plot Results > Contour Plot > Nodal Solu，弹出对话框如图 2-27 所示。

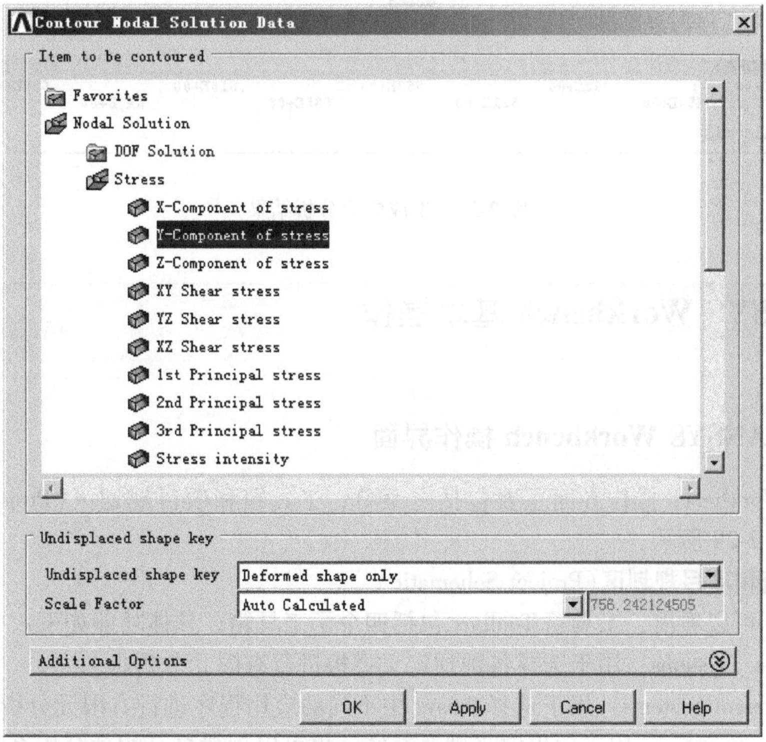

图 2-27　选择应力结果

单击 OK 按钮，生成应力分析结果如图 2-28 所示。最大应力为 0.711E8，与前面理论算得的结果相差不大。

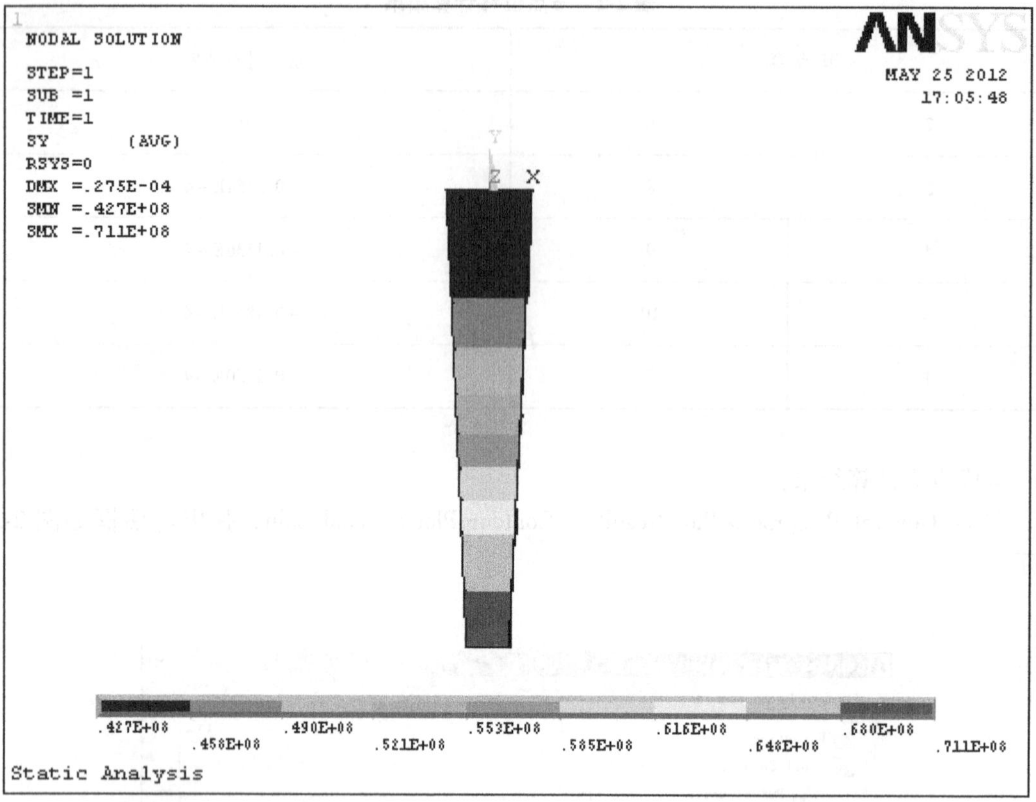

图 2-28 生成应力分析结果

2.3 ANSYS Workbench 基本操作

2.3.1 ANSYS Workbench 操作界面

ANSYS Workbench 操作界面主要包括主菜单、工具箱和项目规划区(Project Schematic)三部分，如图 2-29 所示。

1. 工具箱和项目规划区(Project Schematic)

从图 2-29 可以看出，工具箱 Toolbox 包括四个子工具箱，具体功能如下：

1）Analysis Systems：用于选择各种预定义模板进行有限元分析。

2）Component Systems：用于选择 Ansys 中不同的应用程序进行有限元分析。

3）Custom Systems：用于预先定义耦合系统，也可以创建自己的预分析系统。

4）Design Exploration：用于优化分析和参数管理。

在项目规划区(Project Schematic)可以用一个流程图来定义一个或一组工作项目。单击 Toolbox 中 Analysis Systems 左侧的⊞，展开 Analysis Systems 中的内容，如图 2-30 所示。

用鼠标左键单击选择 Static structural(ANSYS)，拖动到项目规划区(Project Schematic)，如图 2-31 所示。

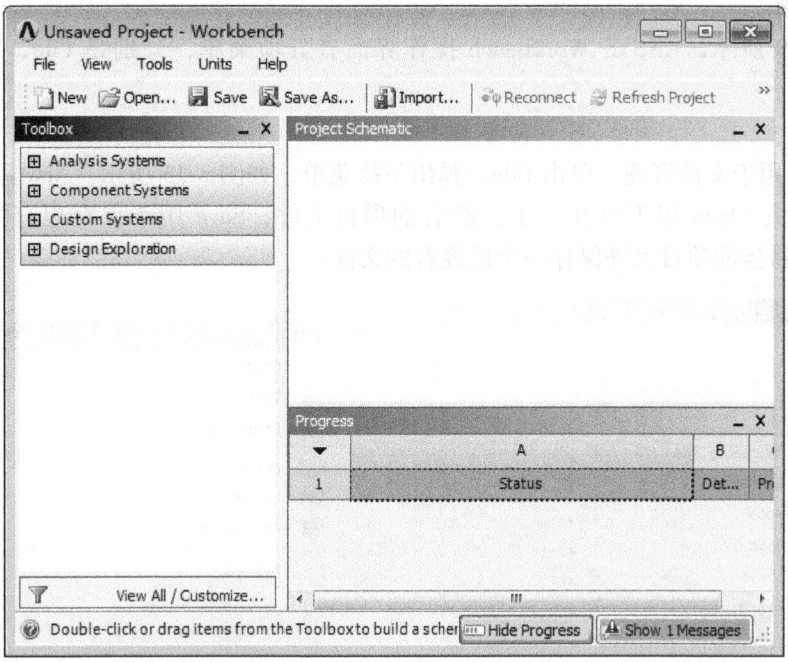

图 2-29　ANSYS Workbench 操作界面

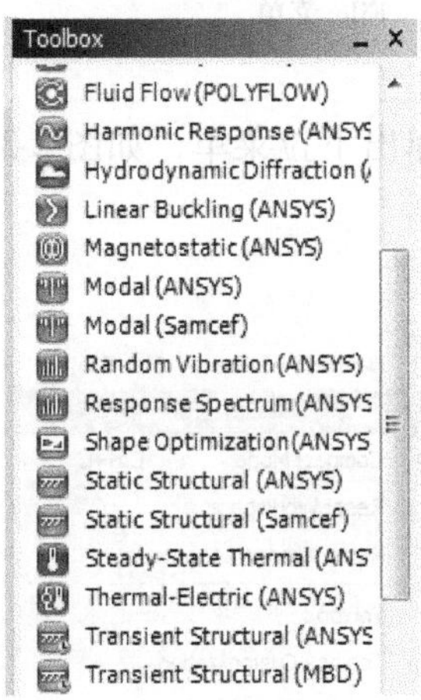

图 2-30　Analysis Systems

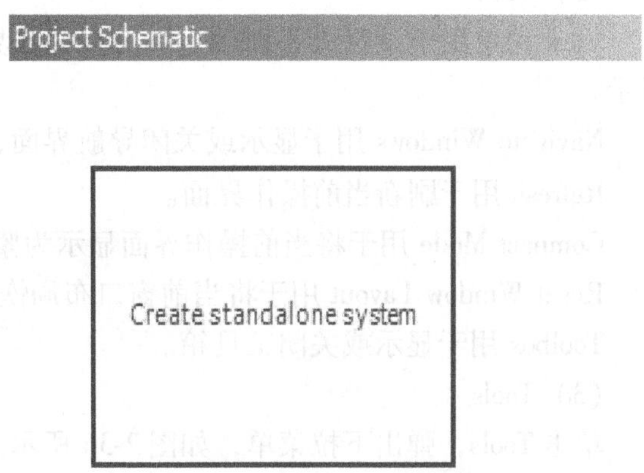

图 2-31　选择模板到项目规划区

释放鼠标左键，在项目规划区(Project Schematic)出现一个静力学分析流程，如图 2-32 所示。

从图 2-32 可以看出，静力学分析流程包括七项设置，每项设置右侧有不同的符号，具体含义如下：

1）表示缺少数据。

2）表示需要修正格式或更新上游数据。

3）表示需要刷新，上游数据发生了变化，需要刷新。

4）表示需要更新，数据已更改，需要更新。

5）表示数据确定。

2. 主菜单

如图 2-29 所示，ANSYS Workbench 操作界面有五项菜单，分别是 File、View、Tools、Units 和 Help。

（1）File

File 菜单用于文件管理。单击 File，弹出下拉菜单，如图 2-33 所示。New 用于创建一个新的项目文件；Open 用于打开一个已经有的项目文件；Save 用于保存现有的项目文件；Save As 用于将当前项目另外保存一个已经有的文件。

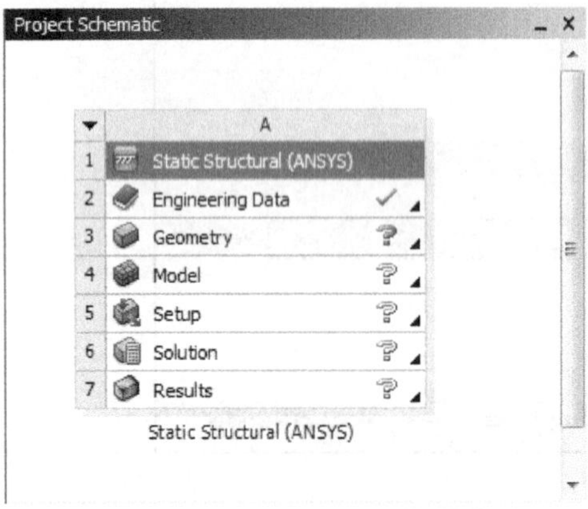

图 2-32　建立一个静力学分析流程

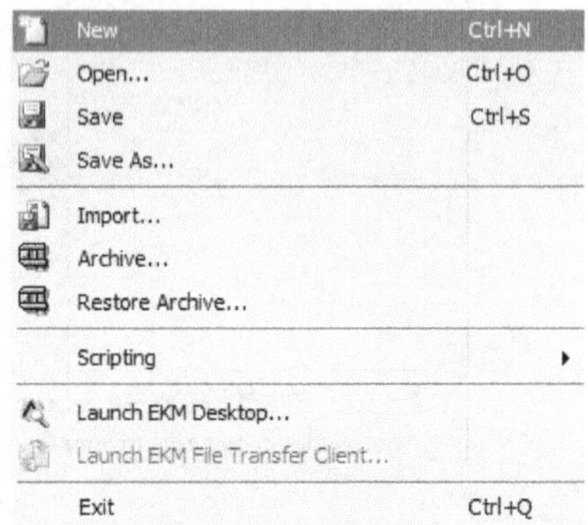

图 2-33　File 菜单

（2）View

View 菜单用于设置 ANSYS Workbench 操作界面。单击 View，弹出下拉菜单，如图 2-34 所示。

Navigate Windows 用于显示或关闭导航界面，如图 2-35 所示。

Refresh 用于刷新当前操作界面。

Compact Mode 用于将当前操作界面显示为紧凑模式。

Reset Window Layout 用于将当前窗口布局恢复为默认设置。

Toolbox 用于显示或关闭工具箱。

（3）Tools

单击 Tools，弹出下拉菜单，如图 2-36 所示。Tools 中使用频率较高的是 Options...。

单击 Tools 下的 Options...，如图 2-37 所示。

其中 Project Management 用于定义文件默认位置；Appearance 用于设置界面的颜色。

2.3.2　ANSYS Workbench Mechanical

汽车结构有限元分析的静力学分析、动力学分析（包括模态分析、谱分析、谐响应分析）、疲劳分析都可以在 ANSYS Mechanical 中完成，本节主要介绍采用 Mechanical 进行有限元分析的基本操作。

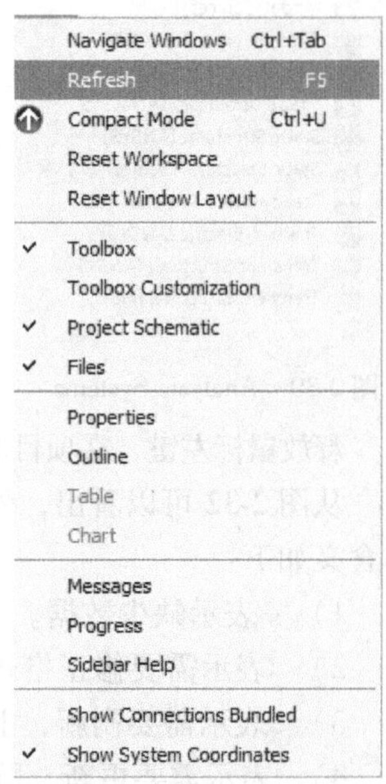

图 2-34　View 菜单

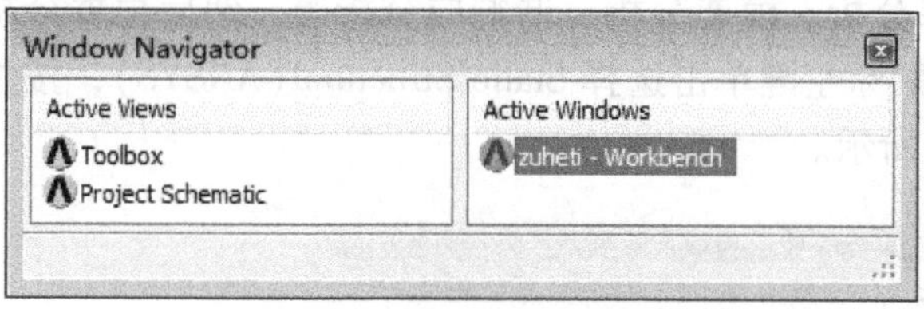

图 2-35　窗口导航界面

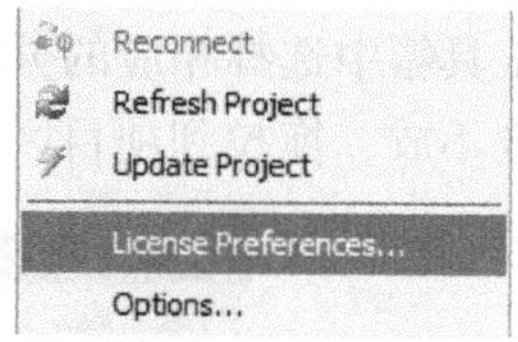

图 2-36　Tools 菜单

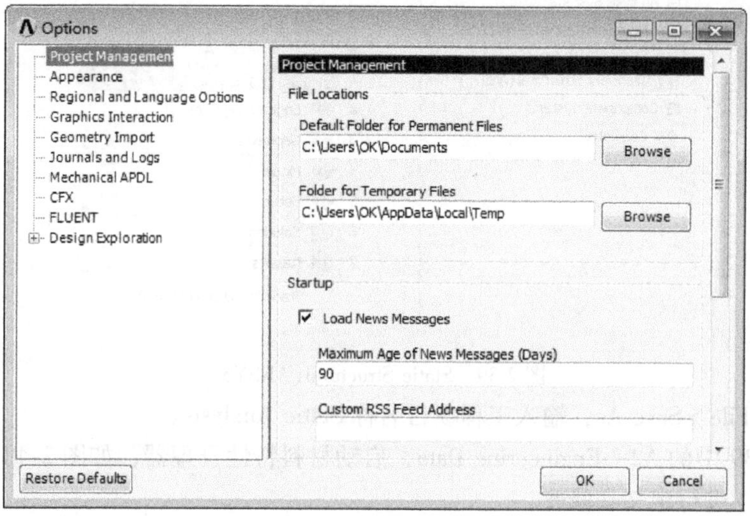

图 2-37　Options 选项

启动 Mechanical 首先需要启动 ANSYS Workbench。双击 ANSYS Workbench 图标，可以启动 ANSYS Workbench，如图 2-38 所示。

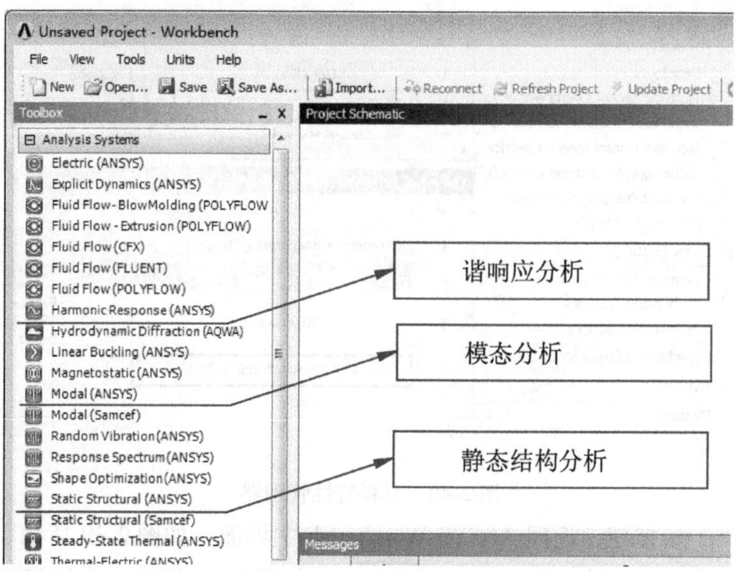

图 2-38　启动 ANSYS Workbench

在这里可以确定分析类型，包括静态分析、模态分析、谐响应分析等。然后根据分析类型在工具箱中选择相应的分析模块。用鼠标左键单击选择 Static Structural(ANSYS)，按住鼠标左键不放，拖拉到项目区，如图 2-39 所示。

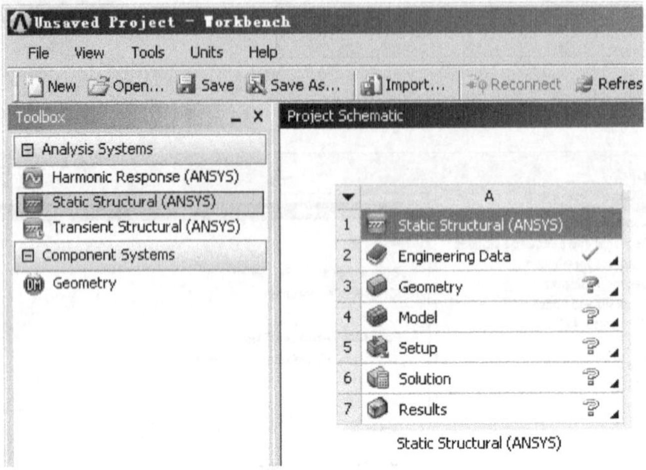

图 2-39　Static Structural(ANSYS)

单击菜单 File > Save As，输入工程项目名称 Static Analysis。

双击图 2-39 中的 A2—Engineering Data，启动材料特性管理器，如图 2-40 所示，在这里可以对材料属性进行定义和修改。

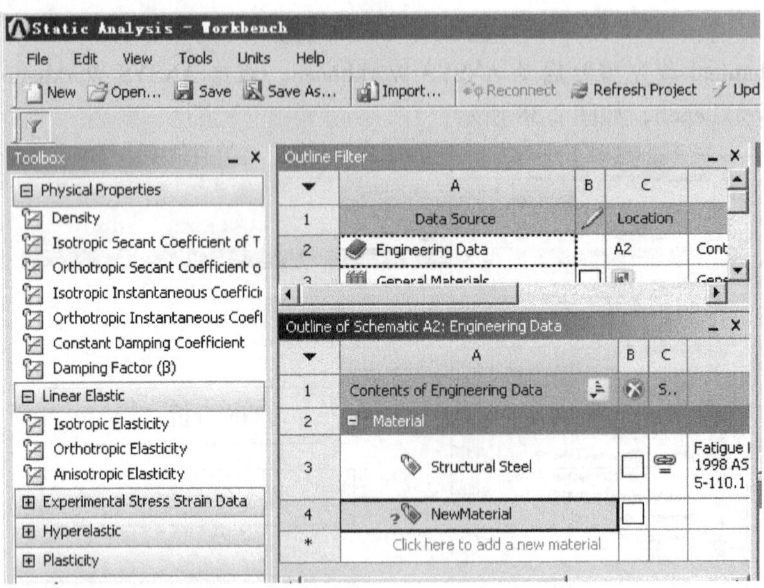

图 2-40　材料特性管理器

单击 Return to Project 按钮，返回 ANSYS Workbench 主界面，如图 2-39 所示。

双击图 2-39 中的 A3 栏，启动 DesignModeler，如图 2-41 所示，在这里可以进行模型的建立与修改。

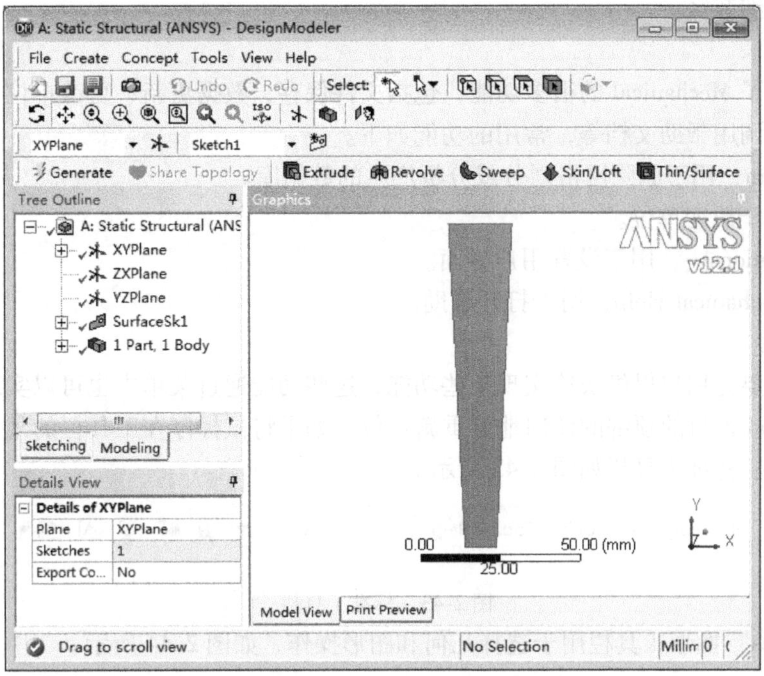

图 2-41　打开模型文件

双击图 2-39 中 A4 栏，即可启动 ANSYS Workbench Mechianical，在这里可以进行网格划分，施加约束和载荷。

如图 2-42 所示，ANSYS Workbench Mechianical 用户界面包括菜单栏、工具栏、信息

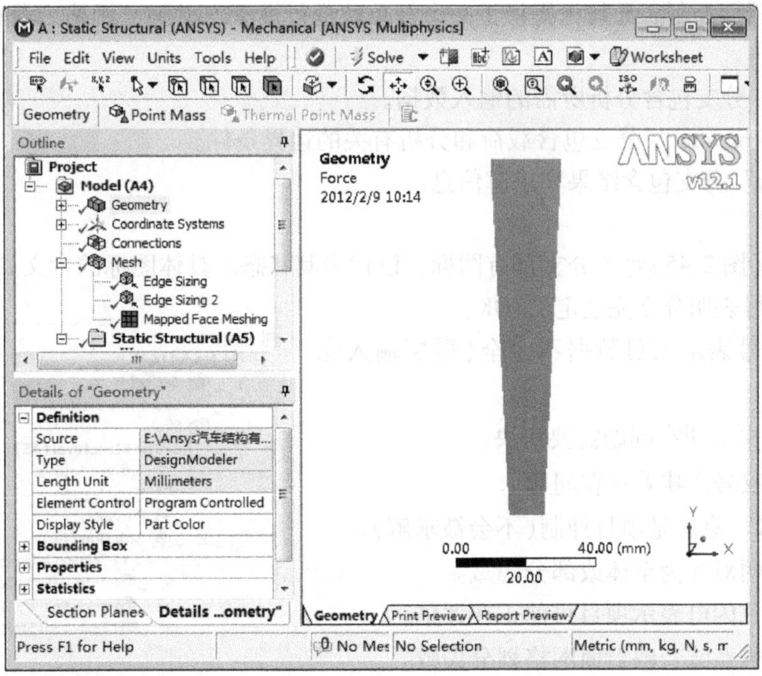

图 2-42　启动 ANSYS Workbench Mechianical

栏、几何区和细节区。

1. 菜单

菜单提供了 Mechanical 的很多功能，包括文件保存，数据更新、更改单位、定义个性化的用户界面，调用帮助文档等，常用的功能如下。

File > Clean，用于删除网格划分或分析产生的数据库。

Units，用于改变单位。

Tools > Options…，用于设置用户界面。

Help > Mechanical Help，用于打开帮助。

2. 工具栏

工具栏主要为用户提供快速实现某些功能，这些功能通过菜单中也可以实现。工具栏可以在 Mechanical 窗口的顶部的任何地方重新定位。如果将鼠标停在工具栏的某个按钮上，会出现功能提示。标准工具栏如图 2-43 所示。

图 2-43　标准工具栏

“Graphics” 图形工具栏用于选择几何和图形操作，如图 2-44 所示。

图 2-44　“Graphics” 图形工具栏

鼠标左键可以在“选择”模式或“图形操作”模式之间切换，图 2-44 所示的工具栏按钮可以归类为实体选择和图形操作控制两类。图形选择可以单个选择或框选择。主要受“选择模式”图标控制。导航树提供了一个简单地进行模型、材料、网格、载荷和求解管理的简单方法。

“Model” 分支包含分析所需的输入数据。

“Static Structural” 分支包含载荷和分析有关的边界条件。

“Solution” 分支包含结果和求解信息。

3. 导航树

导航树中(图 2-45)每个分支都有图标，以代表其状态。具体图标的含义如下：

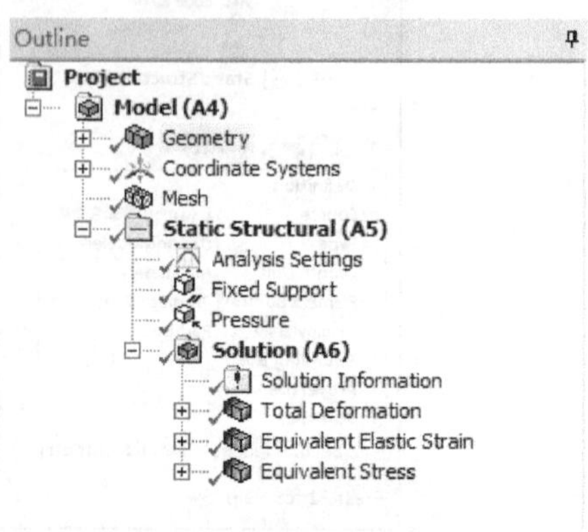

图 2-45　导航树

：对号表明分支完全定义/OK。

：问号表示项目数据不完全(需要输入完整的数据)。

：闪电表明有问题需要解决。

：感叹号意味着存在问题。

：“X” 意思是项目抑制(不会被求解)。

：透明对号为全体或部分隐藏。

：绿色闪电表示项目目前正在评估。

：减号意味着映射面网格划分失败。

：斜线标记表明部分结构已进行网格划分。

：红色闪电表示失败的解决方案。

4. 详细窗口

详细窗口（The Details View）包含数据输入和输出区域，如图 2-46 所示。窗口中内容的改变取决于当前选定的模型对象。

白色区域用于输入数据；灰色（红色）区域用于信息显示，在灰色区域的数据不能修改；黄色区域表示输入信息不完整。

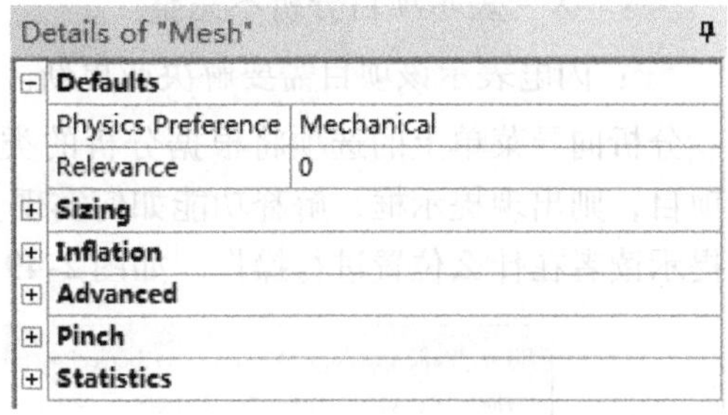

图 2-46 详细窗口

5. 图形窗口

图形窗口（图 2-47）有显示几何图形、列出工作表（表格）、生成 HTML 报告以及打印预览等功能。

6. 分析向导

分析向导是一个可选组件，可提醒用户完成分析所需要的步骤。分析向导可以单击工具栏上的绿色图标进行打开或关闭，如图 2-48 所示。Mechanical 分析向导为不熟悉 Mechanical 的用户提供了方便。

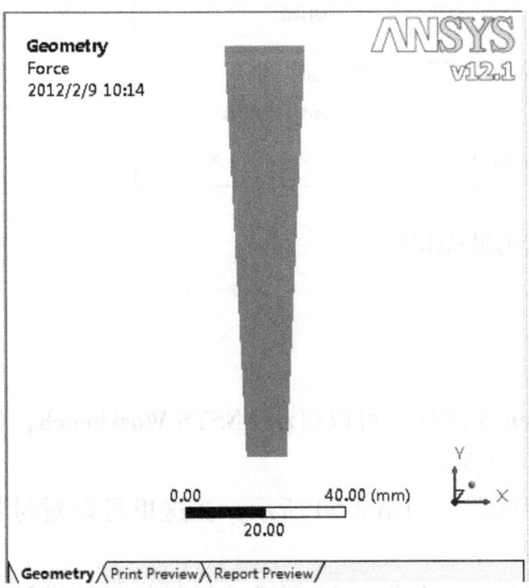

图 2-47 图形窗口

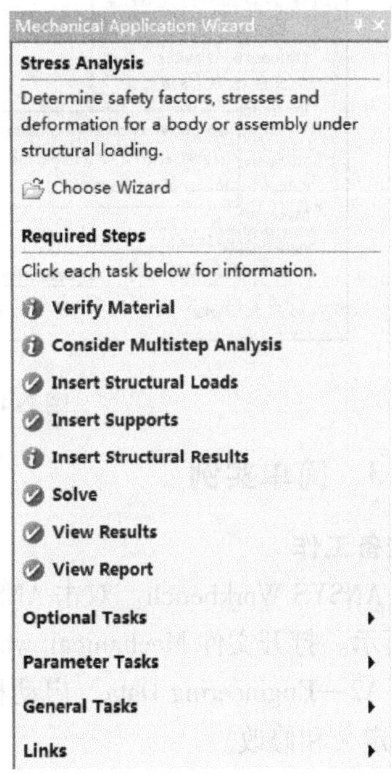

图 2-48 分析向导

分析向导提示必要的分析步骤和它们的图标符号，具体含义如下：

：绿色对号表示该项目已完成。

：绿色的“i”表示需要校核或显示信息。

：灰色的符号表示该步骤无法执行。

：红色的问号表示分析项目不完整。

：“X”表示项目分析不完整。

：闪电表示该项目需要解决或更新。

分析向导菜单上的选项将根据分析的类型而改变。选择“Required Steps”清单上的一个项目，则出现提示框，解释功能如何实现。在下面的例子，选中“Verify Materials”，会标注提示读者在什么位置进行操作，如图 2-49 所示。

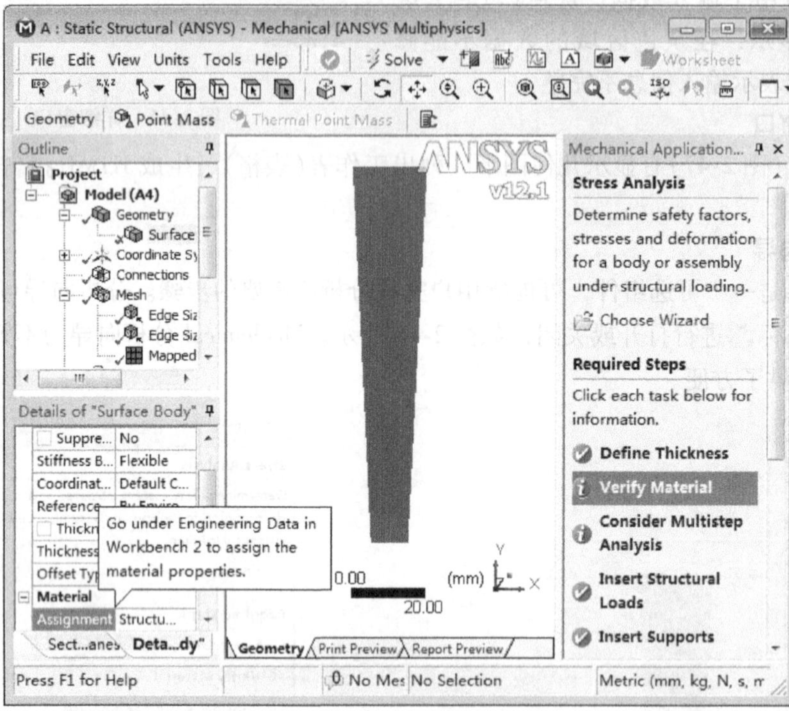

图 2-49　分析向导的提示作用

2.3.3　简单实例

1. 准备工作

启动 ANSYS Workbench。双击 ANSYS Workbench 图标，可以启动 ANSYS Workbench，如图 2-38 所示。打开文件 Mechanical. wbpj，如图 2-39 所示。

双击 A2—Engineering Data，启动材料特性管理器，如图 2-50 所示，在这里可以对材料属性进行定义和修改。

用鼠标左键单击 Structural Steel，查看其材料特性，如图 2-51 所示。材料的弹性模量为 200GPa，与前面算例中给出的相同。

单击 Return to Project 按钮，返回 ANSYS Workbench 主界面，如图 2-39 所示。

2. 建立模型

（1）建立/查看几何模型

双击 A3 栏，启动 DesignModeler，如图 2-52 所示，可以看到建立好的模型。

双击 A4 栏，即可启动 ANSYS Workbench Mechianical，如图 2-53 所示：

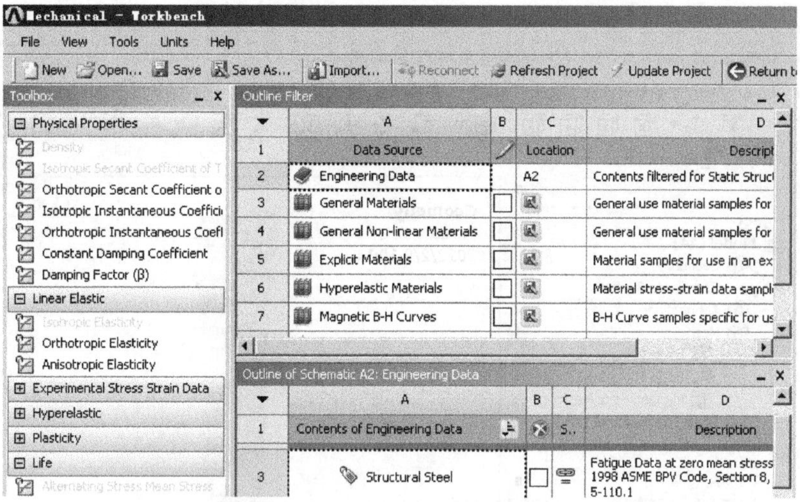

图 2-50　材料特性管理器

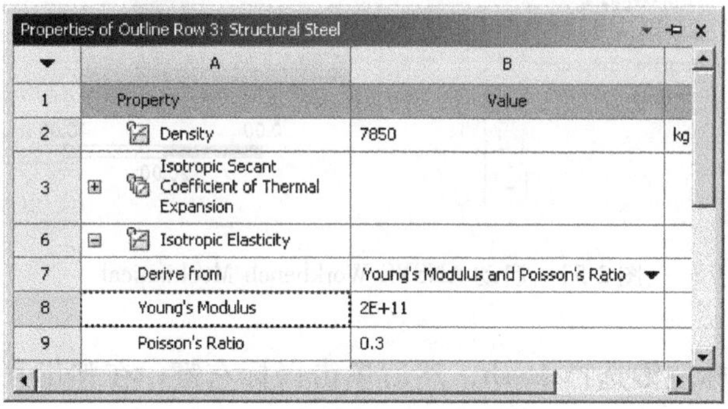

图 2-51　定义弹性模量和泊松比

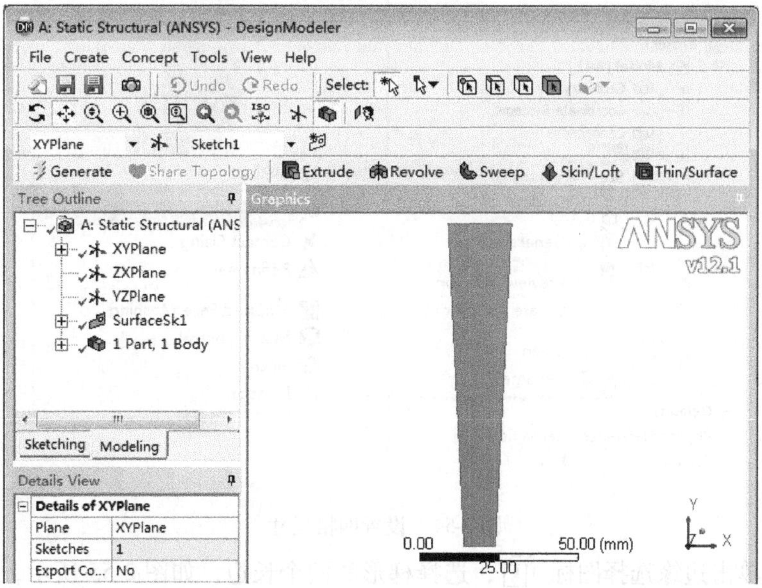

图 2-52　查看模型

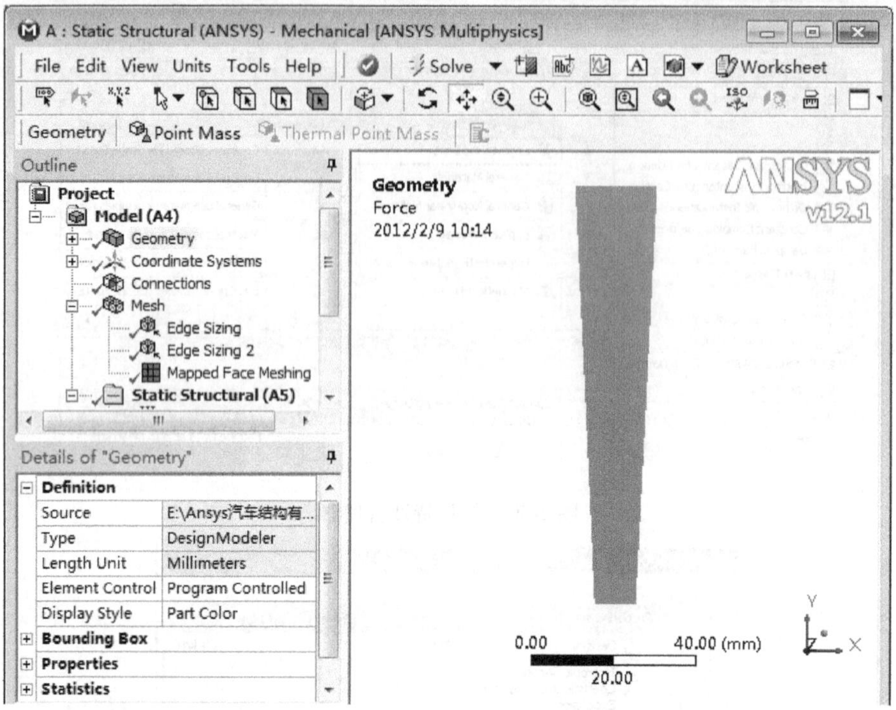

图 2-53　启动 ANSYS Workbench Mechianical

（2）划分网格

在导航树单击鼠标左键选择 Mesh，然后单击鼠标右键，在弹出菜单选择 Sizing，如图 2-54 所示。

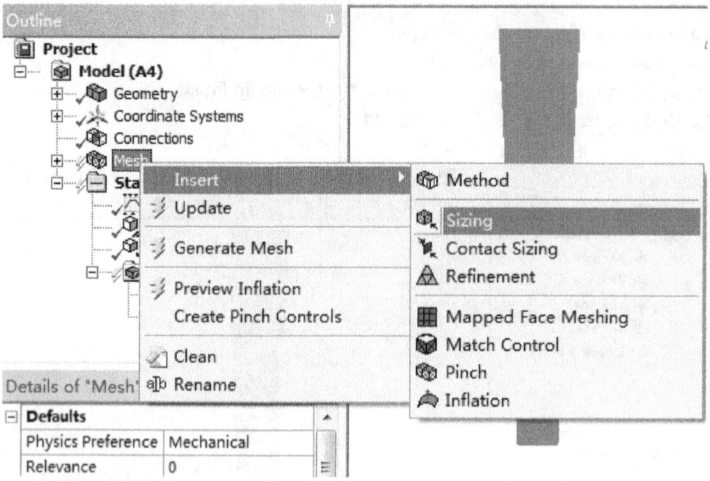

图 2-54　设置网格尺寸

在工具栏单击边缘选择图标，选择梯形的两个长边，如图 2-55 所示，

单击详细窗口中 Geometry 右侧的 Apply 按钮，完成选择对象的确认。接下来在详细窗口

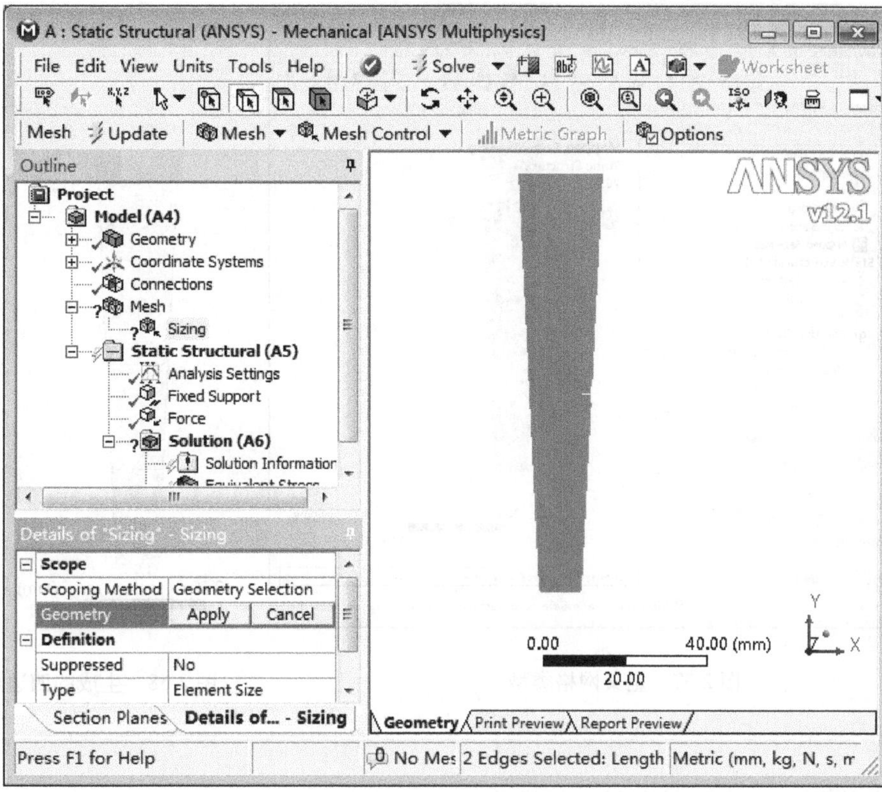

图 2-55　设置长边的尺寸

中进行设置，将梯形的两条长边划分为 4 份，如图 2-56 所示。

按照相同的方法，将梯形的上底和下底定义为划分为 1 份。

为保证梯形采用四边形划分网格，在导航树单击鼠标左键选择 Mesh，单击鼠标右键，在弹出菜单中选择 Mapped Face Meshing，如图 2-54 所示。

然后选择梯形面，在详细窗口单击 Apply 按钮，如图 2-57 所示。

在导航树单击鼠标左键选择 Mesh，单击鼠标右键，在弹出菜单中选择 Update，如图2-54 所示。生成的网格如图 2-58 所示。

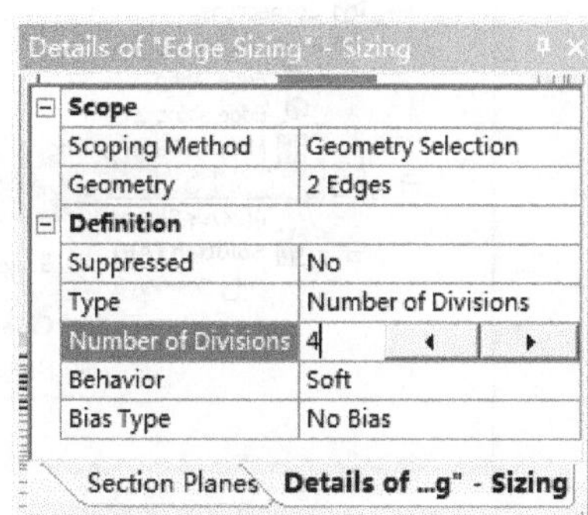

图 2-56　将梯形的两条长边划分为 4 份

（3）施加边界条件

在导航树中用鼠标左键单击 Static Structural(A5)，然后单击鼠标右键，在弹出菜单选择 Insert > Fixed Support(图 2-59)。

在图形区选择梯形的上底，在详细窗口单击 Apply 按钮，完成梯形上底的全约束。

在导航树中用鼠标左键单击 Static Structural(A5)，然后单击鼠标右键，在弹出菜单选择 Insert > Force，在图形区选择梯形的下底，在详细窗口单击 Apply 按钮，在详细窗口，Define by 设置为 Components，Y Component 设置为 -1000N，如图 2-60 所示。

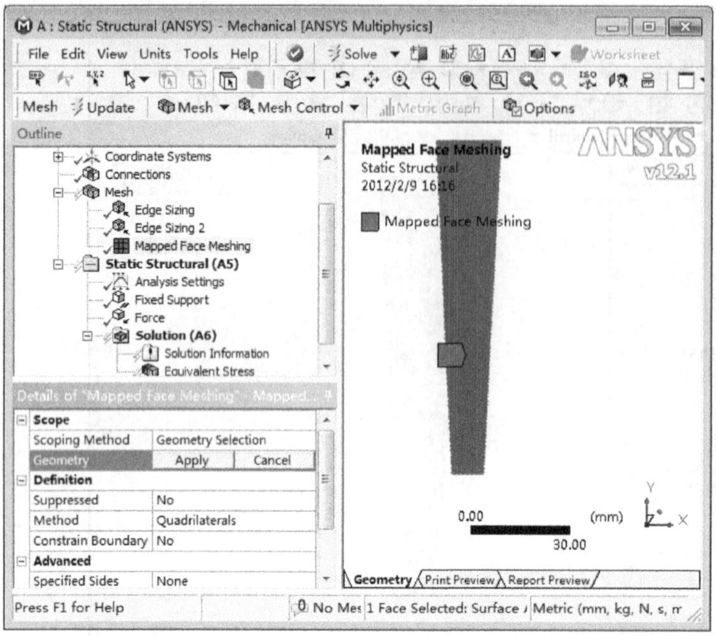

图 2-57　定义网格类型

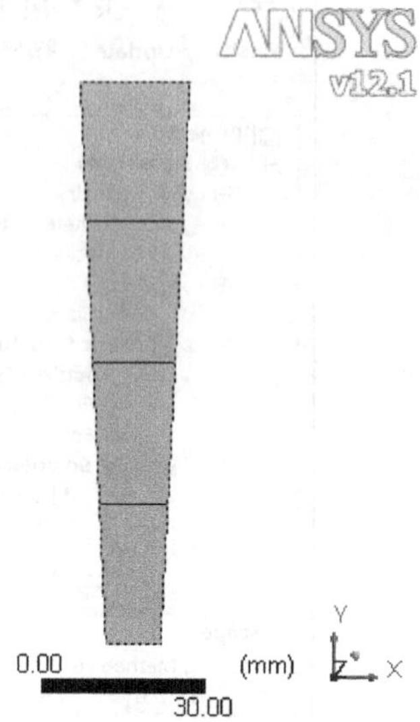

图 2-58　生成的四边形网格

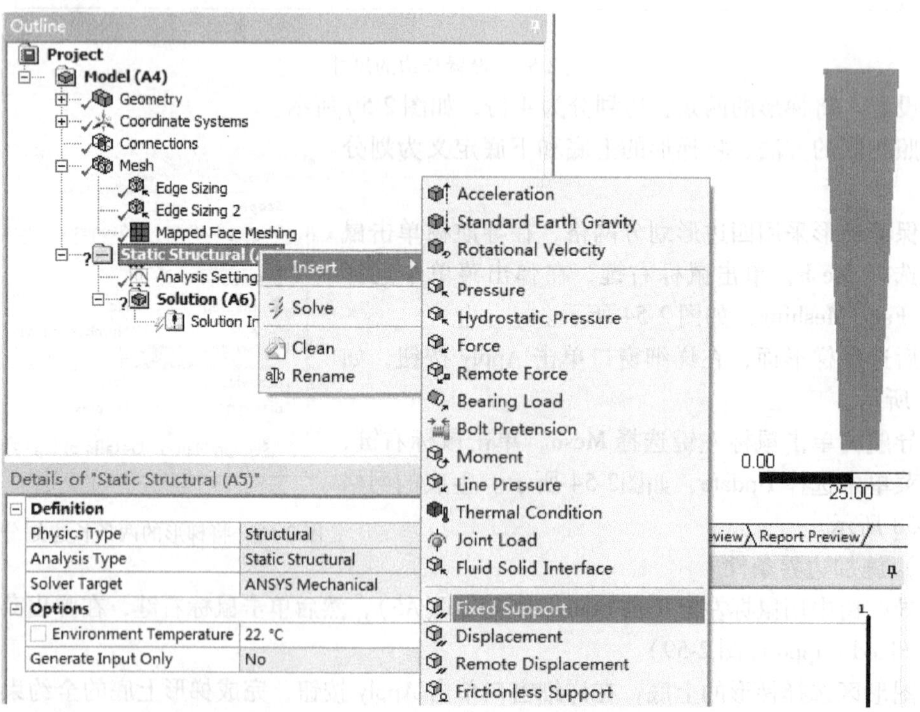

图 2-59　施加固定约束

（4）定义求解的结果

在导航树中用鼠标左键单击 Solution (A6)，然后单击鼠标右键，在弹出菜单选择 Insert > Stress > Normal，如图 2-61 所示。

在细节栏定义应力方向为 *Y* 方向，如图 2-62 所示。

3. 求解

单击工具栏上的 Solve 按钮，进行求解。

4. 查看分析结果

在导航树中，单击鼠标左键选择 Solution(A6) > Maximum Principal Stress，如图 2-63 所示。最大应力为 7.11E7，与前面理论所得结果相差不大。

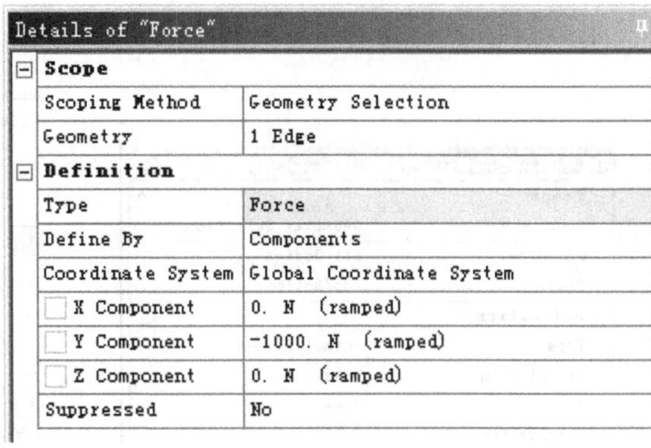

图 2-60　施加力

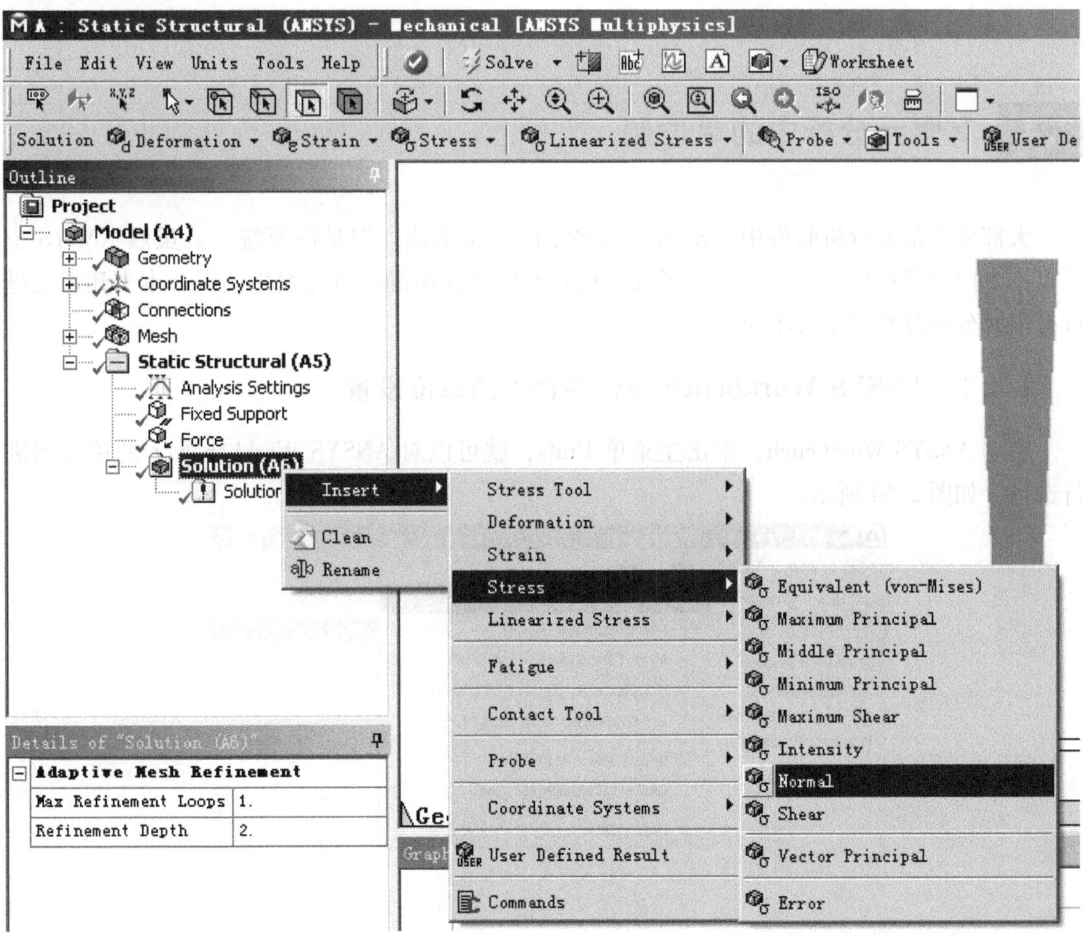

图 2-61　设置求解结果

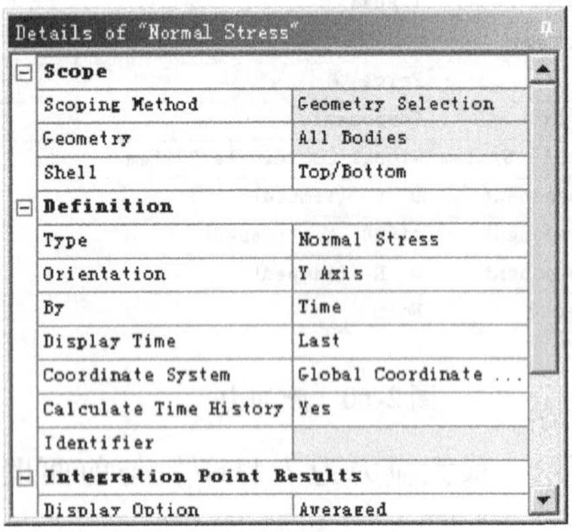

图 2-62　应力方向

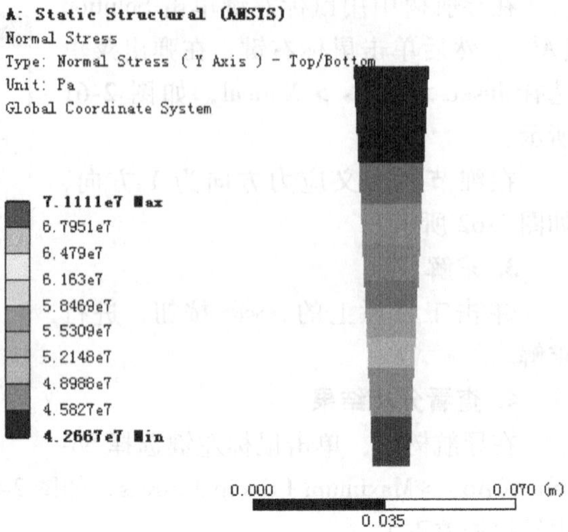

图 2-63　显示分析结果

2.4 有限元分析中的单位制

大部分有限元分析软件中，虽然不需要专门定义单位，但是需要统一。虽然 ANSYS 也可以不专门进行单位定义，但是为了在分析过程中概念明确，避免发生错误，本书建议在进行有限元分析过程中定义单位制。

2.4.1 ANSYS Workbench 操作平台下的单位设置

启动 ANSYS Workbench，单击主菜单 Units，就可以对 ANSYS Workbench 下的单位制进行选择，如图 2-64 所示。

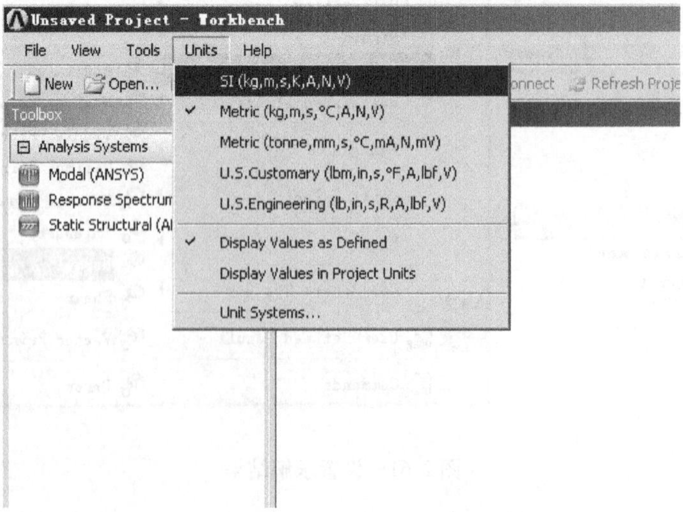

图 2-64　ANSYS Workbench 下的单位制定义

2.4.2　ANSYS Apdl 操作平台下的单位设置

ANSYS Apdl 操作平台下，可以采用下面的方法定义单位。

启动 ANSYS 的传统操作平台，在命令行运行下列指令进行定义。

/Units, Label

Label 表示单位制的名称。

SI：表示国际单位制(m,kg,s,K)。

MKS：表示 MKS 单位制(m,kg,s,℃)。

uMKS：表示 uMKS 单位制(μm,kg,s,℃)。

CGS：表示 CGS 单位制(cm,g,s,℃)。

MPA：表示 MPA 单位制(mm,Mg,s,℃)。

BFT：表示美国传统的单位制(ft,slug,s,℉)。

BIN：表示美国传统的单位制(in,lbf·s^2/in,s,℉)。

例如，在命令行运行/Units，SI，就把单位设置成国际制单位了！即长度：m；力：N；时间：s；温度：K；压强/压力：Pa；面积：m^2；质量：kg。在接下来的建模、定义材料属性、加载等操作就要按照国际单位制进行定义了，这样才能确保分析结果不会因为单位问题导致错误。

第3章 车辆结构常用材料在 ANSYS 中的定义

工程数据是进行车辆结构有限元分析的基础数据。弹性模量和泊松比是进行有限元分析的必要数据，如果单纯进行静力学分析，只需要这两个基本输入；如果要进行动力学分析，包括模态分析、瞬态动力学分析、谱分析，还需要知道材料的密度；如果要进行屈服分析，还要知道材料的屈服强度和屈服特性；如果要进行疲劳分析，还要知道材料的疲劳特性，这与车辆结构有限元分析的目的有关。

在各类车辆结构材料中，钢铁材料占有的比例最高，如东风载货汽车 EQ1092 钢材用量占整车用材的65%。有限元分析中，大都是对承载结构进行分析，而这些承载结构一般是合金材料，了解车辆结构常用合金材料对我们进行有限元分析是十分重要的。

3.1 车辆结构常用材料

车辆上所用的合金结构钢大体可以分为以下几类：各种轴类(如曲轴、半轴、连杆等)用钢、齿轮钢、弹簧钢、冷锻钢和高强度标准件用钢。车辆上大量的轴类采用调质合金结构钢和非调质钢制造。

3.1.1 各种轴类

（1）曲轴

曲轴分铸造曲轴和锻造曲轴，其中锻造曲轴用钢，在轻型和中负荷发动机上通常用40Cr、50MnB 或 45 钢。对于重型车和军用汽车发动机曲轴，则采用淬透性和强韧性更好的钢种，如 42CrMo、35CrMo。

（2）半轴

车辆半轴是在差速器和驱动轮之间传递动力的零件，它承受较高的扭转和弯曲应力，其用钢既要考虑扭转和弯曲强度，又必须有较高的疲劳强度，多用碳锰钢、锰硼钢。

（3）前桥内外半轴和转向节

重型军用越野车的前桥内外半轴由于受力条件复杂，因此对钢材的性能要求较高，我国重型越野车前桥内外半轴一般采用 30Mn2MoW。

对于大多数中、轻型车的前桥转向节，多用中碳调质钢，如 40Cr 等。近年来，为节约热处理的耗能，开发了非调质贝氏体钢制造的轻型车转向节，其典型牌号为 12Mn2VBS。

（4）前轴

车辆前轴又称 I 字梁，是汽车前桥的重要结构件，直接影响转向系统的安全可靠性及使用寿命。前轴的受力状态主要是承受弯矩，同时又承受一定的冲击力和交变应力，工作环境较差，易腐蚀。因此要求前轴用材应具有较高的弯曲疲劳强度，并有良好的韧度配合，通常采用调质钢制造。

轻型车和中型载货车的前轴大部分采用 45 钢调质处理制造，而对重型汽车前轴大都用 40Cr 钢调质处理制造。

重型车转向节臂和军用越野车的转向节臂大部分用 35CrMo 钢，以保证较高的强韧性匹配及较高的韧度。

3.1.2　齿轮用钢

自 20 世纪 80 年代以来，车辆齿轮钢的基本系列钢号变化不大，高强度齿轮钢多用 Cr-Mo 钢和 Ni-Cr-Mo 钢。长期以来，我国的渗碳齿轮钢多用 20CrMnTi 和 20CrMnMoTi。

3.1.3　弹簧

车辆用弹簧可分悬架弹簧和气门弹簧。悬架弹簧可分为螺旋弹簧、钢板弹簧和扭杆弹簧。为了满足减小汽车自身质量的要求，使得悬架各类弹簧的设计应力大幅度提高，尤其是变截面板簧的发展，不仅要求板簧在高应力下具有高的疲劳寿命，同时也要求板簧工作可靠，目前弹簧用钢的主要系列为 Si-Mn 系、Cr-Mn 系、Cr-V 系和 Si-Cr 系。Si-Mn 系弹簧钢是用量最大的弹簧钢，以 60Si2Mn 用量最大。

在轿车悬架上的螺旋弹簧应用较多的是 Si-Cr 系弹簧钢，在一些微型车上，悬架螺旋簧也常用 60Si2Mn 或 50CrVA。

扭杆弹簧结构简单，有利于车辆整体布置，在一些轿车和轻型车上应用，也有在重型军用车上应用的。

目前气门弹簧钢采用 Si-Mn 系、Cr-V 系、Si-Cr 系，以 60Si2Mn、50CrV、55SiCr 等钢种为多。

3.2　在 ANSYS Workbench 中定义车辆结构材料特性

3.2.1　ANSYS Workbench 工程数据操作界面

在 ANSYS Workbench 中可以对材料数据进行定义、添加、编辑、复制和删除等操作。

打开工程文件 EngineeringData. wbpj，如图 3-1 所示，在项目规划区有一个静力学分析流程 A，流程中 A2—EngineeringData 就用于定义工程数据。由于静力学结构分析中默认的材料为结构钢 Structrual Steel，所以这里 EngineeringData 右侧有一个绿色的对号。

用鼠标左键单击 A2—EngineeringData，然后单击鼠标右键，在弹出的菜单中选择 Edit…，启动 ANSYS Workbench 工程数据定义应用程序，如图 3-2 所示。

从图 3-2 中可以看出，工程数据界面被分成若干个独立的面板，各面板的含义如下。

Toolbox：工具箱给出工程数据的项目列表，包括物理属性、线弹性、实验得到的应力

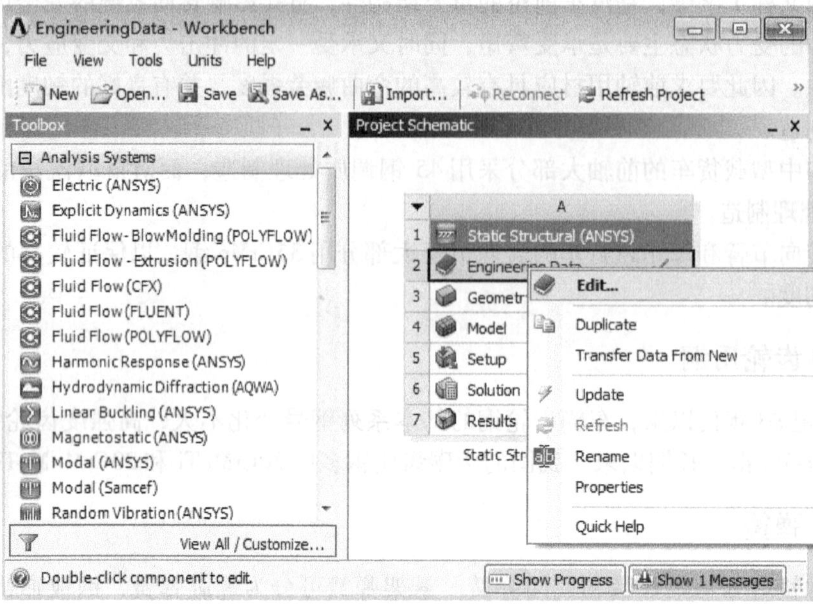

图 3-1　打开工程文件 EngineeringData. wbpj

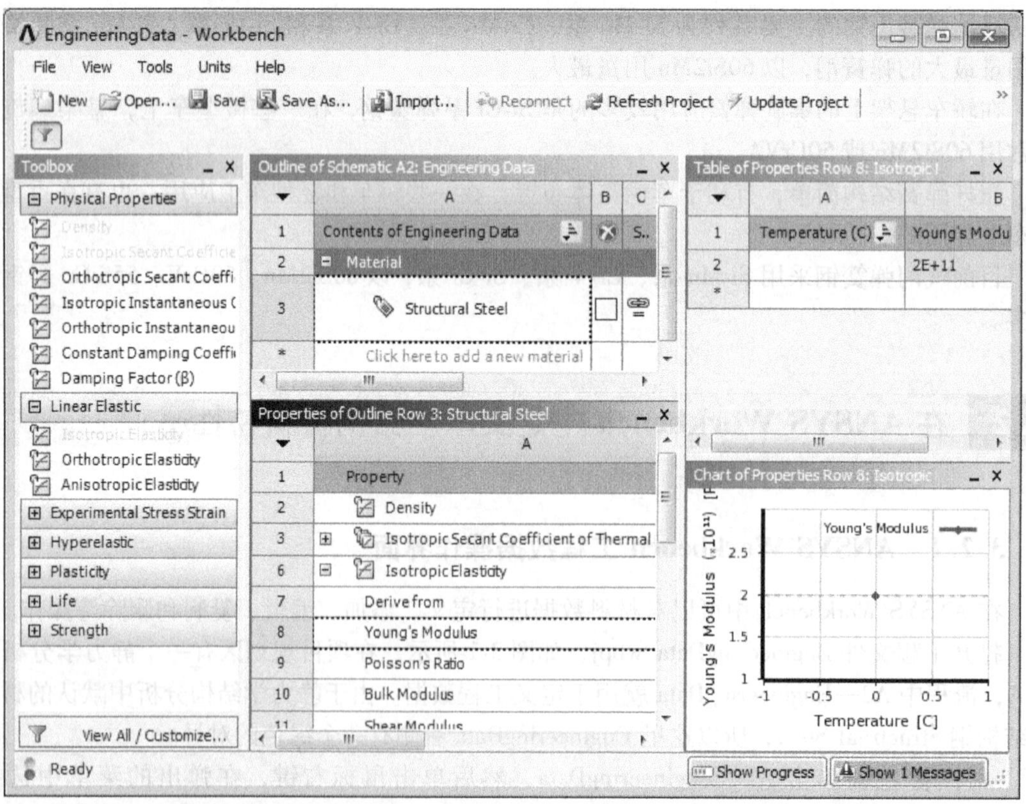

图 3-2　ANSYS Workbench 工程数据定义界面

应变数据等。默认条件下，项目列表已经被过滤，只包含当前项目分析可用的数据项目。

Outerline Filter：给出当前项目可用的数据源，也包含数据源的位置(在项目流程中的位置)，用户也可以导入外部数据用于当前项目。

Outline：给出在 Outerline Filter 中选择材料的属性。

Properties：给出当前项目中材料的属性。

Table of Properties：给出当前项目中材料相关属性的数值，若材料的某一属性是温度的函数，可以在这里定义。

Chart：给出属性列表中所选数据的曲线。

完成工程数据定义后，单击工具栏上的 Return to Project，返回项目流程。

3.2.2　为当前项目添加材料

如图 3-3 所示，在 Outline-Filter 面板上，当前工程数据为 A2，从数据描述看出数据为静态结构分析数据。

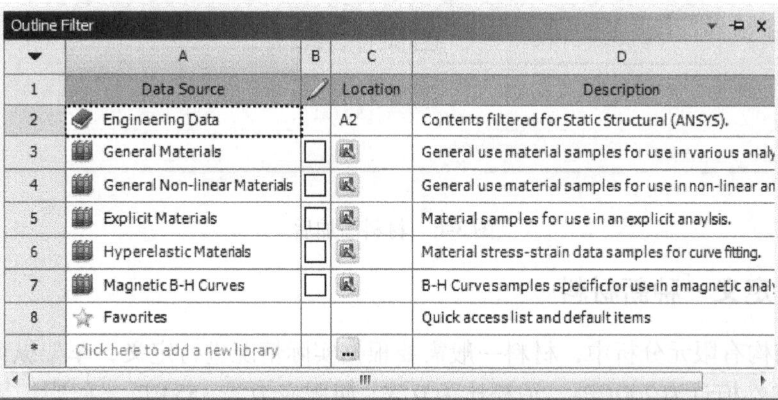

图 3-3　Outline-Filter 面板

用鼠标左键单击 Engineering Data，Outline-Filter面板给出具体的材料类型，为 Structural Steel，如图 3-4 所示。

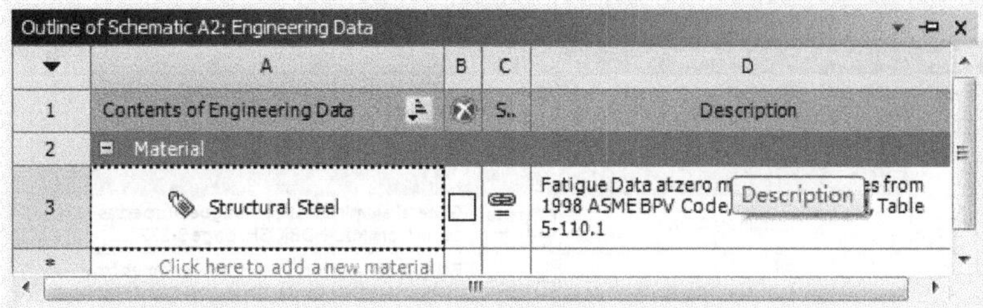

图 3-4　Outline of Schematic 面板

在 Outline-Filter 面板单击通用材料 General Material，如图 3-3 所示，这时 Outline of Schematic 面板列出通用材料包含的所有材料类型，如图 3-5 所示。

用鼠标左键单击 Aluminum Alloy 右侧的“+”，将铝铜合金加入到当前工程。再一次用鼠标左键单击图 3-3 中 Engineering Data，Outline-Filter 面板给出具体的材料类型，材料类型

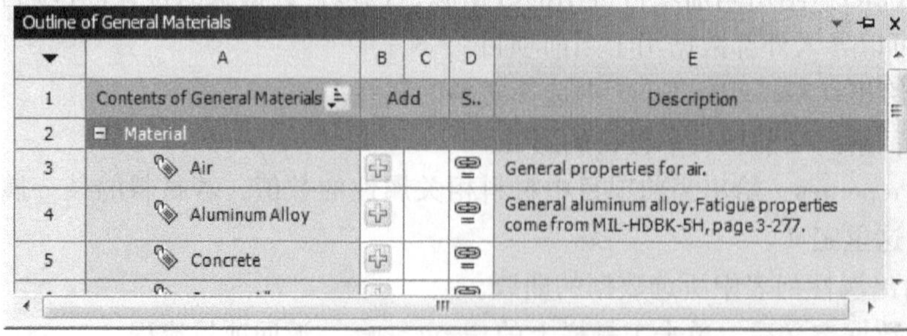

Outline of General Materials
Contents of General Materials
Add
Description
Material
Air
General properties for air.
Aluminum Alloy
General aluminum alloy. Fatigue properties come from MIL-HDBK-5H, page 3-277.
Concrete

图 3-5　通用材料列表

中增加了 Aluminum Alloy，如图 3-6 所示。

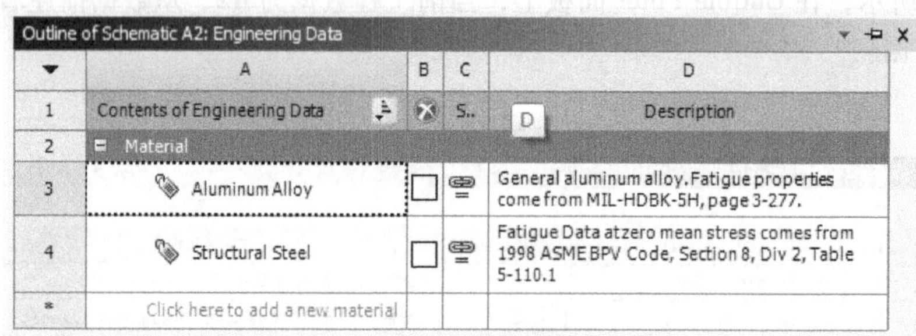

图 3-6　材料添加后

3.2.3　定义一种新材料

在车辆结构有限元分析中，材料一般需要根据实际情况进行定义，车架纵梁常用材料为 B510L1，其弹性模量为 200GPa，泊松比为 0.3，屈服应力为 355MPa，屈服极限为 610MPa。下面演示如何在 ANSYS Workbench 中定义并添加这种材料。

在 Outline Filter 面板单击 EngineeringData，如图 3-3 所示，在 Outline 面板单击 "Click here to add a new material"，在 Material 栏输入 "B510L1"，在 Description 栏输入 "车架大梁"，如图 3-7 所示。

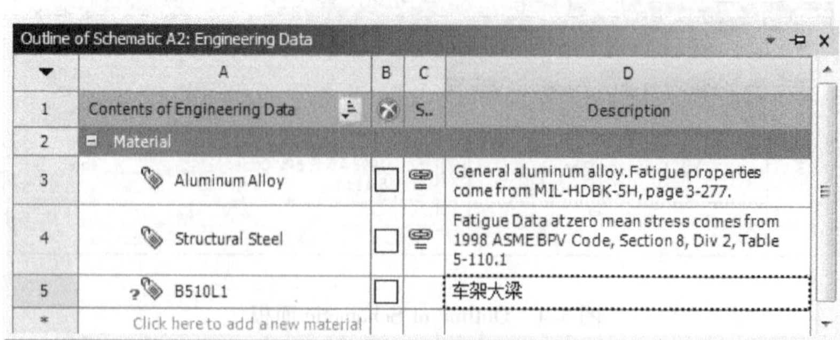

图 3-7　添加材料名称

在工具栏选择 Toolbox > Linear Elastic > Isotropic Elasiticity，按住鼠标左键，拖拉至 Outline Filter 面板的 B510L1 所在栏，如图 3-8 所示。

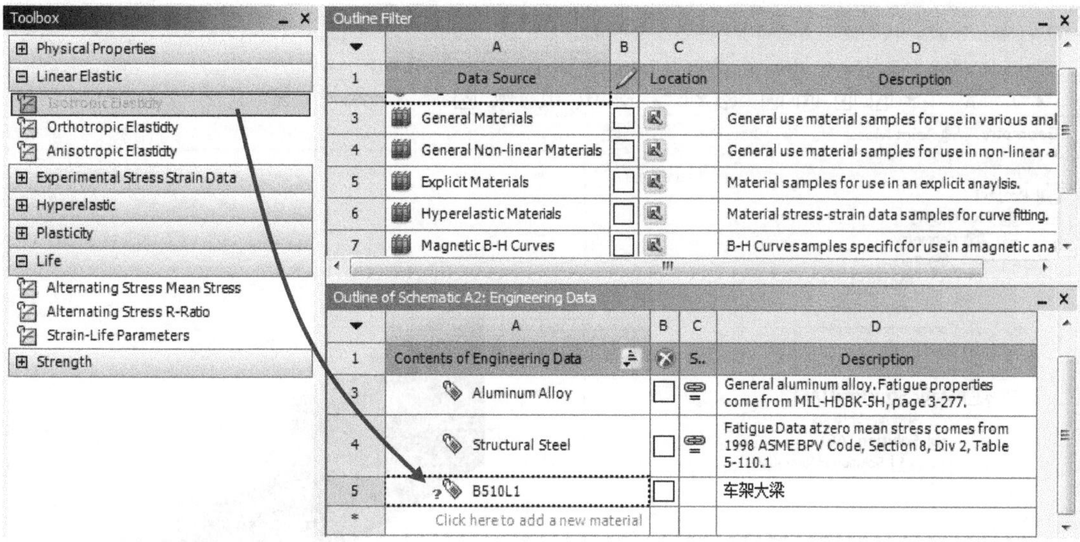

图 3-8　给 B510L1 定义材料属性

这时，在属性面板列出材料 B510L1 材料属性包含的内容，填写完毕后如图 3-9 所示。

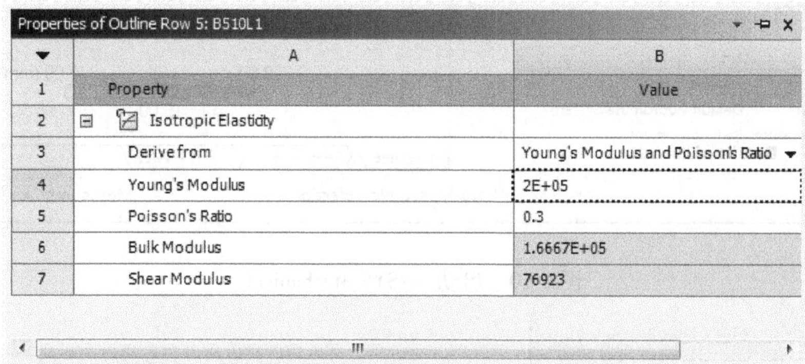

Properties of Outline Row 5: B510L1
Property
Value
Isotropic Elasticity
Derive from
Young's Modulus and Poisson's Ratio
Young's Modulus
2E+05
Poisson's Ratio
0.3
Bulk Modulus
1.6667E+05
Shear Modulus
76923

图 3-9　定义 B510L1 材料属性数值

另外，ANSYS Workbench 还提供了材料数据库建立，材料数据复制、编辑、删除等功能，这些功能可以在软件实际应用中，结合程序自带的帮助文档逐步学习，逐步探索。

3.2.4　应用案例

双击项目流程中的 A3—Mesh（如图 3-1 所示），启动 ANSYS-Mechanical，如图 3-10 所示。

从项目树（Project，在 Outline Filter 面板中）可以看出，模型由两个几何实体组成，两个实体组成一个 Part，下面将两个实体分别赋予不同的材料。

单击 Part 中的第一个 Solid，细节栏如图 3-11 所示。从图中可以看出，第一个 Solid 所用材料为静力学默认材料 Structural Steel。

单击 Part 中的第二个 Solid，细节栏如图 3-12 所示。从图中可以看出，第二个 Solid 所用材料也为静力学默认材料 Structural Steel，单击右侧的箭头，选择 Aluminum Alloy。

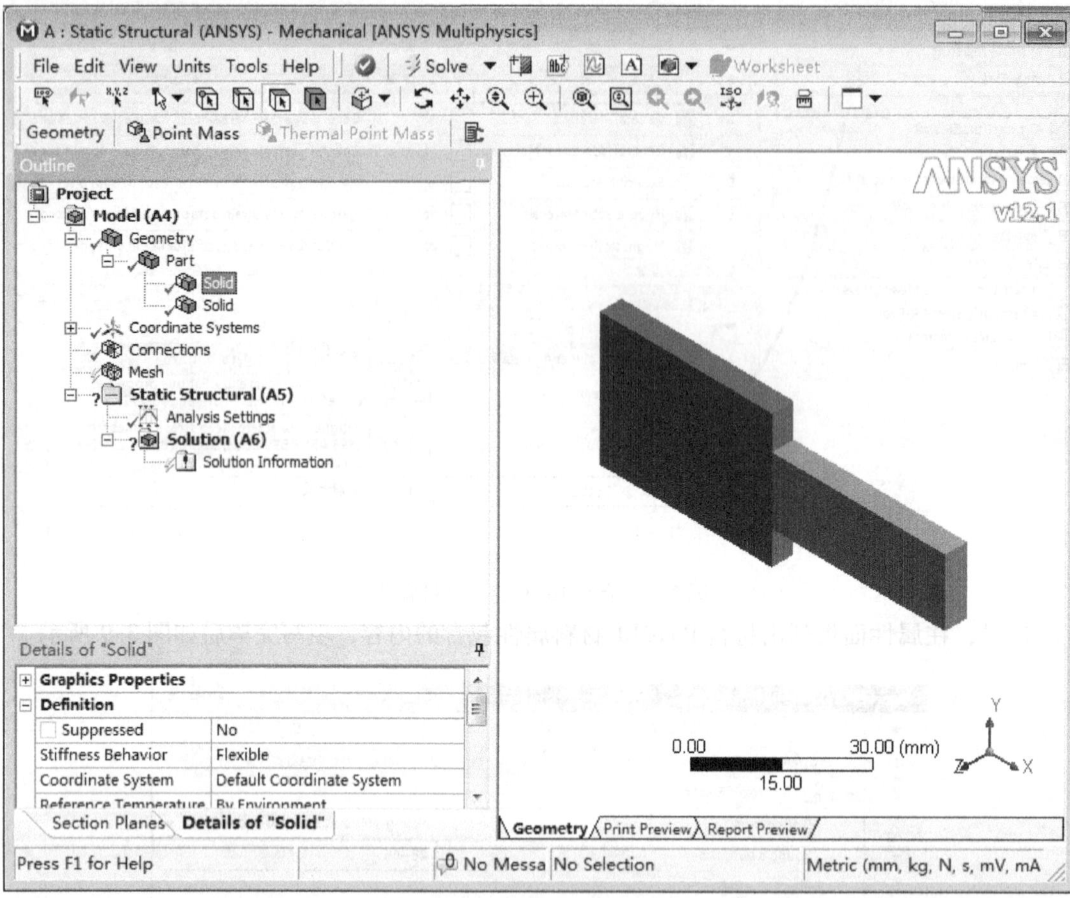

图 3-10　启动 ANSYS-Mechanical

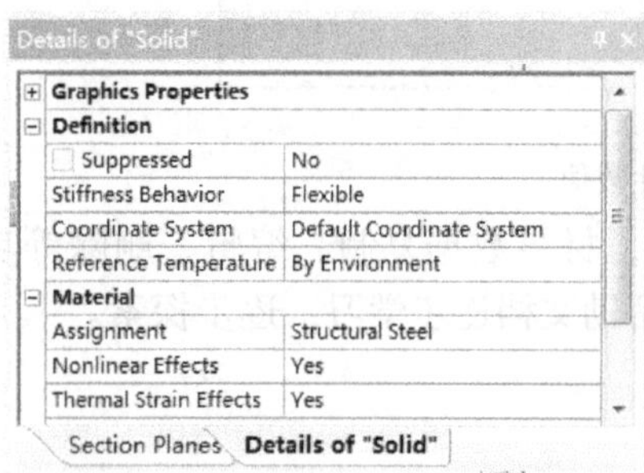

图 3-11　第一个 Solid 的细节设置

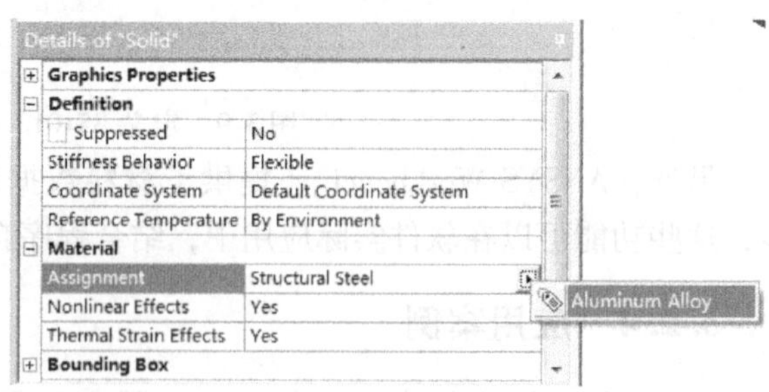

图 3-12　为第二个 Solid 定义材料

通过以上的定义，模型中的两个实体有不同的材料属性。

第 4 章

车辆结构有限元建模技术

4.1 几何建模

几何建模是车辆结构有限元分析中有限元模型建立的第一步，目的是建立能够合理反映实际力学特性的数学模型。ANSYS Workbench 的 DesignModeler 为有限元结构几何模型的建立、转化和修复提供了方便的工具。

与其他 CAD 建模软件相似，DesignModeler 几何建模主要有三种方法。一是自底向顶的建模方式，就是按照点—线—面—体的顺序依次建模，这种方法符合设计人员的建模逻辑，对概念设计阶段产品建模非常合适；二是自顶向底的建模方法，这种方法直接利用体元素，通过布尔运算的方法，建立复杂的几何模型，这种方法建模快速，能充分利用已有的设计模型与子模型，故而也被广泛应用；三是混合建模方法，就是综合运用前两种方法进行几何建模。

在几何模型的建立过程中，应该考虑到后续有限元网格的划分，即在进行网格划分时，是要进行自动网格划分还是映射网格划分。自动网格划分对实体模型的要求比较简单，只要将所有的体或面结合成一个体就可以了；而映射网格划分时，平面结构一定要由三或四个边围成，体结构则要求由四或六个面围成。

由于 DesignModeler 不仅具有几何模型建立的功能，还具有转化和修复模型的功能，所以无论读者习惯于用哪一种软件进行几何建模，都有必要学习 DesignModeler 的使用。

4.1.1 基本操作界面

启动 ANSYS Workbench，将项目保存为 DesignModeler. wbpj，双击 Toolbox > Analysis System > Static Structural(ANSYS)，建立一个静力学分析流程，如图 4-1 所示。

双击静力学分析流程中的 A3—Geometry，启动 DesignModeler，首先弹出的是单位设置对话框，如图 4-2 所示。

单击 OK 按钮，默认长度单位为“Meter(米)”。这时，当前窗口就是 DesignModeler 的操作界面，如图 4-3 所示。

DesignModeler 的操作界面包括主菜单、基本工具条、图形工具条、工作平面工具条、3D 建模工具条、导航树、图形窗口和详细信息窗口。

1. 主菜单

主菜单为 DesignModeler 的基本菜单，如图 4-4 所示，包括文件操作、建模操作、建立

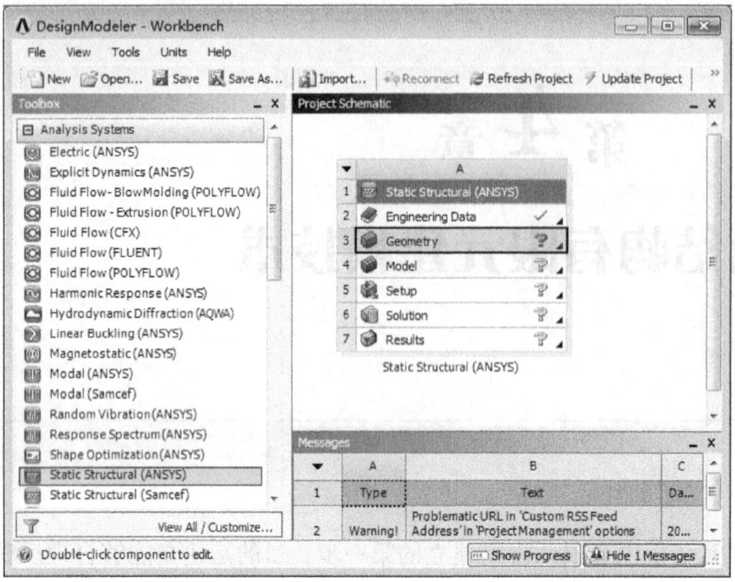

图 4-1　启动 ANSYS Workbench，建立一个静力学分析流程

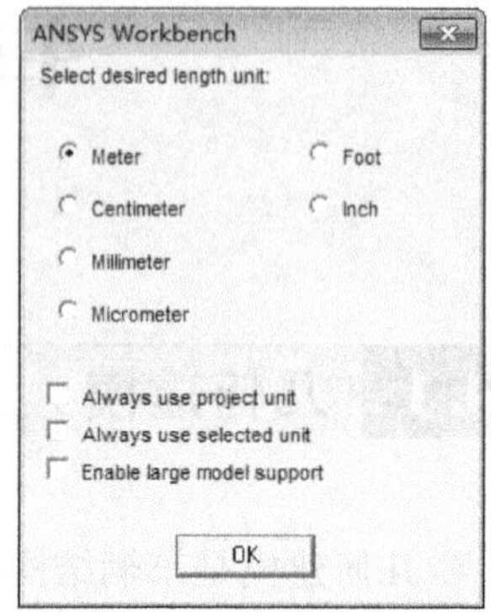

图 4-2　设置长度单位

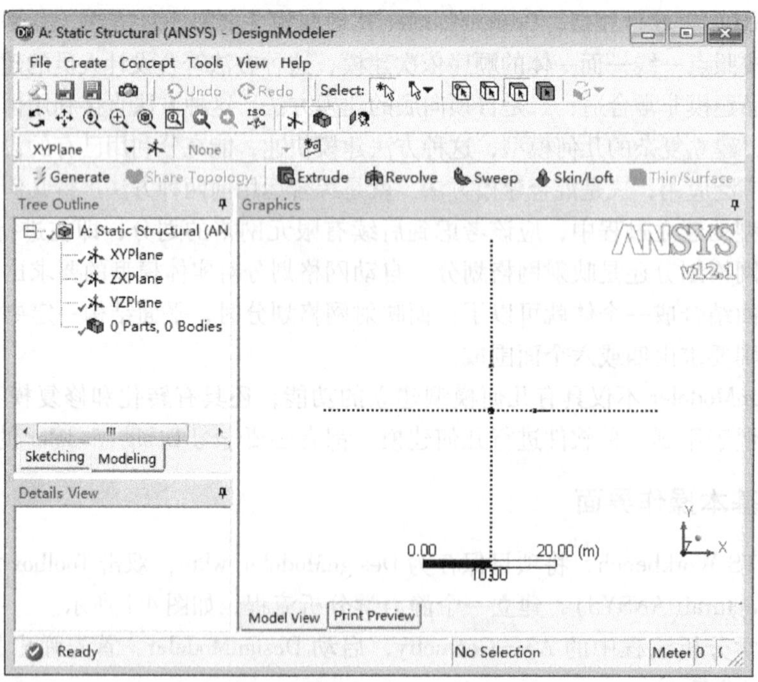

图 4-3　DesignModeler 的操作界面

概念模型、常用工具、图形显示方式和激活帮助等功能。

File：完成基本的文件操作，包括外部几何模型的导入等。

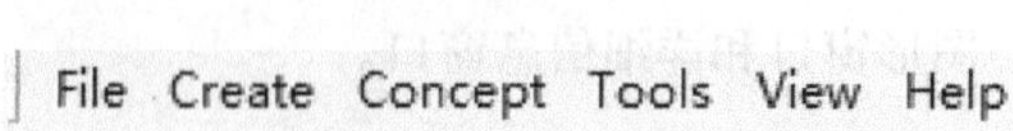

图 4-4　主菜单

Create：3D 建模和修改工具。

Concept：包括线和面的建模工具。

Tools：整体建模操作、参数管理和客户化属性设置等。

View：图形显示方式管理。

Help：调用帮助信息。

2. 基本工具条

基本工具条包括一些常用的应用命令，如图 4-5 所示。包括新建文件、打开文件、保存文件、撤销建模操作、抓图以及切换鼠标选取目标的模式等操作功能。

图 4-5　基本工具条

3. 图形工具条

图形工具条可以激活鼠标对视角的控制功能，提供放大和缩小视图的相关工具，如图 4-6 所示。

图 4-6　图形工具条

4. 工作平面工具条

工作平面工具条可以新建工作平面和新建草图，如图 4-7 所示。

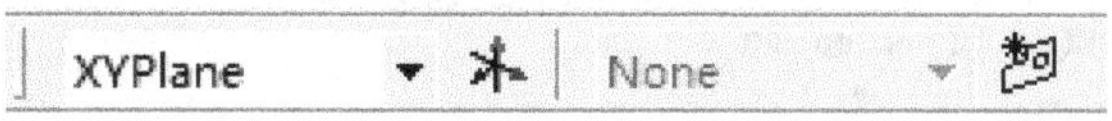

图 4-7　工作平面工具条

5. 3D 建模工具条

3D 建模工具条用于完成拉伸、旋转、扫略和蒙皮等 3D 成形操作，如图 4-8 所示。

图 4-8　3D 建模工具条

6. 导航树

导航树显示的内容与整个建模的过程相匹配，包含工作平面、草图绘制和 3D 建模等多个分支和组成，是访问这些元素的最直接的途径，如图 4-9 所示。

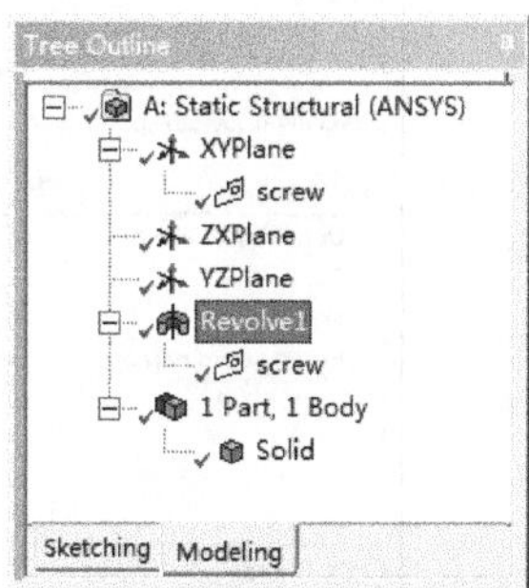

图 4-9　导航树

7. 图形窗口

显示几何模型，如图 4-10 所示。

8. 详细窗口

对绘图操作进行详细定义，如定义尺寸值、拉伸长度以及选择操作图元等，如图 4-11 所示。

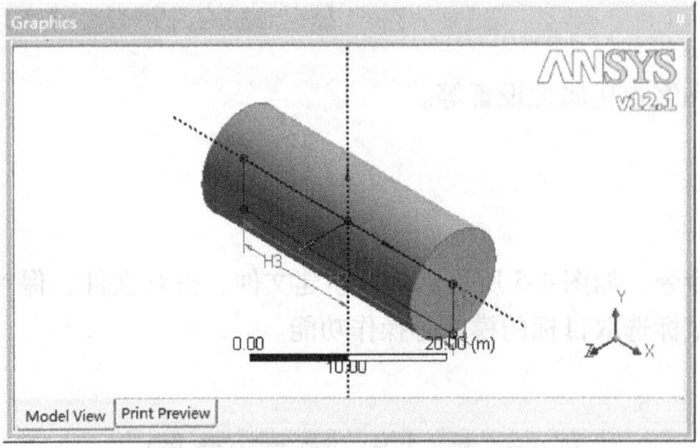

图 4-10　图形窗口

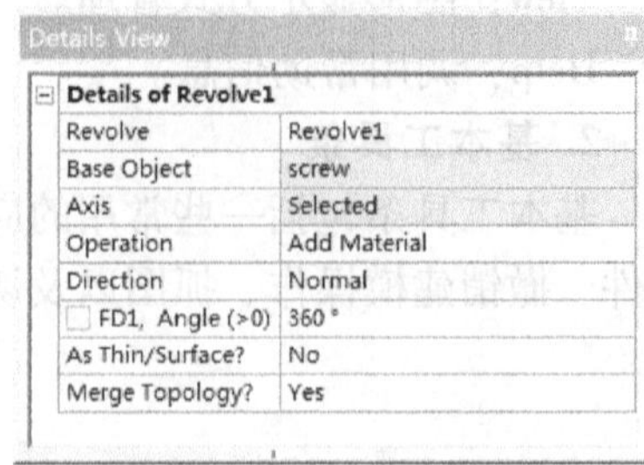

图 4-11　详细信息窗口

4.1.2　草图建模

在 ANSYS Workbench 的 DesignModeler 中，提供了草图建模的功能，用于绘制二维几何图形，通过二维几何图形可以进一步创建三维几何模型，也可以用于生成二、三维梁模型或者平面模型。

需要明确的概念是，草图建立在工作平面上，创建草图需要首先选择一个工作平面。如图 4-12 所示，选择 *XY* 工作平面 XYPlane。

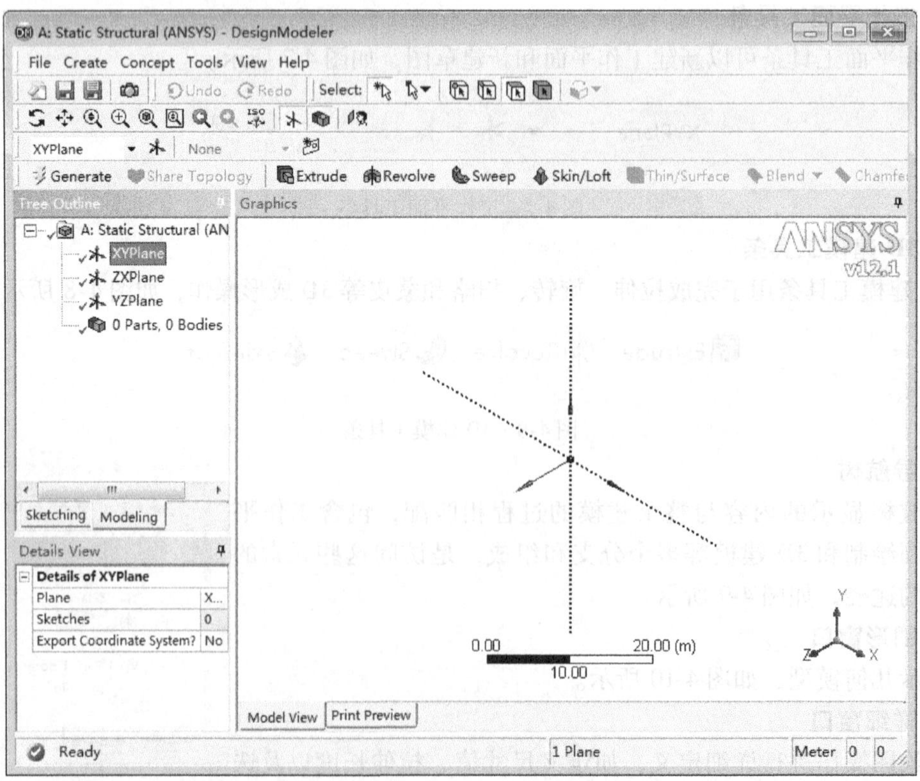

图 4-12　选择工作平面

在工具栏单击草图建立图标，模型树中的 XYPlane 下出现建立的第一个草图 Sketch1，如图 4-13 所示。

单击图 4-13 所示的 Sketching 页面，弹出草图绘制工具箱，如图 4-14 所示，工具箱中提供了许多草图绘制工具，利用这些工具，可以绘制各种草图。

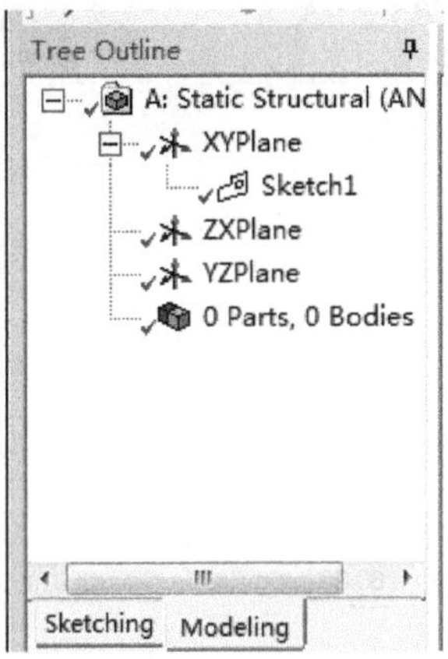

图 4-13　生成草图 1

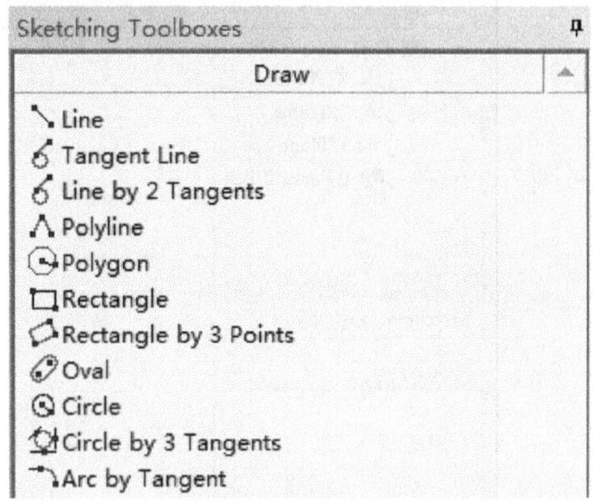

图 4-14　绘制草图工具箱

4.1.3　工作平面

ANSYS Workbench 的 DesignModeler 中草图创建在工作平面上，所以创建草图之前需要选择或者创建一个工作平面。工作平面和草图的关系是，一个工作平面上可以创建多个草图。工作平面的创建过程如下。

启动 DesignModeler，首先弹出单位设置对话框，如图 4-15 所示，用于选择需要的长度单位，需要注意的是，这些单位在操作过程中不能改变。

在 ANSYS Workbench 的 DesignModeler 中有三个基本工作平面，这三个工作平面不需要用户自己创建，分别是 XYPlane、ZXPlane 和 YZPlane，可以直接在三个基本平面上创建草图。

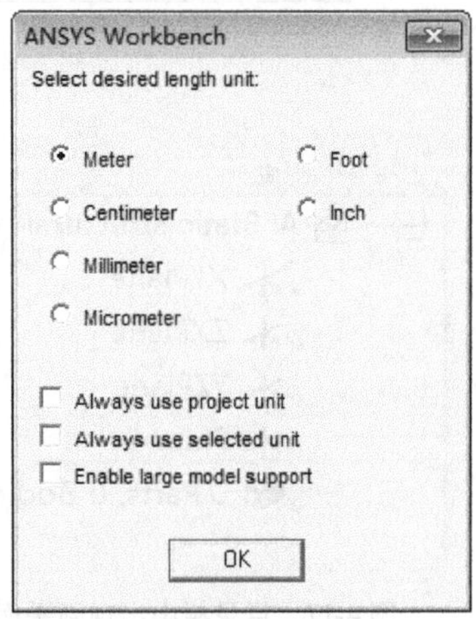

图 4-15　设置单位制

在 ANSYS Workbench 的 DesignModeler 操作界面中(图 4-16)，单击图标即可创建新的工作平面。

这时，目录树中出现一个新的平面 Plane4(图 4-17)，鼠标左键单击选中 Plane4，这时在细节栏中显示 Plane4 的各项属性，如图 4-18 所示。

单击 Type 右侧的下拉按钮，可以选择平面类型，如图 4-19 所示。

图 4-19 中各选项含义如下：

From Plane：从一个已有的平面创建一个平面，已有的平面包括三个基本平面和其他用户已经创建的平面。

From Face：基于零件/结构的表面创建工作平面，如图 4-20 所示。

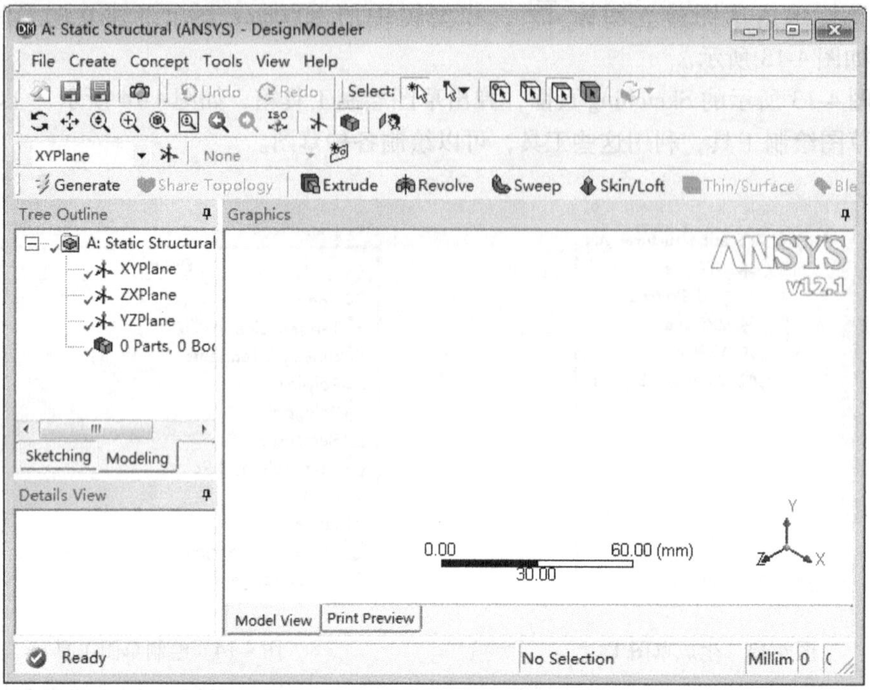

图 4-16 DesignModeler 操作界面

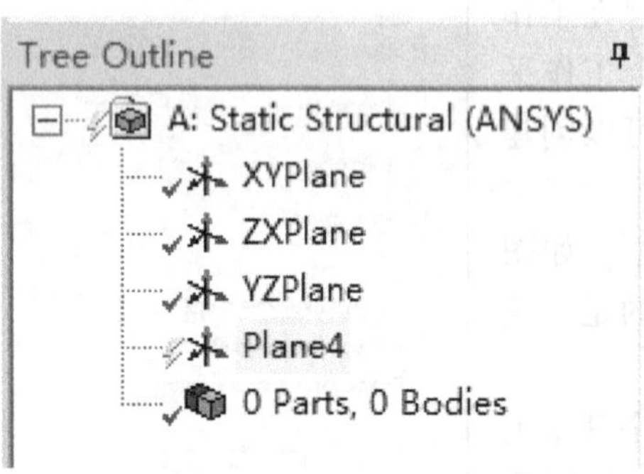

图 4-17 目录树中出现新平面 Plane4

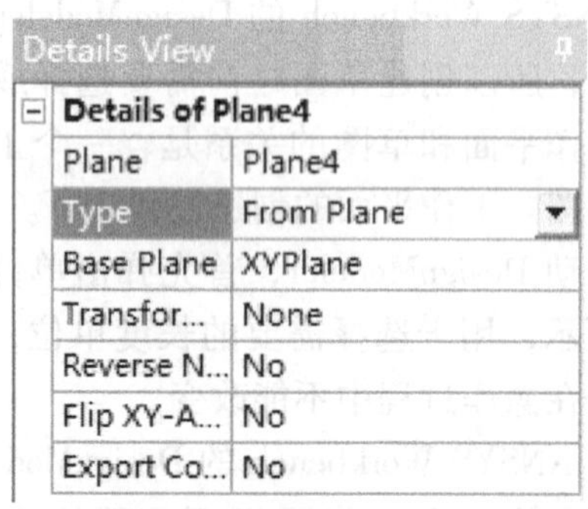

图 4-18 Plane4 的各项属性

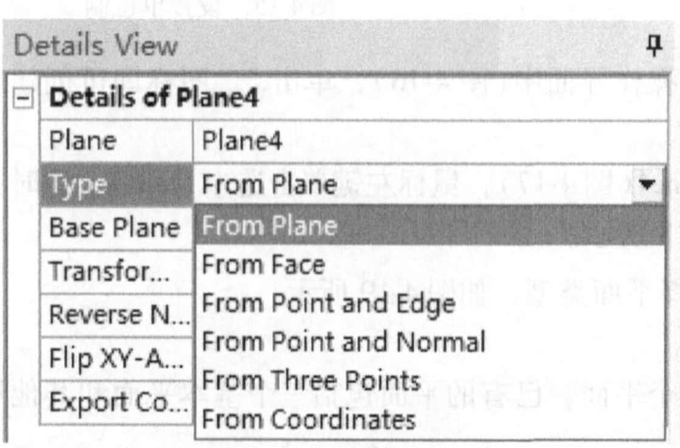

图 4-19 显示平面类型

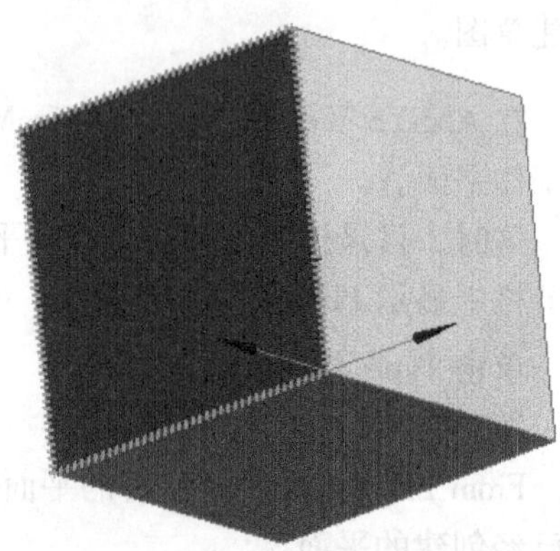

图 4-20 基于零件/结构的表面创建工作平面

From Point and Edge：用一个点和一个面的边定义平面，如图 4-21 所示。

From Point and Normal：用一个点和一条边或面的法线定义平面，如图 4-22 所示。

From Three Points：用三个点定义平面。

From Coordinates：通过键入距离原点的坐标和法线定义平面。

建好几何模型是进行有限元分析的基础，几何建模是整个有限元分析中工作量最大的工作。ANSYS Workbench 可以直接使用其他软件建立的几何模型，软件自身也提供了强大的建模功能。下面通过具体实例介绍如何利用 ANSYS Workbench 的 Design Modeler 的各种操作功能进行有限元的几何建模。

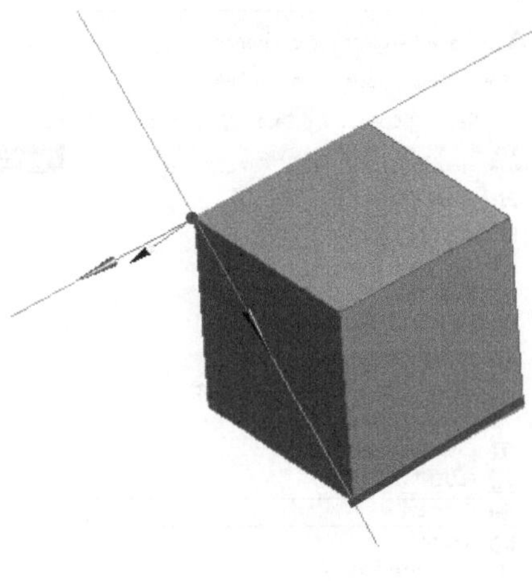

图 4-21　基于点和边定义工作平面

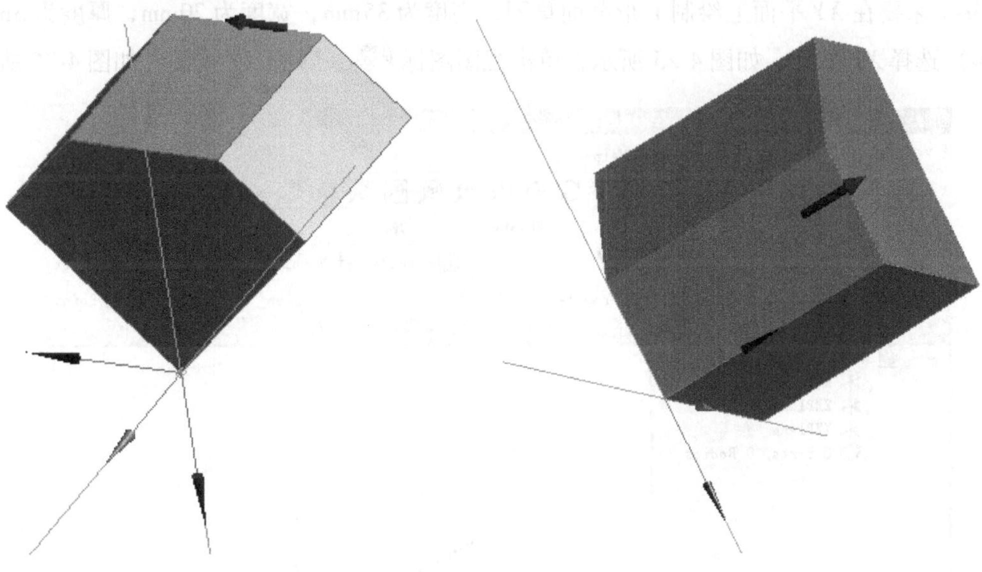

图 4-22　用一个点和一条边(或面)的法线定义平面

4.1.4　拉伸操作

几何模型的建立有多种方法，比较好的方法是先建立二维草图，在此基础上，通过拉伸、旋转或扫略建立几何实体。下面通过建立一个简单的 L 形板，来介绍各种操作方法。

1）首先启动 ANSYS Workbench，双击几何图标 Geometry，或者将几何图标 Geometry 拖拽到项目图表区 Project Schematic，如图 4-23 所示。

问题图标?表示 A2 还有待定义。

2）单击 A2 右下角的蓝色小三角可以得到相关帮助信息。

3）双击 A2—Geometry 单元格，启动建模软件 Design Modeler。选择“Millimeter”（毫米）作为长度单位，然后单击 OK 按钮，如图 4-24 所示。

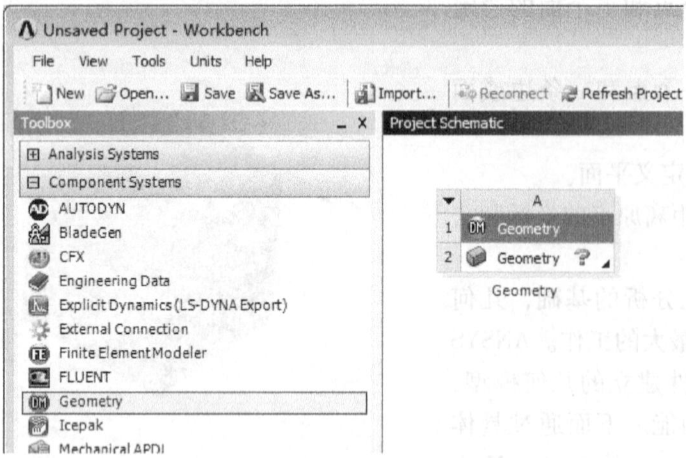

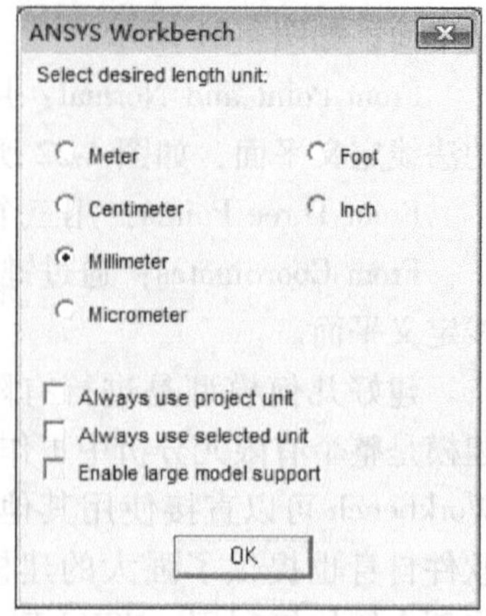

图 4-23　在项目图表区建立几何模型　　　　图 4-24　定义长度单位

接下来要在 *XY* 平面上绘制 L 形截面草图，高度为 35mm，宽度为 20mm，厚度为 5mm。

4）选择 *XY* 平面，如图 4-25 所示，单击视图图标 ，转到 *XY* 视图，如图 4-26 所示。

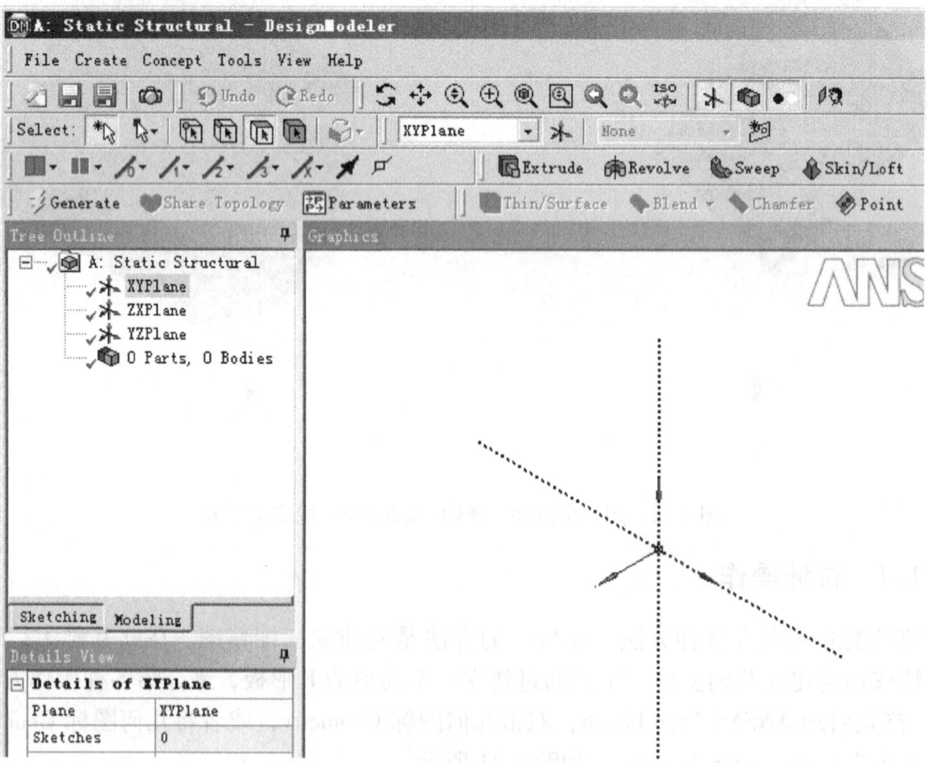

图 4-25　选择 *XY* 平面视图

5）绘制草图。单击草图 Sketching 选项面板，从建模 Modeling 视图切换到草图 Sketching 视图，如图 4-27 所示。单击选择 Draw > Line，绘制直线。

6）使用直线工具绘制 L 形截面。在直线的起点和终点单击鼠标左键。绘制过程中出现“V”形符号表示绘制的直线为垂线。

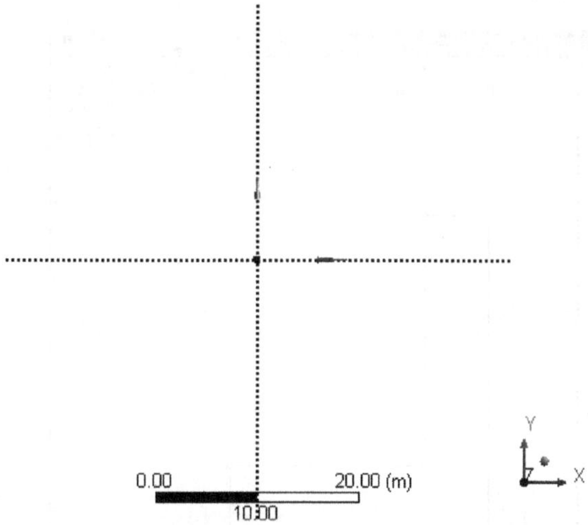

图 4-26　显示 *XY* 平面视图

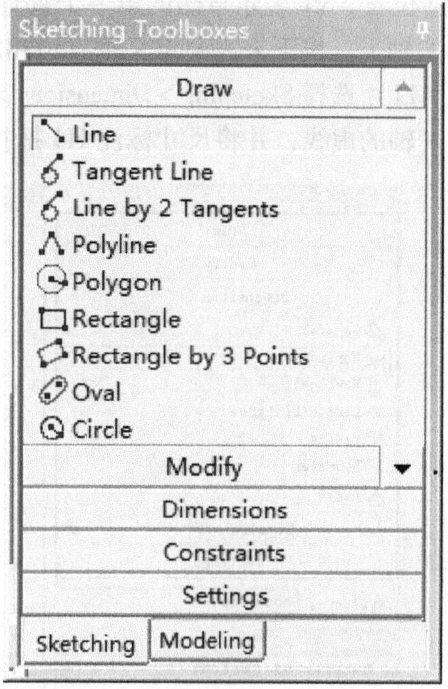

图 4-27　绘制草图工具

7）连续绘制，直到图形如图 4-28 所示。在操作过程中可以单击 Undo 图标，取消上一次操作。

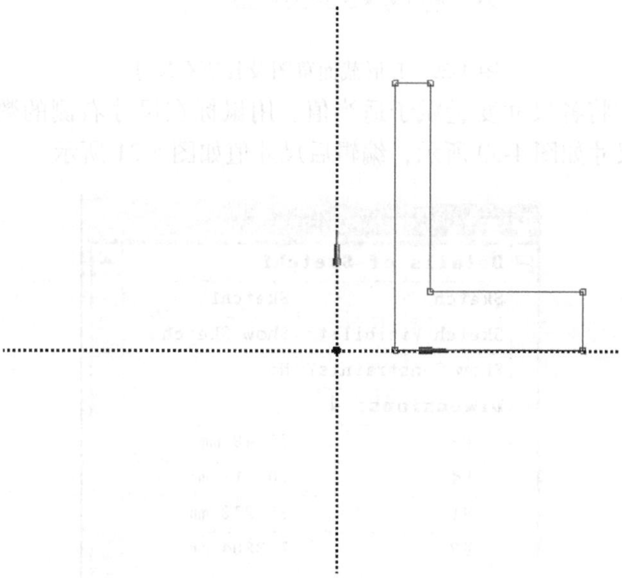

图 4-28　L 形截面草图

8）选择 Sketching > Constraints > Horizontal，用鼠标左键单击顶部边。

9）选择 Sketching > Constraints > Equal length，用鼠标左键单击顶部边和右侧边，定义两边长度相等。

10）选择 Sketching > Dimensions > General，用鼠标左键单击左侧垂直边，将标注拖拉至合适位置。V1 表示草图的第一个垂直尺寸。继续采用通用尺寸标注 H3 和 V2。底边直接位于 X 轴上，接下来需要定义垂直边相对 Y 轴的位置。

11）选择 Sketching > Dimensions > Horizontal，用鼠标左键单击左侧垂直边，然后单击代表 Y 轴的虚线，并将尺寸标注 H4 拖拉至合适位置，如图 4-29 所示。

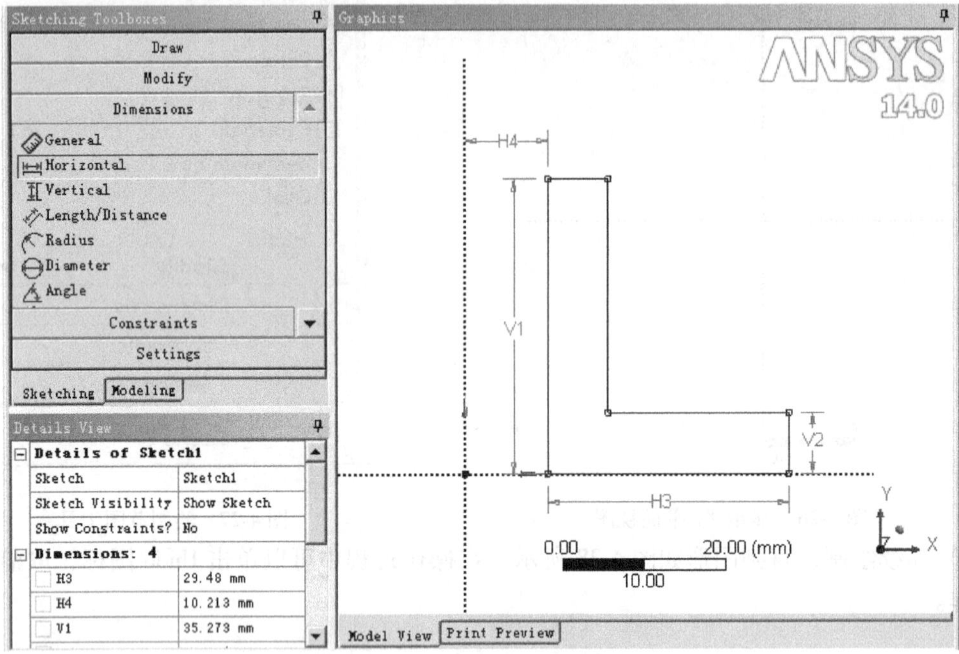

图 4-29　L 形截面草图及其所有尺寸

12）编辑尺寸，将各尺寸变量赋予适当值。用鼠标在尺寸右侧的数值上单击，即可修正尺寸数值，默认尺寸如图 4-30 所示，编辑后尺寸值如图 4-31 所示。

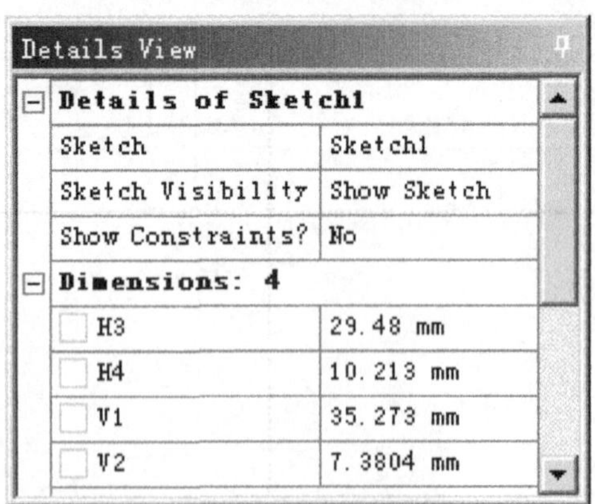

图 4-30　默认尺寸

13）选择菜单 View > Ruler，关闭标尺显示选项。利用鼠标中键滚轮可以进行视图缩放。

接下来进行拉伸操作，将草图 sketching 模式切换到模型 Modeling 模式。单击操作树(Tree Outline)上的 Sketch1。

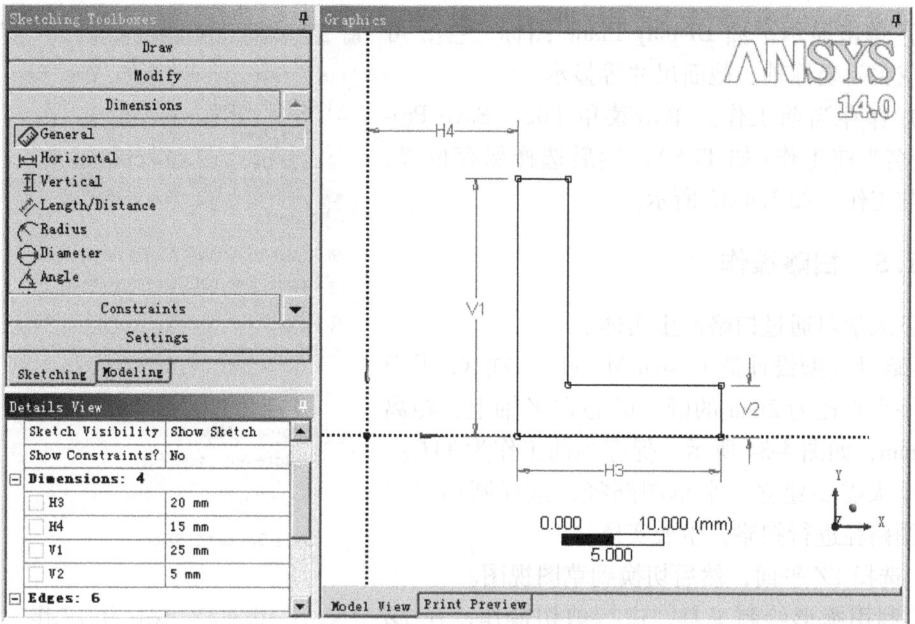

图 4-31　编辑后尺寸值

14）选择 Modeling > Sketch1 > Extrude Extrude 。L 形截面沿着 Z 轴拉伸，拉伸长度由 Details of Extrude1 中的数值决定，编辑这一数值，将其改为 100mm。

15）单击 Generate 图标 Generate ，完成拉伸成形操作。在图形区，单击鼠标右键，在弹出的菜单中选择 Isometric View（或者按住鼠标中键旋转视图），拉伸操作后的实体如图 4-32 所示。

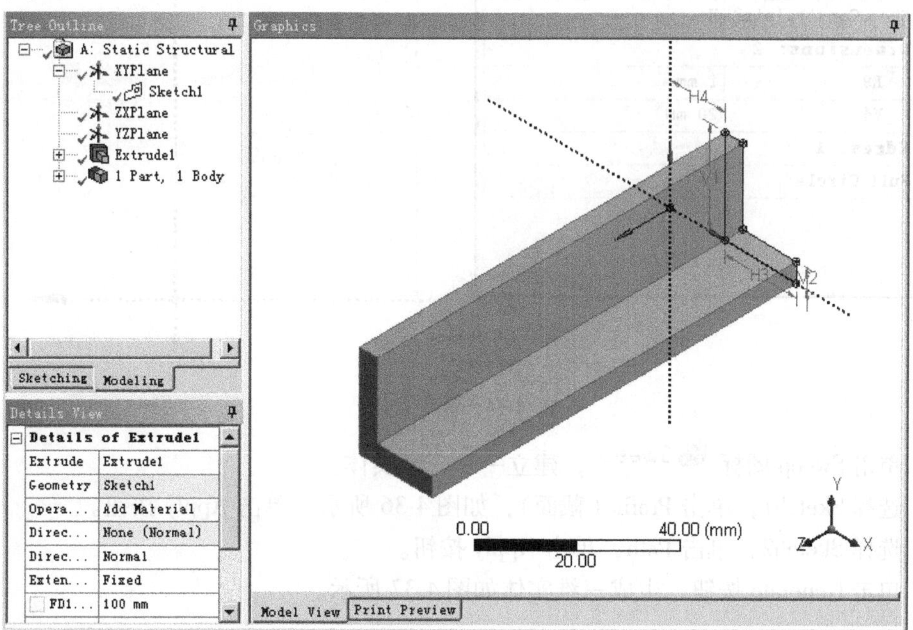

图 4-32　拉伸操作后的实体

16）单击显示平面 Display Plane 图标，可以打开或关闭坐标轴、截面尺寸等显示。

17）保存当前工作。单击菜单 File > Save Project，命名当前工作（如 T1A），然后选择保存位置，保存当前工作，如图 4-33 所示。

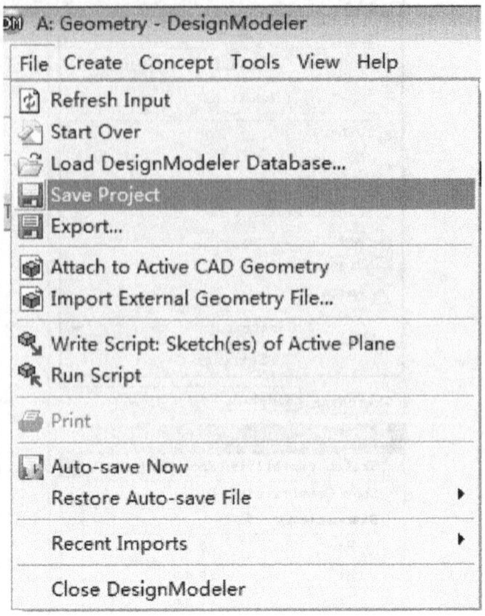

图 4-33　保存当前工作

4.1.5　扫略操作

接下来学习通过扫略产生实体。

1）启动模型设计器 Design Modeler。在 *XY* 平面上草绘一个直径为 2mm 的圆，圆心在 *Y* 轴上，距离 *X* 轴 20mm，如图 4-34 所示。保存当前工作为 T1C。

接下来需要建立一个草图路径，这样圆面可以按照草图路径进行扫略，生成实体。

2）选择 *YZ* 平面，然后切换到草图视图。

3）利用圆形绘制工具，进行剪切操作，在 *YZ* 平面绘制一个半径为 20mm 的半圆，如图 4-35 所示。

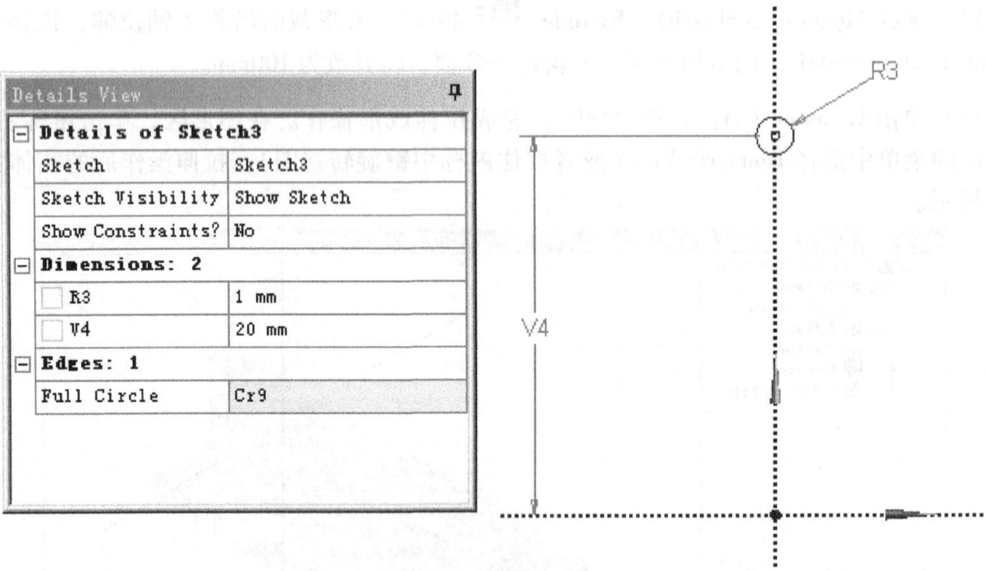

图 4-34　截面草图

4）单击 Sweep 图标 Sweep，建立一个三维实体。

5）选择 Sketch1，单击 Profile（截面），如图 4-36 所示，单击 Apply 按钮。

6）选择 Sketch2，单击 Path，单击 Apply 按钮。

7）单击 Generate 按钮，生成三维实体如图 4-37 所示。

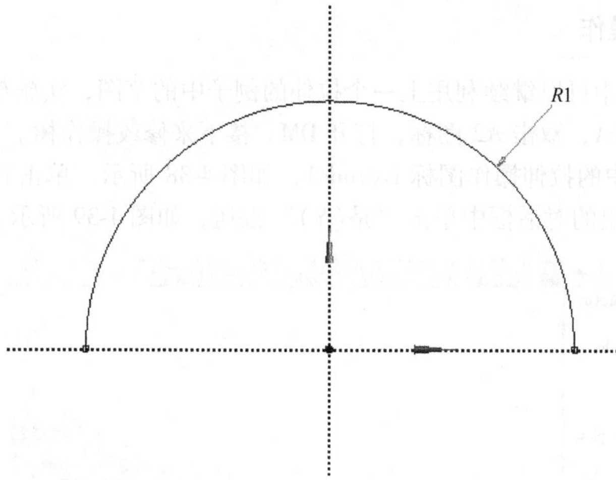

图 4-35　路径草图

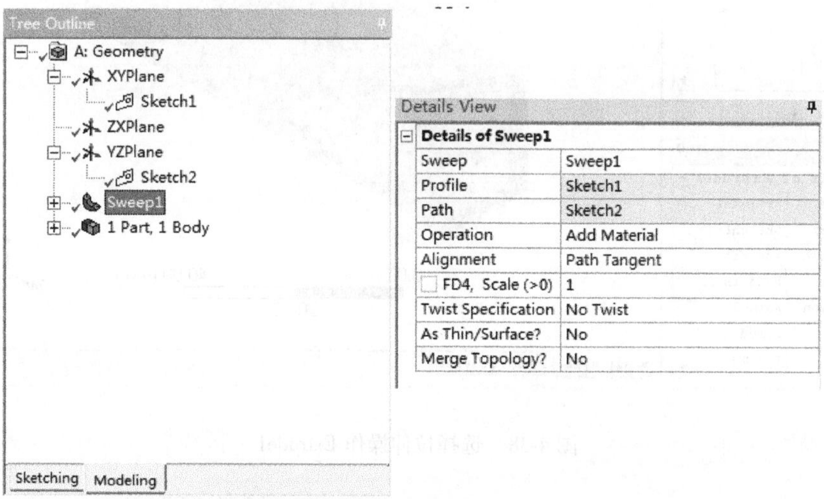

图 4-36　选择截面和路径进行扫略

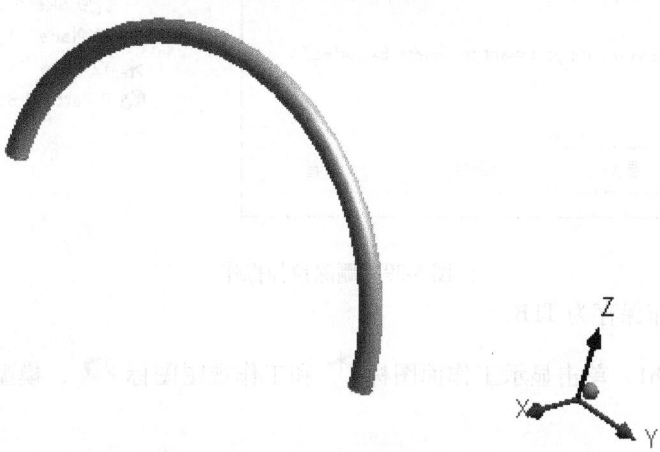

图 4-37　扫略生成的几何模型

4.1.6 旋转操作

在下面这个例子中可以继续利用上一个拉伸的例子中的草图，实施旋转操作。打开上一个例子保存的工作 T1A，双击 A2 图标，打开 DM。接下来修改操作树。

1）选择操作树中的拉伸操作图标 Extrude1，如图 4-38 所示，单击右键，在弹出菜单选择删除 Delete，在弹出的对话框中单击“是(Y)”按钮，如图 4-39 所示。

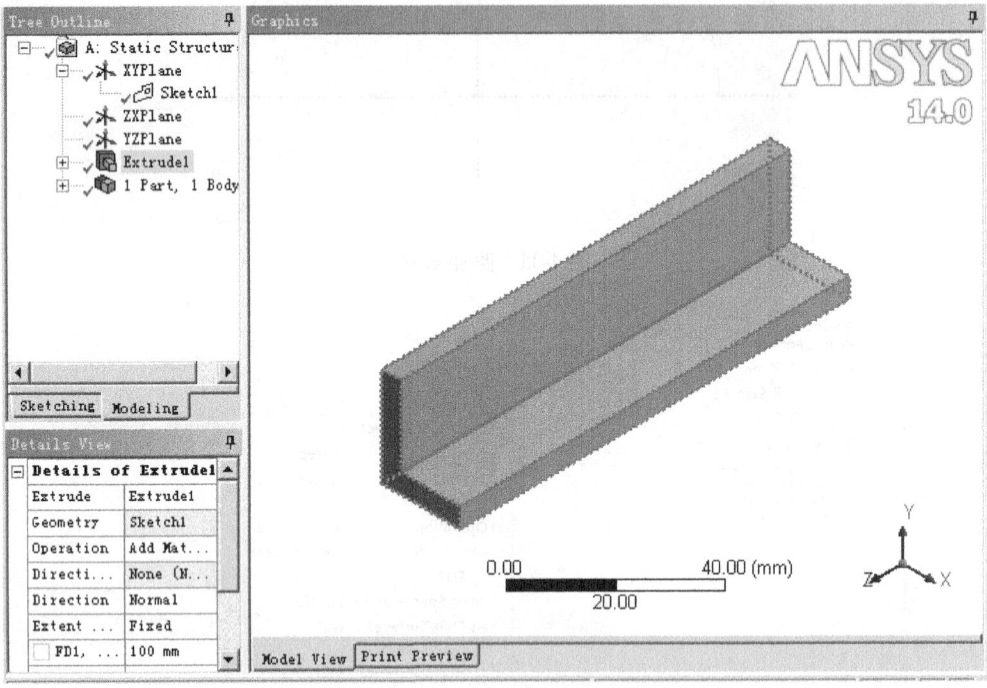

图 4-38 选择拉伸操作 Extrude1

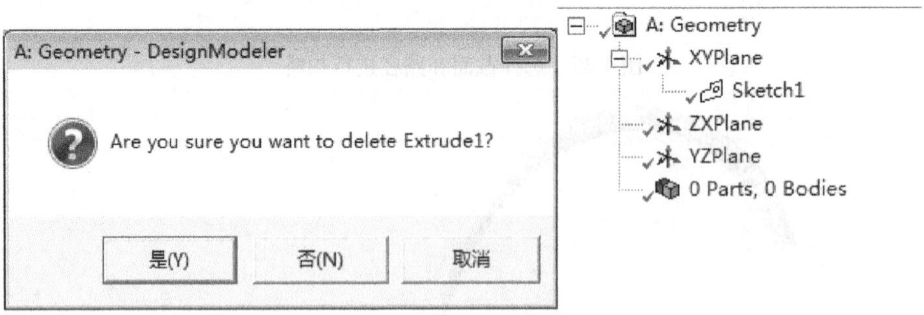

图 4-39 删除拉伸操作

2）将当前工作保存为 T1B。

3）单击 Sketch1，单击显示工作面图标和工作视图图标，模型显示区如图 4-40 所示。

4）确认 Sketch1 已经高亮度显示，然后单击旋转图标 Revolve。

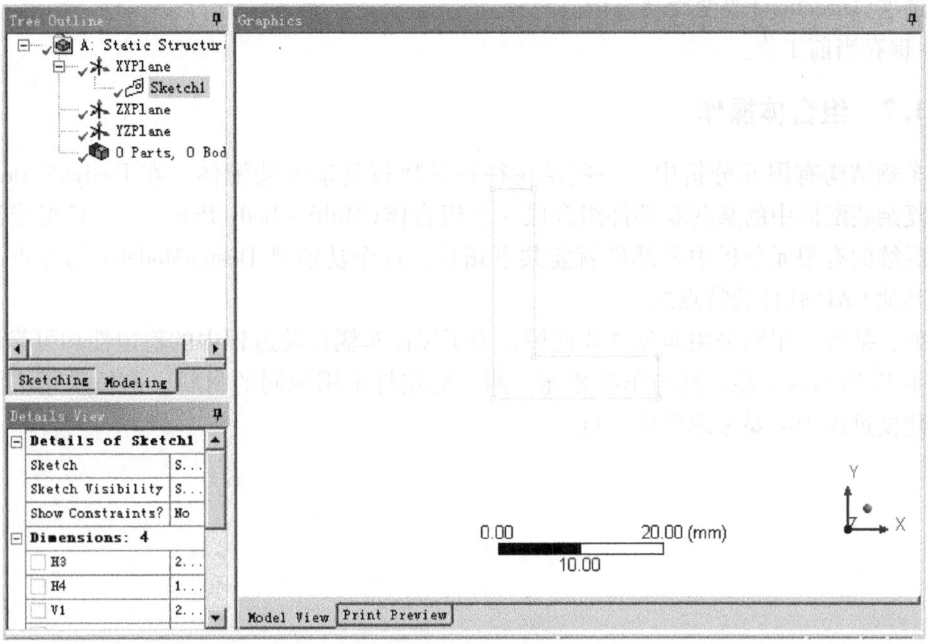

图 4-40　选择草图

5）单击选择坐标轴 *Y*，在细节栏单击 Apply 按钮。

6）选择角度 Angle，输入角度为 120°。

7）单击 Generate 图标 Generate。

L 形截面围绕 *Y* 轴旋转 120°，建立一个旋转的三维实体，如图 4-41 所示，可以通过调

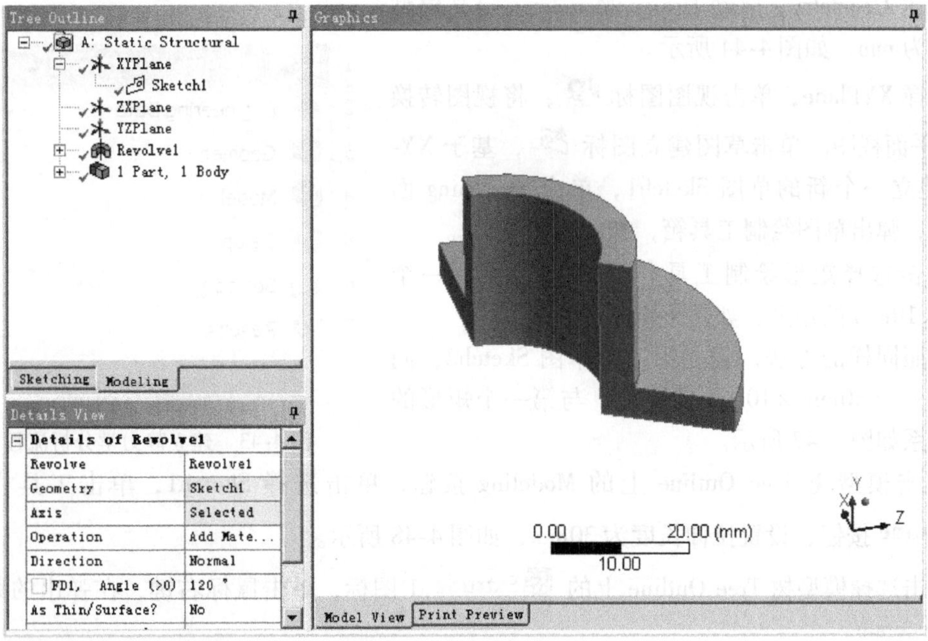

图 4-41　旋转实体

整方向选项(Direction)改变旋转方向。

8）保存当前工作。

4.1.7 组合体操作

在车辆结构有限元分析中，一些结构往往是比较复杂的装配体。在 DesignModeler 中，可以将复杂装配体中的某些零部件组合成一个组合体(Multi－body Parts)。一旦形成组合体后，在后续的有限元分析中零部件就能共享拓扑。这个功能是 DesignModeler 的亮点，也是区别于其他 CAD 软件的特点之一。

例如，某特种车辆采用非独立式前桥，为了保证车辆行驶过程中的稳定性和可靠性加装了如图 4-42 所示两个稳定杆与车身相连，两个稳定杆采用相同的材料，前桥采用不同的材料，在建模过程中需要考虑到这一点。

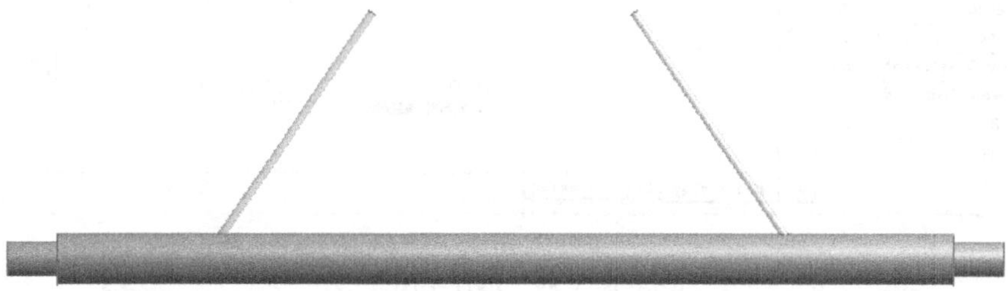

图 4-42 特种车辆前桥与稳定杆组合体

下面通过一个更为简单的例子介绍组合体的建立方法。

启动 ANSYS Workbench，在工具栏中双击 Static Structural (ANSYS)，建立一个静力学分析流程，如图 4-43 所示。

双击 Geometry，启动 Design Modeler，定义模型的单位为 mm，如图 4-44 所示。

选择 XYPlane，单击视图图标，将视图转换为 *XY* 平面视图。单击草图建立图标，基于 XYPlane 建立一个新的草图 Sketch1，单击 Sketching 面板按钮，弹出草图绘制工具箱，如图 4-45 所示。

单击选择矩形绘制工具 Rectangle，绘制一个 50mm×10mm 的矩形，如图 4-46 所示。

按照同样的方法，建立第二个草图 Sketch2，同样绘制一个 50mm×10mm 的矩形，与第一个矩形的位置关系如图 4-47 所示。

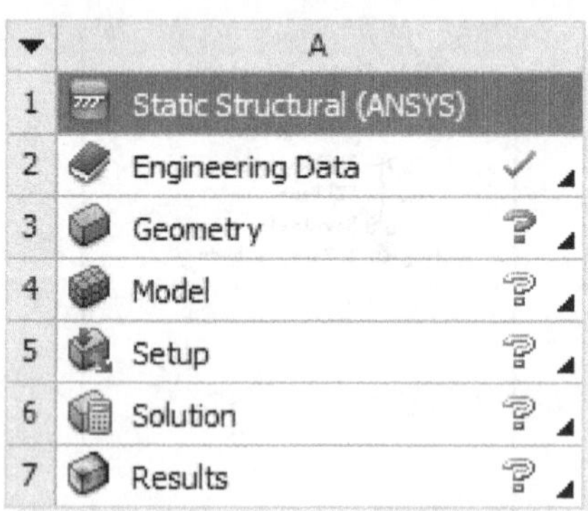

Static Structural(ANSYS)

图 4-43 建立静力学分析流程

单击模型树 Tree Outline 上的 Modeling 按钮，单击选择 Sketch1，单击工具栏上的 Extrude 按钮，设置拉伸长度为 30mm，如图 4-48 所示。

单击选择模型树 Tree Outline 上的 Extrude 1 图标，单击鼠标右键，在弹出的菜单中选择 Generate。

按照同样的方法，单击选择模型树 Tree Outline 上的 Sketch2，单击工具栏上的 Extrude

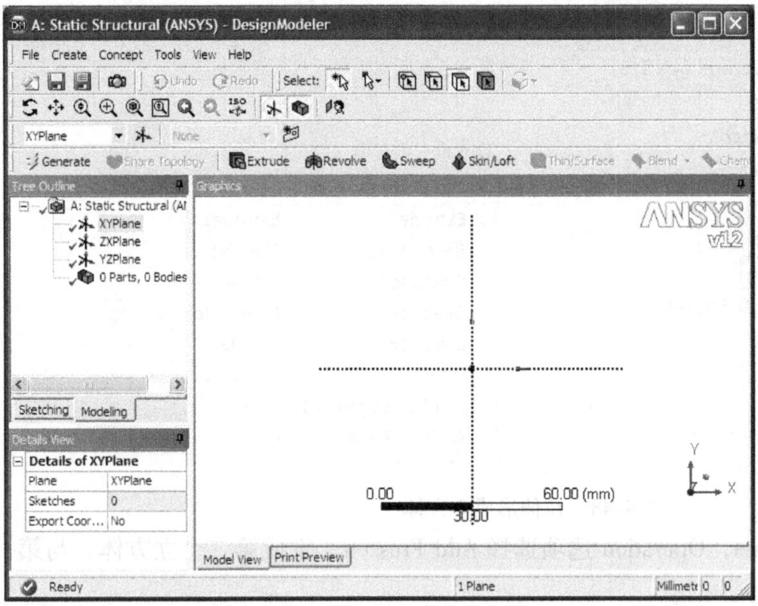

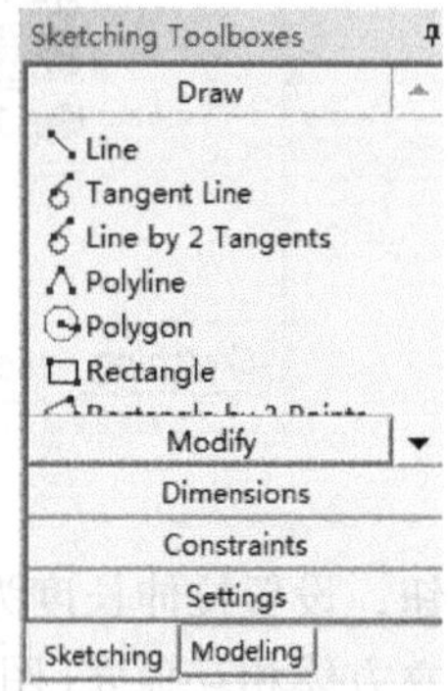

图 4-44　启动 ANSYS Workbench 的 Design Modeler　　　图 4-45　草图绘制工具箱

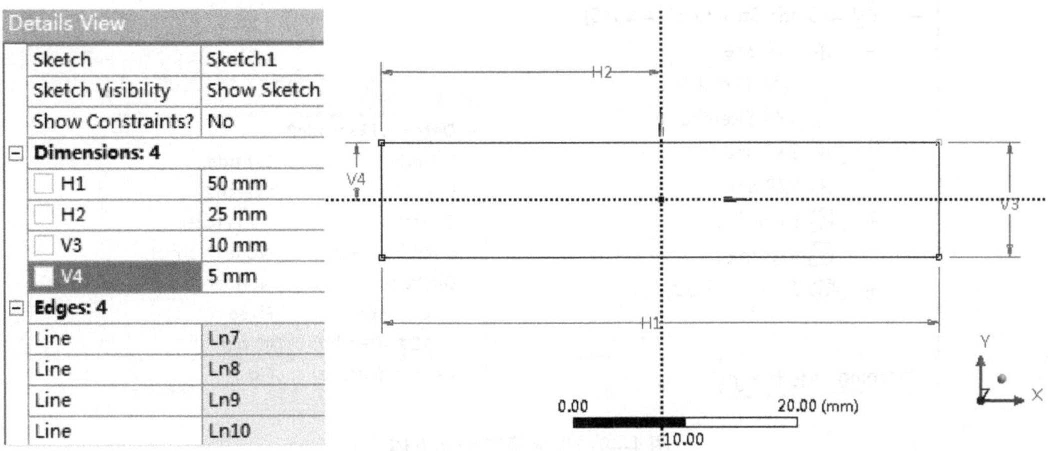

图 4-46　绘制矩形草图

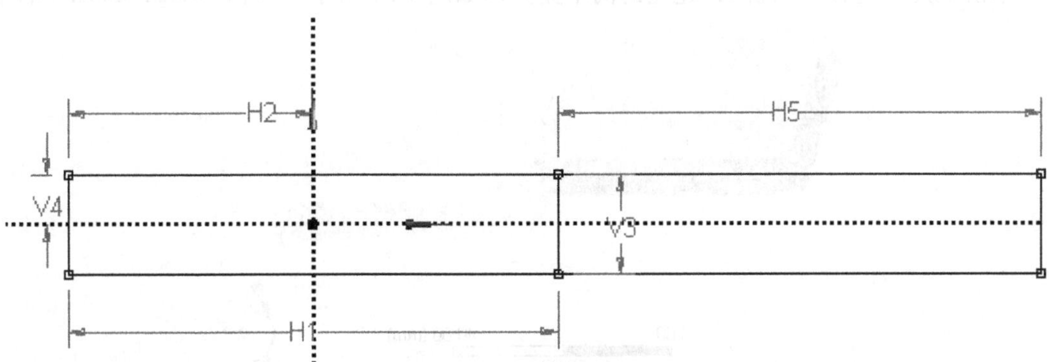

图 4-47　两个同样大小的矩形

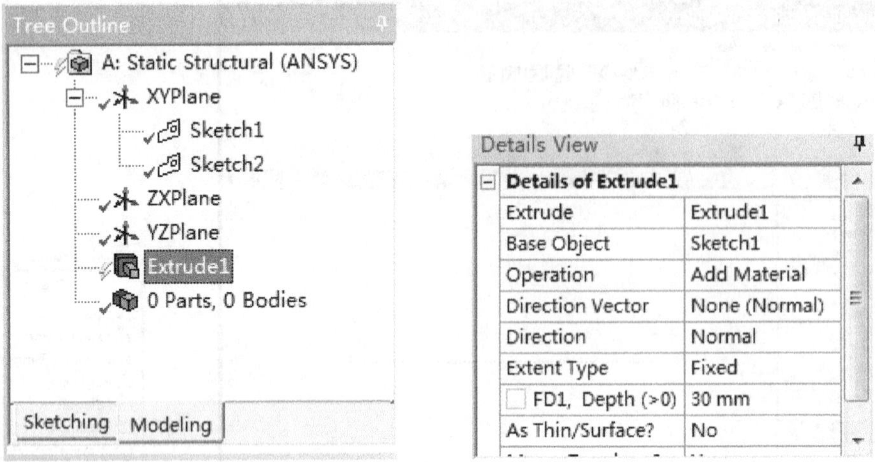

图 4-48　拉伸形成立方体

按钮，设置拉伸长度为 30mm，Operation 选项选择 Add Froszen，生成第二个立方体，与第一个立方体相互独立(图 4-49)。

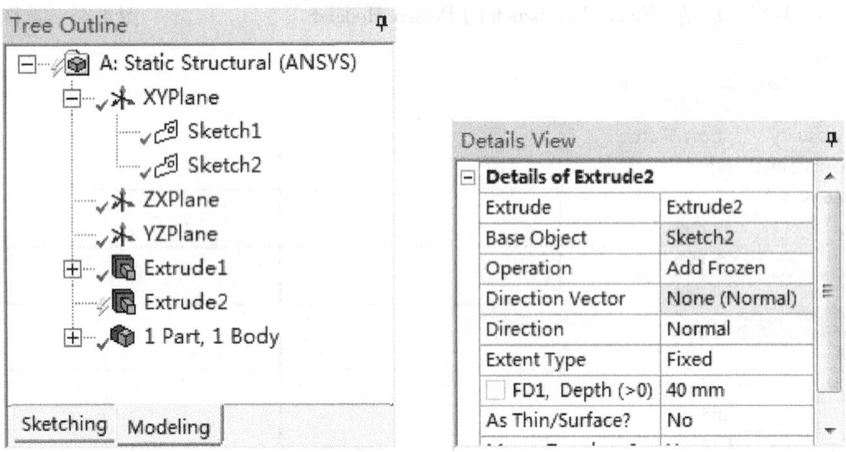

图 4-49　生成第二个立方体

单击工具栏上的 ISO 视图，建立的两个立方体如图 4-50 所示。单击 Design Modeler 右上

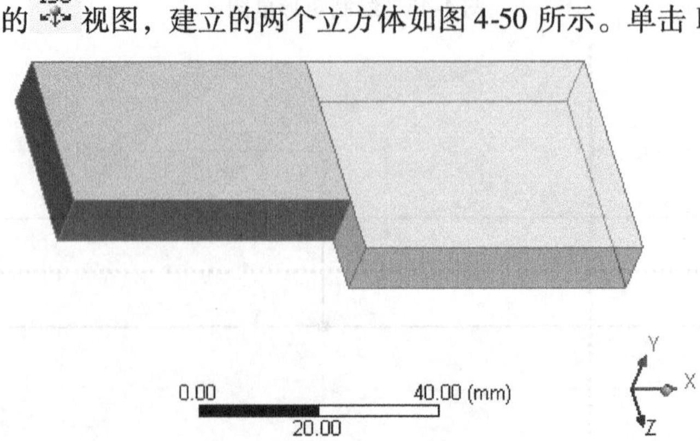

图 4-50　两个独立的立方体

角的关闭按钮 X 。

双击图 4-43 所示 A4—Model，启动静力学分析界面。设计模型中有两个零件，分别对应于两个 Part。

单击项目树中的 Mesh 图标，单击鼠标右键，在弹出的菜单中选择 Generate Mesh，进行自动网格划分，如图 4-51 所示。从图中可以看出，每一个实体都独立划分网格，节点不共享。

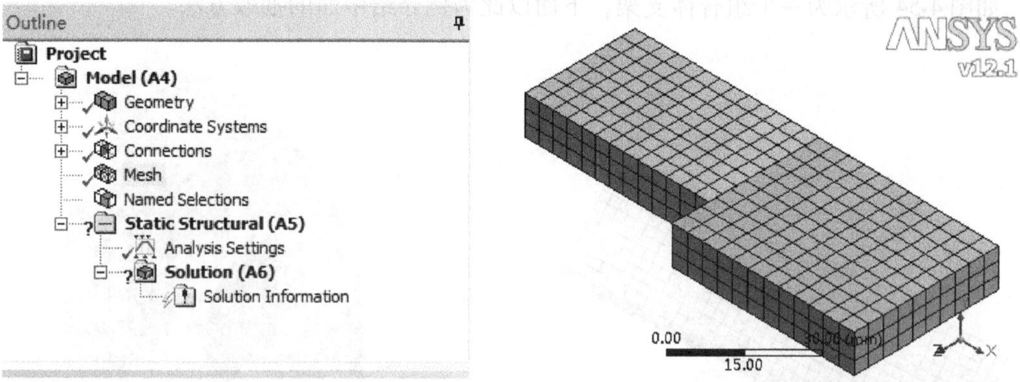

图 4-51　网格划分

双击图 4-43 的 Geometry 图标，启动 Design Modeler，在图形区选定两个实体后单击鼠标右键，在弹出的菜单中选择 Form New Part，模型树中生成组合体 Part2，如图 4-52 所示。

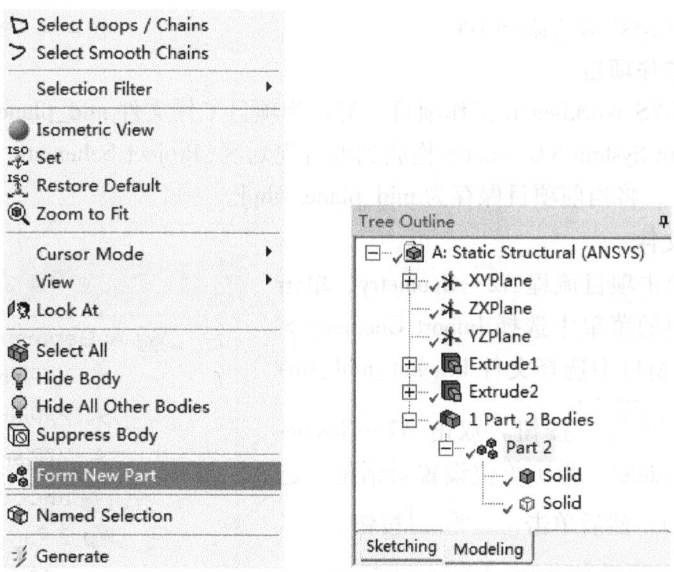

图 4-52　生成组合体

双击图 4-43 所示 Model ，启动静力学分析界面。单击项目树中的 Mesh 图标，单击鼠标右键，在弹出的菜单中选择 Generate Mesh，进行自动网格划分，如图 4-53 所示。从图中可以看出，虽然每个实体都独立划分网格，但实体间的关联仍被保留；实体间节点共享且无接触。组合体中的每个实体都可以由不同的材料制成。

4.1.8 抽取中面

在车辆结构中，有一些很薄的结构，如果建模过程中采用实体建模，需要抽取模型的中面，将其简化成为板壳。在车架的有限元分析中，为减少计算规模，也经常将车架简化成为板壳进行分析。在车架建模过程中，一般也采用实体建模，所以也免不了抽取中面。中面抽取功能在车辆结构有限元分析建模中是常用的一种功能。

如图 4-54 所示为一个组合体支架，下面以此为例介绍中面的抽取方法。

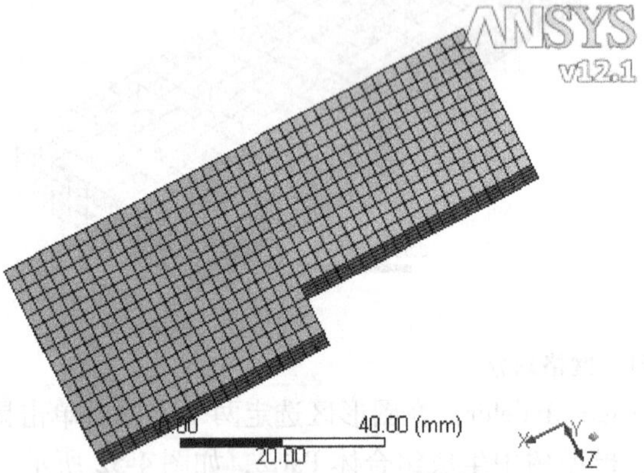

图 4-53 组合体的网格

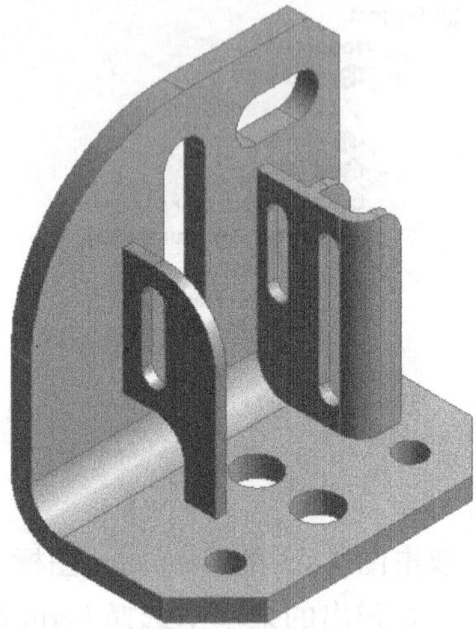

图 4-54 支架模型

1. 新建一个工作项目

新建一个 ANSYS Workbench 工作项目，另存为项目工作文件 mid_plane. wbpj，将工具箱 Toolbox > Component System > Geometry 拖放到项目规划区(Project Schematic)。单击主菜单选择 File > Save As…，将当前项目保存为 mid_plane. wbpj。

2. 导入模型文件

用鼠标左键单击项目流程 A2—Geometry，单击鼠标右键，在弹出的菜单中选择 Import Geometry > Browse，在弹出的窗口中选择文件 bracket_mid_surface. x_t，单击 打开(O) 按钮。双击 A2—Geometry，启动 DesignModeler，弹出单位设置对话框，选择单位为 Millimeter，然后单击 OK 按钮。

单击 DesignModeler 软件界面上的 Generate 按钮，在图形区显示出组合支架模型。观察模型树可以看出，组合模型包括两个实体，如图 4-55 所示。

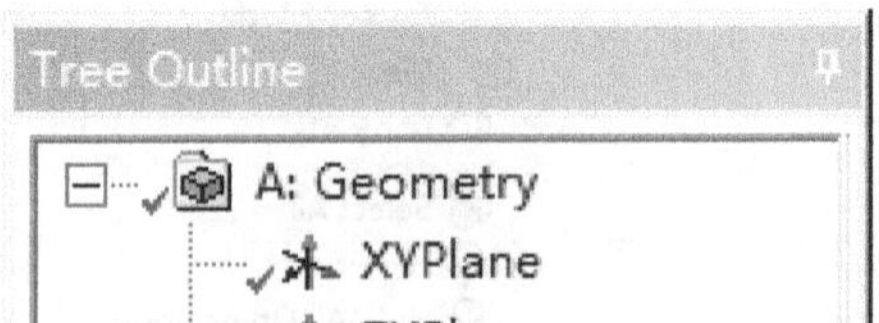

图 4-55 模型树

3. 查看模型厚度

接下来查看模型厚度。单击工具栏上的鼠标选

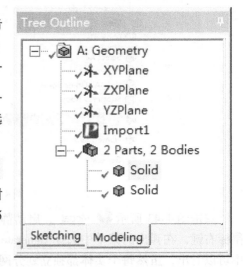

择过滤按钮，查看模型厚度，如图4-56所示，从状态栏可以看出模型厚度为2mm。按照同样的方法可以看出另外一个实体的厚度为1mm。

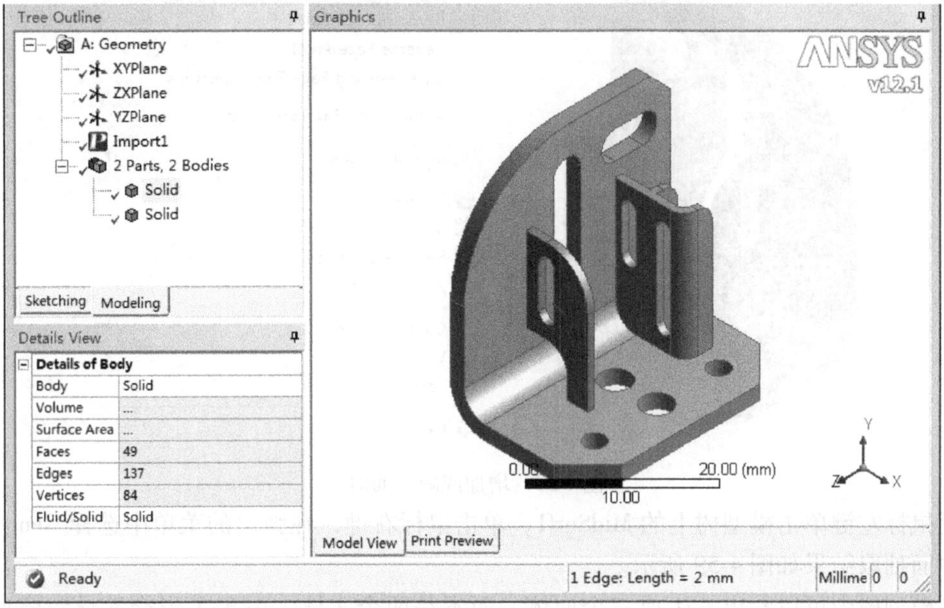

图 4-56　查看模型厚度

4. 抽取中面操作

单击主菜单 Tools > Mid – Surface，在模型树中添加了特征 MidSurf1，在详细视图进行如下设置：

Selection Method：Automatic。

Maximum Threshold：2mm。

Minimum Threshold：1mm。

Find Face Pairs Now：No。

设置如图 4-57 所示，在细节栏显示有 10 个面对。

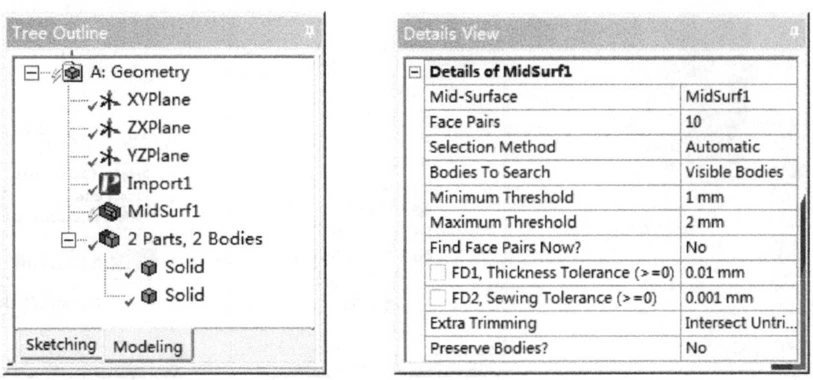

图 4-57　抽取中面

单击细节视图 Face Pairs 右侧的编辑栏，面对通过颜色表示出来，在工具栏单击鼠标选择过滤器，选择面对，然后单击鼠标右键，在弹出的菜单中可以选择增加或减少面对，如图 4-58 所示。

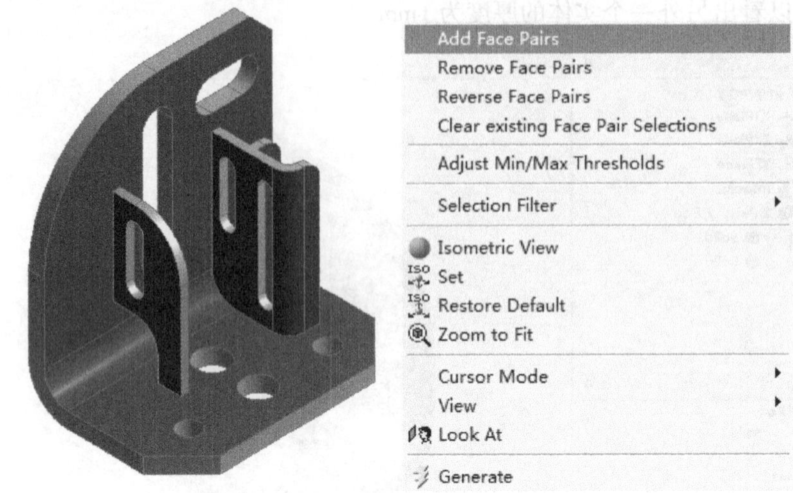

图 4-58　增加或减少面对

用鼠标左键单击模型树上的 MidSurf1，单击鼠标右键，在弹出的菜单中选择 Generate 按钮，中面抽取结果如图 4-59 所示。

在模型树中可以看出，生成三个面体，而不是两个实体。由于 T 形交叉导致模型为非流形，所以不能被组合为单个体。在下面的操作中，后支撑面体会被自动延伸到托架主体上，因为后支撑与托架在实际中是同一几何体。但是对于前支撑，它起初是一个单独体，抽取中面后不会自动延伸到托架面上。

5. 面的延伸操作

单击主菜单 Tools > Surface Extension，模型树出现 SurfaceExt1 特征，相应细节栏如图 4-60所示。

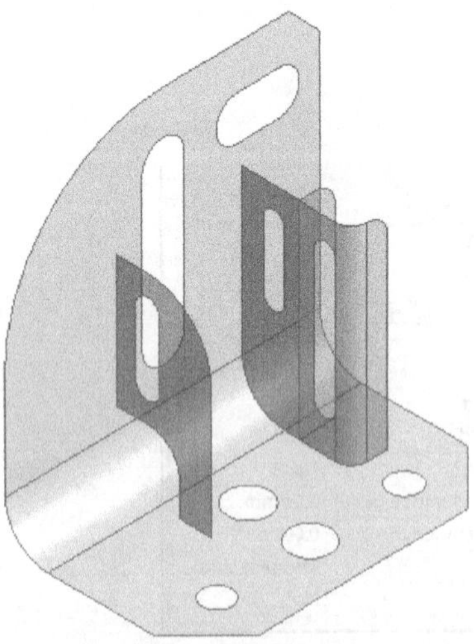

图 4-59　中面抽取结果

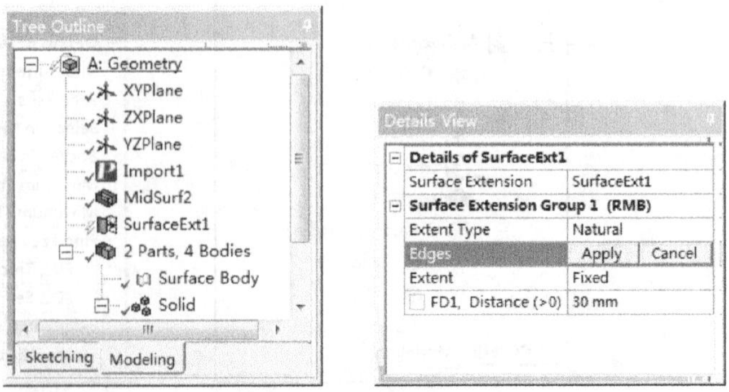

图 4-60　面的延伸特征

单击鼠标选择过滤器，选择需要延伸的两个边，如图 4-61 所示，然后单击 Apply 按钮。在细节栏，将 Extent 选择为“To Next”。

单击 DesignModeler 软件界面上的 Generate 按钮，从图 4-62 可以看出，所选的面已经延伸到指定位置。

图 4-61　选择需要延伸的边

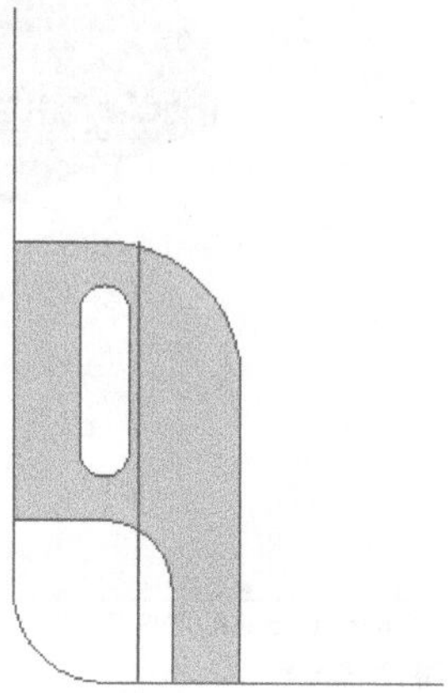

图 4-62　延伸后的面

4.1.9　表面印记(Imprint Faces)

所谓表面印记就是在几何体的表面分割出一个独立的面，便于施加载荷或约束。下面通过一个实例介绍表面印记的定义方法。

如图 4-63 所示为一块长 40mm、宽 20mm、厚 5mm 的板，需要在板的中间做一个直径为 2mm 的圆形印记，用于施加垂直于板的力。

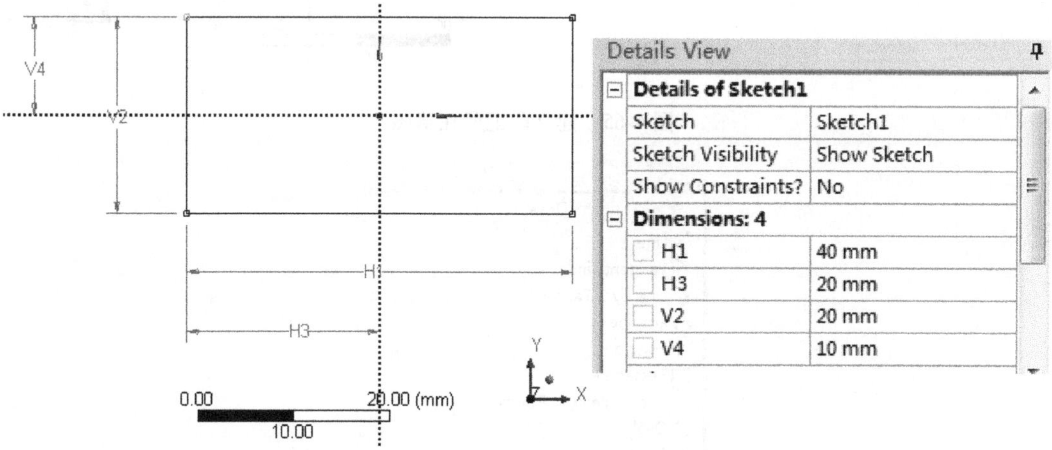

图 4-63　用于建立表面印记的平板

1）用鼠标选择过滤设定为面，选中上表面，如图 4-64 所示。
2）直接单击草图 Sketching 工具，建立 Sketch2，如图 4-65 所示。
3）选中草图标签 Sketching，如图 4-66 所示。
4）在草图 2(Sketching2)中间位置画一小圆，半径为 3mm，如图 4-67 所示。
5）单击 Extrude 命令按钮 Extrude，并在屏幕左下角详细框中选定 Imprint Faces(表

图 4-64　选中上表面

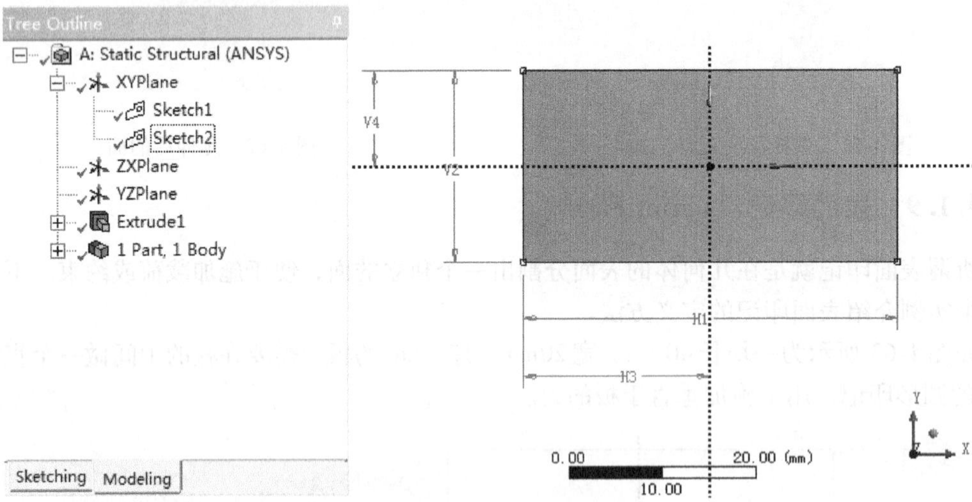

图 4-65　建立印记所在草图

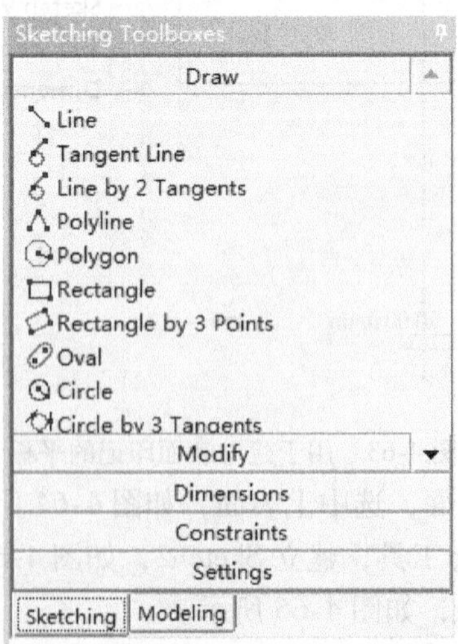

图 4-66　选中草图标签 Sketching

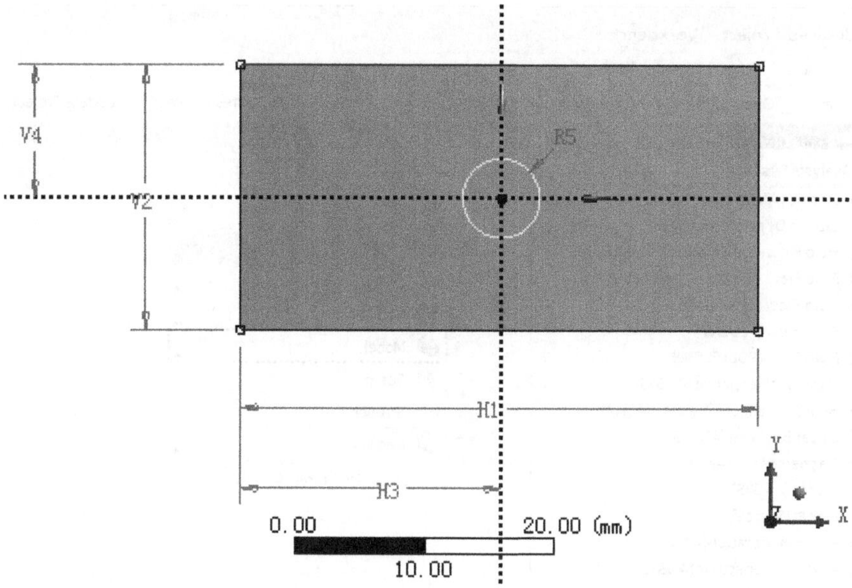

图 4-67　绘制小圆

面印记)，如图 4-68 所示。

6）设置完成后单击 Generate 按钮，生成的表面印记结果如图 4-69 所示。

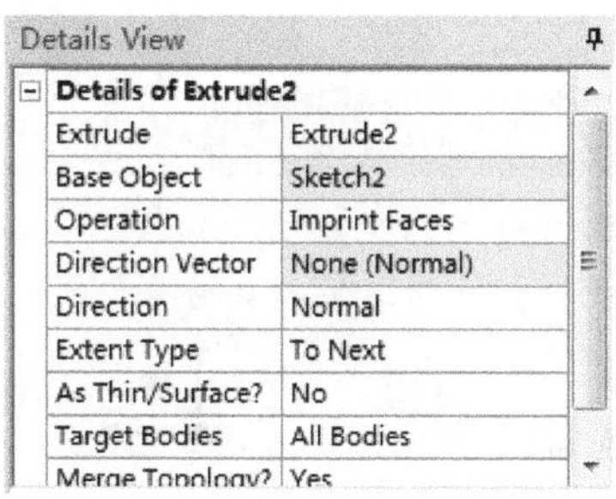

Details of Extrude2	
Extrude	Extrude2
Base Object	Sketch2
Operation	Imprint Faces
Direction Vector	None (Normal)
Direction	Normal
Extent Type	To Next
As Thin/Surface?	No
Target Bodies	All Bodies
Merge Topology?	Yes

图 4-68　选定 Imprint Faces(表面印记)

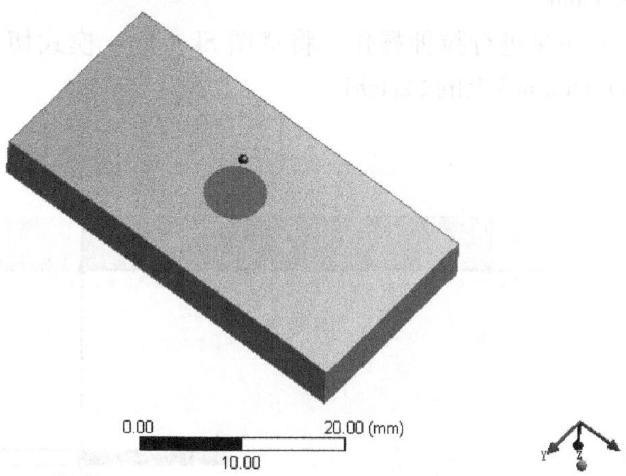

图 4-69　生成的表面印记

4.1.10　点焊建模

点焊连接提供了离散点接触组装的方法，可以在 CAD 软件中定义。目前，只有在 Mechanical 支持的 DesignModeler 和 Unigraphics 软件中可以定义点焊。下面通过实例介绍在 DesignModeler 中定义点焊的方法。

启动 ANSYS Workbench，双击工具栏中的 Static Structural(ANSYS)，如图 4-70 所示。将项目另存为 Spot Weld。

首先建立两块平板，平板尺寸如图 4-71 所示。为了便于添加焊点，两块平板之间距离

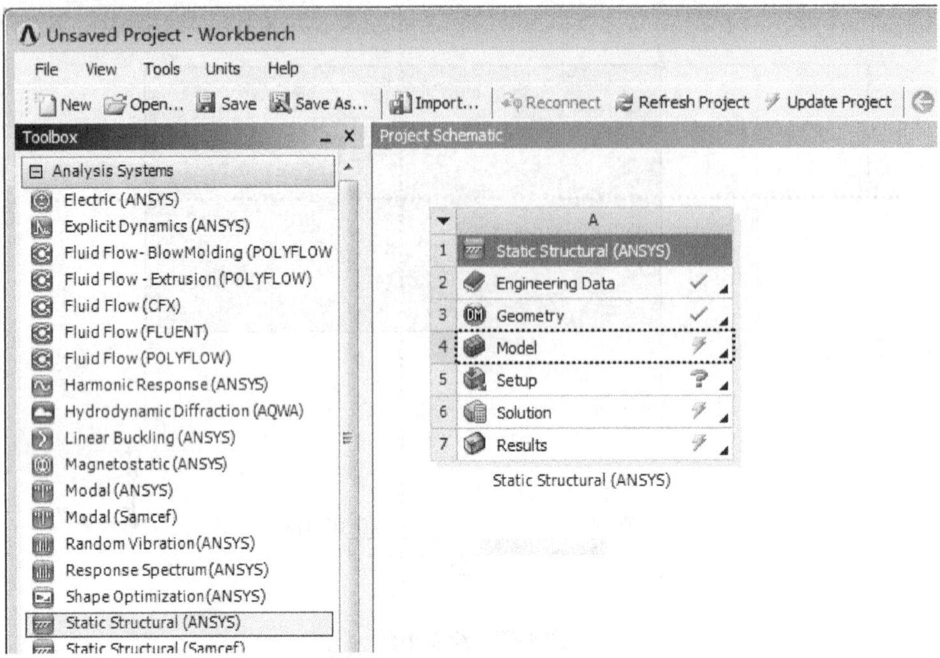

图 4-70 启动 ANSYS Workbench 建立结构分析项目

设为 1mm。

接下来进行拉伸操作。将草图 Sketching 模式切换到模型 Modeling 模式。单击模型树(Tree Outline)上的 Sketch1。

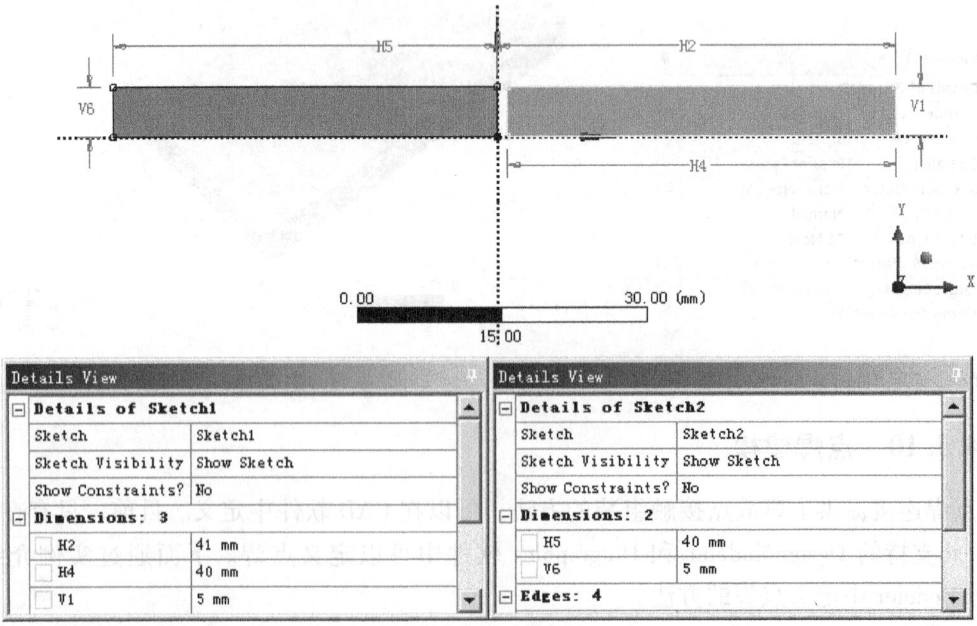

图 4-71 建立两块平板

选择 Modeling > Sketch1 > Extrude Extrude，将矩形截面沿着 *Z* 轴拉伸，拉伸长度由 Details of Extrude1 中的数值决定，编辑这一数值，将其改为 30mm。单击 Generate 图标 Generate，完成拉伸成形操作。

单击模型树(Tree Outline)上的 Sketch2。选择 Modeling > Sketch1 > Extrude Extrude，将矩形截面沿着 *Z* 轴拉伸，拉伸长度由 Details of Extrude2 中的数值决定，编辑这一数值，将其改为 30mm。将 Operation 设置为 Add Frozen，如图 4-72 所示，即两块平板为相互独立的部分，单击 Generate 图标 Generate，完成拉伸成形操作。

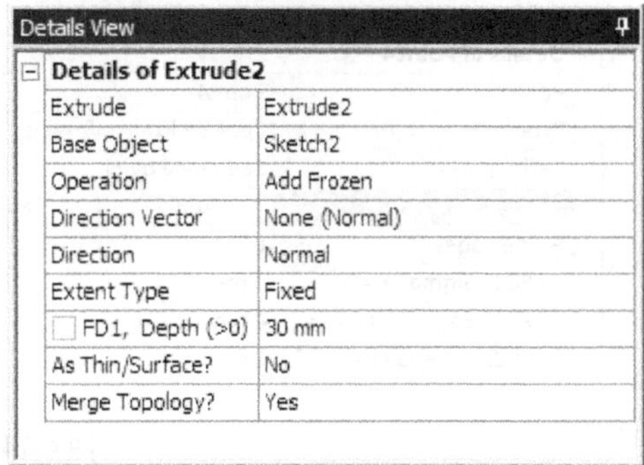

Details View
Details of Extrude2
Extrude
Extrude2
Base Object
Sketch2
Operation
Add Frozen
Direction Vector
None (Normal)
Direction
Normal
Extent Type
Fixed
FD1, Depth (>0)
30 mm
As Thin/Surface?
No
Merge Topology?
Yes

图 4-72　生成第二块平板

接下来定义点焊对。在工具栏单击 Point 图标，如图 4-73 所示。

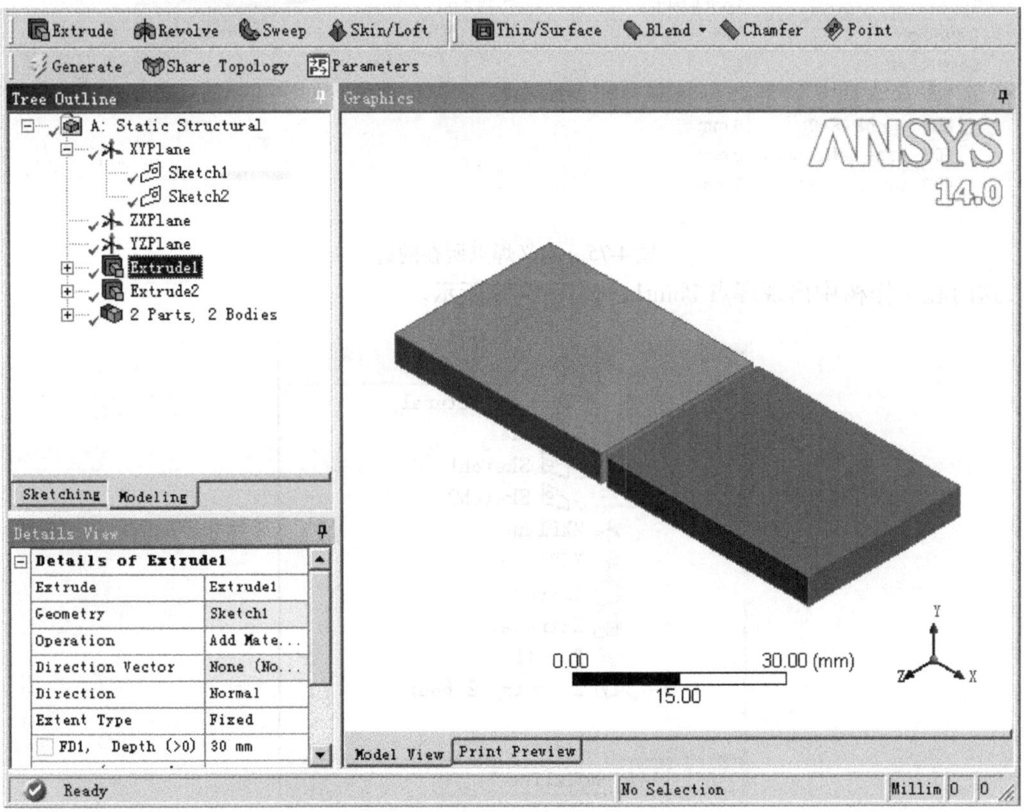

图 4-73　建立点焊连接命令

选择 Extrude1，单击左侧平板的右侧平面作为基础平面 Base Faces，如图 4-74 所示，然后单击 Apply 按钮。

选择基础平面的两个长边作为焊点的 Guide 边，如图 4-75 所示，单击 Apply 按钮。

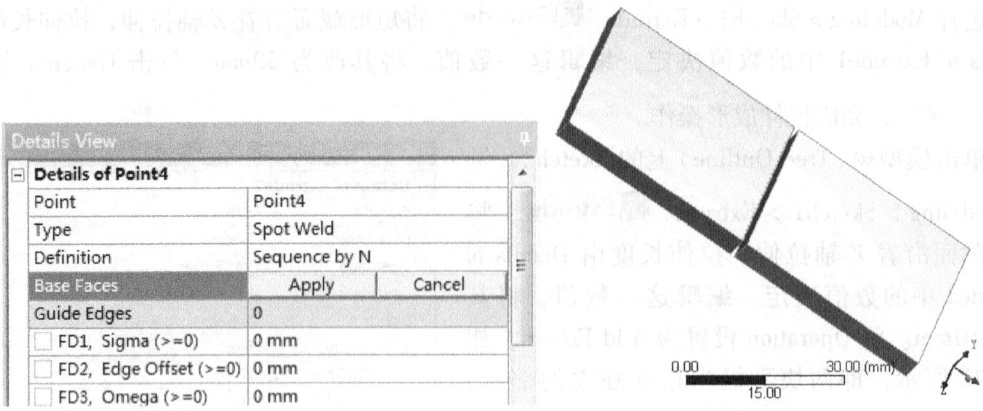

图 4-74　选择基础平面

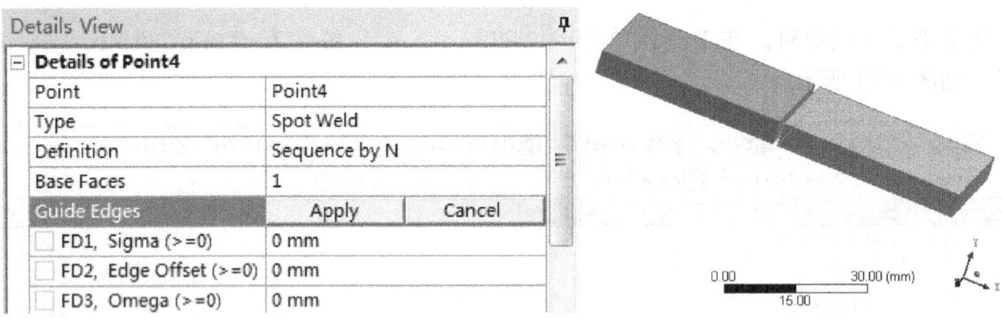

图 4-75　定义焊点所在的边

这时在工作树中出现焊点 Point1，如图 4-76 所示。

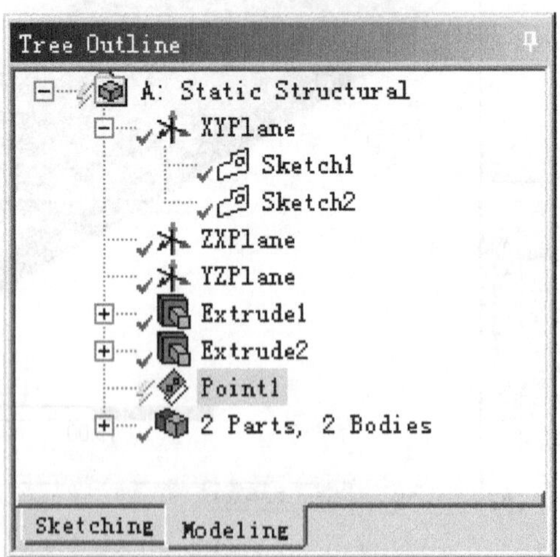

图 4-76　工作树中出现焊点 Point 1 标识

单击 Generate 按钮 Generate，模型中出现焊点，如图 4-77 所示。

关闭 DesignModeler，双击项目规划图中的 A4—Model，启动 Static Structural(ANSYS)-

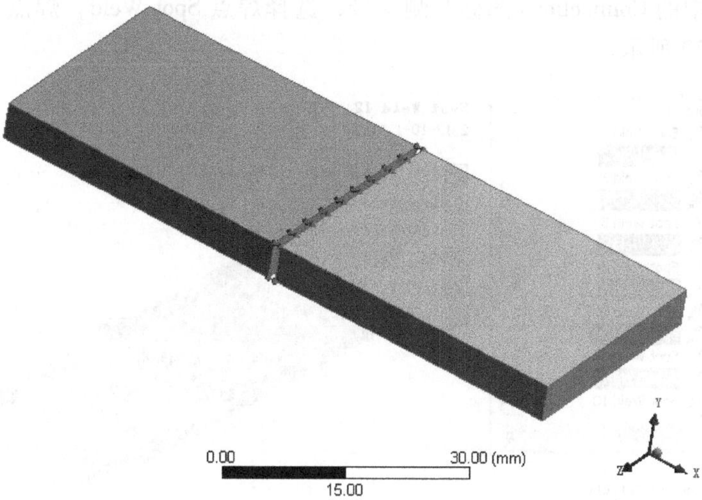

图 4-77　焊点模型

Mechanical，启动后如图 4-78 所示。

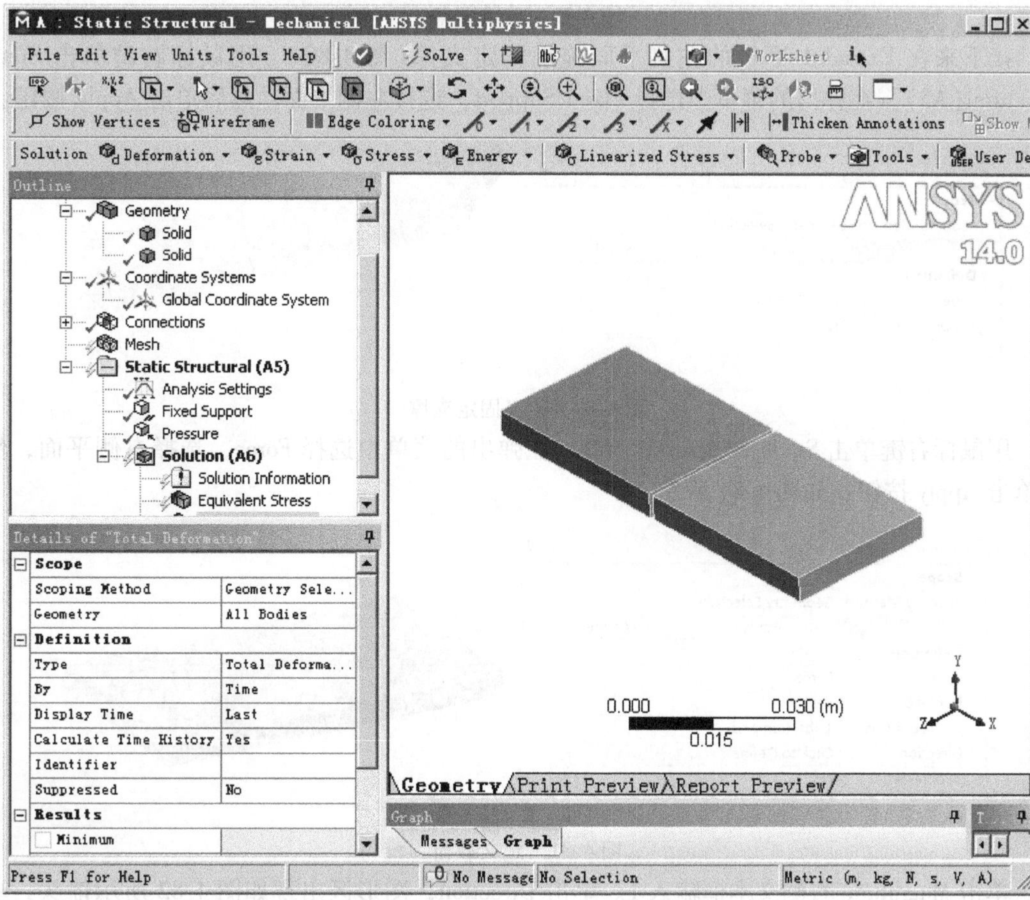

图 4-78　焊点静力学分析设置

单击项目树中的 Connections 图标左侧 + 号，选择焊点 Spot Weld，焊点在右侧图形区显示出来，如图 4-79 所示。

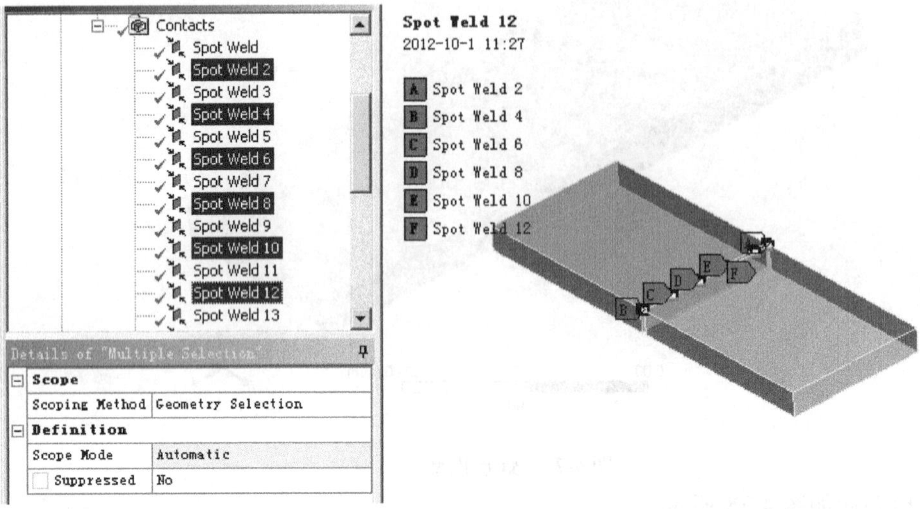

图 4-79　显示焊点

接下来在 Extrude1 平板的左侧平面施加固定支撑(图 4-80)。用鼠标右键单击 Static Structural(A5)，在弹出的菜单中选择 Fixed Support，选择左侧平面，然后单击 Apply 按钮。

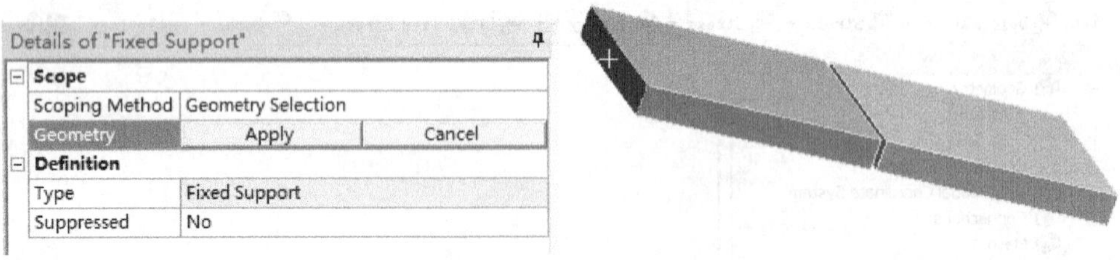

图 4-80　定义固定支撑

用鼠标右键单击 Static Structural(A5)，在弹出的菜单中选择 Force，选择右侧平面，然后单击 Apply 按钮，如图 4-81 所示。

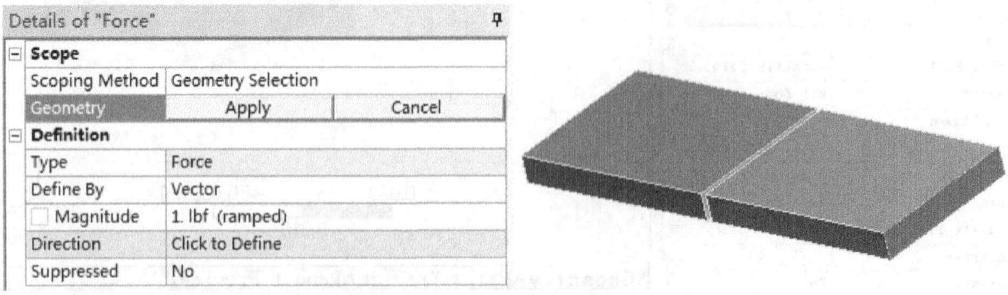

图 4-81　定义载荷

单击 Magnitude 右侧文本框输入 1。单击 Direction，图形区出现如图 4-82 所示箭头，单击细节窗口中的 Apply 按钮确认力的方向。

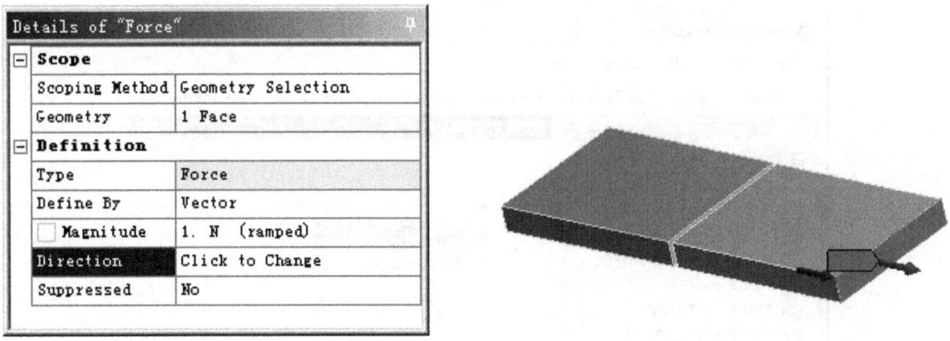

图 4-82　定义力的大小和方向

用鼠标右键单击项目树中的 Solution(A6)，在弹出的菜单中选择 Stress > Equivalent(Von Mises)。

单击工具栏中的 Solve 按钮，分析结果如图 4-83 所示。

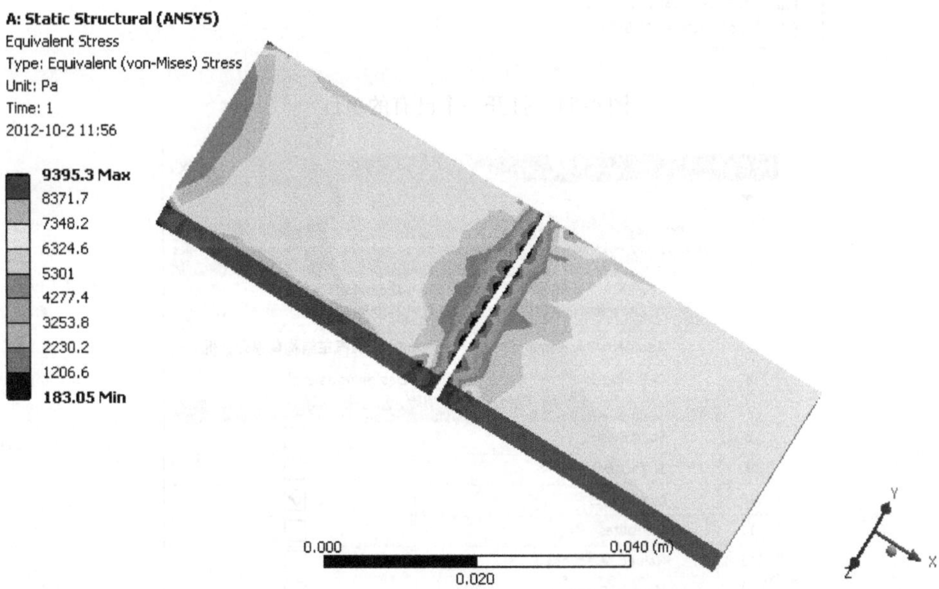

图 4-83　点焊连接分析结果

4.1.11　概念建模之梁

梁是进行车辆结构有限元分析的常用结构。利用好梁单元有利于减少有限元模型的规模，提高计算效率。

打开案例文件夹中的 beam. wbpj 文件，如图 4-84 所示。

用鼠标左键单击 A2—Geometry，单击主菜单 View > Properties，在弹出的对话框中单击 Line Bodies 右侧的方框，如图 4-85 所示。

双击 A2—Geometry，打开建模软件 DesignModeler，如图 4-86 所示。

用鼠标左键单击模型树中的 XYPlane，单击工具栏上的新建草图图标，生成草图

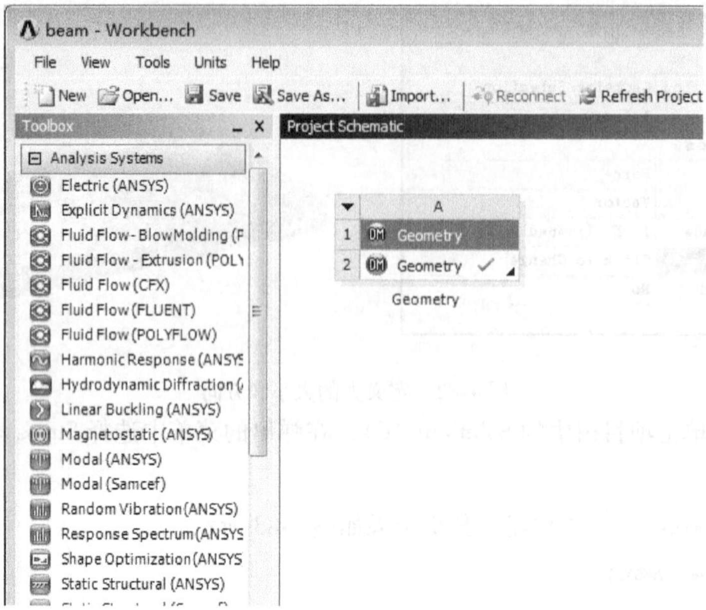

图 4-84　打开一个已有的项目

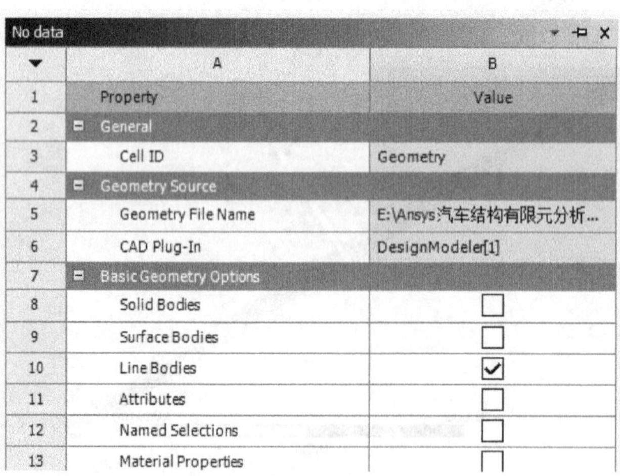
No data

	A	B
1	Property	Value
2	General	
3	Cell ID	Geometry
4	Geometry Source	
5	Geometry File Name	E:\Ansys汽车结构有限元分析...
6	CAD Plug-In	DesignModeler[1]
7	Basic Geometry Options	
8	Solid Bodies	☐
9	Surface Bodies	☐
10	Line Bodies	☑
11	Attributes	☐
12	Named Selections	☐
13	Material Properties	☐

图 4-85　设置模型类型

Sketch，单击查看平面视图图标，当前视图转换为 *XY* 平面视图，如图 4-87 所示。

单击 Sketching，切换到草图工具箱。单击拾取绘图工具箱 Draw 中的 Line 工具 Line，在当前视图中绘制直线。

单击 Dimensions 工具箱，拾取通用标注工具 General，分别选取直线上的两个端点，定义直线长度为 1000mm，即为 1m。

分别选取直线上的左端点和 *Y* 轴，标注尺寸为 500mm，用于调整直线在整个坐标系中的位置。

通过视图缩放工具调整视图，如图 4-88 所示。尺寸如图 4-89 所示。

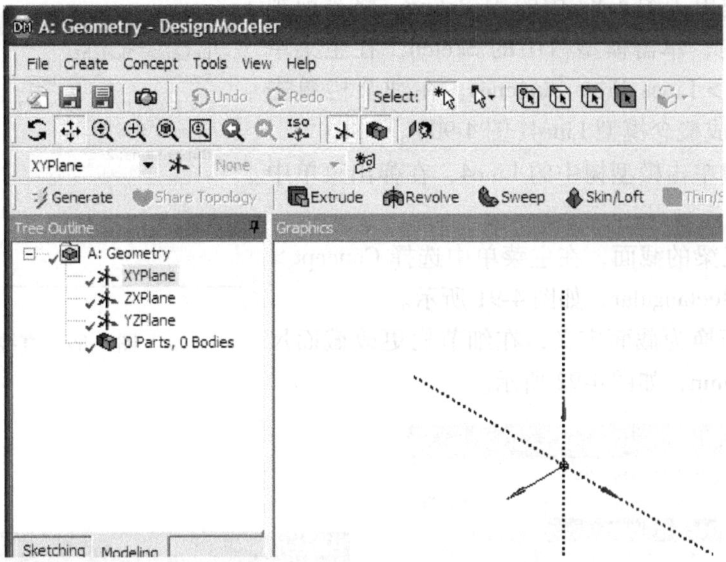

图 4-86　打开建模软件 DesignModeler

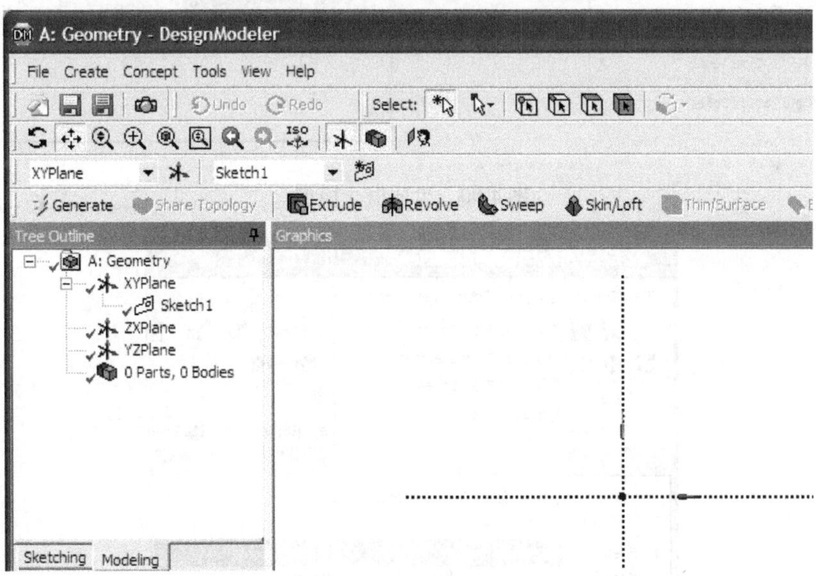

图 4-87　*XY* 平面视图

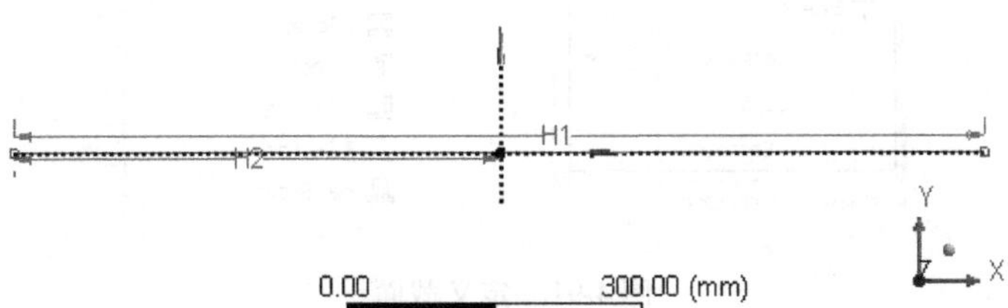

图 4-88　在草图上绘制直线

用鼠标左键单击图 4-87 中的 Modeling，将当前视图切换到模型树，单击模型树中的 Sketch，在主菜单中选择 Concept > Lines From Sketches，在细节栏单击 Apply 按钮，生成概念模型 Line4(图 4-90)。

用鼠标右键单击模型树中的 Line4，在弹出菜单中选择 Generate。

接下来定义梁的截面，在主菜单中选择 Concept > Cross Section > Rectangular，如图 4-91 所示。

当前视图切换为截面定义，在细节栏更改截面尺寸为 20mm × 20mm，如图 4-92 所示。

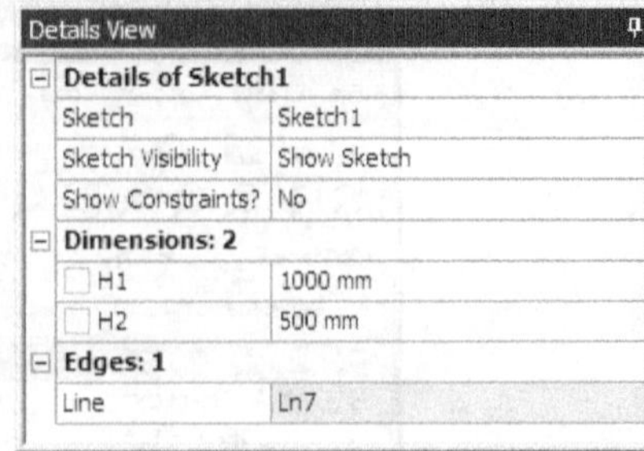

图 4-89 直线尺寸

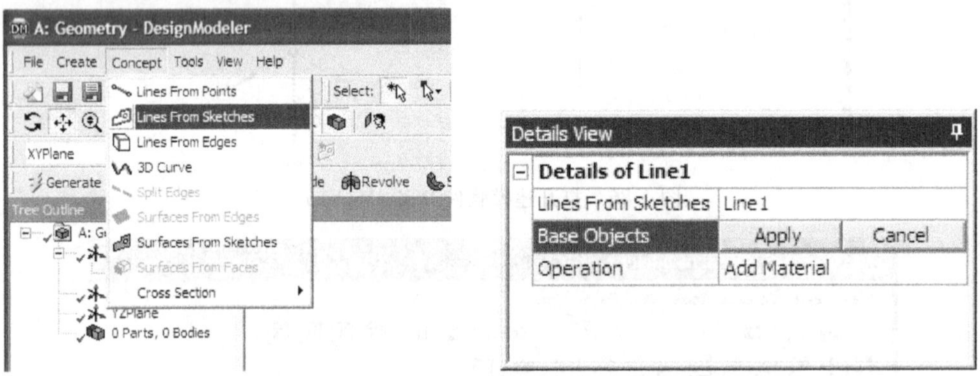

图 4-90 生成概念模型

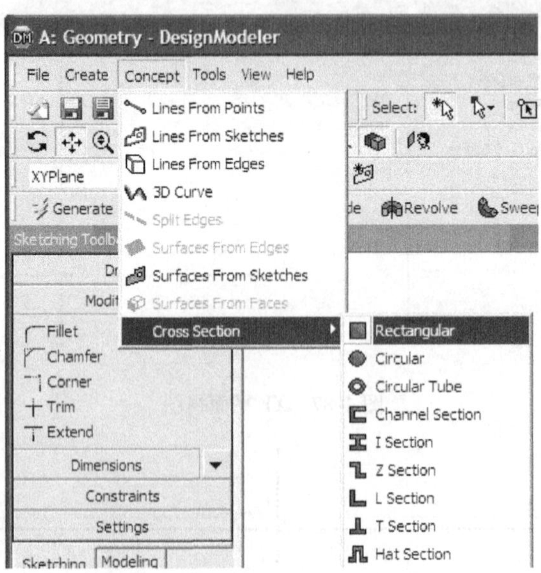

图 4-91 定义截面

将截面形状赋值给梁。在模型树选择 Line Body，在细节栏单击 Cross Section 右侧文本框，选择 Rect2，图形区显示带截面的梁，如图 4-93 所示。

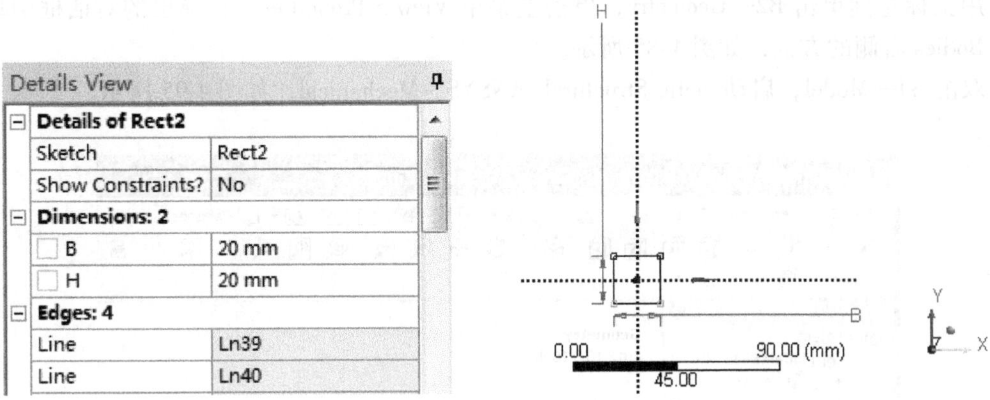

图 4-92　更改截面尺寸

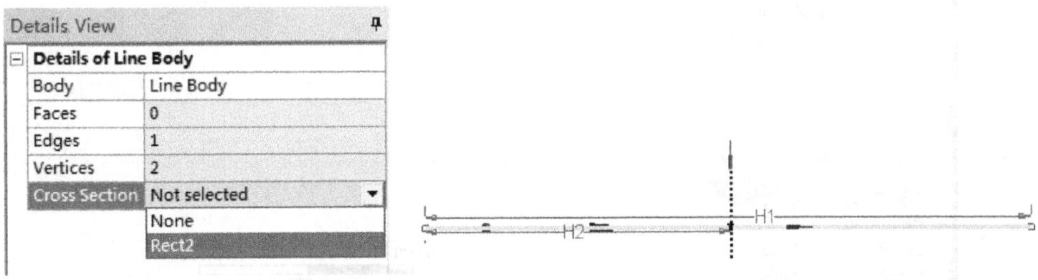

图 4-93　显示带截面的梁

完成模型建立，单击右上角关闭按钮，关闭 DesignModeler 软件，回到项目视图。单击鼠标左键，在左侧工具栏拖拉 Static Structural(ANSYS)到 Geometry 模块上，如图 4-94 所示。

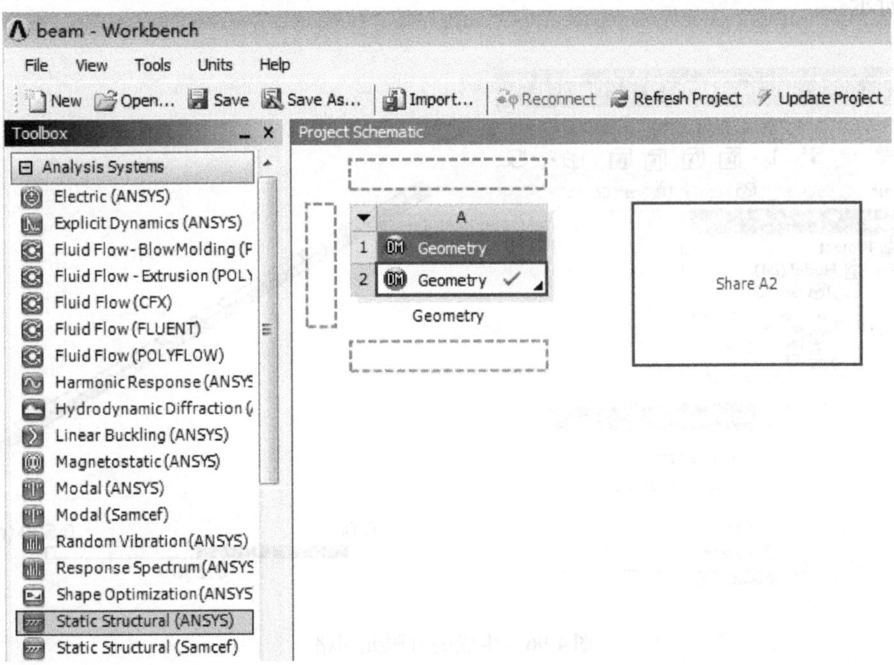

图 4-94　拖拉 Static Structural(ANSYS)到 Geometry 模块

用鼠标左键单击 B2—Geometry，单击主菜单 View > Properties，在弹出的对话框中单击 Line Bodies 右侧的方框，如图 4-85 所示。

双击 B4—Model，启动 Static Structural(ANSYS)-Mechanical，如图 4-95 所示。

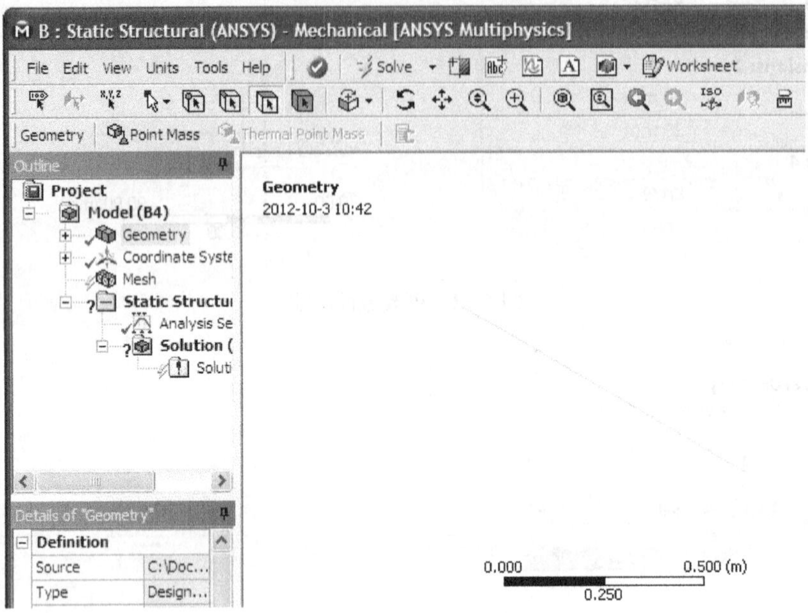

图 4-95　Static Structural(ANSYS)-Mechanical

用鼠标右键单击项目树中的 Mesh，在弹出的菜单中选择 Generate Mesh，生成的网格如图 4-96 所示。

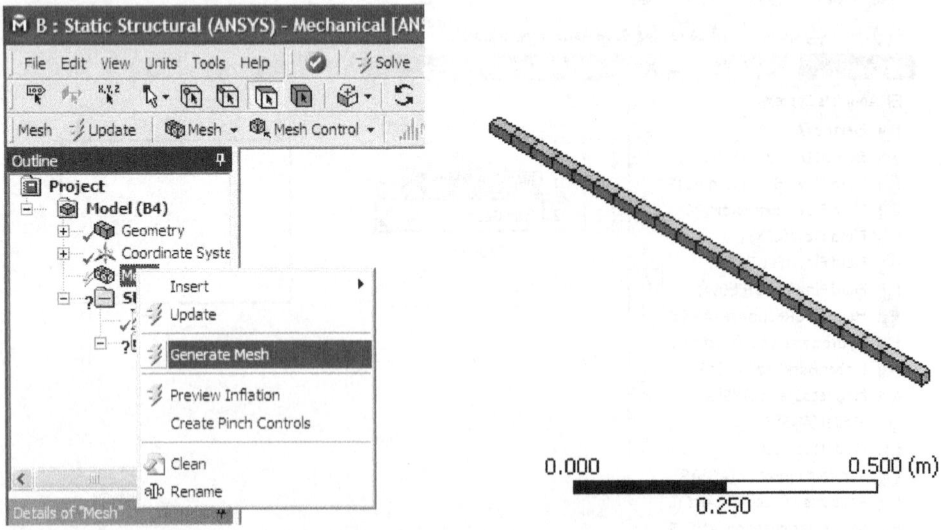

图 4-96　生成的有限元网格

用鼠标右键单击项目树中的 Static Structural(B5)，在弹出的菜单中选择 Fixed Support，用鼠标左键单击端点过滤器 Vetex ，选择梁的左侧端点，单击细节栏中的 Apply 按钮，如图 4-97 所示，几何窗口显示左侧端点已经全约束。

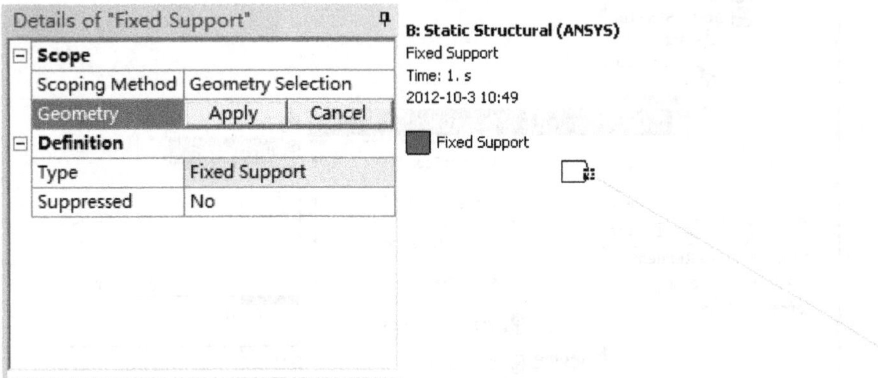

图 4-97　约束左侧端点

用鼠标右键单击模型树中的 Static Structural(B5)，在弹出的菜单中选择 Force，在过滤器中选择端点过滤 Vertex ，选择梁的右侧端点，单击细节栏中的 Apply 按钮，在细节栏选择力的定义方式为 Components，定义 Y 方向的力为 -1N，其他方向默认为 0，如图 4-98 所示。

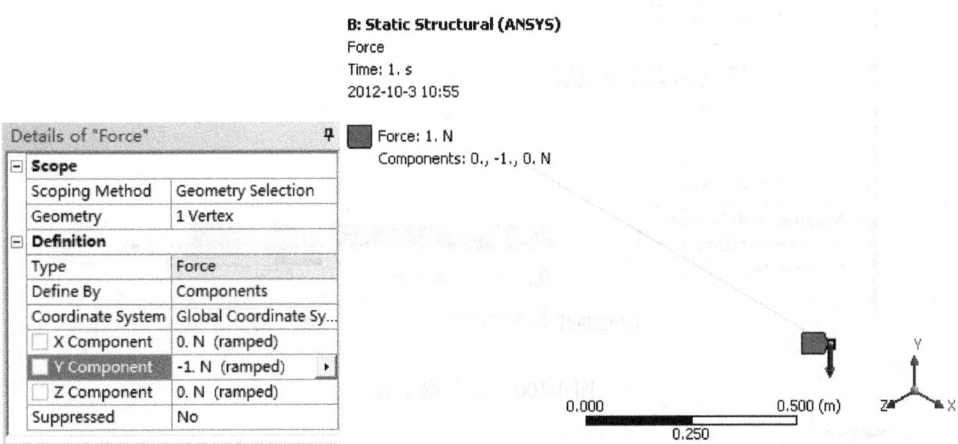

图 4-98　在梁的右侧施加载荷

用鼠标右键单击项目树中的 Solution，在弹出的菜单中选择 Insert > Deformation > Total，如图 4-99 所示。

用鼠标右键单击项目树中的 Solution，在弹出的菜单中选择 Insert > Beam Tool > Beam Tool，如图 4-100 所示。

用鼠标右键单击项目树中的 Beam Tool > Direct Stress，在弹出的菜单中选择 Insert > Beam Tool > Stress > Maximum Bending Stress，如图 4-101 所示。

用鼠标左键单击工具栏中的求解按钮 Solve，进行求解。

用鼠标左键单击项目树中的变形分析结果 Total Deformation，如图 4-102 所示。

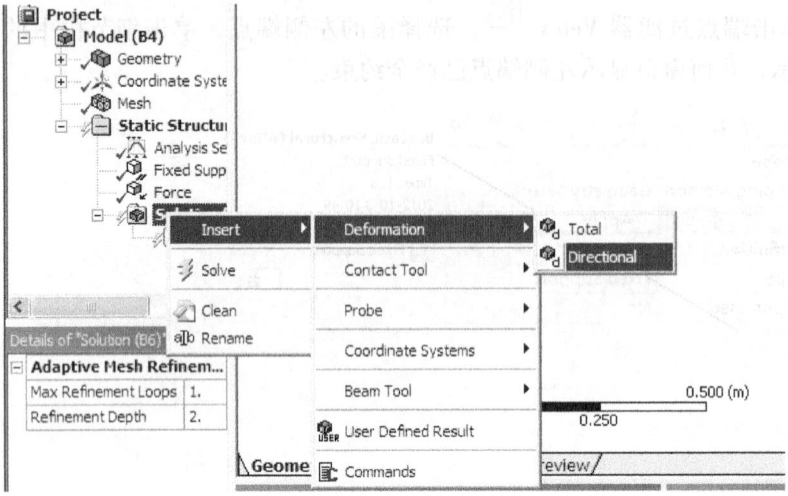

图 4-99　定义变形分析结果

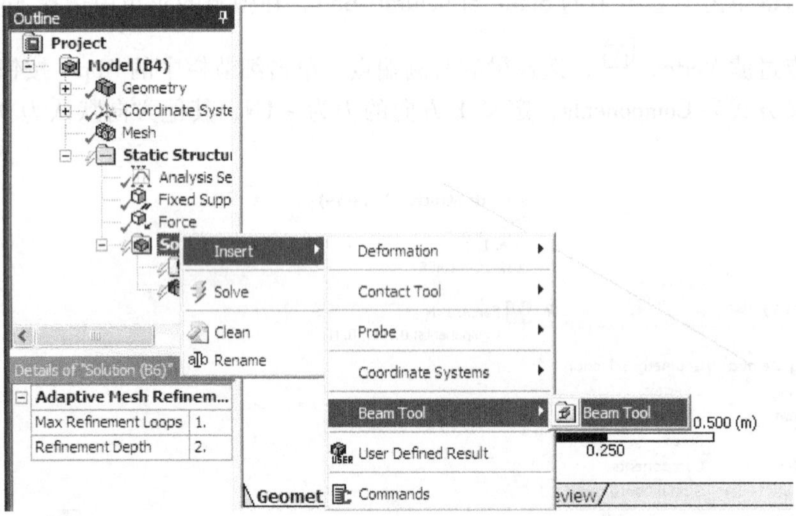

图 4-100　定义梁工具

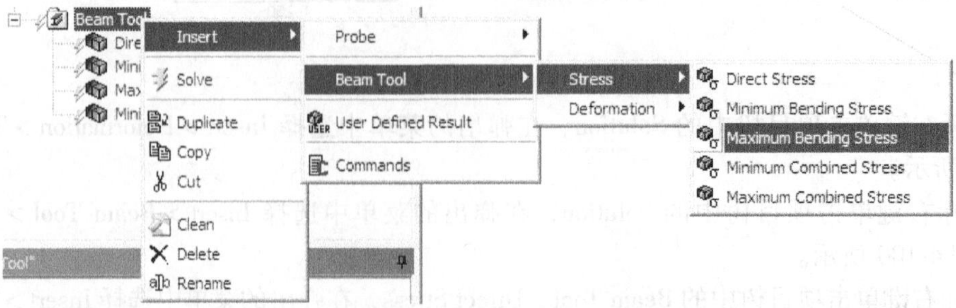

图 4-101　定义梁的最大应力分析结果

单击项目树中的应力分析结果 Maximum Bending Stress，如图 4-103 所示。

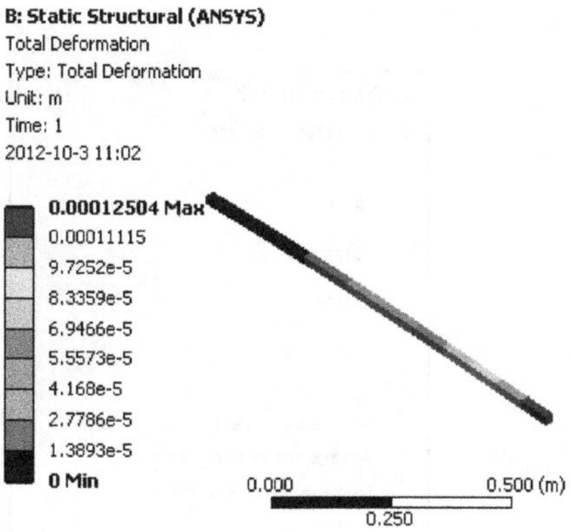

图 4-102 梁的变形分析结果

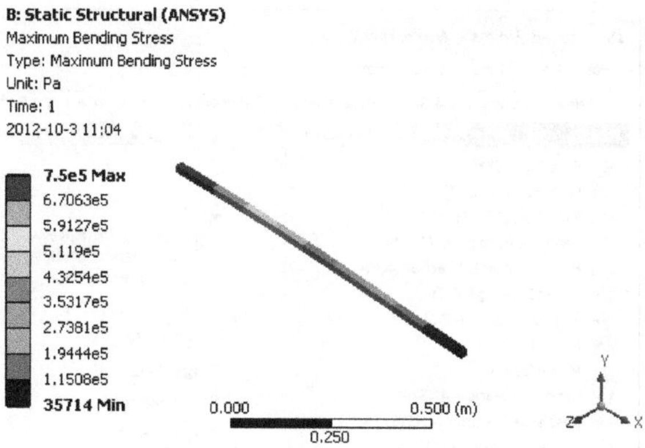

图 4-103 梁的应力分析结果

结果分析：按照材料力学的计算公式，对于图 4-104 所示的悬臂梁问题，最大弯曲应力计算如下。

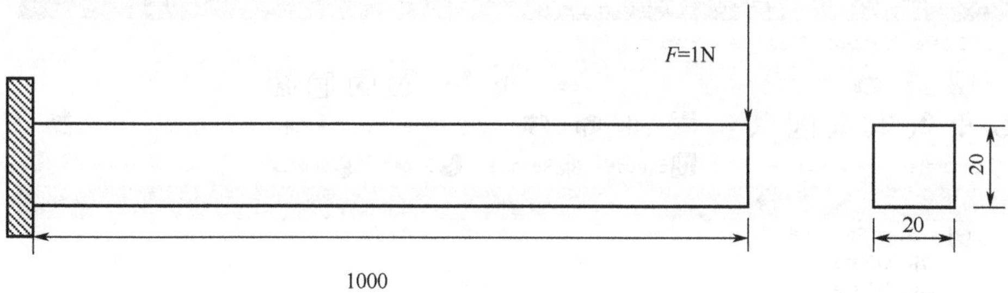

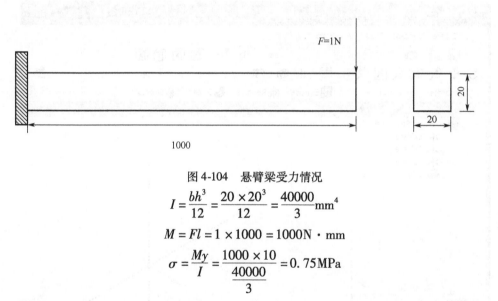

图 4-104 悬臂梁受力情况

$$I=\frac{bh^3}{12}=\frac{20\times20^3}{12}=\frac{40000}{3}\text{mm}^4$$

$$M=Fl=1\times1000=1000\text{N}\cdot\text{mm}$$

$$\sigma=\frac{My}{I}=\frac{1000\times10}{\frac{40000}{3}}=0.75\text{MPa}$$

计算结果与有限元分析结果一致。

4.1.12 概念建模之面

启动 ANSYS Workbench，双击 Static Structural(ANSYS)，建立一个静力学分析流程，如图 4-105 所示。

保存当前工作项目。选择主菜单 File > Save As，输入文件名 Plate-hole，单击保存按钮。

用鼠标左键双击 A3—Geometry，启动 DM(Design Modeler)。在弹出的对话框中设置长度单位为“Millimeter”(毫米)，单击 OK 按钮确认，如图 4-106 所示。

启动后的 DM(Design Modeler)界面如图 4-107 所示。选择 XYPlane，单击工具栏中的 Look At Face/Plane/Sketch 图标。

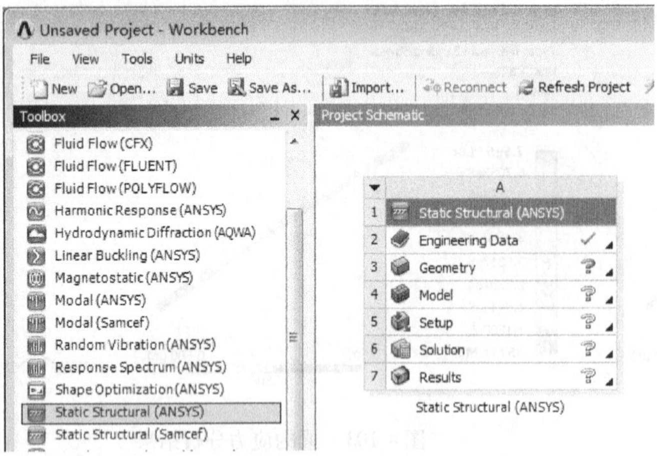

图 4-105　建立静力学分析流程

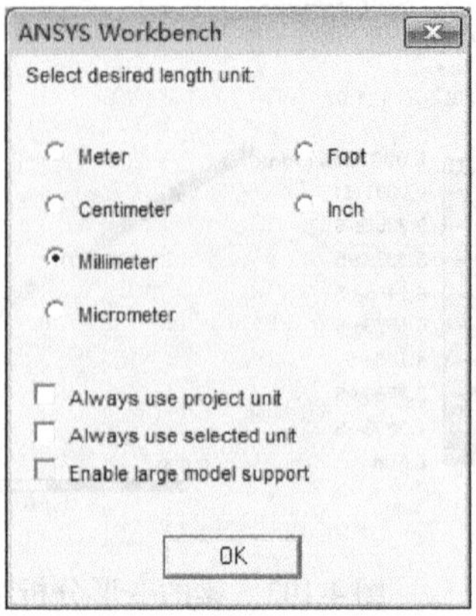

图 4-106　设置长度单位

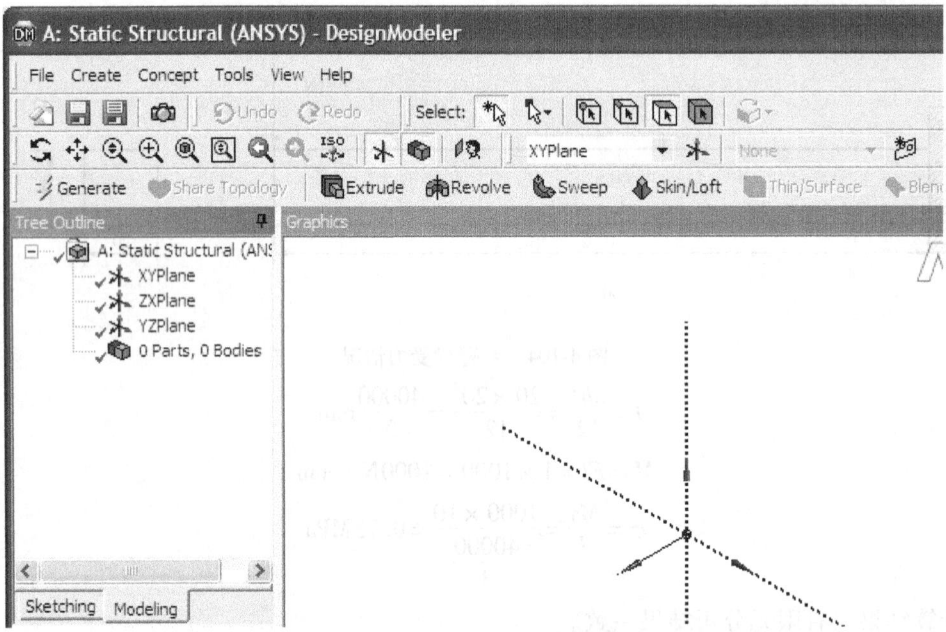

图 4-107　启动后的 DM(Design Modeler)

单击工具栏上的 New Sketch 图标，建立一个新的草图。选择 Sketch1，单击 Sketching 转换按钮。

接下来在草图模式绘制带孔圆板的平面草图，具体尺寸如图 4-108 所示。

将视图切换到模型视图，单击 Modeling。在主菜单单击 Concept > Surfaces From Sketches，建立概念模型，如图 4-109 所示。

如图 4-110 所示，在模型树中用鼠标左键单击 SurfaceSk1，在细节视图单击 Apply 按钮。在细节视图 Thickness 中输入厚度为 5mm。

用鼠标右键单击 SurfaceSk1，在弹出菜单选择 Generate，生成带孔的平面。在主菜单单击旋转视图按钮，旋转当前视图到合适角度。单击主菜单 View > Cross Section Solids，

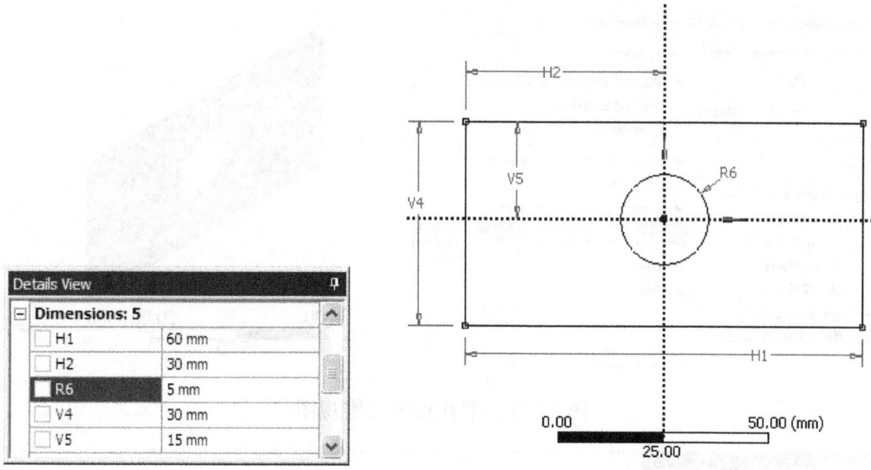

图 4-108　带孔平板的草图绘制

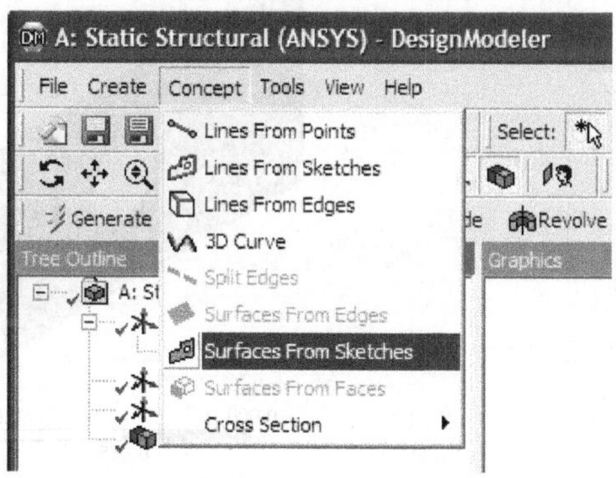

图 4-109　从草图建立面

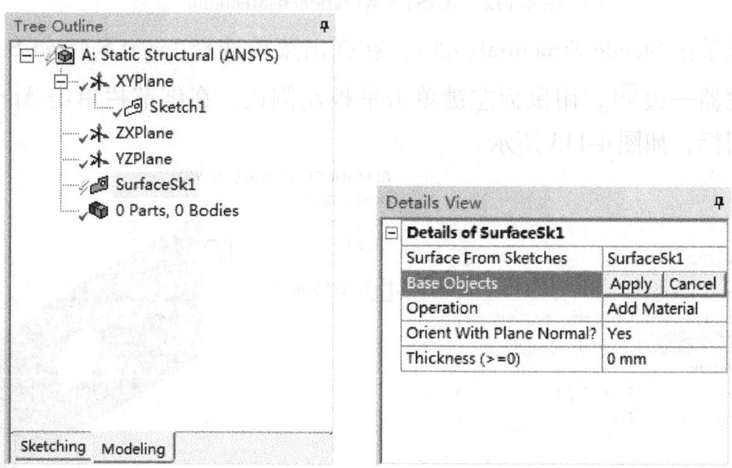

图 4-110　带孔平面模型的定义

显示带厚度的平面板，如图 4-111 所示。

双击图 4-105 所示的 A4—Model，启动 ANSYS Workbench-Mechanic，如图 4-112 所示。

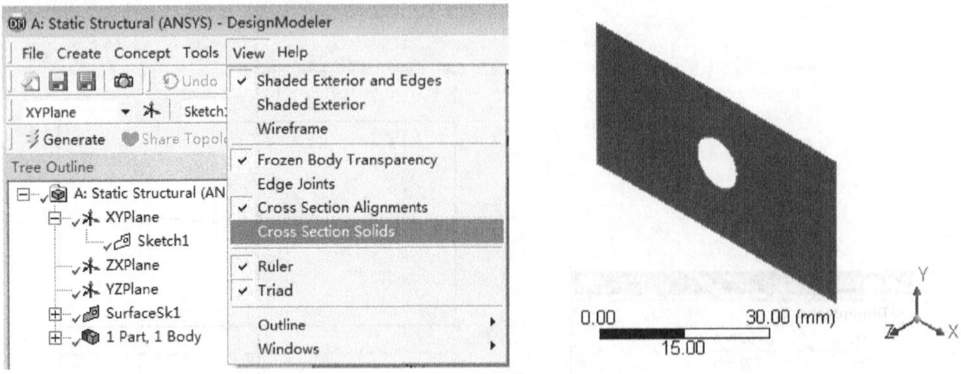

图 4-111　带孔板的三维视图

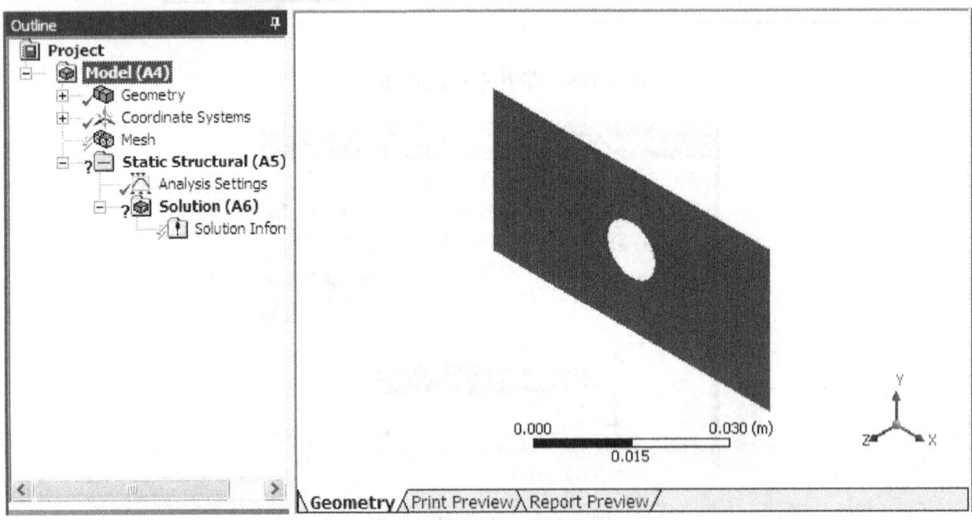

图 4-112　ANSYS Workbench-Mechanic

用鼠标右键单击 Stactic Structural(A5)，在弹出菜单选择 Insert > Fixed Support。在工具栏选择鼠标过滤器—边，用鼠标左键单击平板左侧边，在细节栏单击 Apply 按钮，在图形区出现约束图标，如图 4-113 所示。

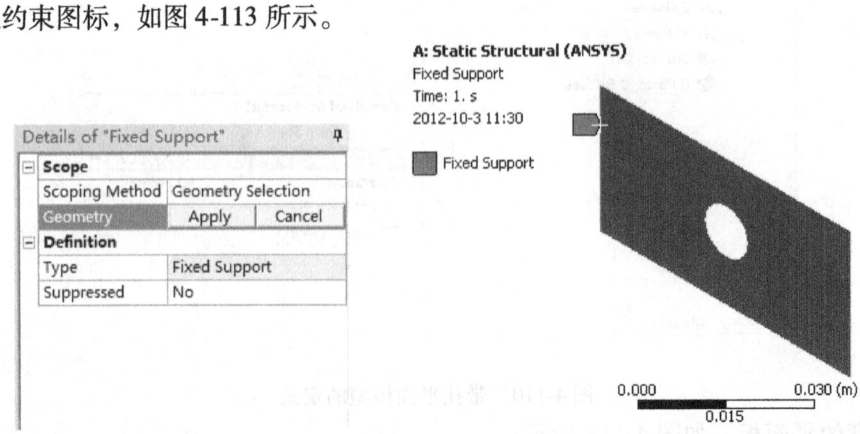

图 4-113　定义约束

用鼠标右键单击 Static Structural(A5)，在弹出菜单中选择 Insert > Force。在工具栏选择鼠标过滤器—边，用鼠标左键单击平板右侧边，在细节栏单击 Apply 按钮，如图 4-114 所示，在 Magnitude 栏右侧文本框输入 1，表示力的大小为 1N。

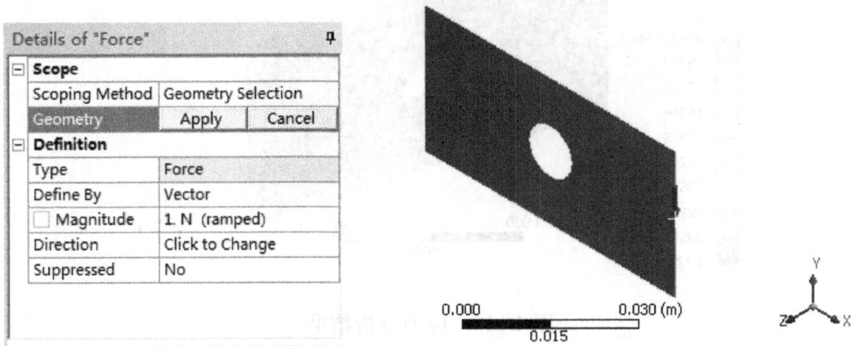

图 4-114　施加力

用鼠标左键单击 Direction 右侧文本框，调整力的方向，单击平面板的长边，使力的方向与长边平行，单击 Apply 按钮，力的方向如图 4-115 所示。

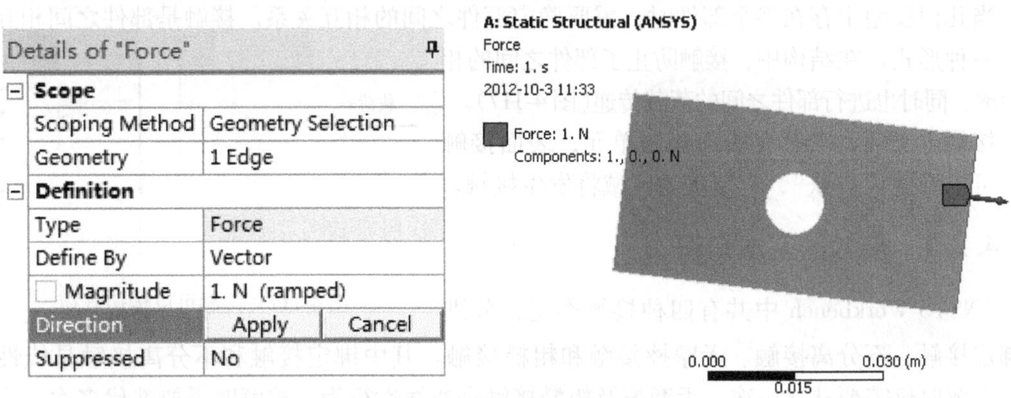

图 4-115　调整力的方向

用鼠标右键单击项目树中的 Solution(A6)，在弹出菜单中选择 Insert > Stress > Equivalent (Von Mises)，插入等效应力分析结果。

单击工具栏上的求解按钮 Solve，求解自动完成。

用鼠标左键单击项目树中的 Solution(A6)下面的 Equivalent Stress，显示应力分析结果，如图 4-116 所示。

结果分析。根据平面应力的计算公式，名义应力为

$$应力=\frac{1}{5\times30}\approx0.006667\text{MPa}$$

考虑带孔部位的应力集中，则危险部位的应力为

$$应力_{zl}=3\times0.006667\approx0.002\text{MPa}$$

计算结果与图 4-116 中最大应力的结果比较，能够很好地吻合。

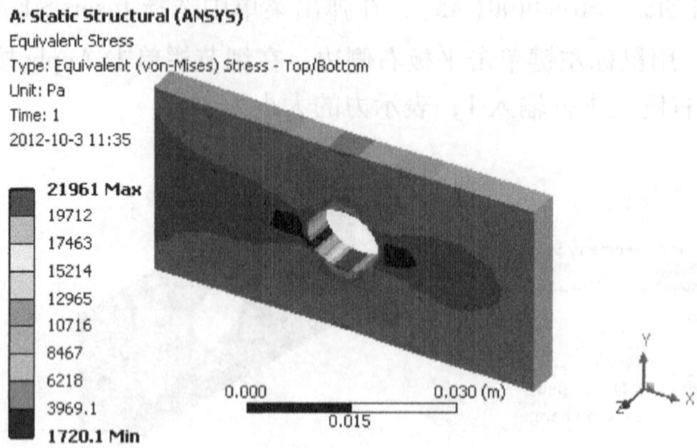

图 4-116　应力分析结果

4.2 接触

当几何模型中存在多个部件时，需要确定部件之间的相互关系。接触是部件之间相互作用的一种形式。在结构中，接触防止了部件之间的相互渗透，同时也进行部件之间的荷载传递(图 4-117)。

接触定义后，会产生表面接触单元，表面接触单元可以看做“皮肤”，它覆盖的区域将发生接触。

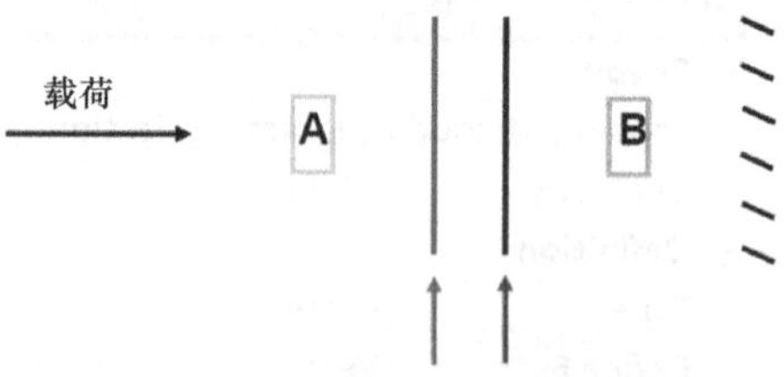

图 4-117　接触可以传递载荷

4.2.1　接触的基本知识

ANSYS Workbench 中共有四种接触类型，分别是绑定接触、不分离接触、无摩擦接触和粗糙接触。其中绑定接触和不分离接触是线性行为，求解时仅需要迭代一次。无摩擦及粗糙接触是非线性行为，求解时需要迭代多次。需要注意的是，这些计算都是基于小变形理论。

在实际应用过程中，接触的一些选项可以进行修改。如可将控制方程从 Pure Penalty 修改为 Augmented Lagrange、MPC 或 Normal Lagrange。

但是使用过程中需要明白，MPC 仅仅适用于绑定接触，对接触面间的相对运动定义了约束方程，故部件之间没有相互滑动。在绑定接触中，纯惩罚函数 Pure Penalty 法可以想象为在接触面间施加了较大的刚度系数来阻止相对滑动，在实际中如果接触面和目标面之间相对滑动可以忽略的情况下可以用到这种方法。

4.2.2　接触单元的特点

在两个不同的实体边界上允许有不匹配的单元划分，即不同实体上的单元节点可以不重合。

如图 4-118 所示，小立方体压在大立方体上，大立方体的底面全约束，小立方体的顶面受压，进行接触分析。

生成网格后如图 4-119 所示，大小立方体的网格可以不互相重合。

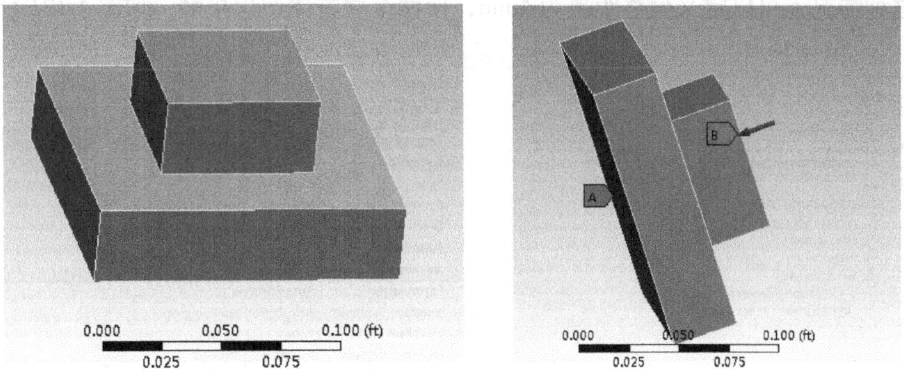

图 4-118　互相接触的立方体

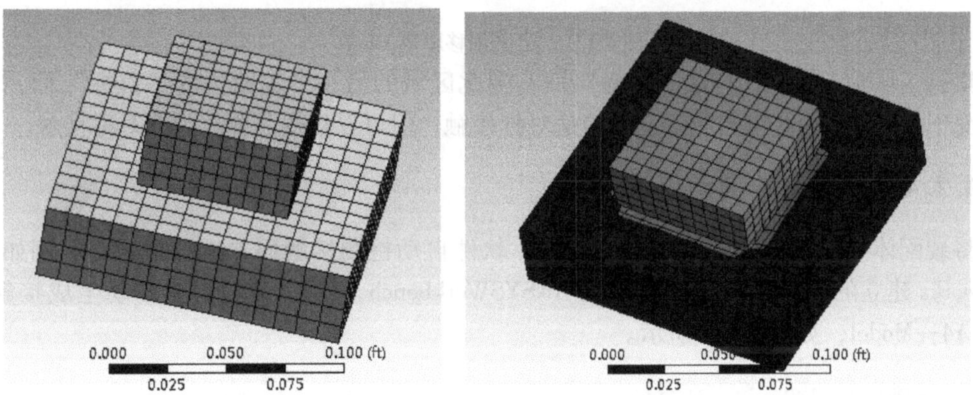

图 4-119　互相接触的几何的网格

4.2.3　接触的偏移设置

可以在属性窗的 Contact 菜单下，指定自动探测接触距离的容差。如果上述两个立方体距离 1mm，初始位置没有产生接触，结果如图 4-120 所示。

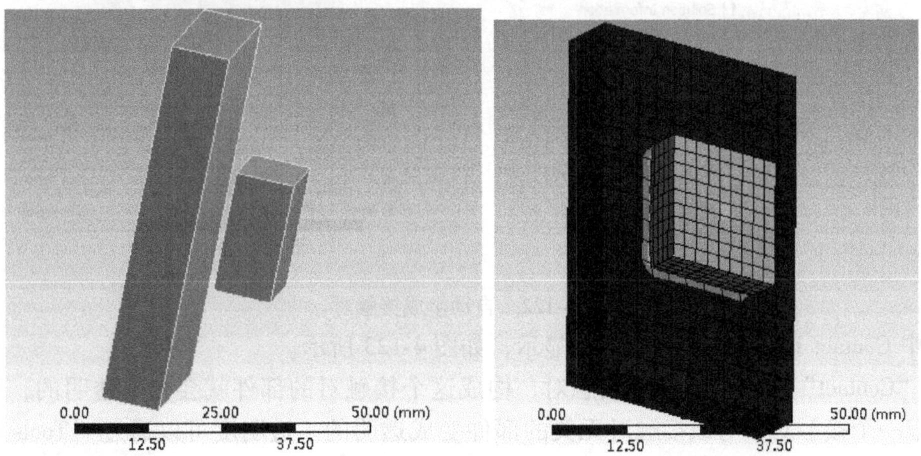

图 4-120　有间隙的接触定义

在这种情况下可以定义偏移距离为4mm，使两个立方体产生接触，如图4-121所示。

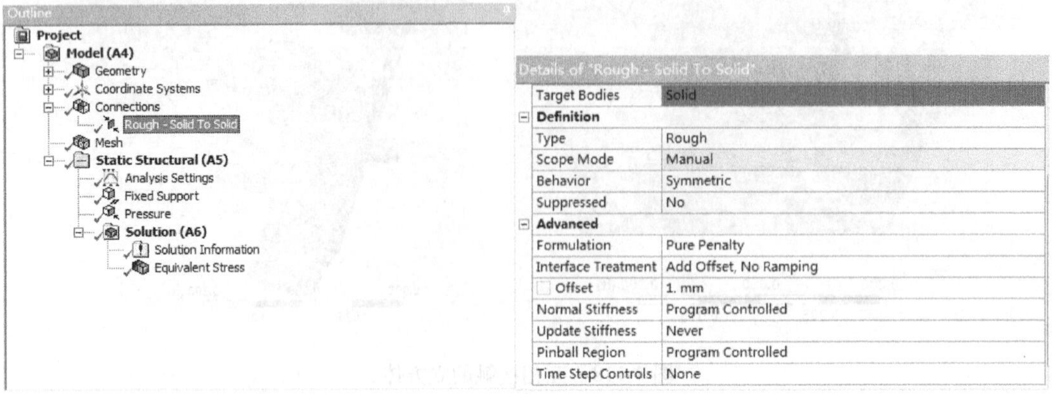

图4-121　定义偏移距离Offset

接触区域中一个表面构成“接触”面，则此区域的另一个表面构成“目标”面，在默认情况下，Workbench对装配体定义的是对称接触，但可以根据需要改为非对称接触。

4.2.4　接触对的自动生成

将装配体导入到ANSYS Workbench中，软件自动检测接触面并生成接触对。例如，将Solidworks建立的一对齿轮副，导入到ANSYSWorkbench中后，在项目树自动生成接触对。双击A4—Model，如图4-122所示。

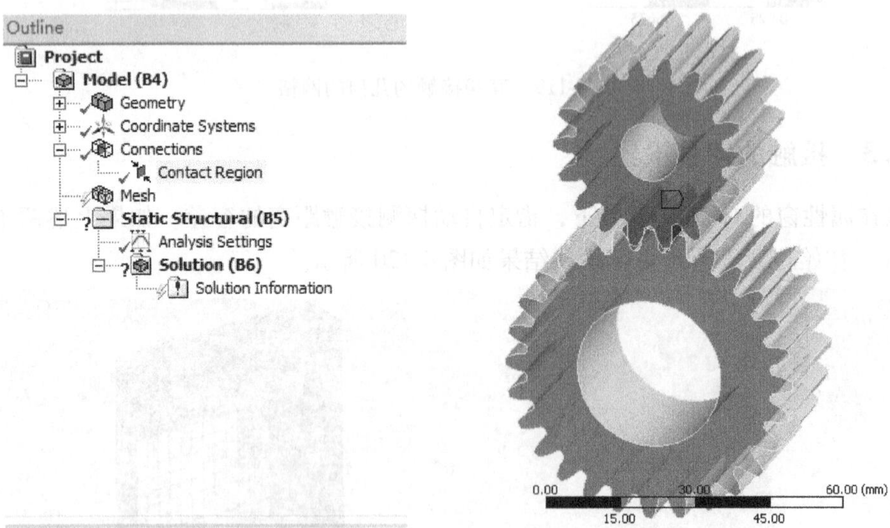

图4-122　自动生成接触对

选中Contact Region，接触对高亮显示，如图4-123所示。

在“Contact”分支单击某个接触对，构成这个接触对的部件就会变成透明的，以便观察。选取一个接触对，与该接触对无关的部件变成透明的。透明度可以通过“Tools > Options… > Simulation：Contact：Transparency”控制。

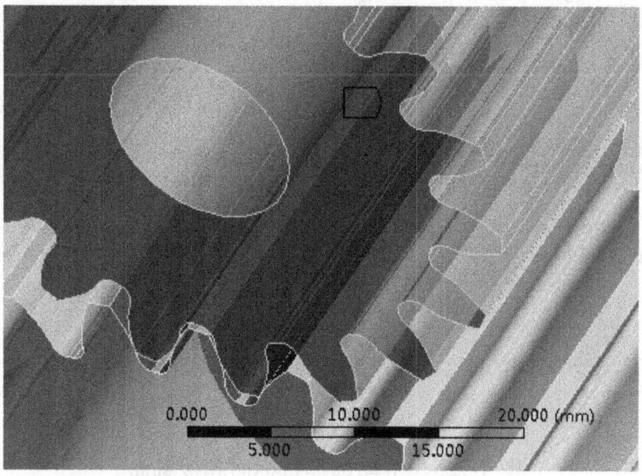

图 4-123　接触对高亮显示

4.2.5　接触对的重新命名

接触可以基于部件名称进行快速的重命名。首先选中项目树中想要重新命名的接触对，单击鼠标右键，在弹出菜单中选择重新命名 Rename based on definition，如图 4-124 所示。

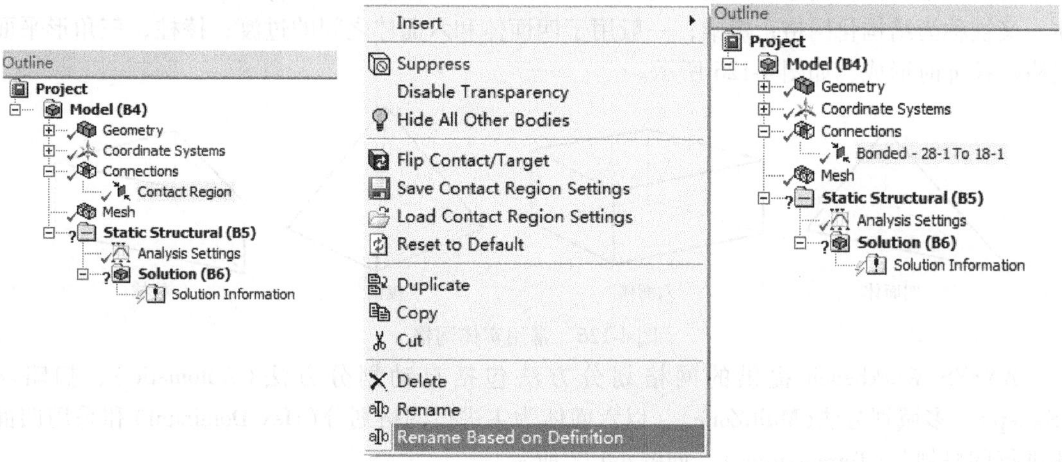

图 4-124　基于部件名称命名接触对

4.2.6　接触对的手动定义

实际操作过程中可以选择"Contact"和"Target"面，手动定义接触对。在项目树中 Connections 上单击鼠标右键选择 > Insert > Manual Contact Region，在细节栏通过手动选择定义接触面和目标面。

单击 Contact 右侧文本框，选择小立方体内侧表面，选中后单击 Apply 按钮，如图 4-125 所示，可以按照同样的方法定义目标面 Target。

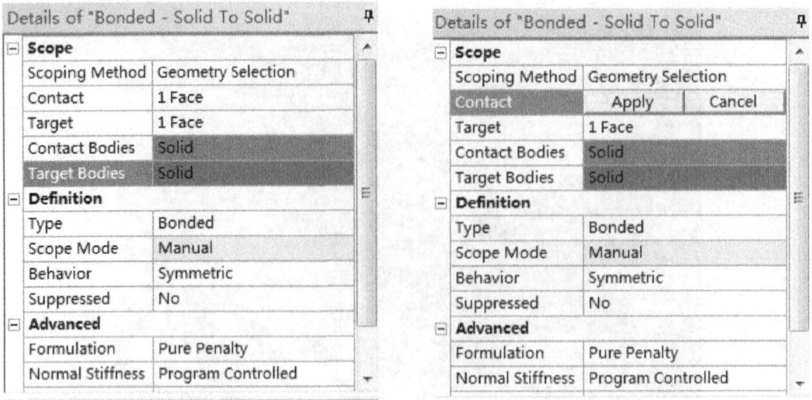

图 4-125　手动选择目标面和接触面

4.3　网格划分

有限元分析的基本思想就是把连续体划分为离散的模型，划分网格的目的是把连续体分解成可得到精确解的适当数量的单元。

对于三维实体，划分网格用到的 3D 基本形状有四面体，又被称为非结构化网格；六面体，又被称为结构化网格；棱锥，一般用于四面体和六面体之间的过渡；棱柱，三角形平面网格被拉伸时形成，如图 4-126 所示。

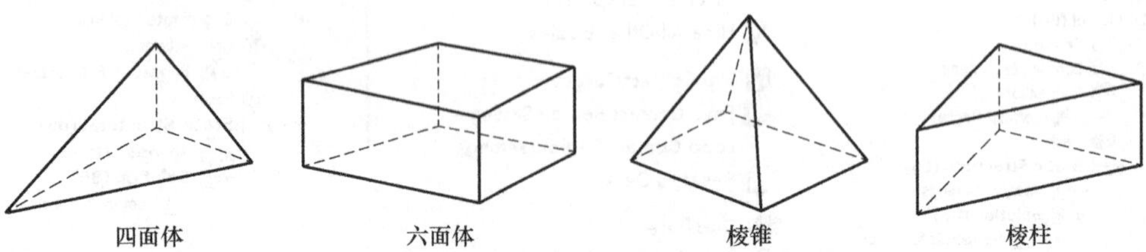

图 4-126　常用实体网格

ANSYS Workbench 提供的网格划分方法包括自动划分方法(Automatic)、扫略法(Sweep)、多域划分法(MultiZone)、以六面体为主进行网格划分(Hex Dominant)和采用四面体进行网格划分(Tetrahedrons)，如图 4-127 所示。

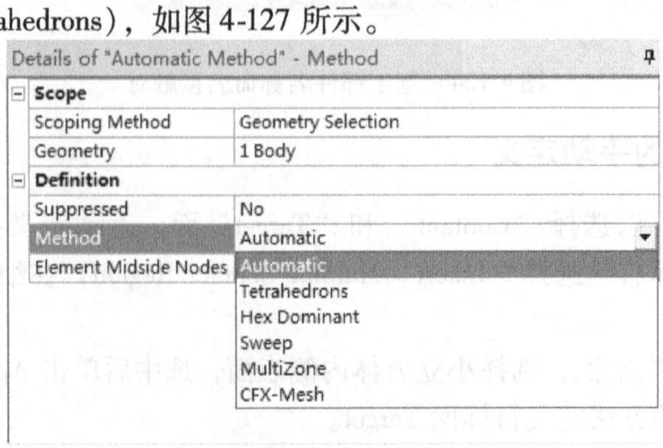

图 4-127　网格划分方法

4.3.1　自动划分网格

自动划分网格(Automatic)是采用 ANSYS Workbench 进行有限元分析的最常用方法。采用这种方法进行网格划分操作简单，非常实用。

图 4-128 所示为汽车车架常用的梁，下面以此为例，进行自动网格划分。

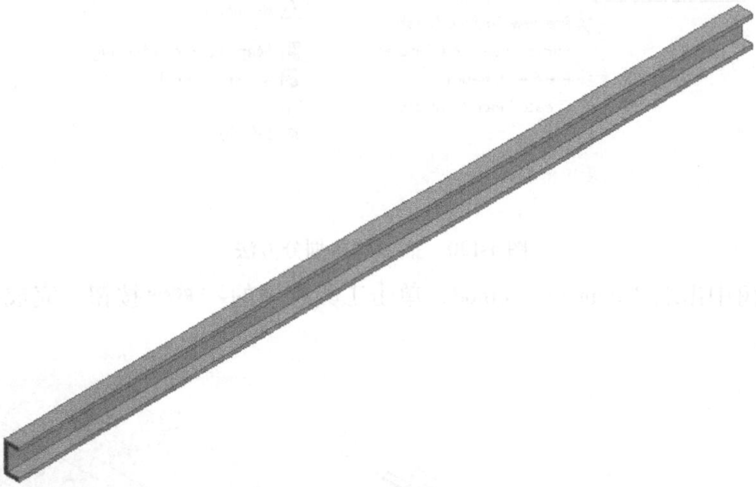

图 4-128　典型梁的网格划分

打开实例文件 automatic. wbpj，如图 4-129 所示。

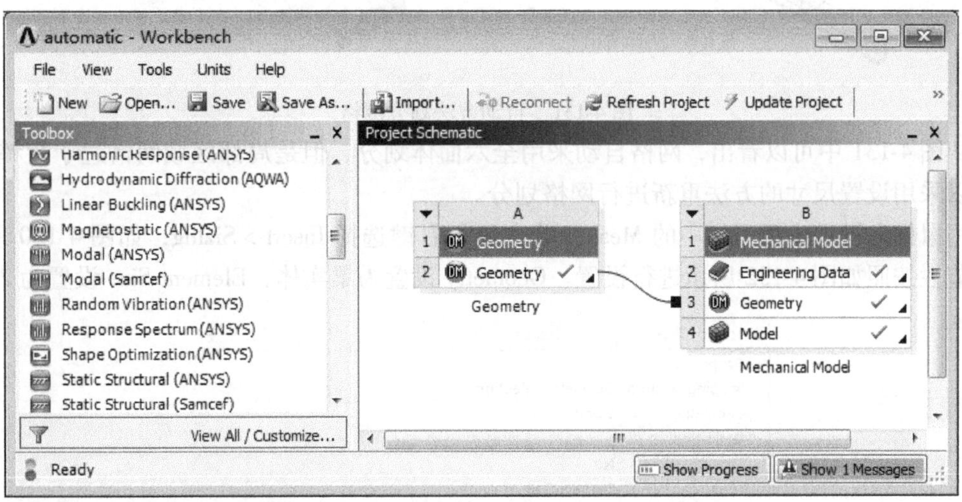

图 4-129　打开实例文件 automatic. wbpj

双击 B4—Model，启动 Mechanical Ansys。用鼠标左键单击项目树中的 Mesh，单击鼠标右键选择 Insert > Method，如图 4-130 所示。

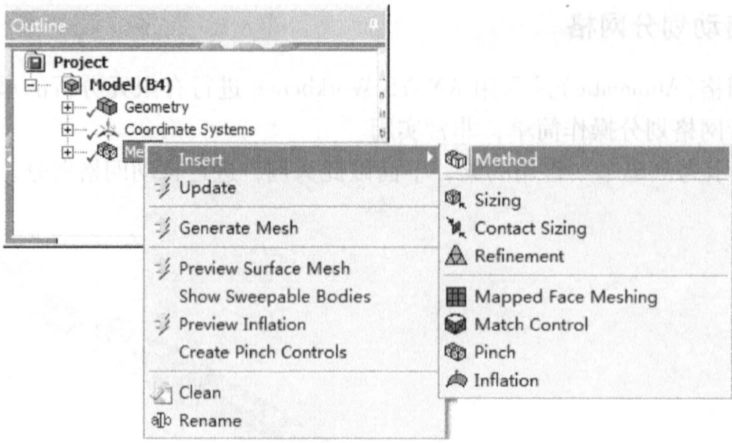

图 4-130　插入网格划分方法

这时项目树中出现 Automatic Method，单击工具栏中的 Update 按钮，完成网格划分，如图 4-131 所示。

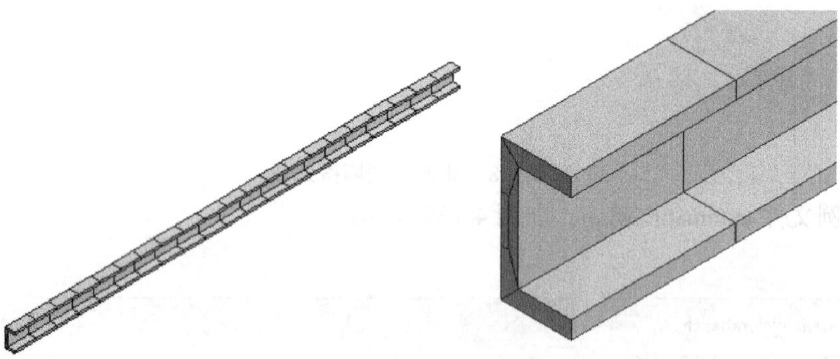

图 4-131　自动方法划分网格

从图 4-131 中可以看出，网格自动采用全六面体划分，但是局部区域网格过于粗糙，下面可以采用设置尺寸的方法重新进行网格划分。

用鼠标左键单击项目树中的 Mesh，单击鼠标右键选择 Insert > Sizing，如图 4-130 所示。在细节栏按照如图 4-132 所示进行设置。Geometry 设置为梁实体，Element Size 设置为 2mm。

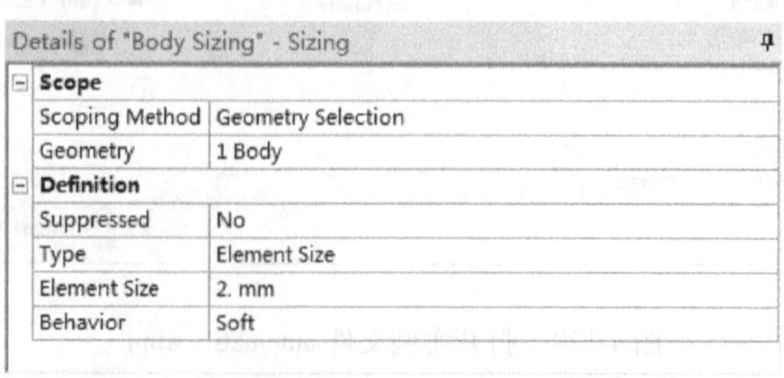

Details of "Body Sizing" - Sizing

Scope	
Scoping Method	Geometry Selection
Geometry	1 Body
Definition	
Suppressed	No
Type	Element Size
Element Size	2. mm
Behavior	Soft

图 4-132　设置网格尺寸

单击工具栏中的 Update 按钮，图形区生成的网格如图 4-133 所示。

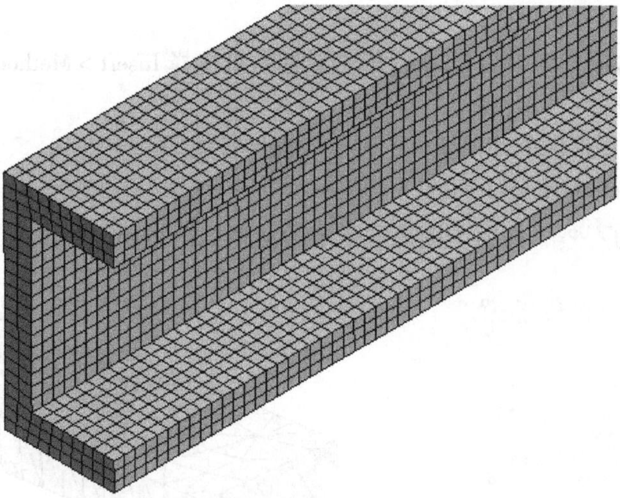

图 4-133　自动划分并设置尺寸后网格划分结果

4.3.2　采用四面体划分网格

四面体网格(Tetrahedrons)可以快速地、自动地生成，并适合于复杂几何体。四面体网格具有等向细化的特点，为捕捉一个方向的梯度，网格在三个方向细化，会导致网格数量迅速上升。

打开实例文件 Tetrahedrons. wbpj，双击 B2—Mesh，启动 Mechanical Ansys，如图 4-134

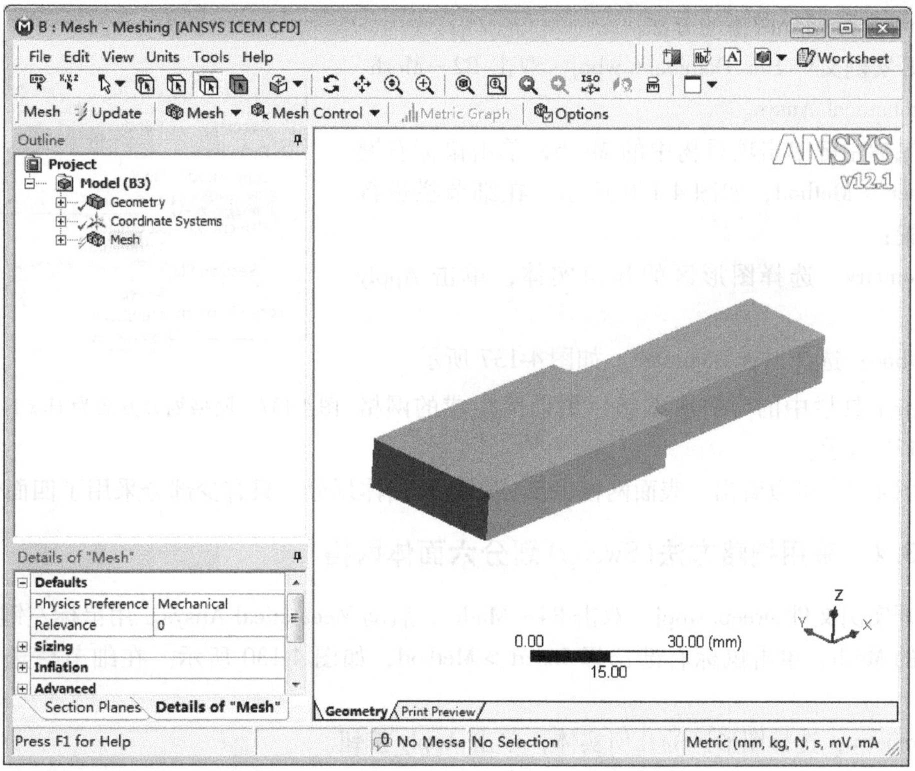

图 4-134　采用四面体划分网格的几何体

所示。

用鼠标左键单击项目树中的 Mesh，单击鼠标右键选择 Insert > Method，如图 4-130 所示。在细节栏进行如下设置：

Geometry：选择图形区的几何实体，单击 Apply 按钮。

Method：选择 Tetrahedrons，如图 4-135 所示。

单击工具栏中的 Update 按钮，图形区生成的网格如图 4-136 所示。

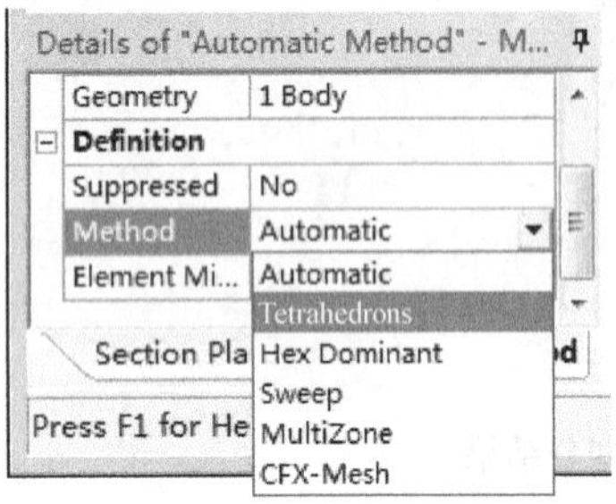

图 4-135　网格划分方法为 Tetrahedrons

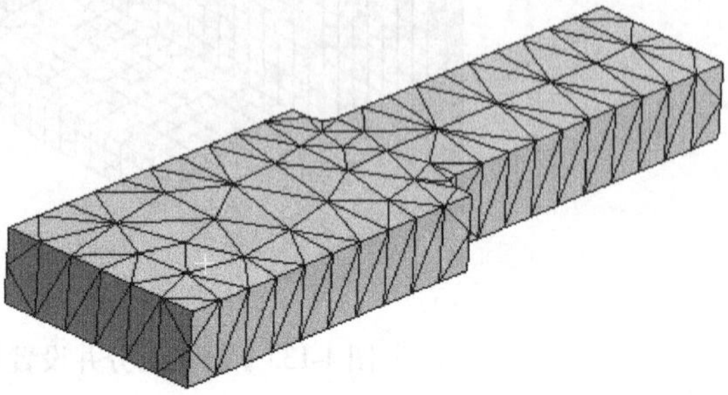

图 4-136　采用四面体划分后的网格

4.3.3　以六面体为主划分网格

大多有限元程序中，使用六面体网格(Hex Dominant)可以使用较少的单元数量来进行求解，完全采用六面体进行网格划分比较困难，ANSYS Workbench 提供了以六面体为主(Hex Dominant)进行划分网格的方法。

打开实例文件 Hex Dominant. wbpj，双击 B2—Mesh，启动 Mechanical Ansys。

用鼠标左键单击项目树中的 Mesh，单击鼠标右键选择 Insert > Method，如图 4-130 所示。在细节栏进行如下设置：

Geometry：选择图形区的几何实体，单击 Apply 按钮。

Method：选择 Hex Dominant，如图 4-137 所示。

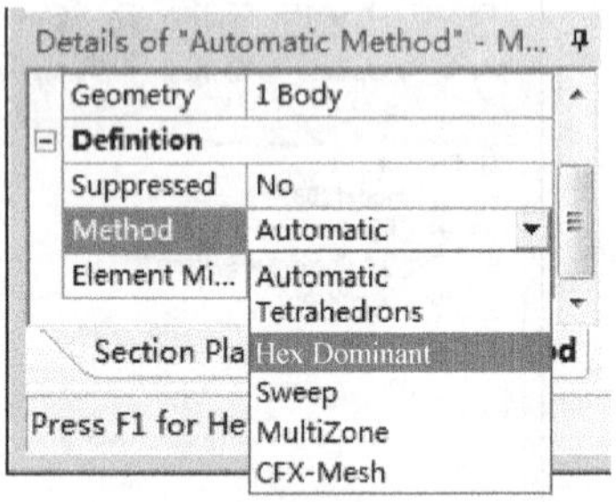

图 4-137　网格划分方法为 Hex Dominant

单击工具栏中的 Update 按钮，图形区生成的网格如图 4-138 所示。

从图 4-138 可以看出，表面网格大部分采用六面体划分，只有少部分采用了四面体。

4.3.4　采用扫略方法(Sweep)划分六面体网格

打开实例文件 sweep. wbpj，双击 B4—Model，启动 Mechanical Ansys。用鼠标左键单击项目树中的 Mesh，单击鼠标右键选择 Insert > Method，如图 4-130 所示。在细节栏进行如下设置：

Geometry：选择图形区的几何实体，单击 Apply 按钮。

Method：选择 Sweep，如图 4-139 所示。

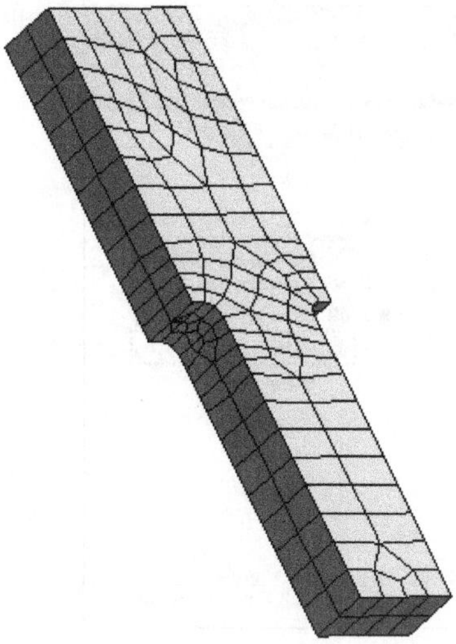

图 4-138　以六面体为主划分后的网格

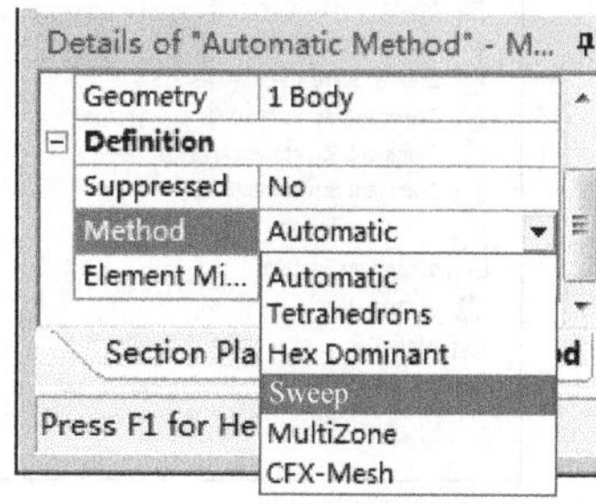

图 4-139　网格划分方法为 Sweep

单击工具栏中的 Update 按钮，图形区生成的网格如图 4-140 所示。从图中可以看出，相对自动网格划分方法，Sweep 方法划分的六面体更加规则。

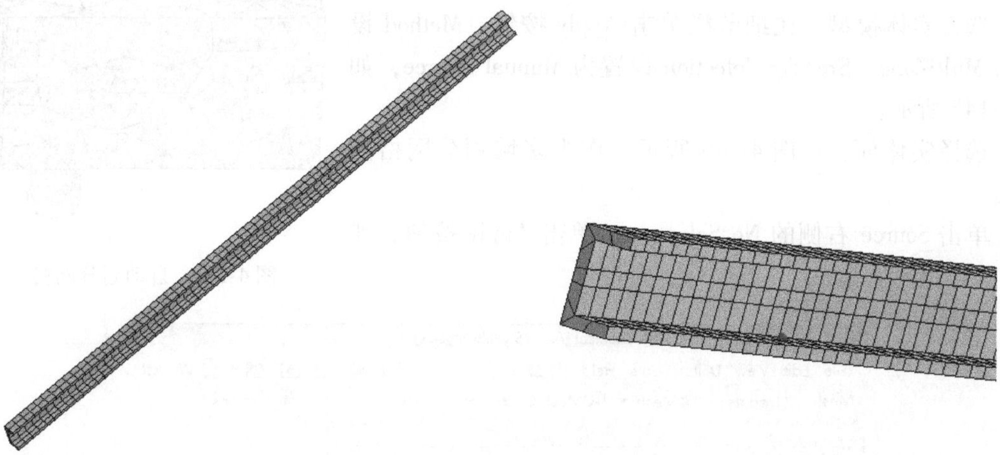

图 4-140　采用 Sweep 方法划分网格

4.3.5　多域划分网格

多域划分主要用来划分六面体网格。其特点是具有几何体自动分解功能，从而产生六面体网格。图 4-141 所示为一个立方体和两个圆柱体组合形成的结构。

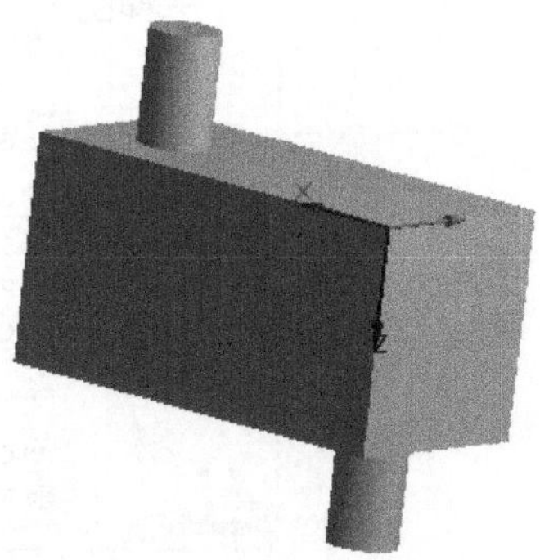

图 4-141　多域划分实体

打开文件 muti_zone. wbpj，如图 4-142 所示。双击 B4—Model，启动 Mechanical Ansys。

在项目树中单击鼠标左键选择 Mesh，单击鼠标右键，在弹出菜单选择 Generate Mesh，如图 4-143 所示，系统默认采用四面体划分网格。

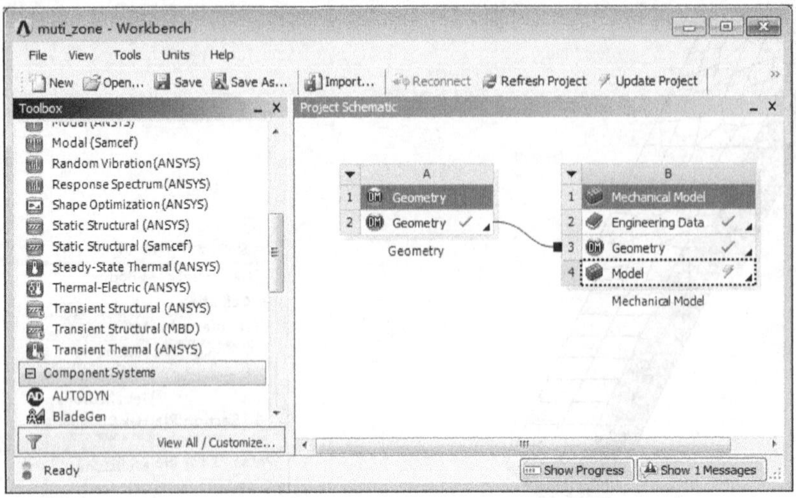

图 4-142　打开文件 muti_zone. wbpj

为提高模型网格划分质量，可以采用多域方法划分网格。在项目树单击鼠标左键选择 Mesh，单击鼠标右键，在弹出菜单选择 Insert > Method，如图 4-144 所示。

选择实体模型，在细节栏单击 Apply 按钮。Method 设置为 MultiZone，Src/Trg Selection 设置为 Manual Source，如图 4-145 所示。

选择实体面，如图 4-146 所示，作为多域划分网格的源面。

单击 Source 右侧的 No Selection，单击 Apply 按钮，如图 4-147 所示。

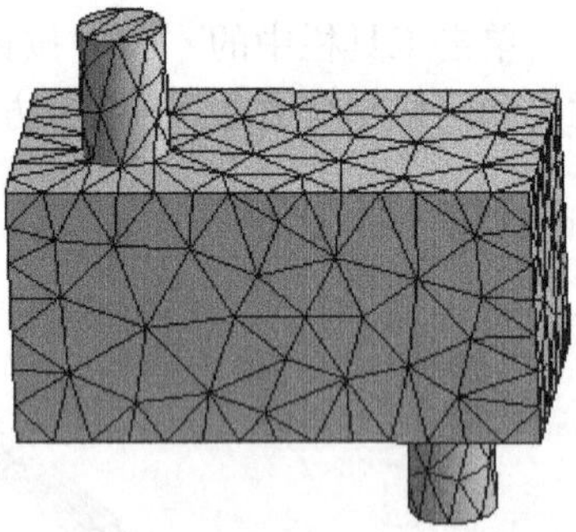

图 4-143　自动划分网格

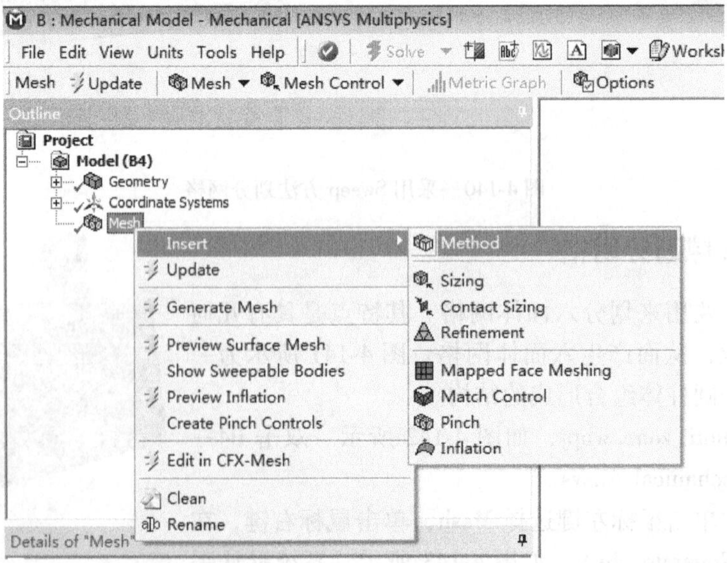

图 4-144　插入模型划分方法

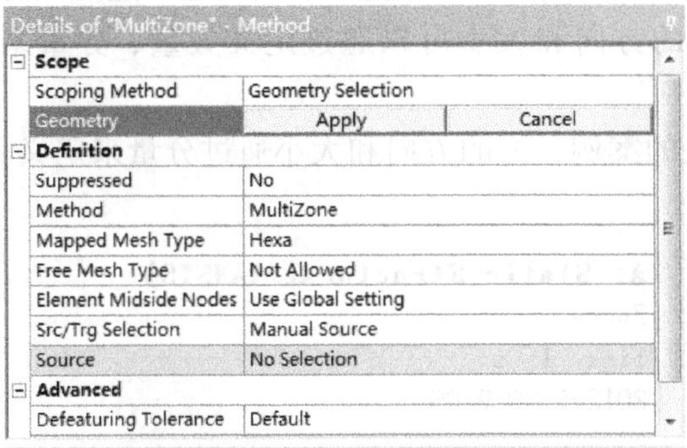

图 4-145　多域方法设置

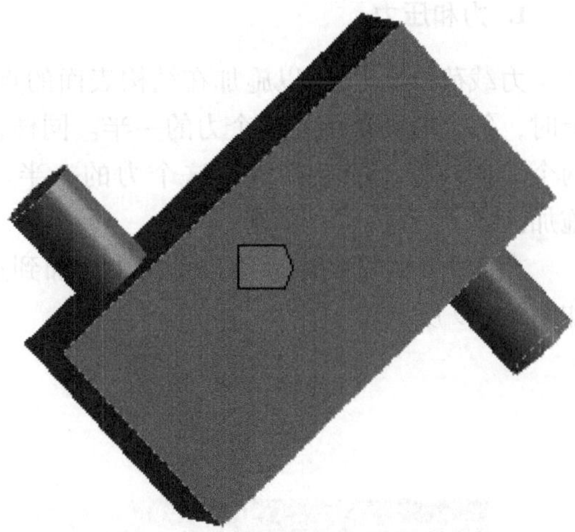

图 4-146　选择实体面

在项目树单击鼠标左键选择 Mesh，单击鼠标右键，在弹出菜单中选择 Generate Mesh。如图 4-148 所示，采用多域划分后，对实体划分的网格为全六面体。

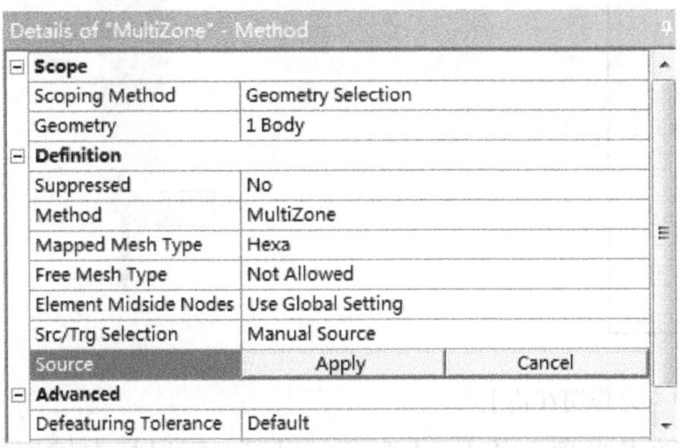

图 4-147　确认多域划分的源面

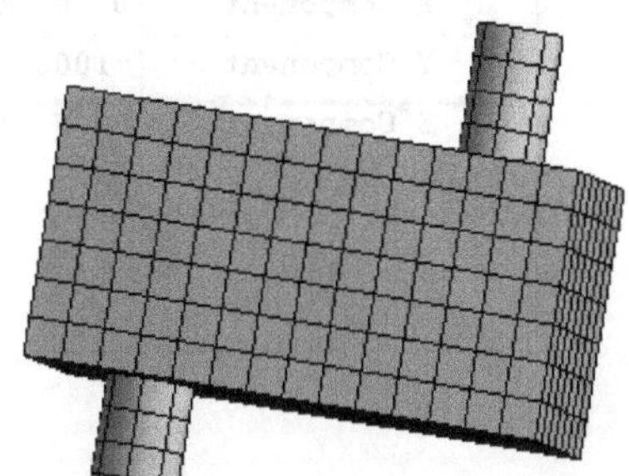

图 4-148　采用多域方法划分后的网格

4.4 载荷与约束

4.4.1　载荷

使用 ANSYS Workbench 进行车辆结构有限元分析时，Mechanical 中提供了三种类型的常用载荷供读者选择使用。一是惯性载荷，惯性载荷对整个系统均有作用，而且当涉及质量的时候，必须输入材料的密度；二是结构载荷，这是指作用在结构上的力或者力矩；三是结构支撑(约束)，利用约束来限制结构部件在一定范围内的移动。下面对常用载荷分别进行介绍。

1. 力和压力

力载荷：力可以施加在结构表面的点、边、面上。当一个力施加到两个同样的表面上时，每个表面将承受这个力的一半。同样，当一个力施加到一条边上，而且这一边上只有两个节点，每个节点将承受这个力的一半。力的方向和大小可以通过定义矢量、分量来施加。

在 2.3.3 的案例中，给出了将力施加到边上的案例，力的方向和大小通过分量来定义。如图 4-149 所示。

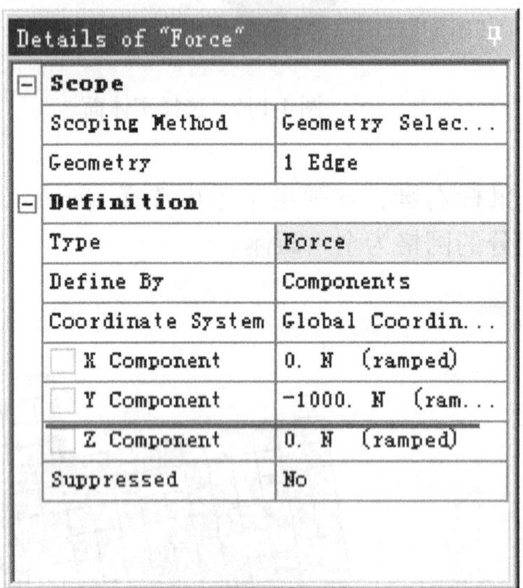

Details of "Force"

Scope	
Scoping Method	Geometry Selec...
Geometry	1 Edge
Definition	
Type	Force
Define By	Components
Coordinate System	Global Coordin...
X Component	0. N (ramped)
Y Component	-1000. N (ram...
Z Component	0. N (ramped)
Suppressed	No

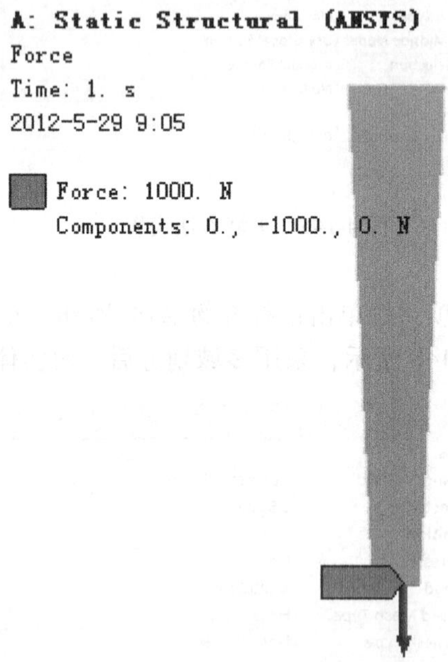

图 4-149　力作用在边上

接下演示如何将力施加到点上，打开随书光盘上的 Load_forces.wbpj，用鼠标左键双击 A4—Model，启动 ANSYS Workbench Mechanical，在项目树左侧用鼠标左键单击 Force，然后单击鼠标右键，在弹出菜单选择 Delete，在弹出对话框单击“是(Y)”按钮，如图 4-150 所示。

在如图 4-151 所示的两个顶点上施加大小为 1000N 的力。用鼠标左键单击项目树中的 Static Structural(A5)，然后单击鼠标右键，在弹出菜单中选择 Force，选择杆的最下端的两个端点，接下来用鼠标左键单击细节窗口 Geometry 右侧的 Apply 按钮，并按照如图 4-151 所示在细节窗口定义力的大小和方向。

然后单击工具栏上的 Solve 按钮。在项目树中单击 Normal Stress，查看应力分析结果，如图 4-152 所示，与图 2-63 的计算结果比较可以看出，二者的计算结果相同。

压力载荷 Pressure：压力载荷只能施加在表面，并且方向通常与表面的法向方向一致，其正值代表进入表面(例如压缩)，负值代表从表面出来。

打开随书光盘文件 Load_pressure.wbpj，用鼠标左键单击项目树中的 Static Structural

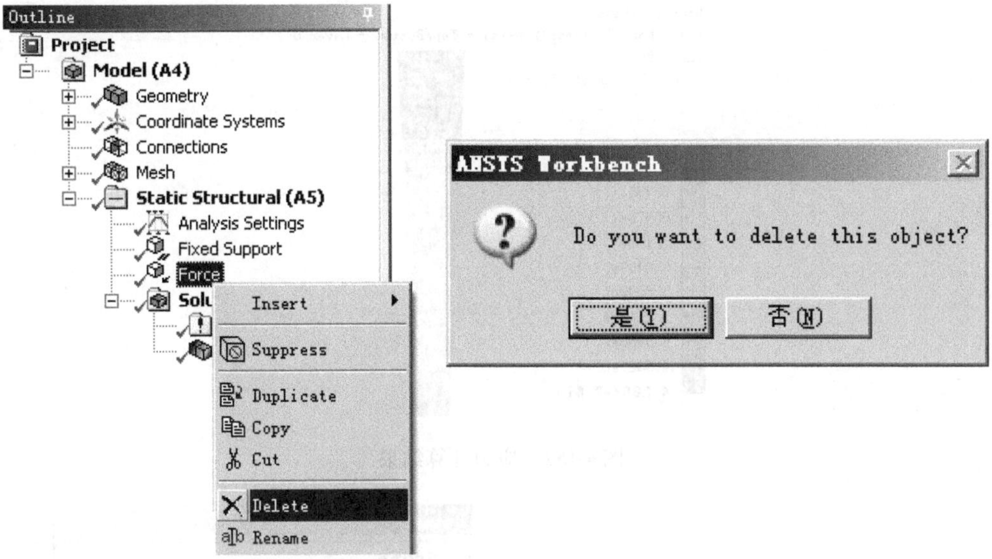

图 4-150　删除已有的载荷

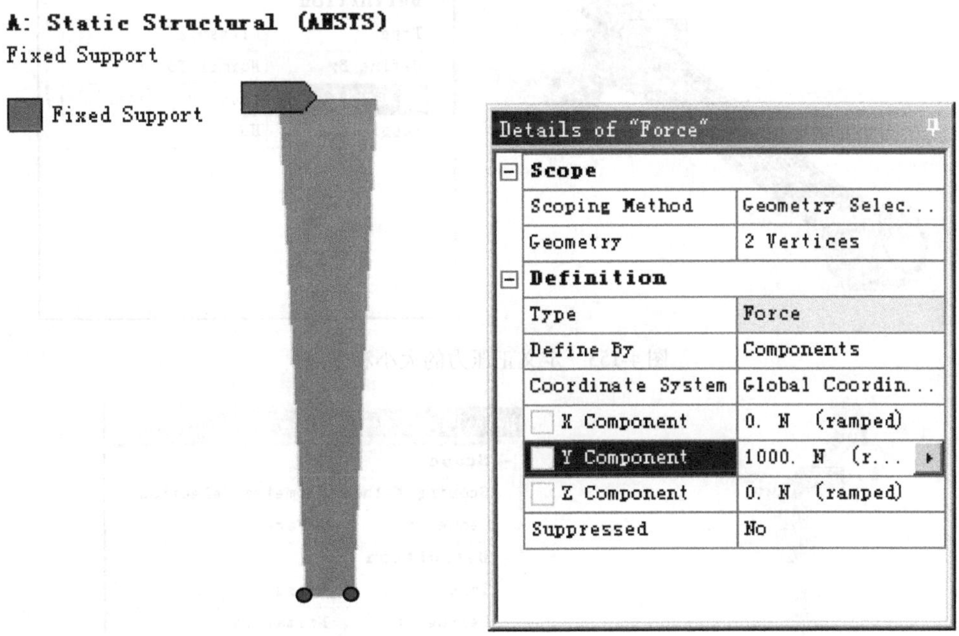

图 4-151　定义力的加载位置、方向、大小

(A5)，然后单击鼠标右键，在弹出菜单中选择 Pressure，用鼠标左键单击工具栏上的选择过滤器，用鼠标左键单击选择连杆大头的曲面，接下来用鼠标左键单击细节窗口 Geometry 右侧的 Apply 按钮，并按照如图 4-153 所示在细节窗口定义力的大小和方向。

更改细节窗口中的默认设置，定义压力为 -1000，压力的方向为 Normal to，如图 4-154 所示。

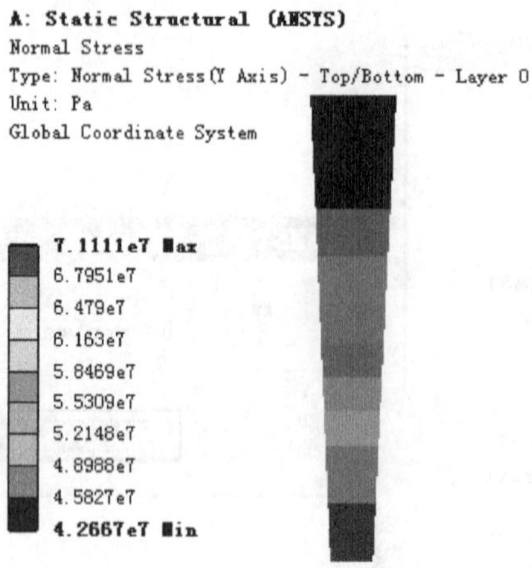

图 4-152　应力计算结果

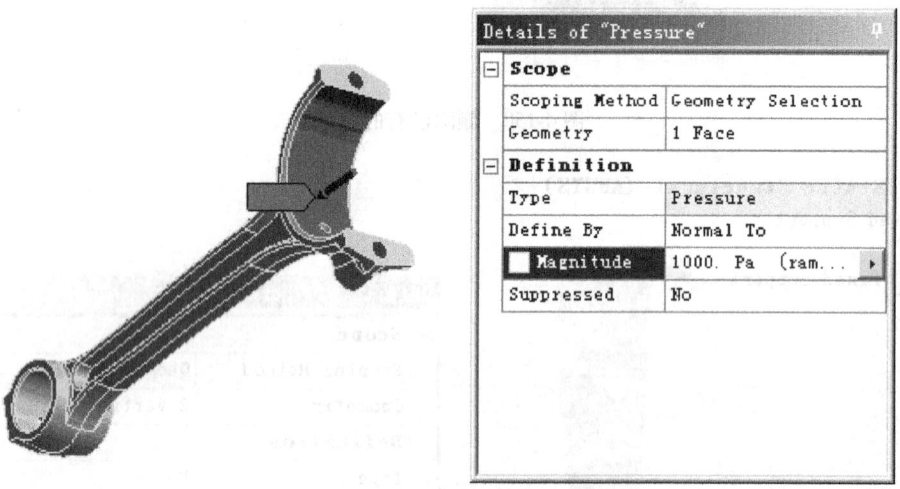

图 4-153　定义正压力的大小和方向

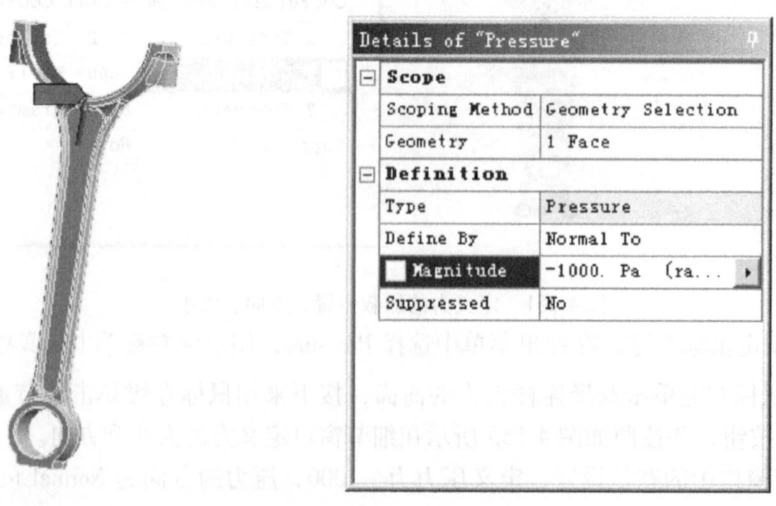

图 4-154　定义负压力的大小和方向

2. 惯性载荷

惯性载荷包括加速度与重力加速度。可以通过鼠标选中 Acceleration 来定义加速度。另外，Mechanical 还提供了标准的地球重力加速度，加载时只要用鼠标选中 Standard Earth Gravity 定义即可。许多读者通常对加速度方向符号感到迷惑。在程序内部加速度是通过惯性力施加到结构上的，而惯性力的方向与所施加的加速度的方向正好相反，因为惯性将阻止加速度所产生的变化。

对于如图 4-155 所示的悬臂梁，分别施加大小为 9.8m/s² 的加速度和重力，分析两个结果的异同。

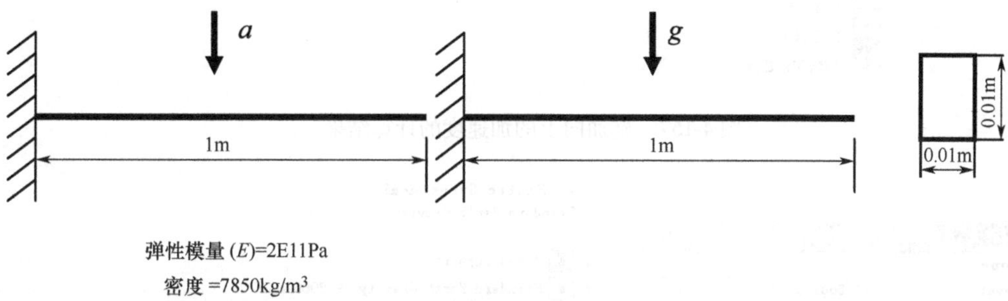

图 4-155　给悬臂梁施加加速度和重力

打开随书光盘文件 Acceleration_Gravity. wbpj，用鼠标左键单击项目树中的 Static Structural(A5)，然后单击鼠标右键，在弹出菜单中选择 Acceleration，并按照图 4-156 所示在细节窗口定义力的大小和方向。

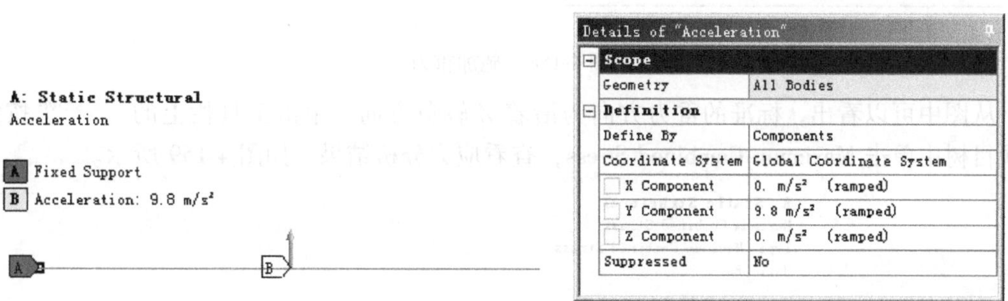

图 4-156　施加加速度

单击工具栏上的 Solve 按钮。在项目树单击 Maximum Combined Stress，查看应力分析结果，如图 4-157 所示。

从图 4-157 中可以看出，虽然加速度的方向向上，由于在程序内部加速度是通过惯性力施加到结构上的，而惯性力的方向与所施加的加速度的方向正好相反，阻止加速度所产生的变化，所以惯性力的方向向下，梁向下弯曲。

在项目树中选择 Acceleration，单击鼠标右键，在弹出菜单选择 Delete，将项目树中的加速度 Acceleration 删除。

用鼠标左键单击项目树中的 Static Structural(A5)，然后单击鼠标右键，在弹出菜单中选择 Standard Earth Gravity，并按照如图 4-158 所示在细节窗口定义力的大小和方向。

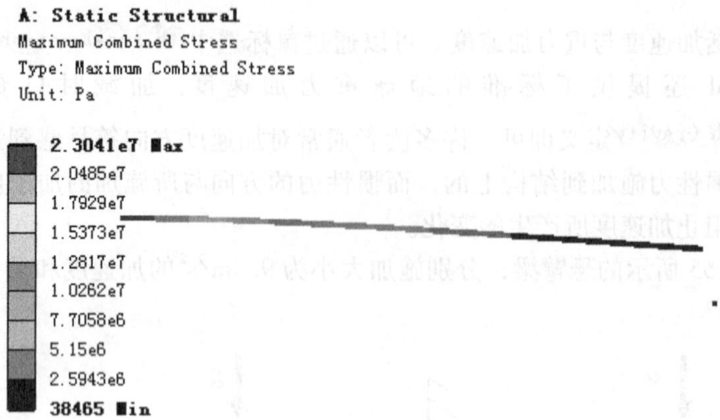

图 4-157　施加向上的加速度的计算结果

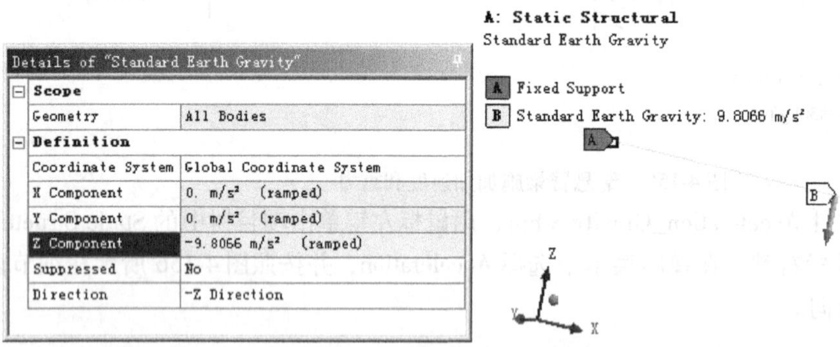

图 4-158　施加重力

从图中可以看出，标准的重力方向为沿着 Z 轴负方向，单击工具栏上的 Solve 按钮。在项目树中单击 Maximum Combined Stress，查看应力分析结果，如图 4-159 所示。

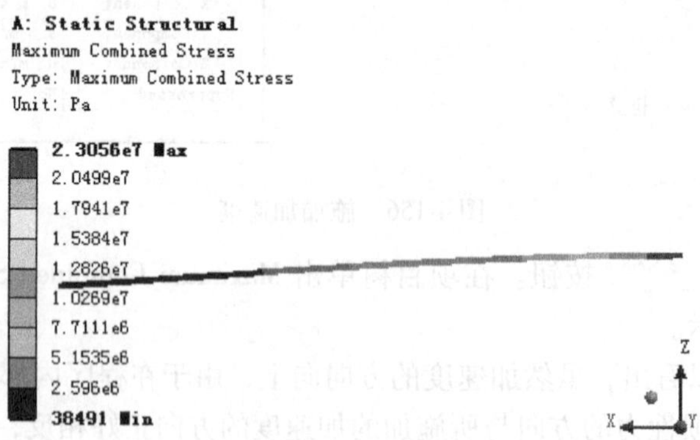

图 4-159　施加重力后的悬臂梁的变形

从图 4-159 可以看出，悬臂梁变形方向与重力施加方向相反。比较图 4-157 和图 4-159，可以看出，二者应力计算结果基本相同，这是由于施加的加速度的大小和重力加速度基本相同。

3. 旋转速度

旋转速度可以通过鼠标选中 Rotational Velocity进行设置。默认情况下旋转速度的单位是每秒转过的弧度值，可以在 Mechanical 的 Units 菜单中改变单位，如图 4-160 所示。

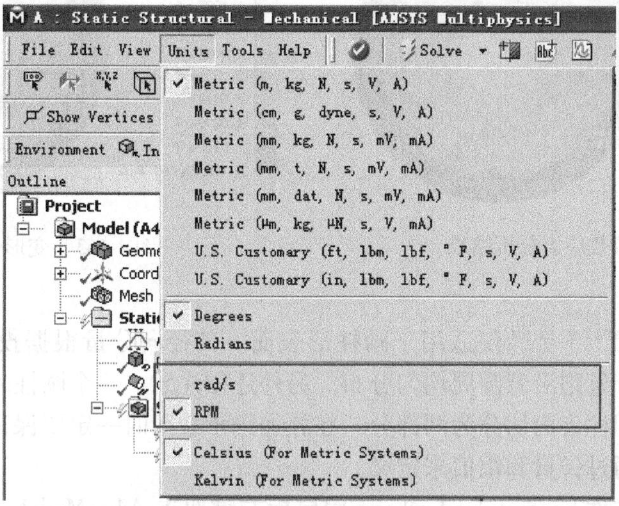

图 4-160　改变旋转速度的单位

下面通过具体实例介绍旋转速度的定义方法。打开随书光盘文件 Rotational_velocity. wbpj，用鼠标左键单击项目树中的 Static Structural(A5)，然后单击鼠标右键，在弹出菜单中选择 Rotational velocity，单击细节窗口 Axis 右侧的文本框，选择飞轮壳的内孔边缘，如图 4-161 所示，然后单击 Apply 按钮，在细节窗口单击 Magnitude 右侧的文本框，输入转速为 3000r/min。

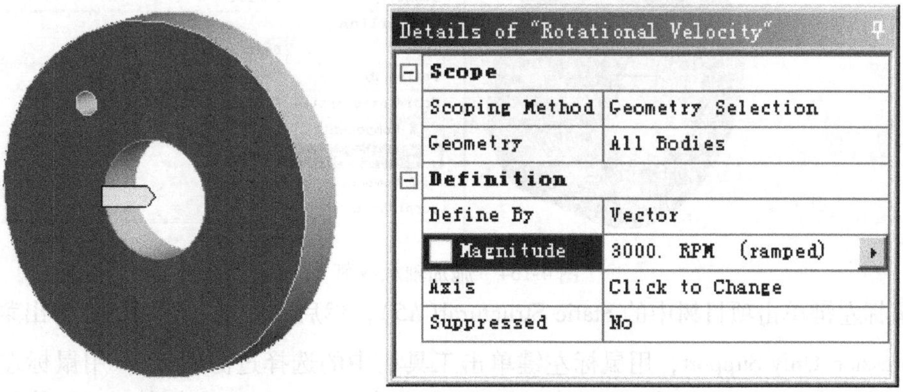

图 4-161　定义旋转速度的大小和方向

单击工具栏中的 Solve 按钮。在项目树中单击 Equivalence Stress，查看等效应力分析结果，如图 4-162 所示。在项目树中单击 Total Deformation，查看变形分析结果，如图 4-163 所示。

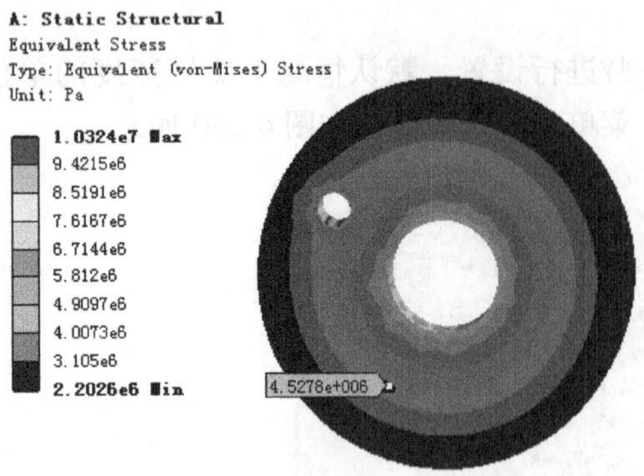

图 4-162　等效应力分析结果

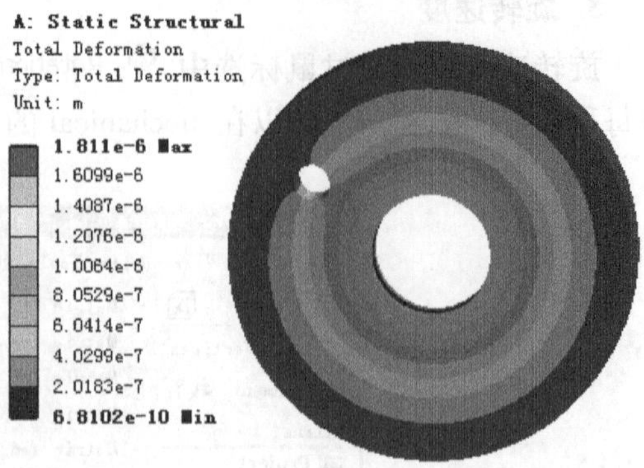

图 4-163　变形分析结果

4. 轴承载荷

轴承载荷 Bearing Load 仅适用于圆柱形表面。其径向分量根据投影面积来分布压力载荷，而轴向载荷分量则沿着圆周均匀分布。另外还须注意，一个圆柱表面只能施加一个轴承载荷。假如一个圆柱表面切分为两部分，在施加轴承载荷时一定要保证这两个柱面都要选中。轴承载荷可以通过矢量和幅值来定义。

打开随书光盘文件 bearing_load. wbpj，用鼠标左键双击 A4—Model，用鼠标左键单击项目树中的 Static Structural(A5)，然后单击鼠标右键，在弹出菜单中选择 Bearing Load，用鼠标左键单击工具栏上的选择过滤器，用鼠标左键单击选择空心轴的外表面，接下来用鼠标左键单击细节窗口 Geometry 右侧的 Apply 按钮，并按照如图 4-164 所示在细节窗口定义力的大小和方向。

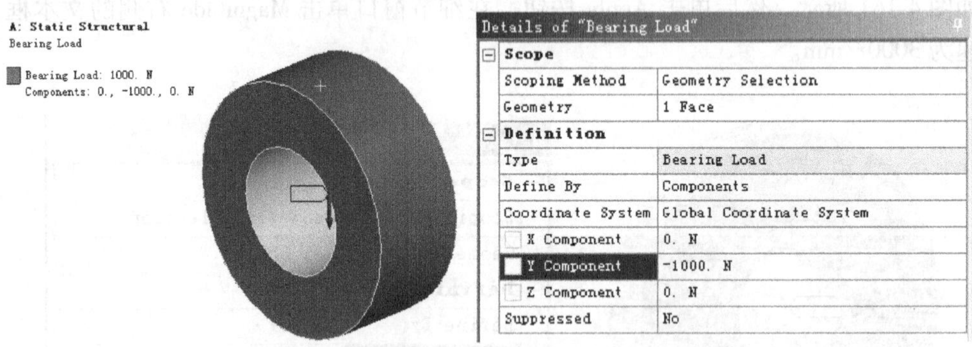

图 4-164　施加轴承载荷

用鼠标左键单击项目树中的 Static Structural(A5)，然后单击鼠标右键，在弹出菜单中选择 Compression Only Support，用鼠标左键单击工具栏中的选择过滤器，用鼠标左键单击选择空心轴的内表面，接下来用鼠标左键单击细节窗口 Geometry 右侧的 Apply 按钮，如图 4-165所示。

用鼠标左键单击项目树中的 Static Structural(B5)，然后单击鼠标右键，在弹出菜单中选择 Force，用鼠标左键单击工具栏上的选择过滤器，用鼠标左键单击选择空心轴的外表面，接下来用鼠标左键单击细节窗口 Geometry 右侧的 Apply 按钮，并按照如图 4-166 所示在细节窗口定义力的大小和方向。

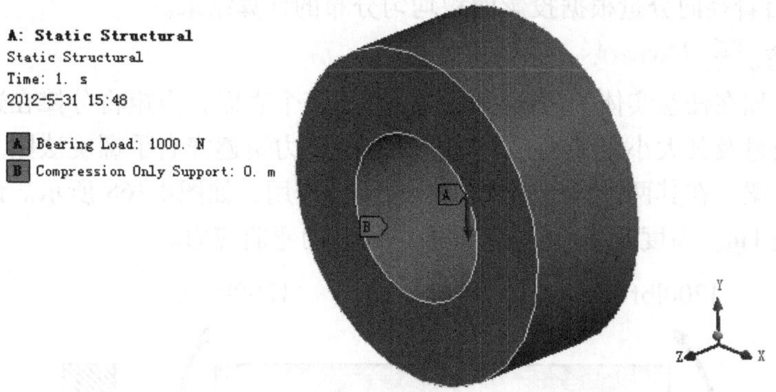

图 4-165　在空心轴的内表面施加支撑约束

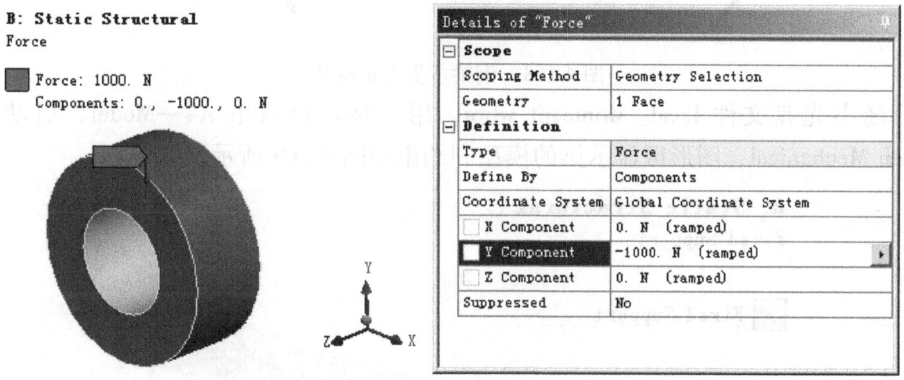

图 4-166　在空心轴外表面施加力

用鼠标左键单击项目树中的 Static Structural(B5)，然后单击鼠标右键，在弹出菜单中选择 Compression Only Support，用鼠标左键单击工具栏中的选择过滤器，用鼠标左键单击选择空心轴的内表面，接下来用鼠标左键单击细节窗口 Geometry 右侧的 Apply 按钮。

单击工具栏上的 Solve 按钮。在项目树单击 A6—Maximum Principal Stress 和 B6—Maximum Principal Stress，查看应力分析结果。

从图 4-167a 可以看出，对于轴承载荷，载荷的径向分量根据投影面积来分布压力载荷，

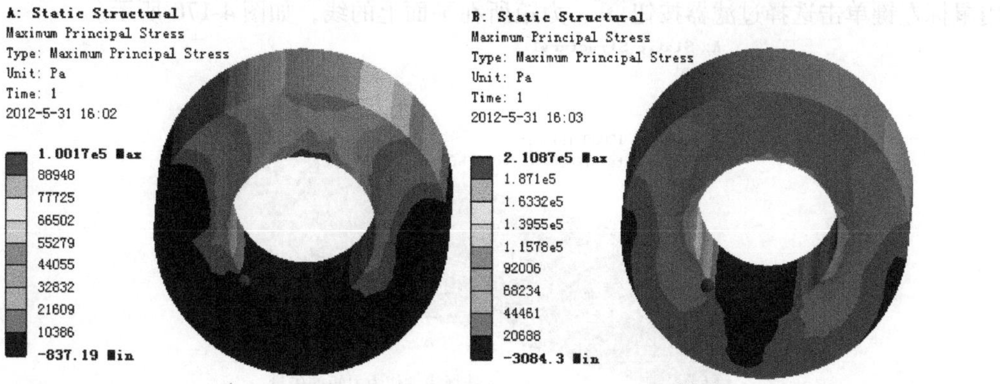

a)　　b)

图 4-167　两种载荷下空心轴应力分布

a) A6—Maximum Principal Stress　b) B6—Maximum Principal Stress

图 4-167b 是力沿着径向分量根据投影面积均匀分布的计算结果。

5. 力矩载荷 Moment

力矩可以施加在任意实体的表面。假如选择了多个表面，力矩将分摊在这些表面上。力矩也可以通过矢量及其大小定义。当用矢量表示时，力矩遵守右手螺旋法则。

例如，一根梁，在其两端承受力偶 1200lbf · in 作用，如图 4-168 所示。该梁是钢的，矩形截面的宽度是 1in，高度是 2in。试求梁中的最大的弯曲应力。

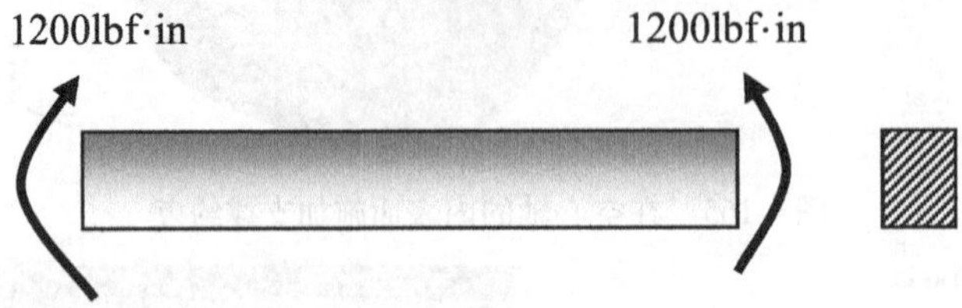

图 4-168 钢梁承受力矩载荷

打开随书光盘文件 Load_Monment. wbpj，用鼠标左键双击 A4—Model，启动 ANSYS Workbench Mechanical，图形区显示梁的模型和约束如图 4-169 所示。

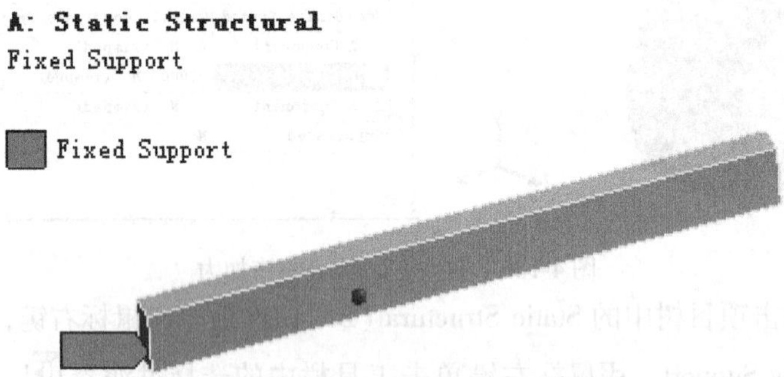

图 4-169 梁的模型和约束

用鼠标左键单击项目树中的 Static Structural(A5)，然后单击鼠标右键，在弹出菜单中选择 Moment，用鼠标左键单击选择过滤器按钮，选择和约束平面相对应的平面，接下来用鼠标左键单击细节窗口 Geometry 右侧的 Apply 按钮，在细节窗口输入力矩大小为 12000lbf · in，用鼠标左键单击选择过滤器按钮，力矩所在平面上的线，如图 4-170 所示。

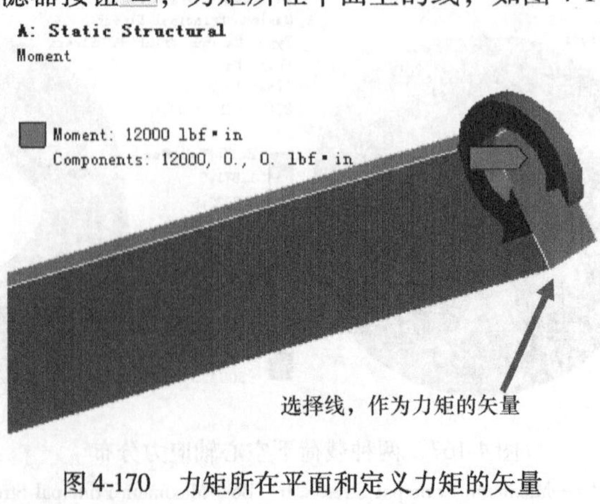

图 4-170 力矩所在平面和定义力矩的矢量

力矩设置完毕后，细节窗口如图 4-171 所示。

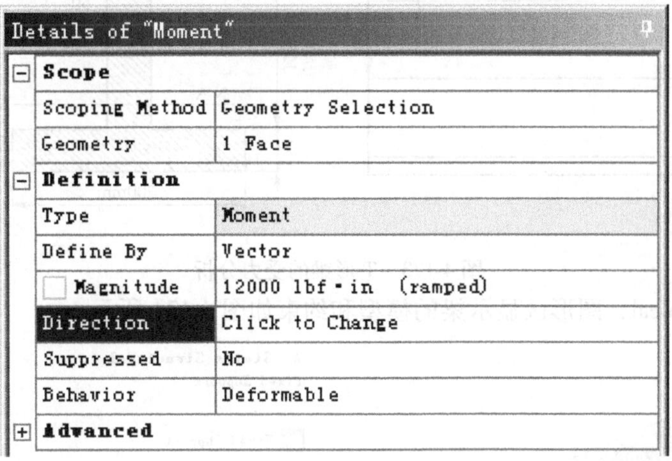

Details of "Moment"
Scope
Scoping Method | Geometry Selection
Geometry | 1 Face
Definition
Type | Moment
Define By | Vector
Magnitude | 12000 lbf·in (ramped)
Direction | Click to Change
Suppressed | No
Behavior | Deformable
Advanced

图 4-171　力矩定义的细节窗口设置

单击工具栏上的 Solve 按钮。在项目树单击 Maximum Principal Stress，查看应力分析结果。由材料力学知识可以知道，尽管在梁的两端出现应力最大点，这是边界条件与题目要求的差异造成的，可以忽略。应力最大点在梁的上表面，在工具栏单击探针按钮 Probe，单击梁的中部上表面（远离边界条件施加位置），应力结果如图 4-172 所示。这一计算结果与解析解完全相同。

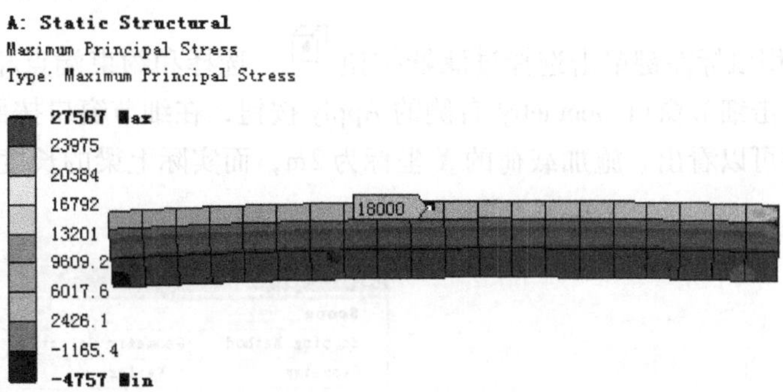

图 4-172　应力分析结果

6. 远端载荷 Remote Force

远端载荷是 Mechanical 中比较有“特色”的载荷。实际上读者要真正理解和灵活有效地运用 Remote Force，需要先理解理论力学（刚体力学）中力的平移定理、固体力学中的圣维南原理以及力学中的等效原理。例如，在某一面上加载了一个远端载荷后，相当于在这个面上将得到一个等效的力加上由于偏置的力所引起的力矩。

承受集中力作用的悬臂梁如图 4-173 所示，截面形状为 T 形。求梁中的最大弯曲应力。为了演示远端载荷的作用效果，这里在建模过程中将梁的长度定义为 1m，在距离悬臂点 2m 的部位施加垂向载荷。

打开随书光盘文件 Load_Monment. wbpj，用鼠标左键双击 A4—Model，启动 ANSYS

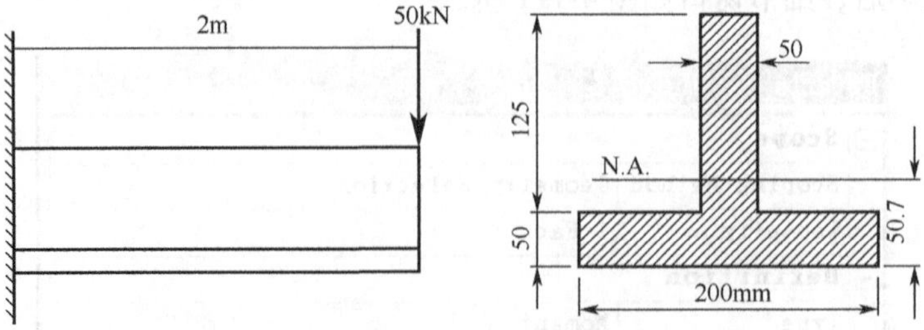

图 4-173　T 形梁的受力分析

Workbench Mechanical，图形区显示梁的模型和约束如图 4-174 所示。

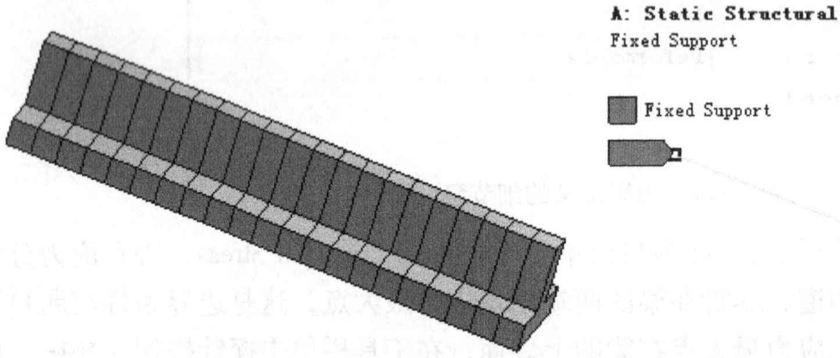

图 4-174　T 形梁模型及其约束

用鼠标左键单击项目树中的 Static Structural(A5)，然后单击鼠标右键，在弹出菜单中选择 Remote Force，用鼠标左键单击选择过滤器按钮，选择和约束端点相对应的端点，接下来用鼠标左键单击细节窗口 Geometry 右侧的 Apply 按钮，在细节窗口按照如图 4-175 所示进行设置。从图中可以看出，施加载荷的 X 坐标为 2m，而实际上梁的长度只有 1m，这就是远端载荷的特点。

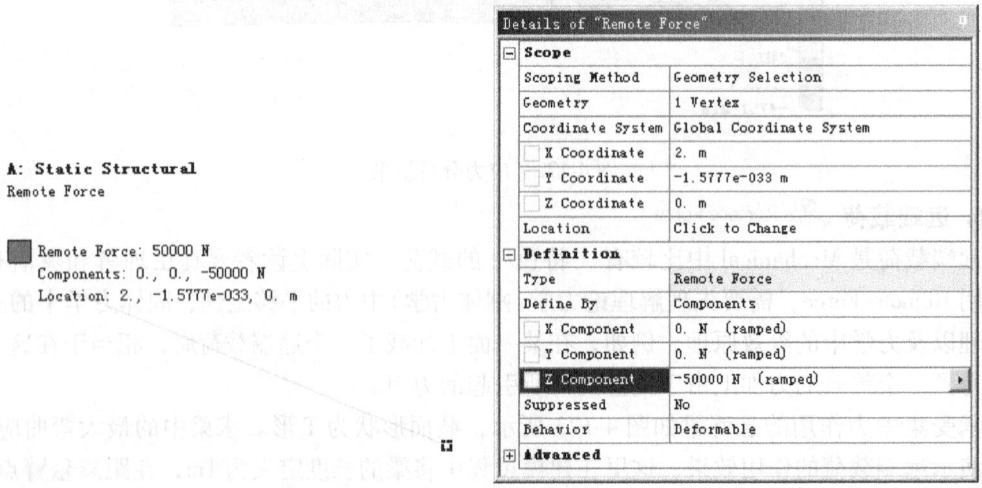

Details of "Remote Force"

Scope	
Scoping Method	Geometry Selection
Geometry	1 Vertex
Coordinate System	Global Coordinate System
X Coordinate	2. m
Y Coordinate	-1.5777e-033 m
Z Coordinate	0. m
Location	Click to Change
Definition	
Type	Remote Force
Define By	Components
X Component	0. N (ramped)
Y Component	0. N (ramped)
Z Component	-50000 N (ramped)
Suppressed	No
Behavior	Deformable
Advanced	

图 4-175　施加远端载荷

单击工具栏上的 Solve 按钮。在项目树单击 Maximum Principal Stress，查看应力分析结果，如图 4-176 所示。

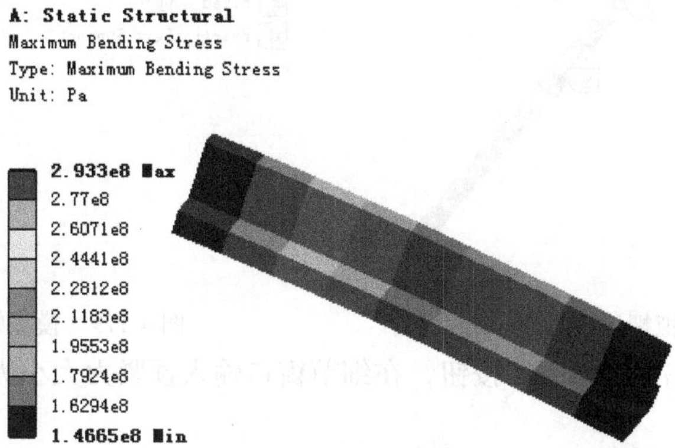

图 4-176　采用远端载荷最大弯曲应力计算结果

在随书光盘文件 Load_Monment. wbpj 中的 B 流程中，按照梁的完整尺寸建立的有限元模型及其计算结果如图 4-177 所示。

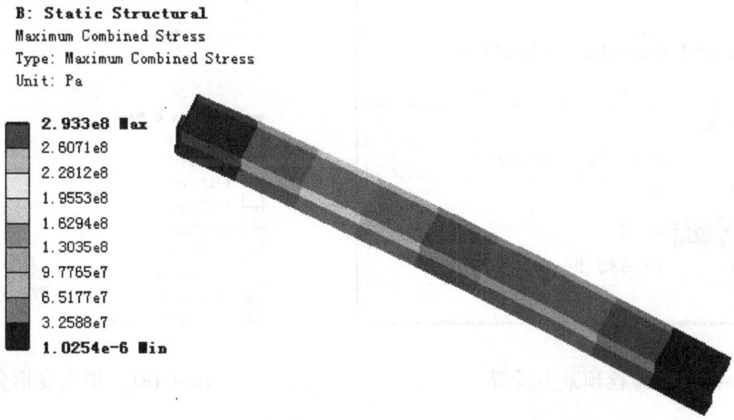

图 4-177　采用实际模型最大弯曲应力计算结果

比较图 4-176 和图 4-177 的计算结果可以看出，最大弯曲应力的计算结果相同。

7. 螺栓载荷 Bolt Pretension

在 Mechanical 中加载螺栓连接要注意：只能在 3D 模拟中加载。螺栓载荷能够加在圆柱形表面，但是需要一个以 Z 轴为主方向的局部坐标系。

如图 4-178 所示，一个半圆柱，在半圆柱上模拟螺栓载荷，半圆柱两端施加固定约束，半圆柱表面施加无摩擦约束，施加螺栓预紧力为 19.635N。通过这一实例，演示螺栓预紧力的施加方法。

打开随书光盘文件 bolt_pretension. wbpj，用鼠标左键双击 A4—Model，启动 ANSYS Workbench Mechanical，图形区显示梁的模型和约束如图 4-179 所示。

用鼠标左键单击项目树中的 Static Structural(A5)，然后单击鼠标右键，在弹出菜单中选择 Bolt Pretension，用鼠标左键单击选择过滤器按钮，选择圆柱面，接下来用鼠标左键单

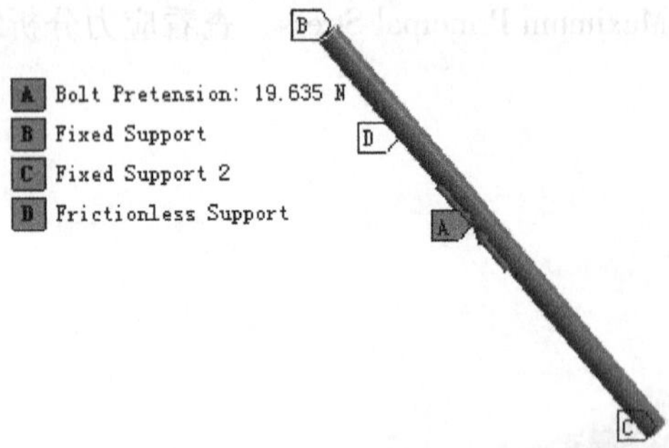

图 4-178 模拟螺栓预紧力

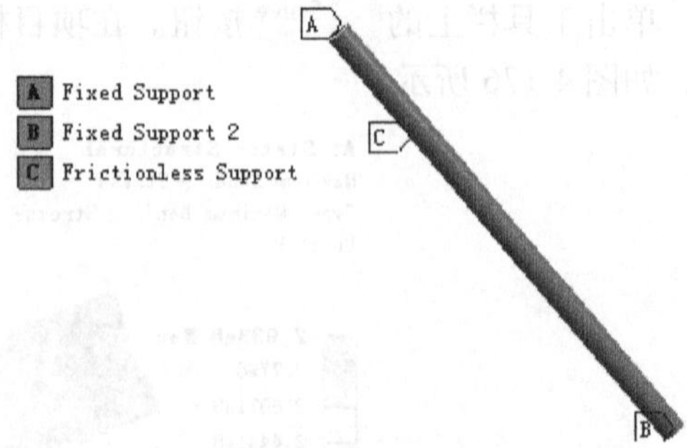

图 4-179 模拟螺栓约束条件

击细节窗口 Geometry 右侧的 Apply 按钮，在细节窗口输入预紧力大小为 19.635N，设置完毕后如图 4-180 所示。

单击工具栏上的 Solve 按钮。在项目树单击 Directional Deformation，查看 *Z* 方向变形分析结果，如图 4-181 所示。

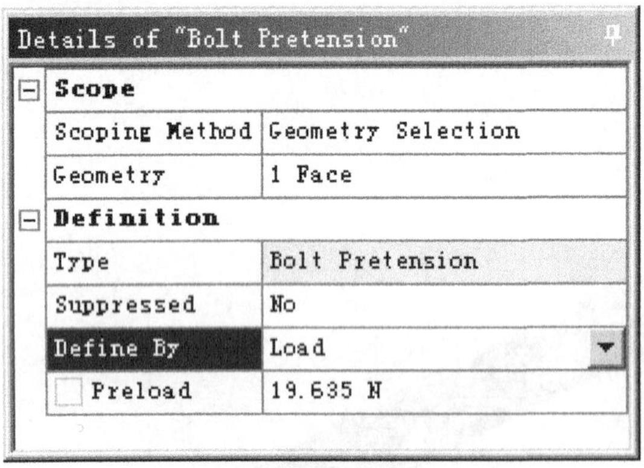

Details of "Bolt Pretension"

Scope	
Scoping Method	Geometry Selection
Geometry	1 Face
Definition	
Type	Bolt Pretension
Suppressed	No
Define By	Load
Preload	19.635 N

图 4-180 螺栓预紧力设置

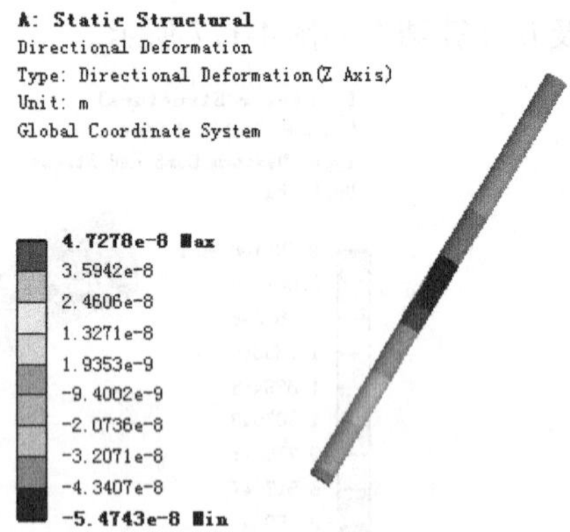

图 4-181 最大变形分析结果

4.4.2 约束

在了解了载荷后，下面对 Mechanical 常用约束进行介绍。

1. 固定约束 Fixed Support

固定约束包括固定面约束、固定边约束和固定点约束，如图 4-182 所示，用于约束所有的自由度。

对于面约束，不仅限制面的位移，还可限制面的边的变形；对于边约束，不仅可以限制直线或曲线的位移，还可以限制其变形；对于点约束，用于限制点的位移。

2. 位移约束 Displacement

这类约束施加于几何体的面、线、顶点，用于约束这些几何体素相对于原点或局部坐标的位移，允许在 *X*、*Y* 和 *Z* 方向给予强制位移，当某一方向的位移量输入 0 值时，代表此方向被约束，如果不设定某个方向的值，则意味着实体在这个方向上不受约束，即能自由移动。为了便于理解位移约束的概念，下面举例说明。

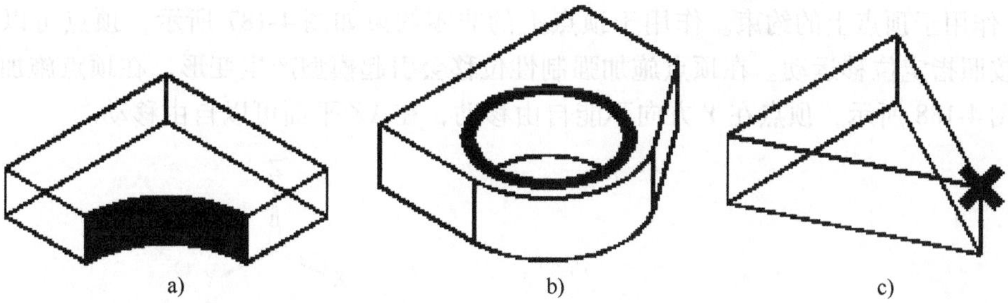

图 4-182　固定约束

a）固定面约束　b）固定边约束　c）固定点约束

1）作用于面上的位移。图 4-183 所示的 X、Y、Z 方向非零约束，被约束面保持它的原始形状，但是可以相对坐标原点按照指定位移向量运动。这种对面施加强制性的位移会引起模型的变形。图 4-184 为零位移约束。约束面在 Y 方向不能移动、旋转或者变形。在 X 和 Z 方向不进行定义。约束面在 XZ 平面可以自由运动、旋转、变形。

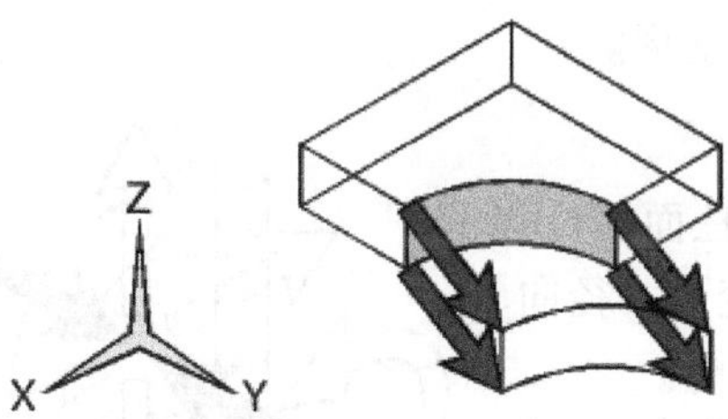

图 4-183　X、Y、Z 方向的非零约束

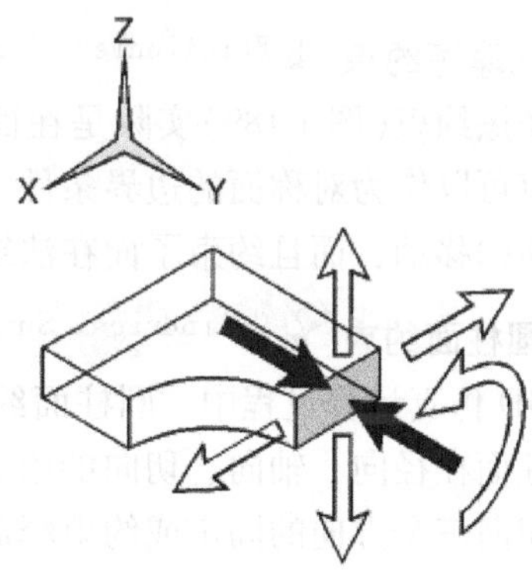

图 4-184　Y 方向零位移约束

2）作用于边上的位移。在边上施加 X、Y、Z 方向的非零约束，如图 4-185 所示，被约束的边保持原始形状，但是可以相对原点按照指定向量产生位移。在边上强制施加位移，会使模型发生变形。例如在边的 Y 方向施加零约束，如图 4-186 所示，在 Y 方向上，被约束的边不能发生位移、旋转和变形，在 XZ 平面，被约束边可以自由运动、旋转和变形。

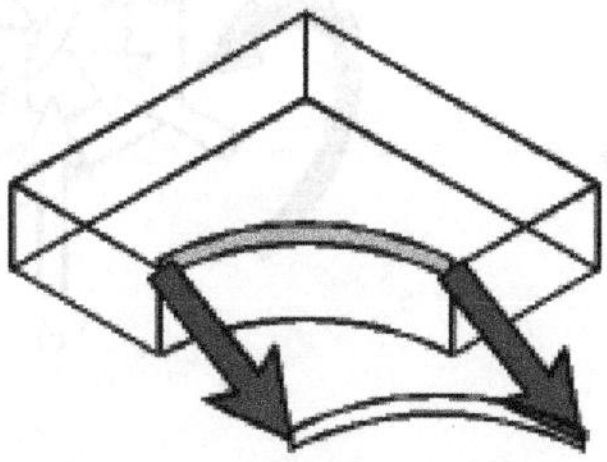

图 4-185　作用于边上的 X、Y、Z 方向的非零约束

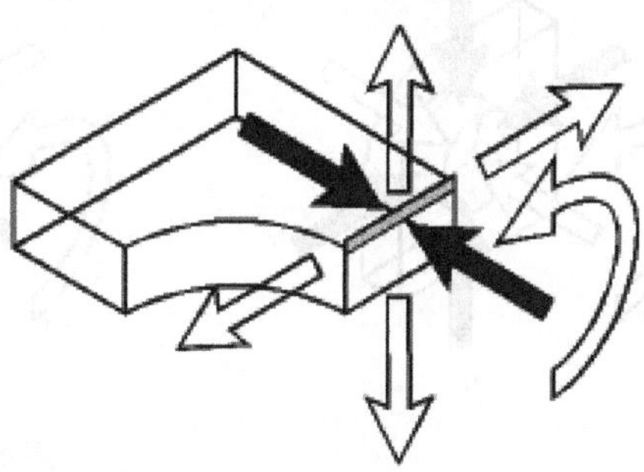

图 4-186　作用于边上的 Y 方向的零约束

3）作用于顶点上的约束。作用于顶点上的非零约束如图 4-187 所示，顶点可以相对坐标原点按照指定位移运动。在顶点施加强制性位移会引起模型产生变形。在顶点施加零位移约束如图 4-188 所示，顶点在 Y 方向不能自由移动，在 XZ 平面可以自由移动。

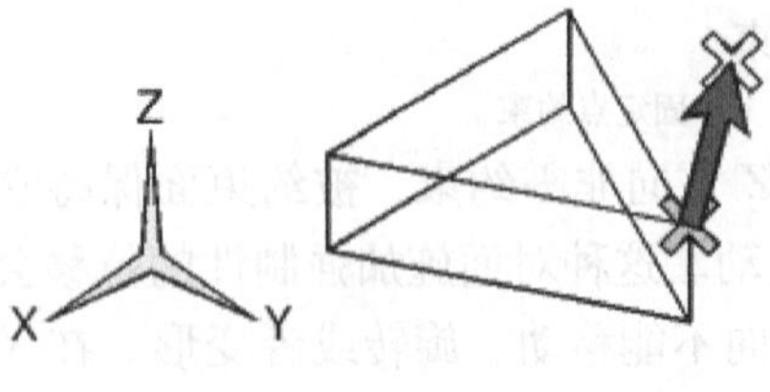

图 4-187　作用于顶点处的非零约束

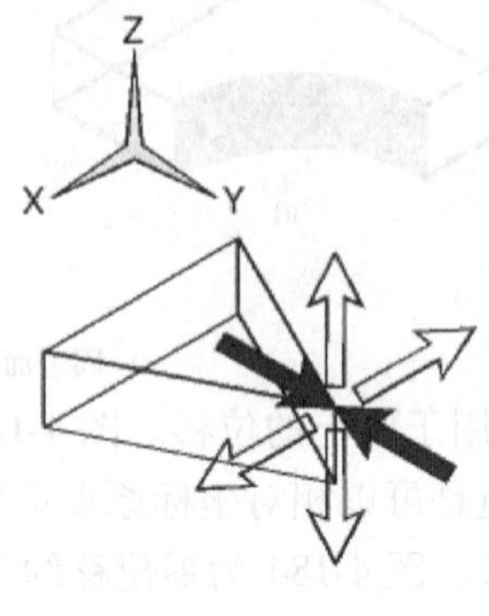

图 4-188　作用于顶点处 Y 方向的零约束

3. 无摩擦约束 Frictionless Support

无摩擦约束（图 4-189）实际是在面上施加了法向约束。对称实体受到对称的外载荷时，这个约束可以作为对称面的边界条件，因为对称面等同于约束了法向位移。这一约束不仅可以抑制面的移动，而且约束了面在法线方向上不发生变形。

4. 圆柱面约束 Cylindrical Support

在 3D 仿真计算过程中，圆柱面约束用于约束圆柱面的位移或者圆柱面在径向、轴向、切向的组合方向上发生变形。径向、轴向、切向三个方向的固定或约束释放都可以任意组合。

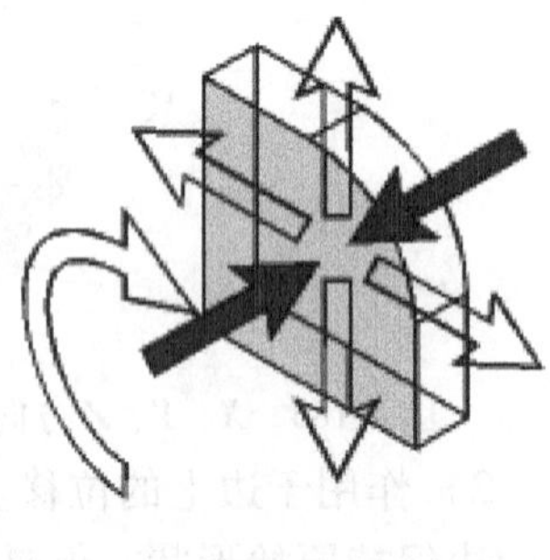

图 4-189　无摩擦约束

径向约束（相对圆柱体）如图 4-190a 所示。抑制被约束圆柱面相对圆柱体在径向运动或变形。被约束圆柱面在轴向和切向可以自由移动。圆柱体在轴向和切向可以自由移动、旋转和变形。

轴向约束（相对圆柱体）如图 4-190b 所示。抑制被约束圆柱面相对圆柱体在轴向运动或变形。被约束圆柱面在径向和切向可以自由移动。圆柱体在径向和切向可以自由移动、旋转和变形。

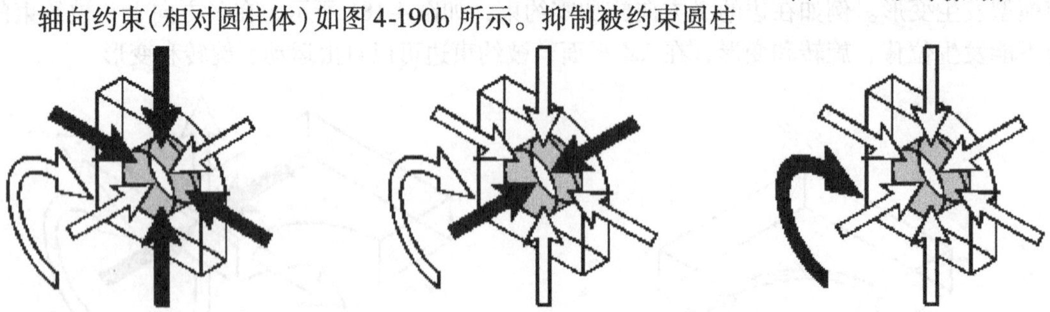

a)　　b)　　c)

图 4-190　圆柱约束

a）径向约束　b）轴向约束　c）切向约束

切向约束（相对圆柱体）如图 4-190c 所示。抑制被约束圆柱面相对圆柱体在切向运动或变形。被约束圆柱面在径向和轴向可以自由移动。圆柱体在径向和轴向可以自由移动、旋转和变形。

在 2D 仿真过程中，圆柱约束只能施加在圆边上。

5. 只有压缩的约束 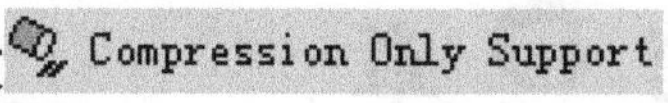

只有压缩的约束是指给一个或几个几何体表面施加只有法向压缩的约束。这个约束仅仅限制这个表面在法向正方向发生的移动，这在 Mechanical 内部计算一般需要一个迭代求解。

6. 简单(支)约束 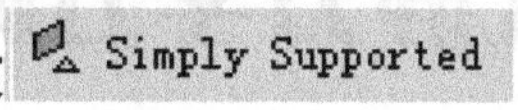

简单(支)约束可以施加在梁或壳体的边缘或者顶点上，当然简单(支)约束仅限制平移，但是所有旋转都是自由的。

在边上施加简支约束只适用于 3D 仿真，如图 4-191 所示。边的每个方向的自由度都被固定，但允许围绕该边旋转。这种约束适用于面模型或者线模型。

在顶点施加简支约束只适于 3D 仿真，如图 4-192 所示。顶点在各个方向固定，但是允许旋转。这种约束仅适用于面模型或者线模型。用于抑制一个或多个顶点运动，允许围绕该顶点转动。如果想约束围绕该点方向的旋转，可以在该点施加固定约束，如图 4-192 所示。对顶点施加的简支约束与结构实际受到的约束会有很大差异，容易造成应力奇异(靠近该点,应力极大)，所以应该对该点及其附近的应力或应变计算结果忽略。

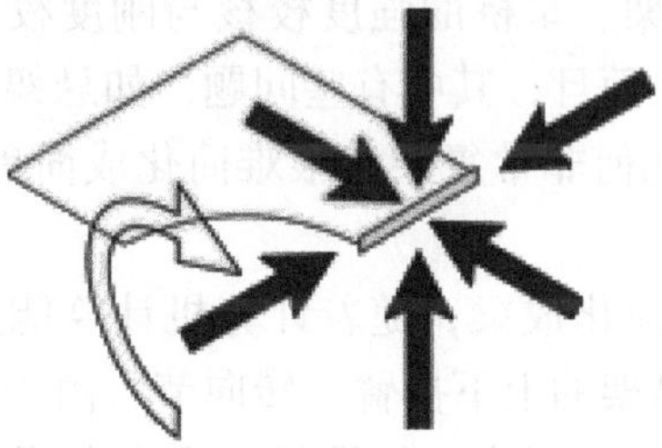

图 4-191　在边上施加简支约束

图 4-192　在顶点施加简支约束

7. 固定旋转 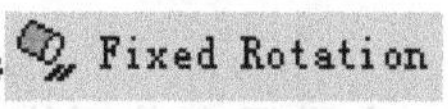

固定旋转主要应用于壳或其他体的表面、边缘或者顶点上，它仅约束旋转，但是平移不受限制。

第5章 车辆结构有限元静力学分析

5.1 结构有限元静力学分析基础

静力学分析用于分析固定不变的载荷作用下结构的响应，它不考虑惯性和阻尼的影响。但是，静力学分析可以计算那些固定不变的惯性载荷对结构的影响(如重力和离心力)，以及那些可以近似为等价静力作用的随时间变化载荷(如在许多车辆结构分析中所定义的等效动力载荷)。

静力学分析在车辆设计中的应用最为普遍，如车架、车桥的强度校核与刚度校核，悬架、传动轴、齿轮的强度校核都需要用到静力学分析。而且，其中有些问题，如悬架的上下摆臂、转向节、车架、车桥等结构，由于这些结构的几何非常复杂，很难简化成简单的板、梁，所以只有采用有限元技术才能分析清楚。

在进行车架的有限元分析中，一般人们习惯将其简化成梁，随着计算机计算能力的提高，现在人们更倾向于将其简化成为板壳进行计算；悬架的上下摆臂、转向节，由于结构复杂，一般采用实体单元进行划分网格；在齿轮的有限元分析中，如果只考虑弯曲强度的校核，用平面板单元就足够了，如果要进行接触分析，考察接触强度，就需要建立三维实体单元；对于传动轴和车桥，一般还是采用实体单元。

车辆的很多结构由多个零件组成，如车架就是由1~2个纵梁和若干横梁组成，在分析过程中如果需要考虑零件间的连接方式对分析结果的影响，就需要用到焊接、螺栓连接等有限元技术。

车辆结构有限元分析常用到的载荷有力、力矩，常用到的约束有面约束、轴承约束等，ANSYS Workbench 为施加这些载荷和约束提供了方便的工具。

在车辆有限元结构静力学分析过程中，人们比较关心的结果是应力和位移，应力用于校核结构的强度，位移用于校核结构的刚度。

对于任何问题，ANSYS 的分析步骤相差不大。首先建立有限元模型，然后施加载荷并求解，最后是查看分析结果并验证分析结果的合理性。

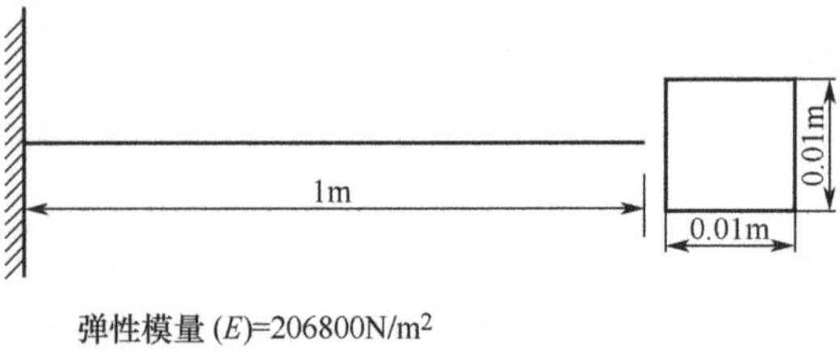

图5-1　悬臂梁模型及参数

下面结合图5-1所示的平面悬臂梁的静力

学分析，分别介绍在两个平台下如何进行静力学分析。

5.1.1　在 ANSYS Workbench 平台上进行静力学分析

ANSYS Workbench 平台上进行静力学分析的操作步骤：①建立一个工程项目；②修改材料数据；③建立/导入几何模型；④建立有限元模型，包括划分网格、施加载荷；⑤进行求解；⑥查看分析结果。

1. 建立一个静力学分析项目

首先启动 ANSYS Workbench，将项目另存，保存为名为 Static_ example 的工作项目。在工具箱将 Static Structural(ANSYS)工具拖拉到项目规划区，如图 5-2 所示。

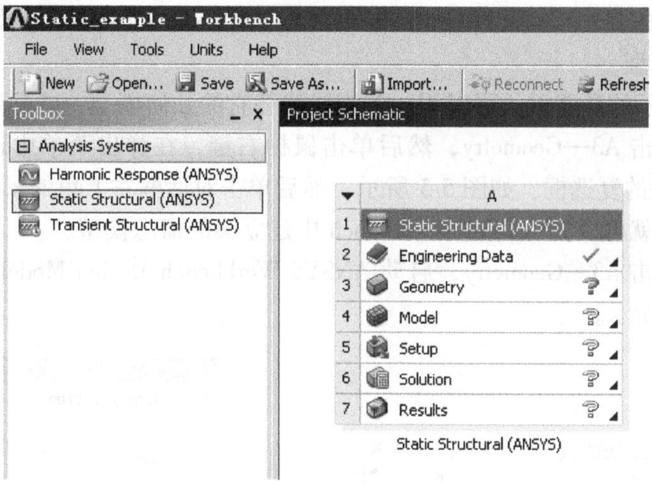

图 5-2　建立项目名称为 Static_ example 的工作项目

2. 定义材料属性

双击 A2—Engineering Data，输入材料数据名称为 steel，如图 5-3 所示。

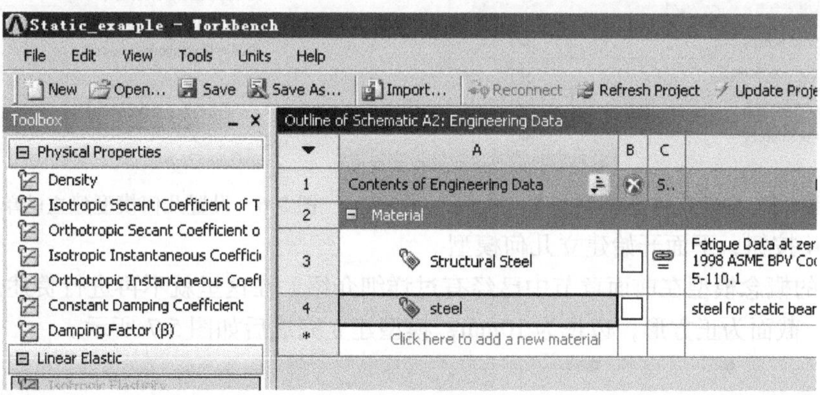

图 5-3　定义材料名称

在工具栏单击 Linear Elastic 左侧的符号“+”，在展开项中单击选择 Isotropic Elasticity，将其拖拉到新建立的材料名称 steel 上，在 steel 的属性栏输入材料弹性模量为 2.068E11Pa 和泊松比为 0.3，如图 5-4 所示。

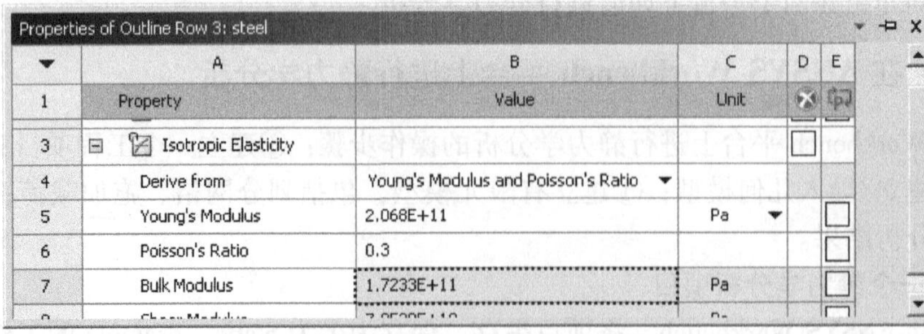

Properties of Outline Row 3: steel
A
B
C
D
E
1
Property
Value
Unit
3
Isotropic Elasticity
4
Derive from
Young's Modulus and Poisson's Ratio
5
Young's Modulus
2.068E+11
Pa
6
Poisson's Ratio
0.3
7
Bulk Modulus
1.7233E+11
Pa

图 5-4　输入材料的弹性模量和泊松比

单击工具栏上的 Return to Project 按钮，返回 ANSYS Workbench 主界面，如图 5-2 所示。

3. 建立几何模型

对于图 5-1 所示的悬臂梁，可以用一条直线代替它的几何模型，然后定义它的截面积。

用鼠标左键单击 A3—Geometry，然后单击鼠标右键，在弹出菜单中选择 Properties，勾选 Line Bodies 右侧的复选框，如图 5-5 所示，然后单击对话框右上角的 x，关闭对话框。定义了这一选项后，就可以在 ANSYS Workbench 中建立梁的概念模型。

用鼠标左键双击 A3—Geometry，启动 ANSYS Workbench Design Modeler，弹出单位设置对话框，如图 5-6 所示。

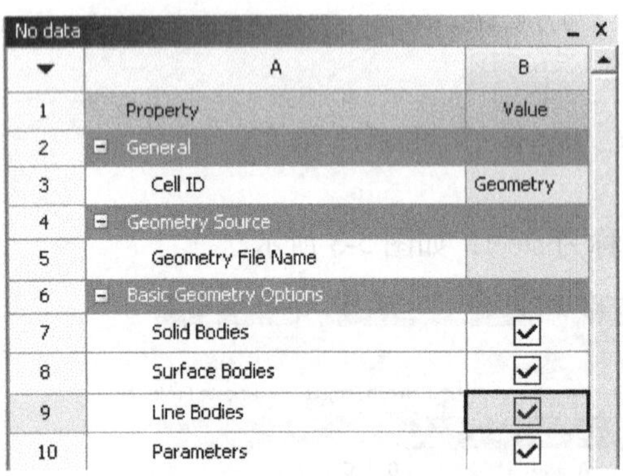

No data
A
B
1
Property
Value
2
General
3
Cell ID
Geometry
4
Geometry Source
5
Geometry File Name
6
Basic Geometry Options
7
Solid Bodies
8
Surface Bodies
9
Line Bodies
10
Parameters

图 5-5　定义几何模型属性

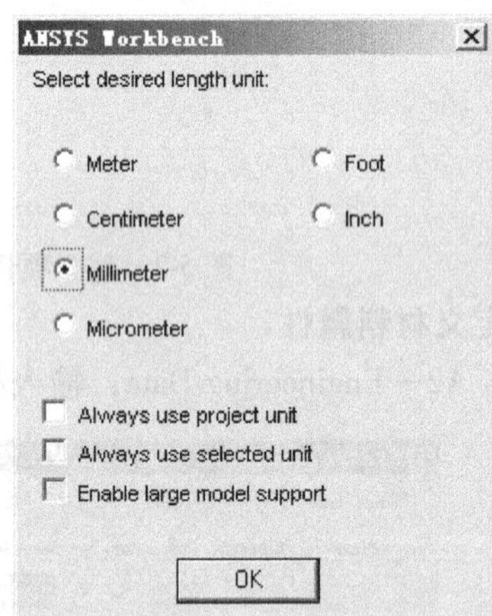

图 5-6　设置几何模型建立的单位制

单击 OK 按钮，下面开始建立几何模型。

关于梁的概念模型在前面章节中已经有过详细介绍，在这里就不再进行赘述。梁的长度为 1000mm，截面为正方形，边长为 10mm，模型建立完成后如图 5-7 所示。

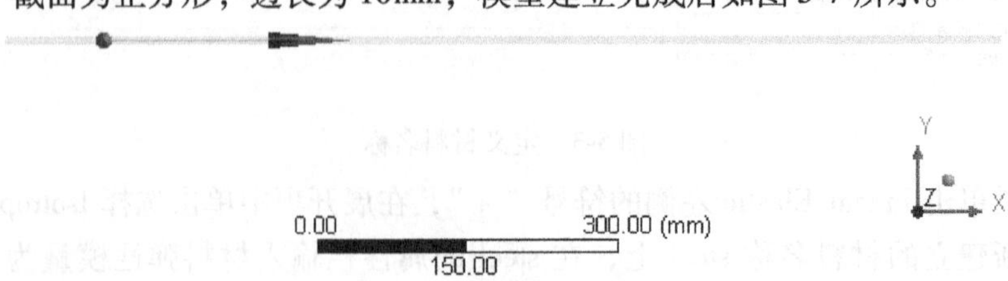

图 5-7　建立几何模型

单击对话框右上角的×，关闭 ANYSY Workbench Design Modeler 对话框。

4. 建立有限元模型

（1）将材料属性赋值给梁

双击 A4—Model，启动 ANSYS Workbench Mechanical。用鼠标左键单击 Geometry > Line Body，在细节栏进行如下设置：

单击 Material > Assignment 右侧的编辑框，选择梁的材料为 steel，如图 5-8 所示。

（2）定义网格尺寸

用鼠标右键单击模型树中的 Mesh，在弹出菜单选择 Insert > Sizing，单击工具栏上的拾取工具按钮，选择几何图形区的直线，然后单击详细栏中的 Apply 按钮，并按照图 5-9 所示进行设置。将直线分为 10 份，Type 设置为 Number of Divisions，Number of Divisions 设置为 10。

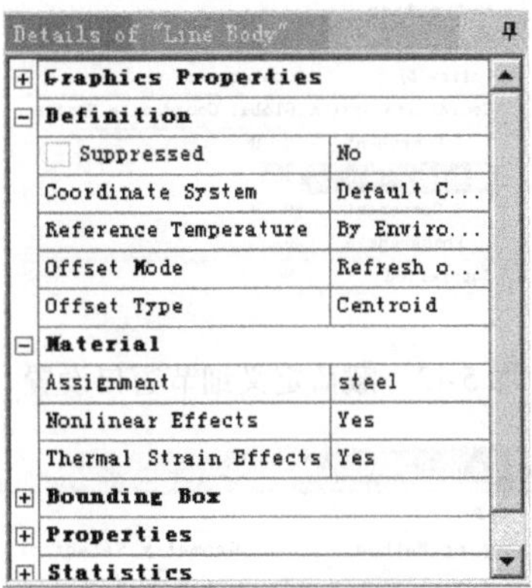

图 5-8　将材料属性赋值给梁

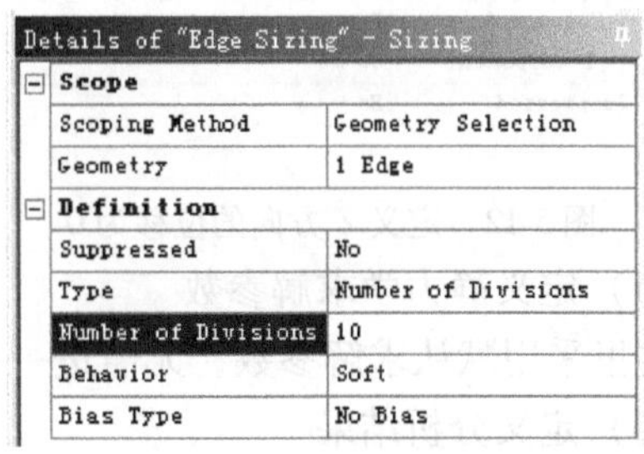

图 5-9　定义网格尺寸

（3）生成网格

用鼠标右键单击模型树中的 Mesh，在弹出菜单选择 Generate Mesh，最后生成的网格如图 5-10 所示，从图中可以看出，梁被划分为 10 个单元，与前面的设置相同。

（4）施加载荷/约束

用鼠标右键单击模型树中的 Static Structural，在弹出菜单选择 Insert > Fixed Support，单击工具栏上的拾取工具按钮，选择梁的左侧端点，单击细节窗口中的 Apply 按钮，如图 5-11 所示。

图 5-10　生成网格

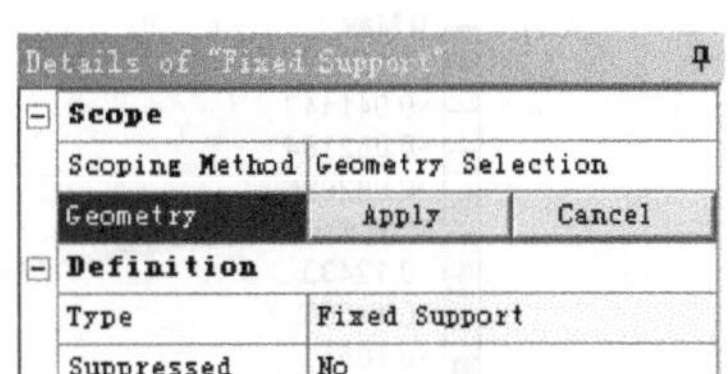

图 5-11　定义约束

用鼠标右键单击模型树中的 Static Structural，在弹出菜单选择 Insert > Displacement，单击工具栏上的拾取工具按钮，选择梁，设置 Z 方向的位移为 0，如图 5-12 所示。

用鼠标左键单击模型树 Outline 中的 Static Structural，单击鼠标右键，在弹出菜单选择 Force，用鼠标左键单击工具栏上的选择过滤工具，然后用鼠标左键单击选择悬臂梁右侧的端点，之后在细节窗口单击 Geometry 右侧的 Apply 按钮。接下来对力的方向进行定义。用鼠标左键单击选择细节窗口 Definition 下的 Define by，单击右侧下拉菜单按钮，在弹出菜单中选择 Components，定义 Y Component 为 100，然后点回车键确认。载荷设置完毕，如图 5-13 所示。

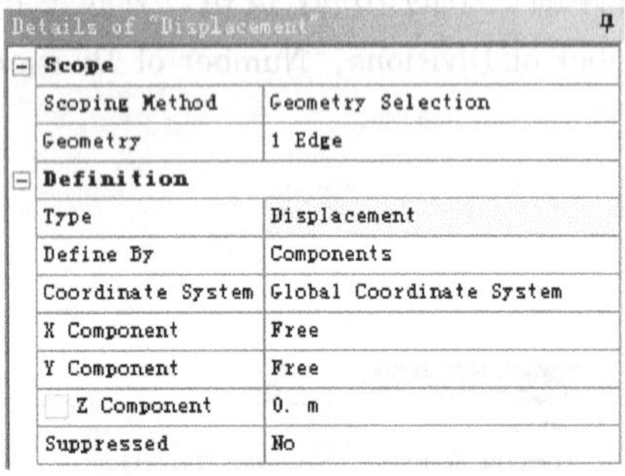

Details of "Displacement"

Scope	
Scoping Method	Geometry Selection
Geometry	1 Edge
Definition	
Type	Displacement
Define By	Components
Coordinate System	Global Coordinate System
X Component	Free
Y Component	Free
Z Component	0. m
Suppressed	No

图 5-12　定义 Z 方向的位移为 0

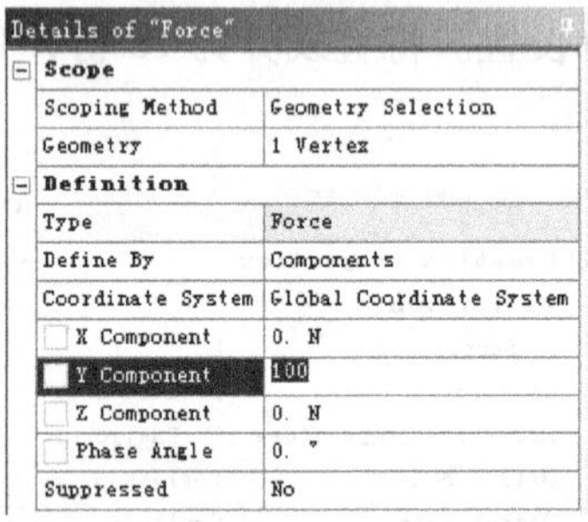

Details of "Force"

Scope	
Scoping Method	Geometry Selection
Geometry	1 Vertex
Definition	
Type	Force
Define By	Components
Coordinate System	Global Coordinate System
X Component	0. N
Y Component	100
Z Component	0. N
Phase Angle	0. °
Suppressed	No

图 5-13　载荷定义细节窗口设置

（5）定义静力学求解参数

这里采用默认求解参数，无需进一步定义。

（6）定义分析结果

用鼠标右键单击模型树中的 Solution，在弹出菜单选择 Insert > Deformation > Total。在细节窗口对输出结果进行定义，定义输出变形方向为 Y，如图 5-14 所示。

（7）求解

用鼠标右键单击模型树中的 Solution，在弹出菜单选择 Solve，进行求解。

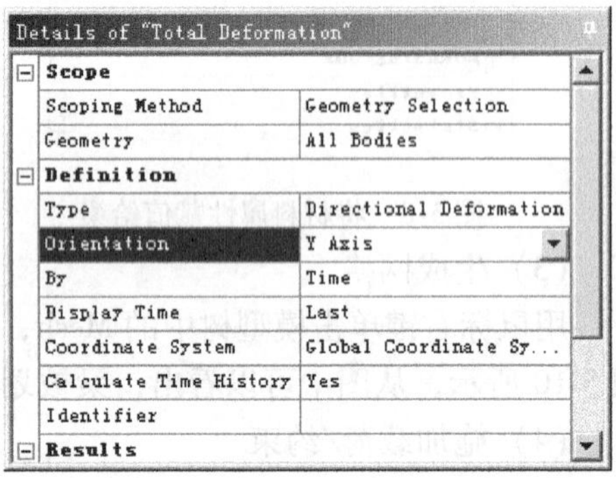

Details of "Total Deformation"

Scope	
Scoping Method	Geometry Selection
Geometry	All Bodies
Definition	
Type	Directional Deformation
Orientation	Y Axis
By	Time
Display Time	Last
Coordinate System	Global Coordinate Sy...
Calculate Time History	Yes
Identifier	
Results	

图 5-14　定义分析结果

（8）查看分析结果

用鼠标左键单击模型树中的 Directional Deformation，几何图形区显示的梁的变形结果如图 5-15 所示。

图 5-15　静力学分析结果

从图 5-15 可以看出，在 100N 载荷作用下，梁的最大变形量为 0. 18m。

5.1.2　在 ANSYS Apdl 操作平台上进行静力学分析

在 ANSYS Apdl 操作平台上，静力学分析的操作步骤与在 ANSYS Workbench 平台上相似：①建立一个工程项目；②定义材料属性；③建立/导入几何模型；④建立有限元模型，包括划分网格、施加载荷；⑤进行求解；⑥查看分析结果。

1. 建立一个静力学分析项目

(1) 进入前处理器

其操作如下：

GUI：Preprocessor。

命令：/PREP7。

(2) 添加标题

其操作如下：

GUI：Utility Menu > File > Change Title... 。

新标题为：Static Analysis。

命令：/TITLE，Static Analysis。

(3) 修改工作名

其操作如下：

GUI：Utility Menu > File > Change Jobname... 。

键入工作名：static_ example。

命令：/FILNAME，static_ example，0。

(4) 选择分析类型

选择静力学分析，操作如下：

GUI：Solution > Analysis Type > New Analysis > static。

命令：ANTYPE，0。

(5) 定义单位制

在命令行输入/units,si，然后回车，定义单位为国际单位制，即长度：m；力：N；压强/压力：Pa；面积：m^2；质量：kg。

2. 定义材料属性

定义各向同性线性材料

GUI：Preprocessor > Material Props > Material Models > Structural > Linear > Elastic > Isotropic，弹出窗口如图 5-16 所示。

键入的材料参数如下：

杨氏模量(即弹性模量，Young s modulus EX)：2. 068e11。

泊松比(PRXY)：0. 3。

命令：

MP，EX，1，2. 068e11。

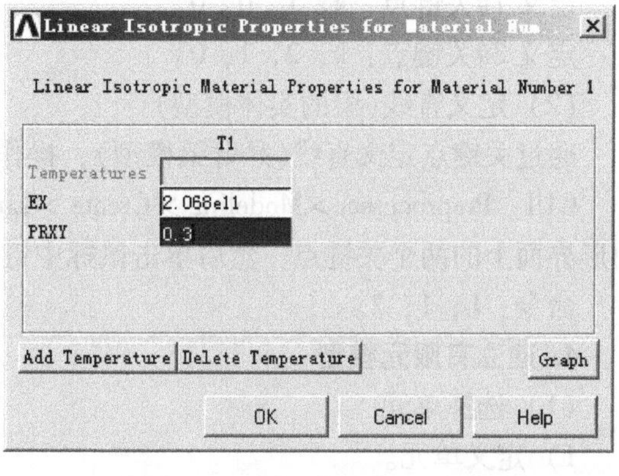

图 5-16　定义杨氏模量和泊松比

MP，PRXY，1，0.3。

注意：

在静力学分析过程中，如果不考虑结构的重力，材料的密度可以不定义。

3. 建立几何模型

（1）定义关键点（梁的端点）

其操作如下：

GUI：Preprocessor > Modeling > Create > Keypoints > In Active CS，弹出如图 5-17 所示的对话框，按照图示进行设置。

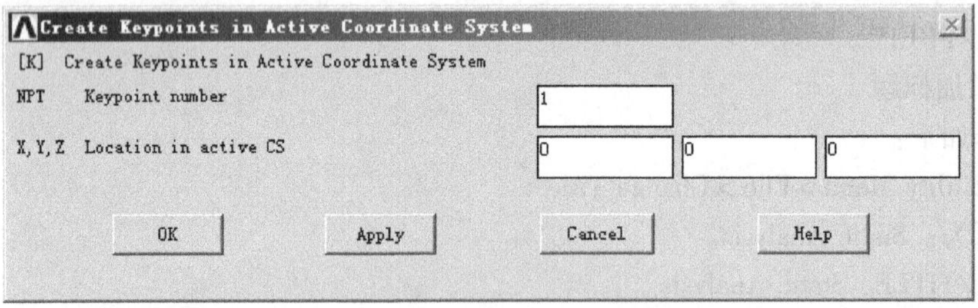

图 5-17 定义梁的左侧端点

单击 Apply 按钮，右侧端点的定义如图 5-18 所示，单击 OK 按钮，完成右侧端点定义。

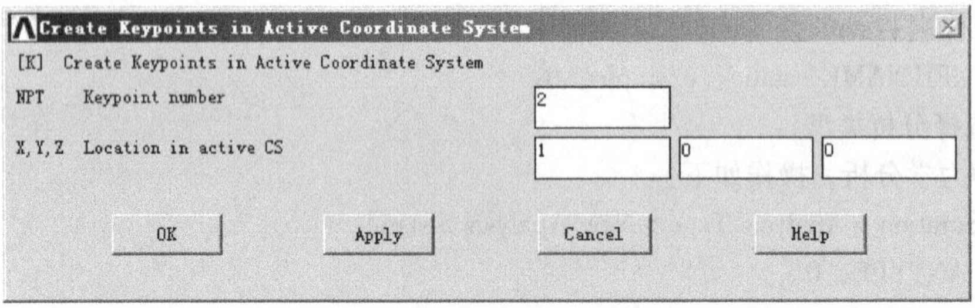

图 5-18 定义梁的右侧端点

命令：

定义 1#关键点：k，1，0，0。

定义 2#关键点：k，2，1，0。

（2）定义直线（梁的实体模型）

通过关键点定义直线（悬臂梁模型），操作如下：

GUI：Preprocessor > Modeling > Create > Lines > Lines > Straight Line，单击鼠标左键拾取图形界面上的两个关键点，然后单击鼠标中键确认，在 1#和 2#关键点之间生成一条直线。

命令：L，1，2。

4. 建立有限元模型

（1）选择单元

1）定义单元。

GUI：Preprocessor > Element Type > Add/Edit/Delete...，弹出如图 5-19 所示的对话框。

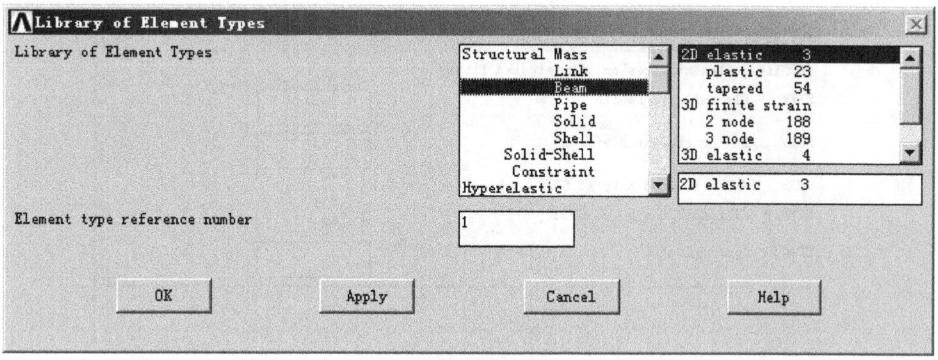

图 5-19　定义单元

选择 BEAM3 单元(二维弹性梁)，如图 5-19 所示，单击 OK 按钮。

命令：ET，1，BEAM3。

2）定义实常数。其操作如下：

GUI：Preprocessor > Real Constants > Add，弹出 BEAM3 实常数窗口 (Real Constants for BEAM3)，如图 5-20 所示。

由于采用国际单位制，相关参数的计算一定要基于国际单位进行计算，通过计算，对图 5-20 进行填写，单击 OK 按钮。

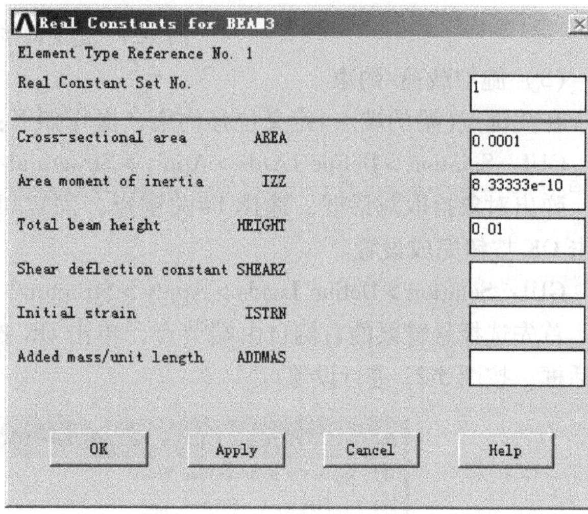

图 5-20　定义 BEAM3 实常数

梁横截面面积：

面积 $=0.01\times0.01=0.0001\mathrm{m}^2$

截面惯量：

$$截面惯量=\frac{bh^3}{12}=\frac{0.01\times0.01^3}{12}=8.33333\times10^{-10}\mathrm{m}^4$$

命令：R，1，0.0001，8.3333333E-10，0.01。

（2）生成网格

1）设定网格尺寸。选定线性模型网格尺寸，操作如下：

GUI：Preprocessor > Meshing > Size Cntrls > ManualSize > Lines > All Lines...，弹出如图 5-21 所示的对话框。

将悬臂梁模型分为 10 份，即单元长度为 100mm。按照如图 5-21 所示进行设置，单击 OK 按钮。

命令：LESIZE，ALL，,，10。

2）划分网格。其操作如下：

GUI：Preprocessor > Meshing > Mesh > Lines > Pick All。

命令：LMESH，1。

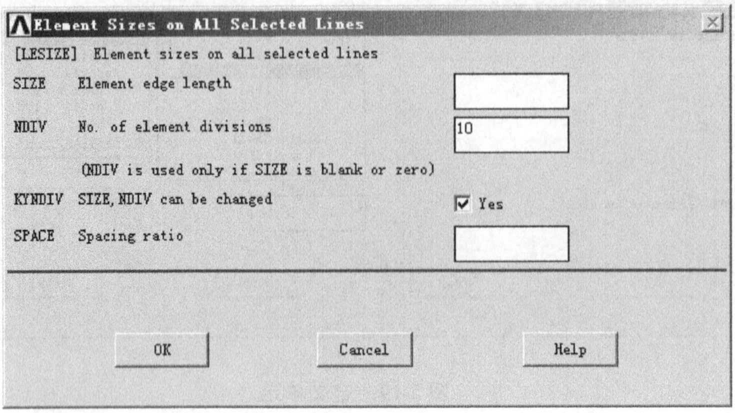

图 5-21 定义网格尺寸

(3) 施加载荷/约束

在关键点(梁的端点)定义位移约束，操作如下：

GUI：Solution > Define Loads > Apply > Structural > Displacement > On Keypoints。

弹出对象拾取对话框，选择 1#关键点，固定(Fix)1#关键点所有自由度(ALL DOFs)，单击 OK 按钮完成设置。

GUI：Solution > Define Loads > Apply > Structural > Force/Moment > On Nodes。

首先选择悬臂梁的右侧自由端节点，单击 OK 按钮。弹出 Apply Force/Moment on Nodes 对话框，按图 5-22 进行设置。

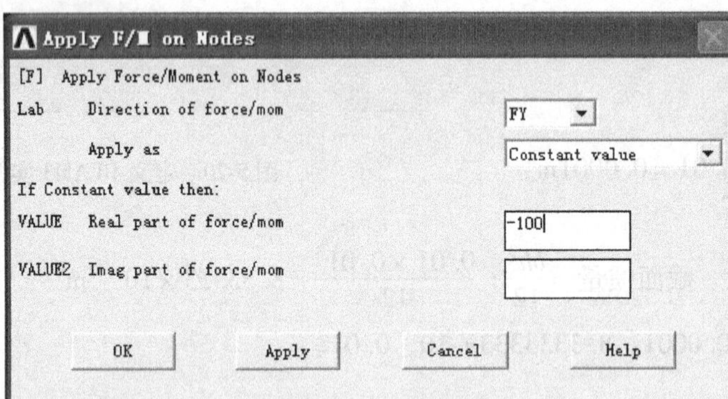

图 5-22 施加载荷

单击 OK 按钮，完成设置。

5. 求解

选择菜单 GUI：Solution > Solve > Current LS。

命令：SOLVE。

6. 查看分析结果

选择菜单 GUI：General Postproc > Plot Results > Deformed Shape > Def + Undeformed。

分析结果如图 5-23 所示。从图中可以看出，最大变形量为 0. 19m。

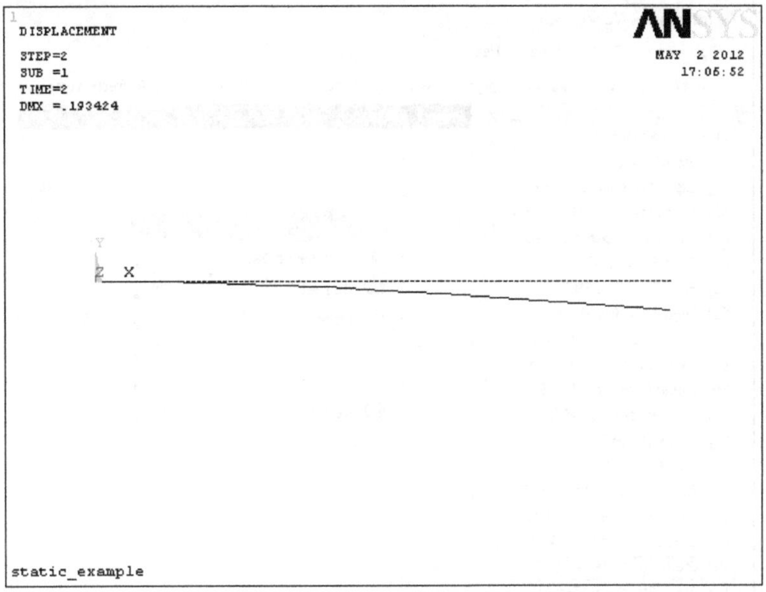

图 5-23　梁的变形分析结果

5.2　汽车驱动桥桥壳的有限元分析

驱动桥的桥壳是汽车上的主要承载结构，由于其形状复杂，应力计算比较困难，所以有限元法是理想的计算工具。其受力形式如图 5-24 所示。

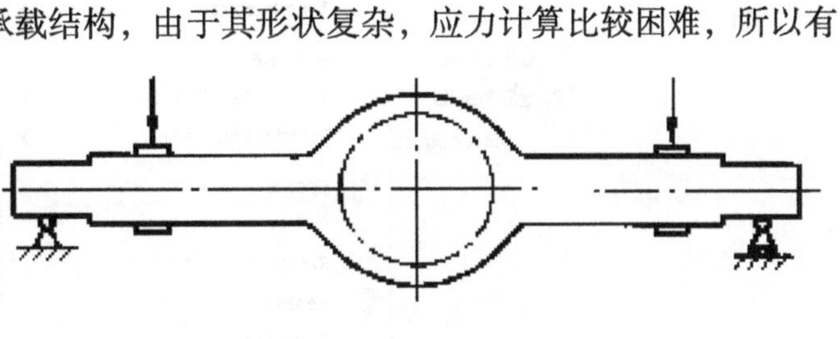

图 5-24　驱动桥壳的受力情况

按照 QC/T533-1999《汽车驱动桥台架试验方法》的规定，要求驱动桥桥壳满载每 1m 轮距最大变形不超过 1.5mm，垂直弯曲后备系数 $K_n > 6$。其中

$$K_n = p_n / p$$

式中，p_n 为弯曲破坏载荷；p 为满载轴荷。

5.2.1　启动 ANSYS Workbench 建立后桥分析项目

启动 ANSYS Workbench 建立后桥分析项目，如图 5-25 所示。

5.2.2　导入几何模型

用鼠标右键单击 A3—Geometry，在弹出菜单选择 Import Geometry > Browse…，浏览选择文件“桥壳 . agdb”，并打开，如图 5-26 所示。

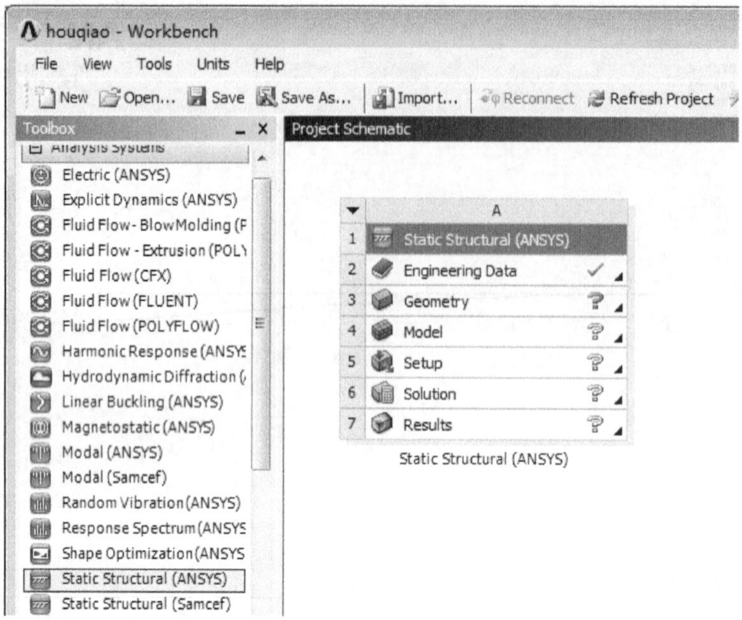

图 5-25　建立后桥分析项目

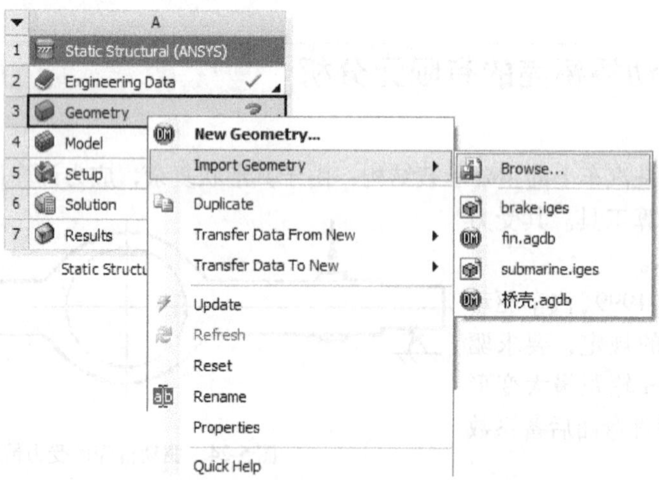

图 5-26　导入几何模型

5.2.3　添加材料信息

桥壳所用材料为 B510L1，弹性模量为 2×10^5MPa，泊松比为 0.3，屈服强度为 355MPa，断裂强度为 610MPa。

双击 A2—Engineering Data，如图 5-27 所示。

添加新的材料，单击 Click here to add a new material，输入材料名称 B510L1，在左侧工具栏用鼠标左键双击 Linear Elastic 下面的 Orthotropic Elasticity（各向同性材料），在新的材料 B510L1 下给出需要定义的材料的各种参数，如图 5-28 所示。

用鼠标左键单击 Young's Modulus，定义材料的弹性模量，输入 20℃材料特性为 2e11Pa，

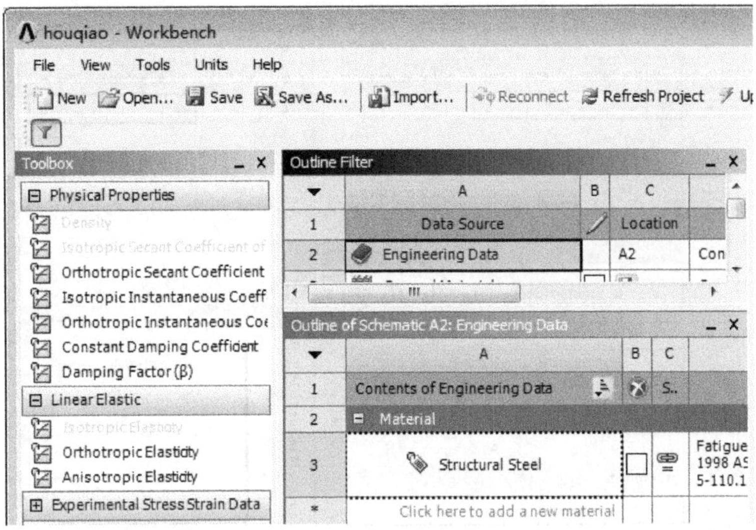

图 5-27　定义材料属性

如图 5-29 所示。

用鼠标左键单击 Poisson's Ratio，定义材料的泊松比，输入 20℃ 泊松比为 0.3。单击 Return to Project 按钮，回到程序主窗口，如图 5-25 所示。

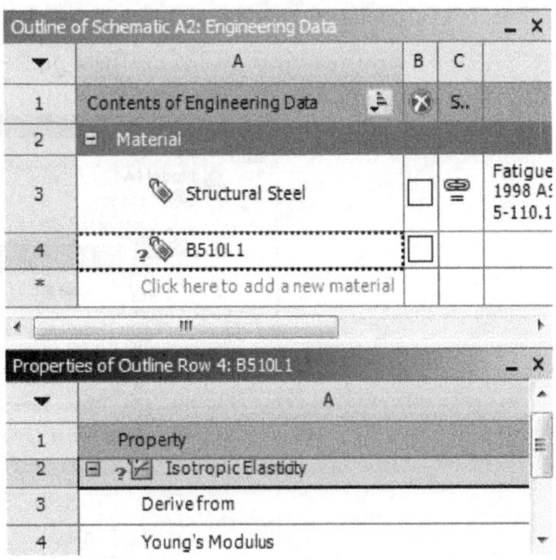

图 5-28　定义 B510L1 为各向同性材料

5.2.4　进行网格划分

双击 A4—Model，启动 Mechanical。用鼠标右键单击 Mesh，在弹出菜单中选择 Insert > Sizing。

在网格划分的细节栏单击 Geometry 右侧的文本框，将鼠标过滤器切换为 ，在后桥模型上单击鼠标左键进行选择，单击细节窗口中 Geometry 右侧的 Apply 按钮，完成模型选择。

在网格划分的细节栏单击 Element size 右侧的文本框，输入 15，定义网格尺寸为 15mm（图 5-30）。

单击工具栏上的 Update 按钮，进行网格划分。单击项目树上的 Mesh，显示网格划分结果，如图 5-31 所示。

5.2.5　施加载荷及约束

施加位移约束。用鼠标右键单击 Static Structural（B5），在弹出菜单中选择 Insert > Cylindrical Support。

按住 Ctrl 键在桥壳模型中选择两端轴面，单击细节窗口中的 Apply 按钮，并将 Axial 选项定义为 Free，释放其轴向自由度，如图 5-32 所示。

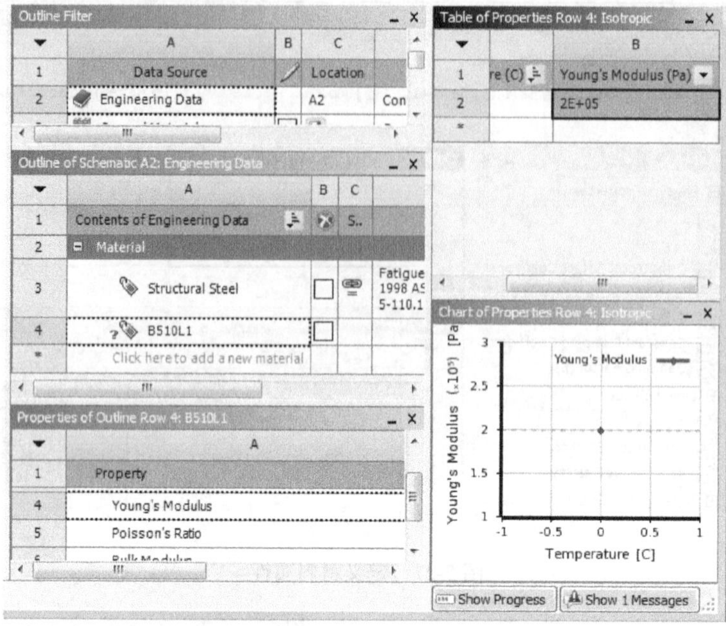

图 5-29　定义材料的弹性模量

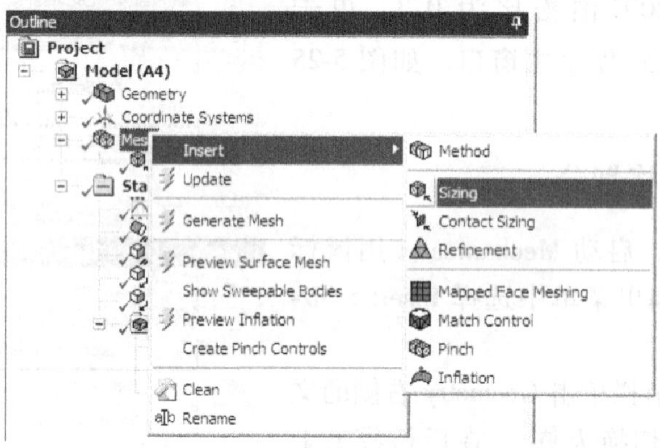

图 5-30　设置网格尺寸

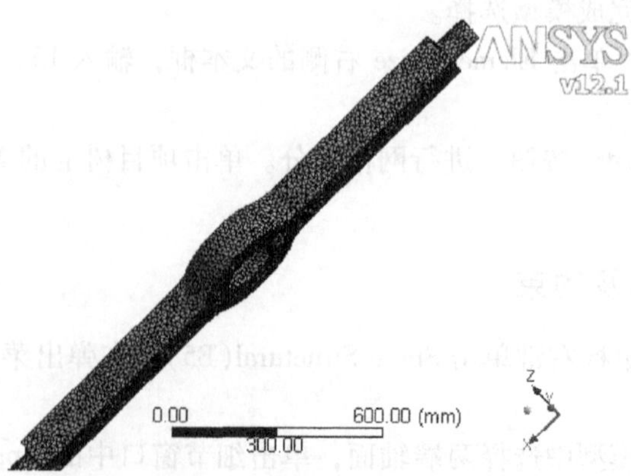

图 5-31　显示网格划分结果

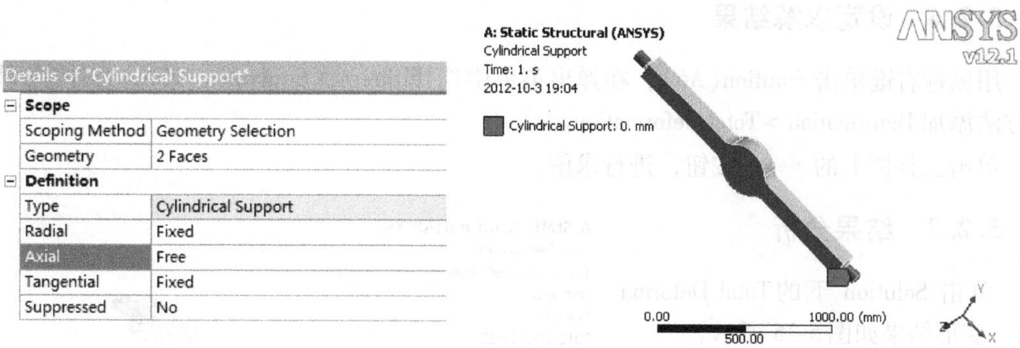

图 5-32　定义约束

为防止后桥轴向窜动，在桥壳一侧端面施加约束。用鼠标右键单击 Static Structural(B5)，在弹出菜单中选择 Insert > Fixed Support，在桥壳模型中选择一端端面，单击 Apply 按钮。

接下来定义载荷，后桥单侧最大负荷为 30 000N，轮距为 1700mm，弹簧板座距为 1232mm。下面将后桥最大负荷以面力方式施加在弹簧板座下的桥壳部位。

用鼠标右键单击 Static Structural(B5)，在弹出菜单中选择 Insert > Remote Force。选择如图 5-33 所示的左侧平面，单击 Apply 按钮，指定受力点坐标为 -616mm，载荷类型为 Components，方向沿 Y 轴负方向，大小为 30 000N，如图 5-33 所示。

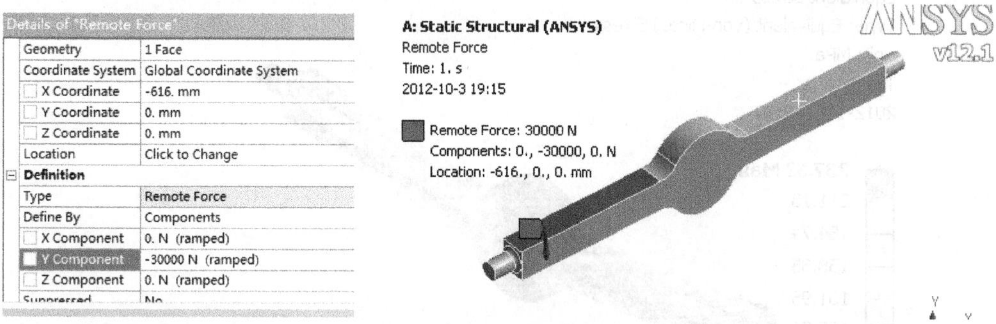

图 5-33　在后桥左侧施加载荷

按照同样的方法，在右侧施加大小为 30 000N 的载荷，如图 5-34 所示。

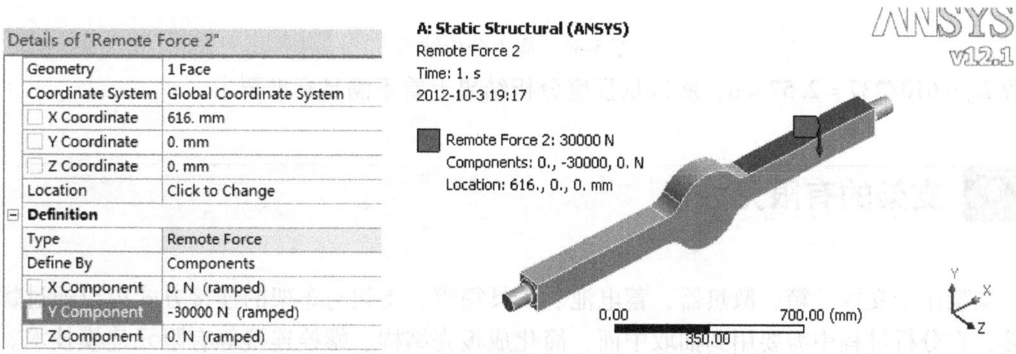

图 5-34　在后桥右侧施加载荷

5.2.6 设定求解结果

用鼠标右键单击 Solution(A6)，在弹出菜单中选择 Stress > Equivalence Stress，按照同样的方法添加 Deformation > Total deformation。

单击工具栏上的 Solve 按钮，进行求解。

5.2.7 结果分析

单击 Solution 下的Total Deformation，变形结果如图5-35所示。

轮距 1.7m，最大变形量为 1.0525mm，所以每 m 变形量为 1.0525/1.7 = 0.62mm，小于 1.5mm，满足标准要求。

单击 Solution 下的 Equivalence stress，如图 5-36 所示。

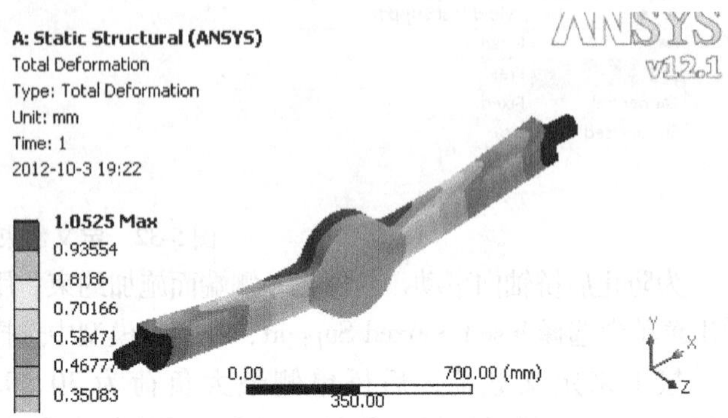

图 5-35 变形分析结果

材料的断裂强度为610MPa，后备系数 K_n =610/237 =2.57 <6，所以从强度分析结果上看不满足标准要求。

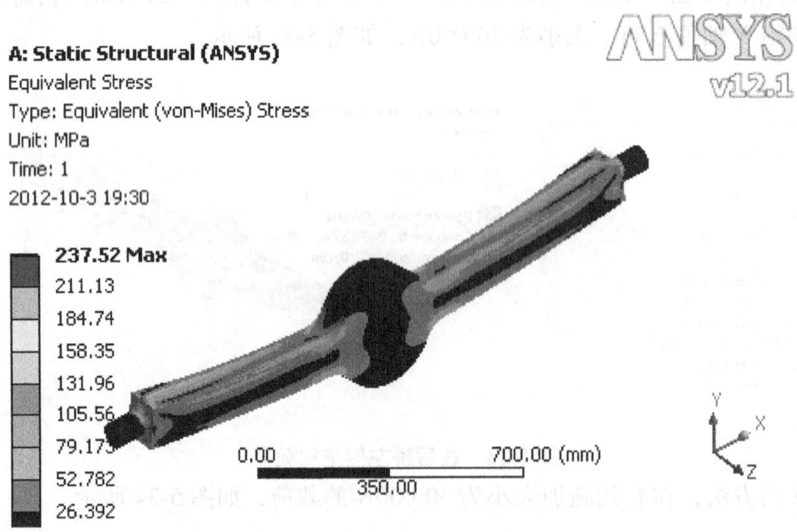

图 5-36 应力分析结果

5.3 支架的有限元分析

支架用于支撑油箱、散热器、蓄电池、工具箱等。支架与车架的连接方式可以通过螺栓连接，在分析过程中需要用到抽取中面、简化成板壳结构、螺栓连接等有限元建模技术。为了便于读者学习，这里将支架简化成如图 5-37 所示的结构。

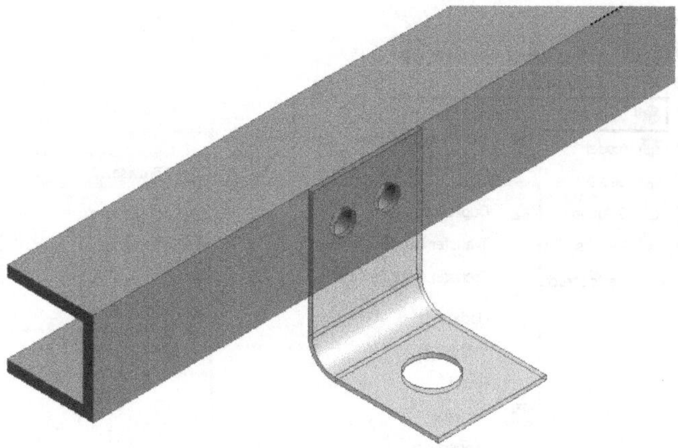

图 5-37　车架上的支架结构

5.3.1　启动 ANSYS Workbench 建立支架分析项目

启动 ANSYS Workbench，建立一个静力学分析流程，将项目文件保存为 bracket. wbpj，如图 5-38 所示。

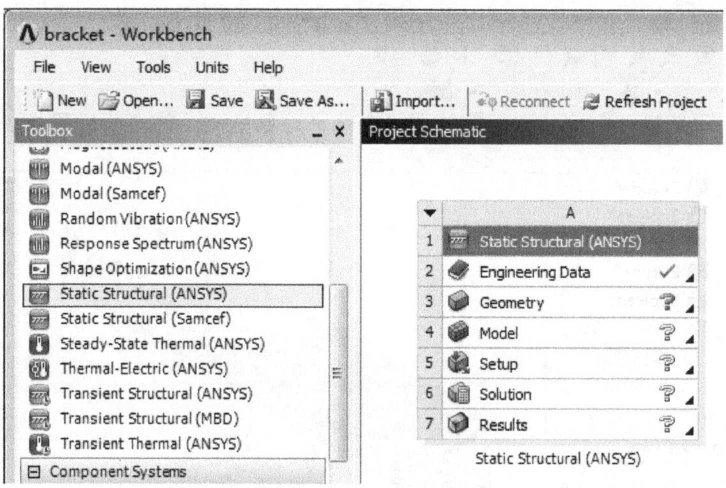

图 5-38　建立支架分析项目

5.3.2　导入几何模型

用鼠标右键单击 A3—Geometry，在弹出菜单选择 Import Geometry > Browse…，浏览选择文件“bracket. agdb”，单击 Open 按钮打开，如图 5-39 所示。

用鼠标左键双击 A3—Geometry，启动 DesignModeler，如图 5-40 所示。

从图 5-40 中可以看出，模型共有两个实体，一个是车架的纵梁，另一个是支架。

接下来查看模型厚度。单击工具栏上的鼠标选择过滤按钮，查看模型厚度，从状态栏可以看出模型厚度为 2mm。按照同样的方法可以看出另外一个实体的厚度为 5mm。

单击主菜单 Tools > Mid-Surface，在模型树中添加了特征 MidSurf1，如图 5-41 所示，在详细视图进行如下设置：

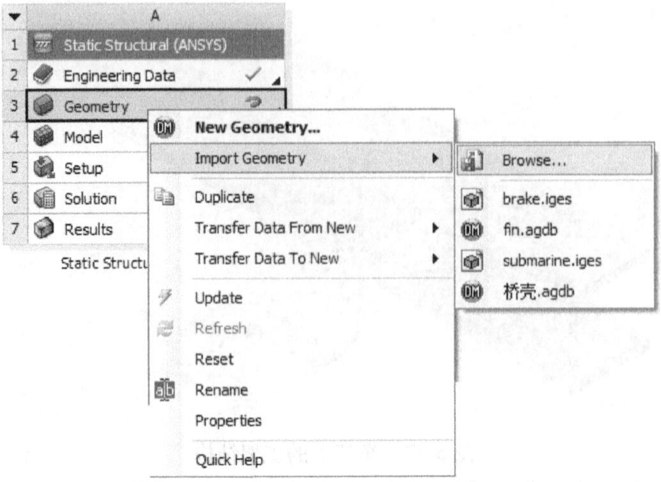

图 5-39　导入几何模型

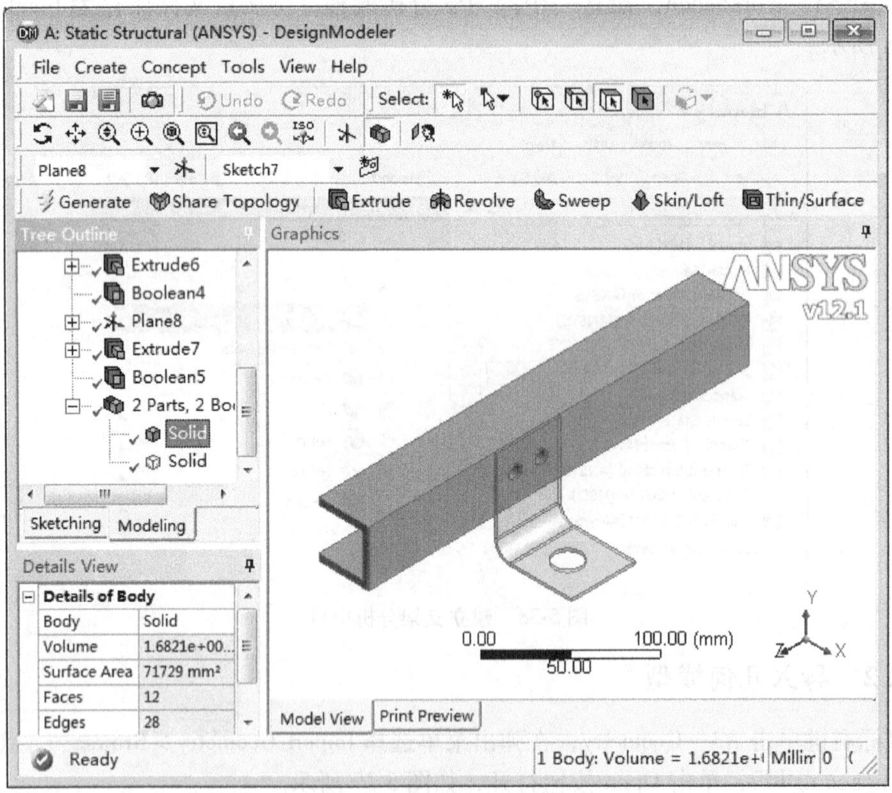

图 5-40　启动 DesignModeler

Selection Method：Automatic。

Maximum Threshold：5mm。

Minimum Threshold：1mm。

Find Face Pairs Now：Yes。

设置结果如图 5-41 所示，在细节栏显示有 6 个面对。

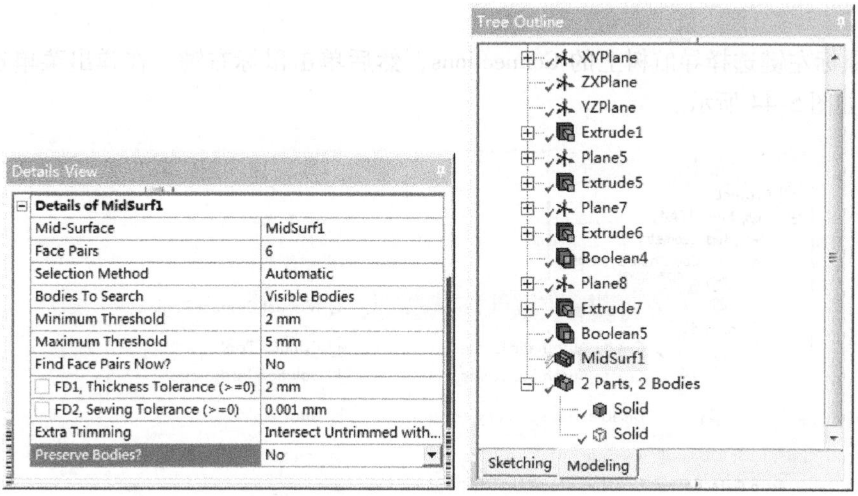

图 5-41　抽取中面

在模型树窗口用鼠标左键单击 MidSurf1，单击鼠标右键，在弹出菜单中选择 Generate 按钮，中面抽取结果如图 5-42 所示。

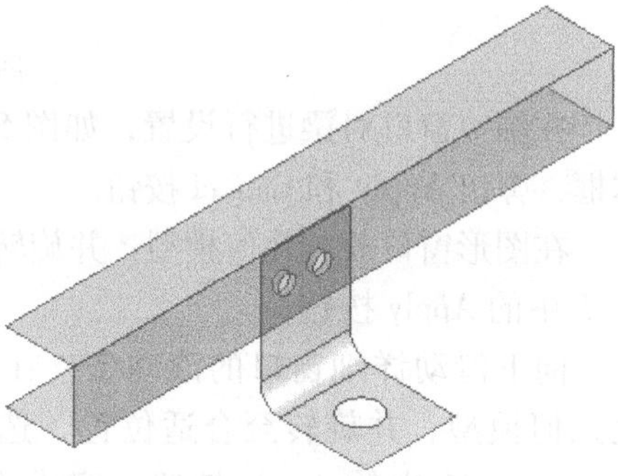

图 5-42　中面抽取结果

5.3.3　添加材料信息

本例题中的材料选用默认的材料，即结构钢，就不需要另外定义材料了。

5.3.4　用螺栓连接车架和支架

双击 A4—Model，启动 Mechanical，如图 5-43

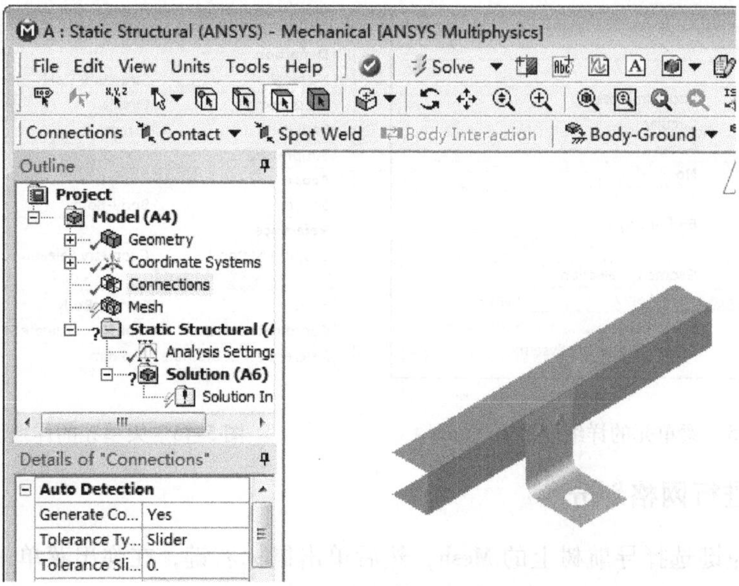

图 5-43　启动 Mechanical

所示。

单击鼠标左键选择导航树上的 Connections，然后单击鼠标右键，在弹出菜单选择 Insert >Beam，如图 5-44 所示。

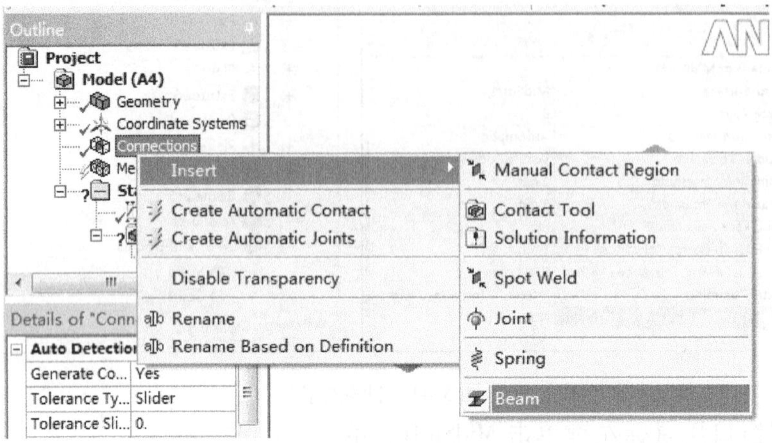

图 5-44　插入梁单元

在细节窗口对梁进行设置，如图 5-45 所示。Radius 定义为 5mm，单击 Scope 右侧的文本框，弹出 Apply 和 Cancel 按钮。

在图形窗口放大几何模型，并旋转至合适位置，选择车架纵梁上的一个连接孔，单击图 5-45 中的 Apply 按钮。

向下滑动详细窗口的滚动条，在 Mobile 栏单击 Scope 右侧的文本框，在图形窗口放大几何模型，并旋转至合适位置，选择与刚刚选取的孔相对应的支架上的一个连接孔，单击图 5-46 中的 Apply 按钮。完成第一个连接梁定义，按照同样的方法完成第二个连接梁定义。

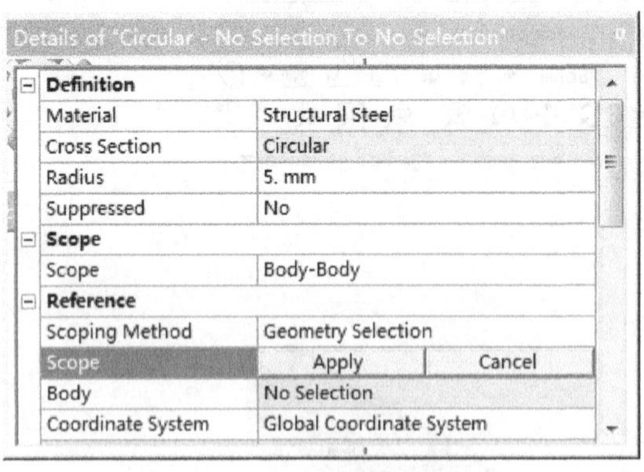

图 5-45　梁单元的详细设置 I

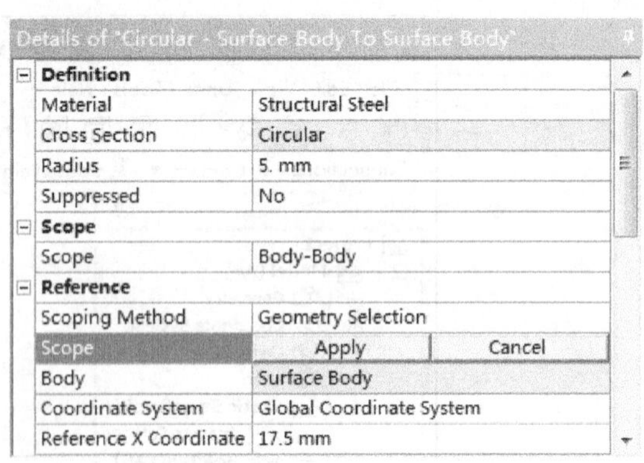

图 5-46　梁单元的详细设置 II

5.3.5　进行网格划分

单击鼠标左键选择导航树上的 Mesh，然后单击鼠标右键，在弹出菜单中选择 Generate Mesh，如图 5-47 所示。系统自动生成的网格如图 5-48 所示。

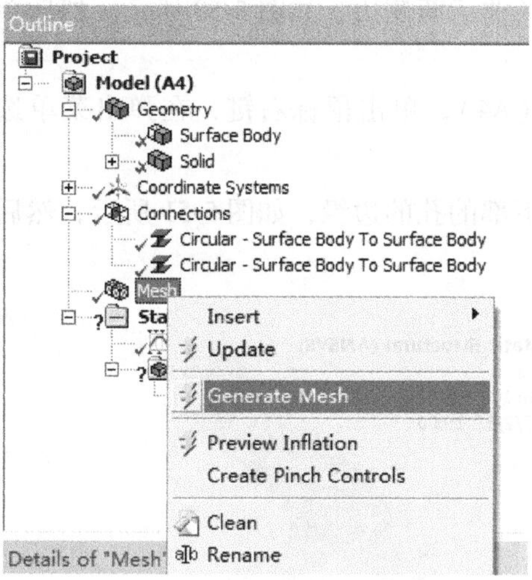

图 5-47　生成网格

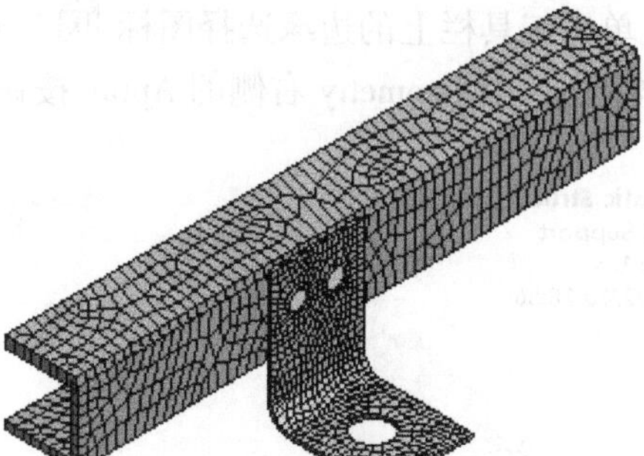

图 5-48　网格划分结果

5.3.6　施加载荷及约束

单击鼠标左键选择导航树上的 Static Structural(A4)，单击鼠标右键，在弹出菜单中选择 Insert > Fixed Support，如图 5-49 所示。

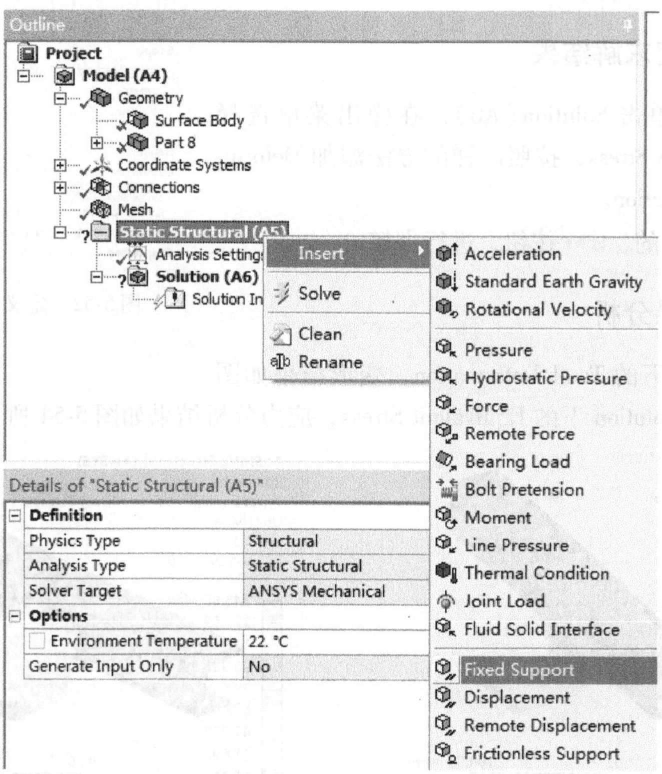

图 5-49　添加固定约束

单击工具栏上的边缘选择图标，选择车架的前后两侧边，如图 5-50 所示，然后单击详细窗口中 Geometry 右侧的 Apply 按钮。

单击鼠标左键选择导航树上的 Static Structural(A4)，单击鼠标右键，在弹出菜单选择 Insert > Force。

单击工具栏上的边缘选择图标，选择支架下部的孔的边缘，如图 5-51 所示，然后单击详细窗口中 Geometry 右侧的 Apply 按钮。

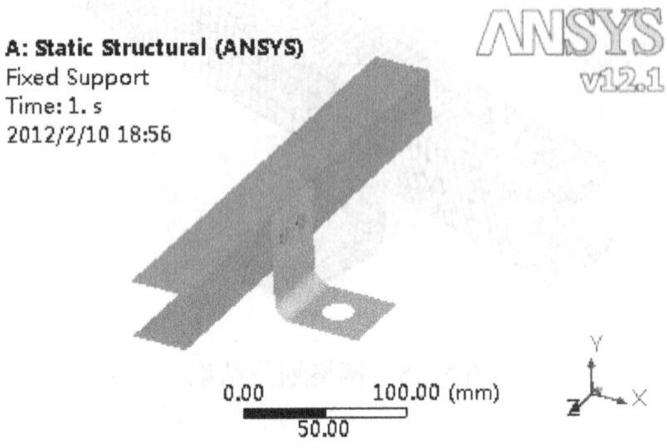

图 5-50　选择约束对象

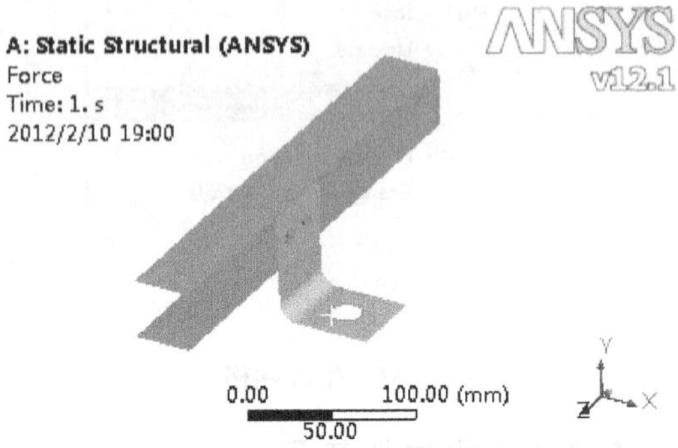

图 5-51　选择力的加载对象

接下来在详细窗口对力进行详细设置，Define By 选择 Components，将 Y Component 定义为 -100N，如图 5-52 所示。

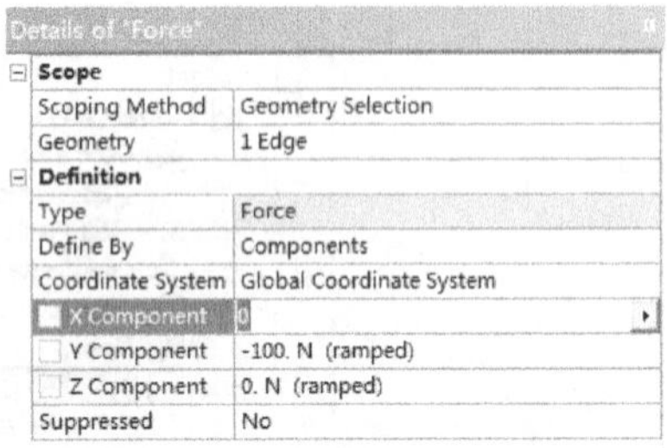

Details of "Force"

Scope	
Scoping Method	Geometry Selection
Geometry	1 Edge
Definition	
Type	Force
Define By	Components
Coordinate System	Global Coordinate System
X Component	0
Y Component	-100. N (ramped)
Z Component	0. N (ramped)
Suppressed	No

图 5-52　定义力的详细信息

5.3.7　设定求解结果

用鼠标右键单击 Solution(A6)，在弹出菜单选择 Stress > Equivalence Stress，按照同样的方法添加 Deformation > Total deformation。

单击工具栏上的 Solve 按钮，进行求解。

5.3.8　结果分析

单击 Solution 下的 Total Deformation，变形结果如图 5-53 所示。单击 Solution 下的 Equivalent Stress，应力分析结果如图 5-54 所示。

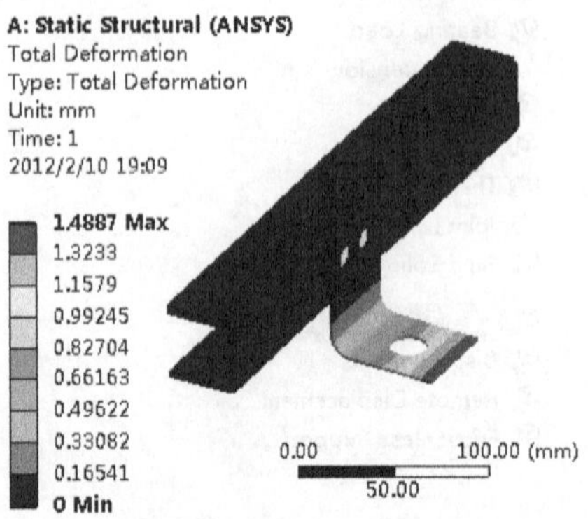

图 5-53　变形分析结果

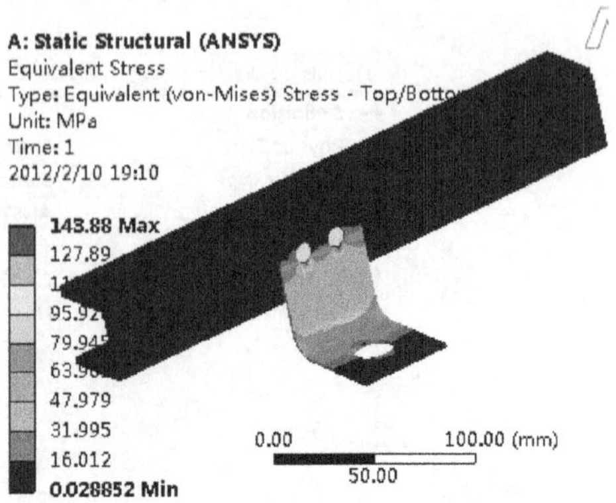

图 5-54　等效应力结果

5.4 悬架结构模拟实例

悬架是车架与车桥之间传力连接装置的总称，它的作用就是把路面作用于车轮上的力与力矩传递到车架上。在车架有限元模型中，钢板弹簧除了承担缓冲任务外，还有导向作用，在进行钢板弹簧的模拟中，可以采用梁单元和弹簧单元模拟，如图 5-55 所示。

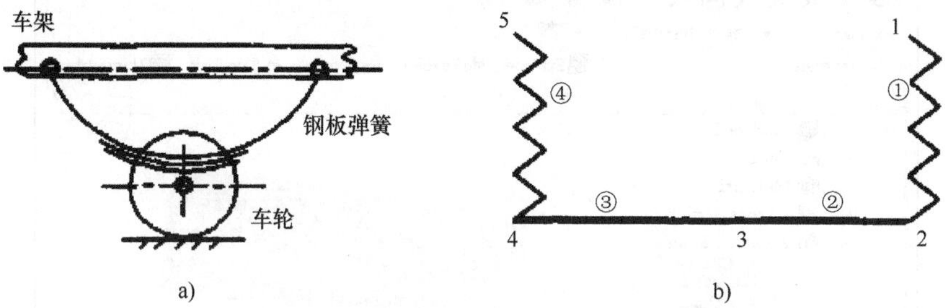

①、④弹簧　②、③梁单元　1、2、3、4 单元相连接的节点

图 5-55　钢板弹簧的模拟模型

a）普通钢板弹簧模型　b）梁和弹簧单元模拟模型

下面我们采用 ANSYS Workbench 演示上述模型建立过程，在学习过程中着重体会板壳、梁、弹簧混合建模的相关技术。

5.4.1　打开 ANSYS Workbench 项目文件

打开项目文件 suspensition_ simulate. wbpj，如图 5-56 所示。

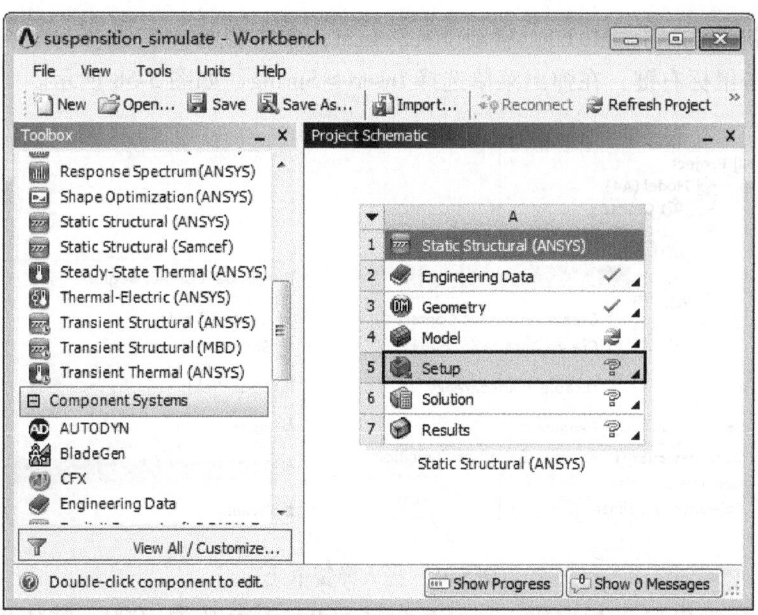

图 5-56　打开项目文件 suspensition_ simulate. wbpj

5.4.2 导入几何模型

用鼠标左键双击 A3—Geometry，启动 DesignModeler，如图 5-57 所示，这里采用箱型梁来模拟车架，用一根梁来模拟悬架的导向作用。

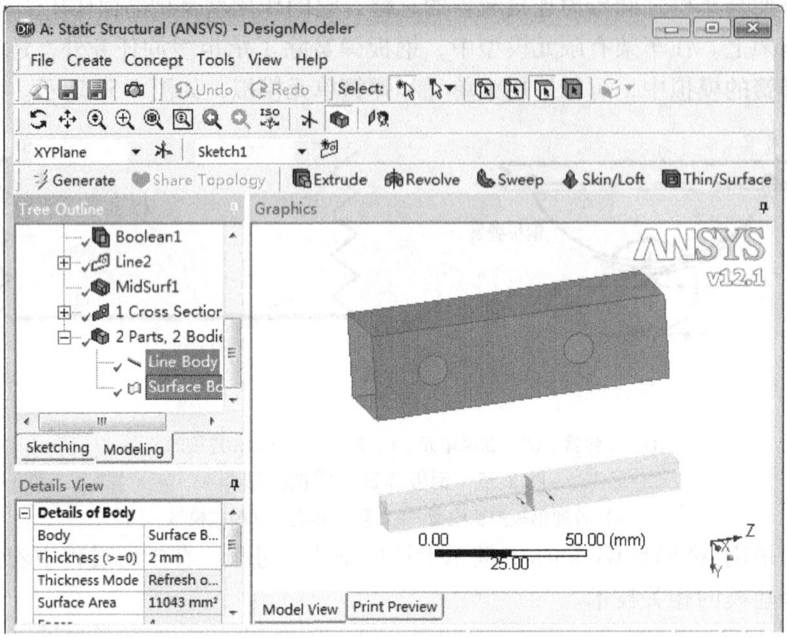

图 5-57 启动 DesignModeler

5.4.3 用弹簧连接车架和平衡梁

用鼠标左键双击 A4—Model，启动 Mechanical，单击鼠标左键选择导航树上的 Connections，然后单击鼠标右键，在弹出菜单选择 Insert > Spring，如图 5-58 所示。

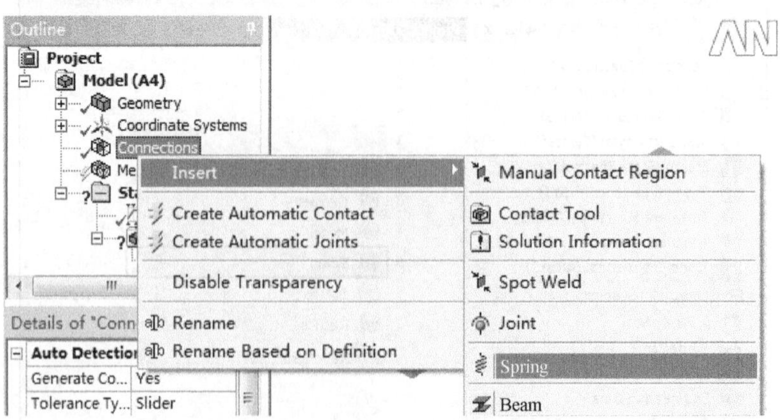

图 5-58 插入弹簧单元

接下来在详细窗口进行设置，Longitudinal Stiffness 定义为 1000，默认单位为 N/mm；Scope 定义为 Body-Body，如图 5-59 所示。

在详细栏的 Reference 设置中，单击 Scope 右侧的文本框，文本框中出现 Apply 和 Cancel 按钮，单击工具栏上的鼠标选择过滤器，然后选择车架上左侧的孔，如图 5-60 所示。

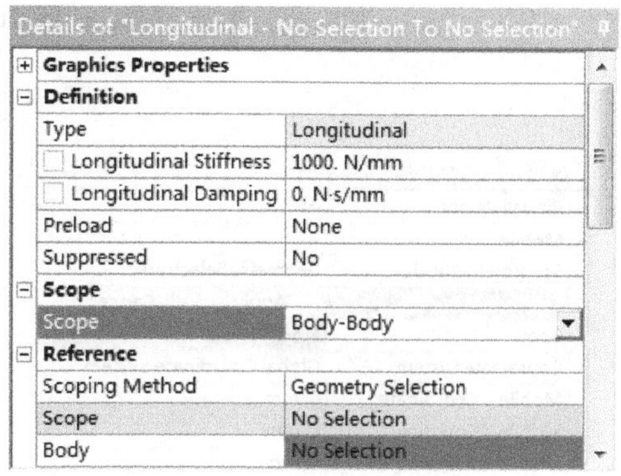

图 5-59　弹簧的详细设置

单击 Apply 按钮，这时在详细窗口的参考坐标(Reference Coordinate)右侧的文本框自动给出系统计算出的孔的中心位置，如图 5-61 所示，请读者记住这些坐标点，在后面的设置中需要用到。

在详细窗口的 Mobile 设置中，单击 Scope 右侧的文本框，文本框中出现 Apply 和 Cancel 按钮，如图 5-62 所示，单击工具栏上的鼠标选择过滤器，然后选择与孔对应的梁，单击 Apply 按钮完成选择。

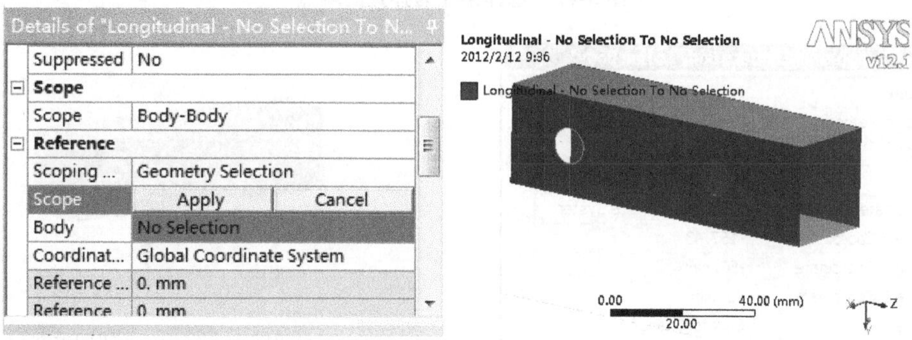

图 5-60　选择车架上左侧的孔作为弹簧的参考位置

在详细窗口的 Mobile 设置中，与参考位置相对应，如图 5-63 所示。

按照与上述相同的方法用一根弹簧连接车架上的另一个孔和与之对应的梁。定义完成后如图 5-64 所示。

单击鼠标左键选择导航树上的 Mesh，然后单击鼠标右键，在弹出菜单选择 Generate Mesh，如图 5-65 所示。系统自动生成的网格如图 5-66 所示。

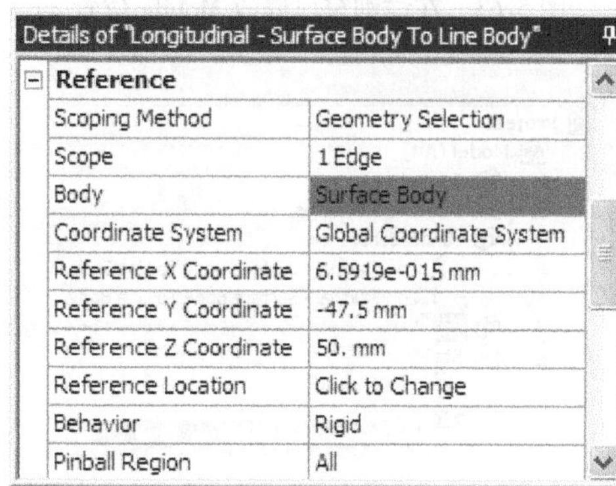

图 5-61　详细窗口自动计算出孔的坐标

5.4.4　施加载荷及约束

单击鼠标左键，在导航树选择 Static Structural(A4)，单击鼠标右键，在弹出菜单中选择 Insert > Fixed Support。

单击工具栏上的边缘选择图标，选择梁的中点，如图 5-67 所示，然后单击详细窗口中 Geometry 右侧的 Apply 按钮。

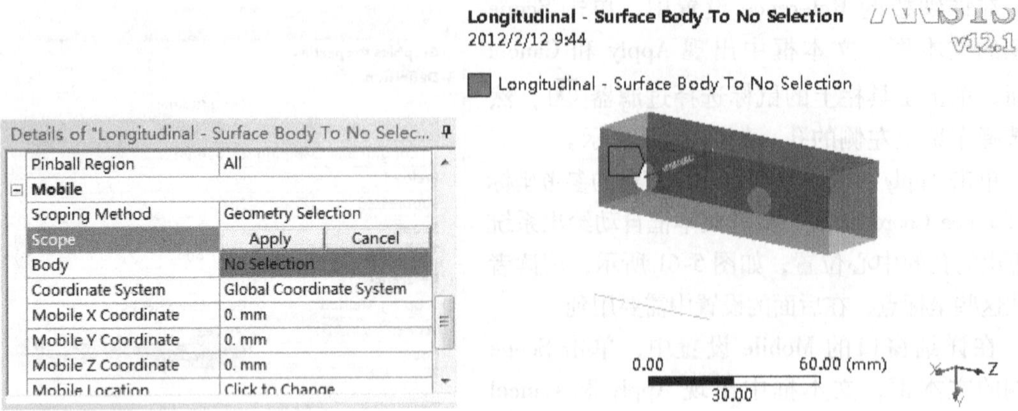

图 5-62　选择梁作为弹簧的端点

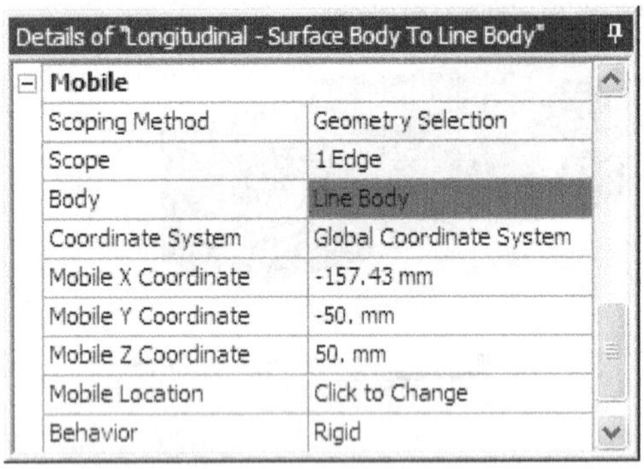

图 5-63　在详细窗口修改 Mobile 位置

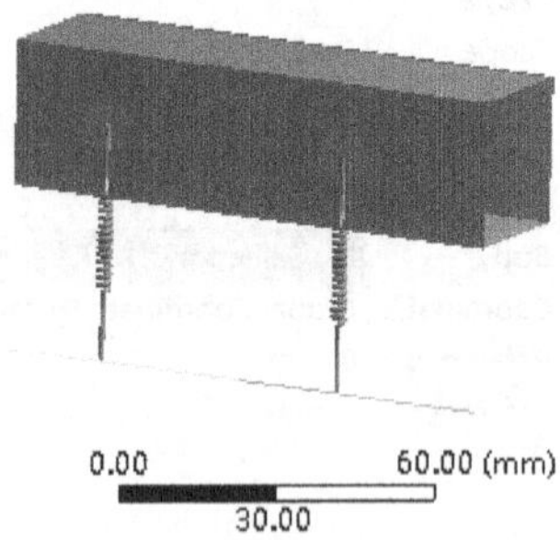

图 5-64　悬架结构模拟模型

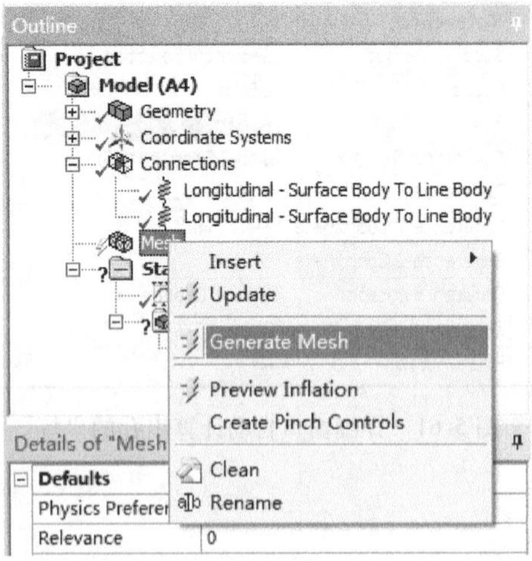

图 5-65　生成网格

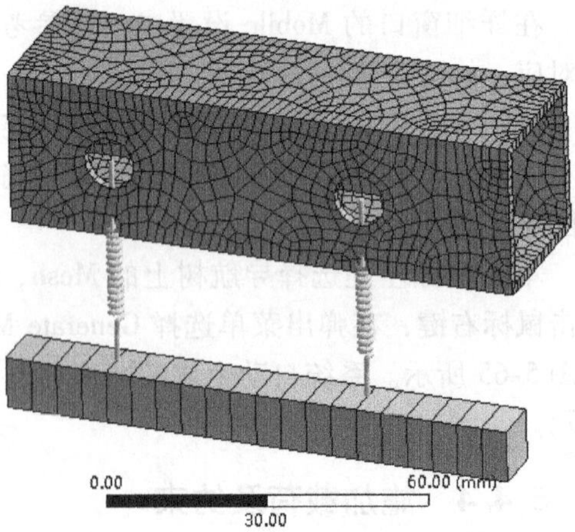

图 5-66　网格划分结果

单击鼠标左键，在导航树中选择 Static Structural(A4)，单击鼠标右键，在弹出菜单中选择 Insert > Force，在图形区选择车架的上平面，如图 5-68 所示。然后单击详细窗口中 Geometry 右侧的 Apply 按钮。

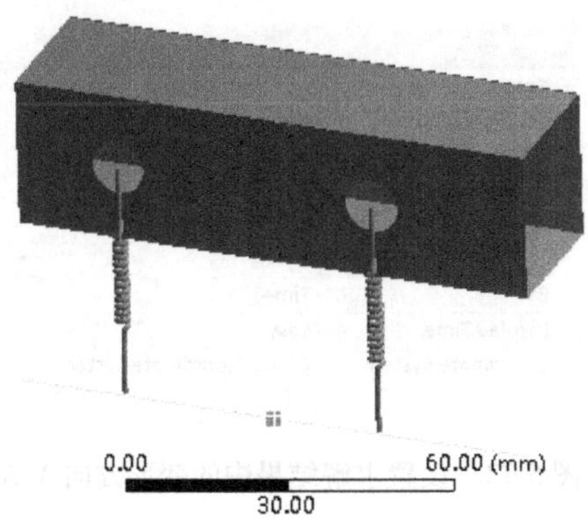

图 5-67　选择梁的中点作为平衡位置

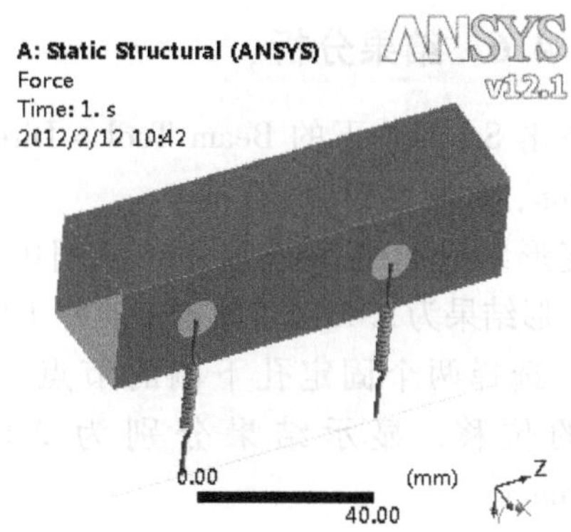

图 5-68　定义力作用对象

在详细窗口中定义力的大小为 -4000N，如图 5-69 所示。

单击鼠标左键，在导航树中选择 Static Structural(A4)，单击鼠标右键，在弹出菜单中选择 Insert > Displacement，选择车架纵梁的四个面，单击细节窗口中的 Apply 按钮，如图 5-70 所示。

Details of "Force"

Scope	
Scoping Method	Geometry Selection
Geometry	1 Face
Definition	
Type	Force
Define By	Vector
Magnitude	-4000. N (ramped)
Direction	Click to Change
Suppressed	No

图 5-69　在详细窗口中定义力的大小

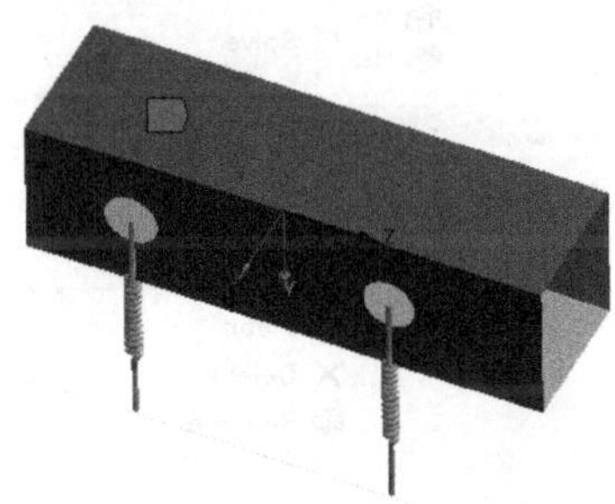

图 5-70　定义车架的约束

在细节栏中定义约束的自由度，X Component 为 Free，Z Component 为 0，Y Component 为 0，如图 5-71 所示。

5.4.5　设定求解结果

用鼠标右键单击 Solution(A6)，在弹出菜单中选择 Deformation > Directional，在细节栏设置 Orientation 为 Y Axis，如图 5-72 所示。

用鼠标右键单击 Beam Tool，在弹出菜单中选择 Insert > Beam Tool > Deformation > Beam Tool > Directional，如图 5-73 所示，细节栏设置 Orientation 为 Y Axis。

单击工具栏上的 Solve 按钮，进行求解。

Details of "Displacement"

Scope	
Scoping Method	Geometry Selection
Geometry	4 Faces
Definition	
Type	Displacement
Define By	Components
Coordinate System	Global Coordinate System
X Component	Free
Y Component	0. mm (ramped)
Z Component	0. mm (ramped)

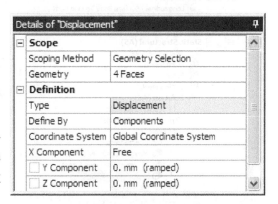

图 5-71　在细节窗口定义车架的自由度

5.4.6 结果分析

单击 Solution 下的 Beam Tool > Directional Deformation，如图 5-74 所示。

变形结果如图 5-75 所示，从图中可以看出，最大变形结果为 2.1576。单击工具栏上的探针工具 Probe，选择两个固定孔下侧的节点，标记两个节点的位移，显示结果分别为 2.0004mm 和 2.0006mm。

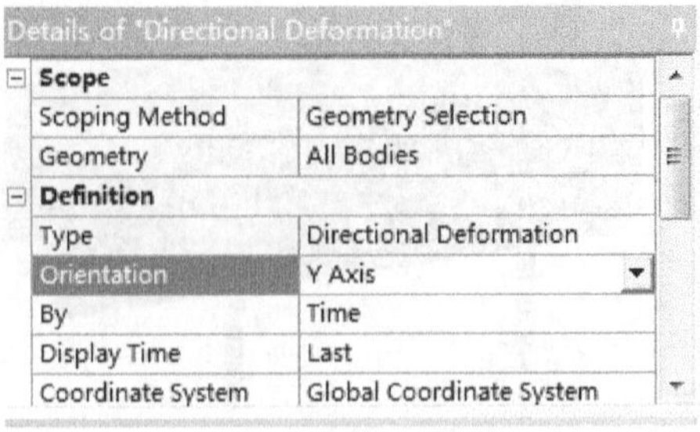

图 5-72　设置求解结果中的变形方向 Y Axis

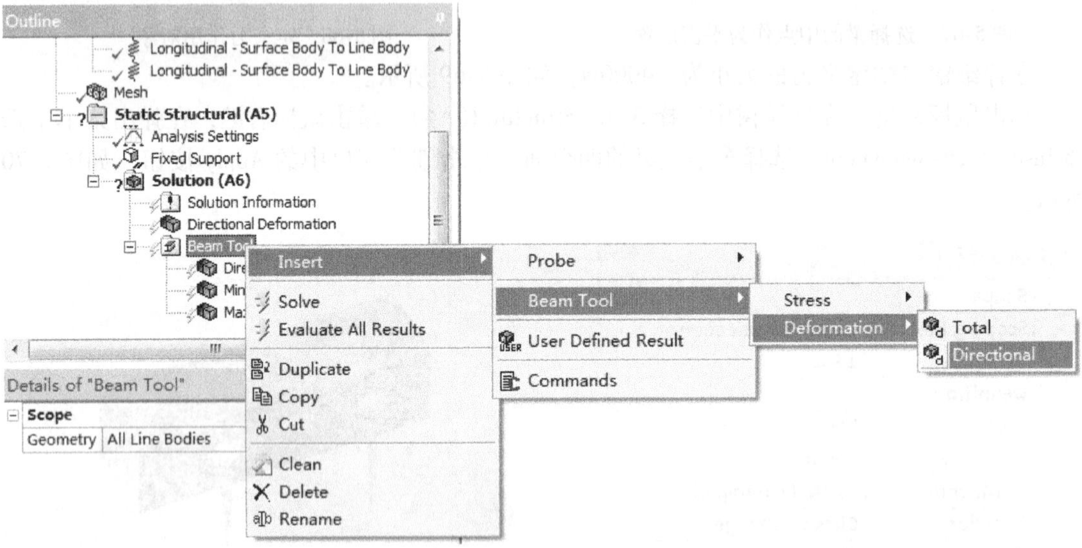

图 5-73　在详细窗口定义梁的变形

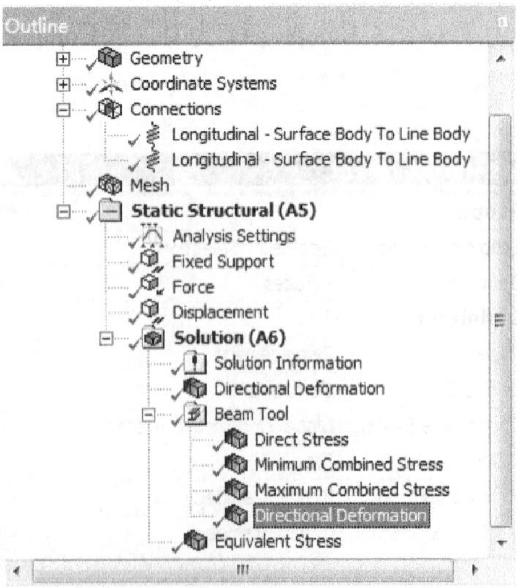

图 5-74　选择求解结果

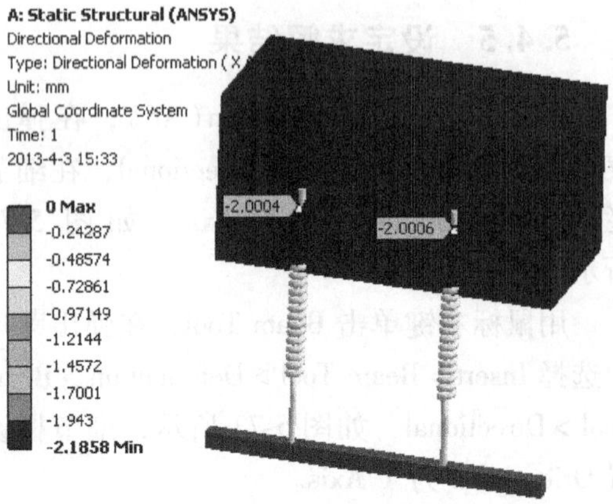

图 5-75　变形结果

在本例中，两个弹簧刚度 k 分别被定义为 1000N/mm，施加载荷 F 为 4000N，两个弹簧为并联，系统刚度为

$$k_1 + k_2 = 1000 + 1000 = 2000\text{N/mm}$$

由于模拟平衡式悬架，两个弹簧的变形分别为

$$d = F/(k_1 + k_2) = 4000/2000 = 2\text{mm}$$

所以计算结果是合理的。

第 6 章

车辆结构有限元模态分析

6.1 有限元模态分析基础

6.1.1 基本概念

模态分析是振动工程理论的一个重要分支，是研究结构动力特性的一种近代方法。模态分析是用来确定结构的振动特性的一种技术，通过它可以确定机械系统的自然频率、振型和振型参与系数，即在特定方向上某个振型在多大程度上参与了振动。这些模态参数可由计算或试验分析取得，这样一个计算或试验分析过程称为模态分析。

模态分析的主要目的是用于确定系统振动特性，即系统结构的固有频率及与此相对应的振型。由于车辆在行驶过程中受到各方面的动态载荷，如路面不平、发动机相关的振动冲击等，使得车辆发生振动。为避免因系统结构的固有频率与其他动态载荷的频率相同和相近而引发的共振，一般需要对车架结构进行模态分析。模态分析也是其他更为深入分析的起点，如瞬态动力学分析、谐响应分析和谱分析等。

模态分析为汽车的结构设计和性能评估提供了一个强有力的工具。特别是计算机技术和有限元方法的发展，为模态分析在汽车设计中的应用提供了有力工具。在汽车设计中，通过模态分析可以预先掌握所设计产品的动态特性，从动态角度对产品进行设计，使所设计的产品满足动态要求。车辆结构的固有振动频率和振型可以从两个方面获得，一是通过对实际样车进行试验，识别出结构的各阶模态频率和振型；二是通过理论分析计算得出结构的各阶模态和振型。前者的局限性在于必须在设计样车制造出来后，才能进行试验分析，得出产品的基本动态特性，再返回去修改设计，通过几轮样车制造和大量的试验分析，最终得到较为满意的产品，其周期长、费用高。后者可以在没有实际样车而只有设计图纸的情况下，得出所设计产品的各阶模态，预测出产品的动态特性，从而能减少样车的制造次数与试验次数，节省开发费用和缩短开发周期。

需要明确的是模态分析中只有线性行为是有效的，如果指定了非线性单元，它们将被当成是线性的。如果分析中包含了接触单元，则系统取其初始状态的刚度值，并且不再改变此刚度值。在模态分析中必须指定杨氏模量 EX(或某种形式的刚度)和密度 DENS(或某种形式的质量)。材料性质可以是线性的或非线性的、各向同性或正交各向异性的、恒定的或与温度有关的，非线性特性将被忽略。

对于复杂的汽车结构，可以直接利用 CAD 的设计数据，并根据有限元计算需求进行必要的简化后，可得到汽车结构的几何模型。几何上需要考虑点焊的地方，加上硬点，使其几何上完全协调；需要消除焊点焊缝的地方，使两个零件相同位置硬点处的两个节点同节点化，使之连为一体。例如，对于车身，部分零件的 3D 数据间存在用于让位的料缝缝隙，需进行几何上的协调。也可以部分利用 CAD 的几何模型数据，同时利用梁单元和板壳单元模拟焊缝焊点。例如，对于汽车车身，主要是由钣金冲压件和等半径、等厚度的钢管横梁经过点焊和 CO_2 保护焊焊接后组成，可用壳体单元和部分梁单元来模拟车身零件的薄板钣金结构和横梁的钢管结构。

建模时可以考虑忽略车身上用于装配其他部件的螺钉、螺母、零件中面与面之间较小的倒圆和倒棱，以及对力学结构影响较小的一些冲压筋、孔和其他工艺结构，并忽略车身中非重要结构的小零件。对重要零件进行简化时，尽量保持与原始 CAD 设计的结构一致，在结构上较少简化，以便真实反映零件的结构特征。由于汽车在结构上是由多个零件组成的，在建立几何模型时，应根据零件名称建立零件组，每一个组中放一个零件。

图 6-1 是悍马汽车车架有限元模型，由于悍马车在雨林地区使用过程中出现锈蚀问题，因而打算在箱形的车架上打排水孔，为了确定这样做会不会影响车架整体结构的强度，从而进行了有限元分析。这些操作可以在 ANSYS Workbench 中较为方便地实现。

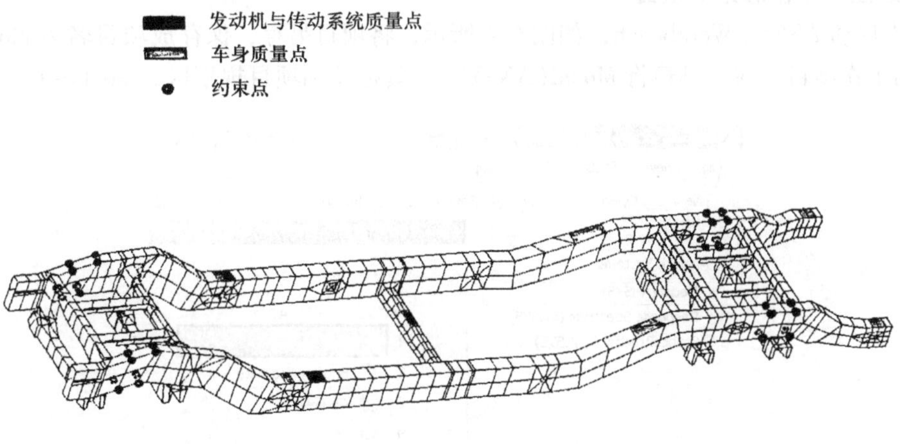

图 6-1　悍马汽车车架有限元模型

把汽车结构简化成为质量、弹簧系统，如图 6-2 所示，在总体设计中较为常用，用于快速分析汽车振动系统的关键模态参数。这类建模分析可以在 ANSYS Calssic 中较为方便地实现。

由于与其他 CAD 软件有较好的接口，ANSYS Workbench 对车辆上复杂结构的模态分析是非常方便的，而对于车辆系统振动离散模型的模态分析，在 ANSYS Apdl 操作平台下更为方便。

模态分析过程一般由 4 个主要步骤组成：建模、加载和求解、扩展模态、观察结果和后处理，下面结合如图 6-3 所示的平面悬臂梁的模态分析，分别介绍在 ANSYS Workbench 和 ANSYS Calssic 两个平台下如何进行模态分析。

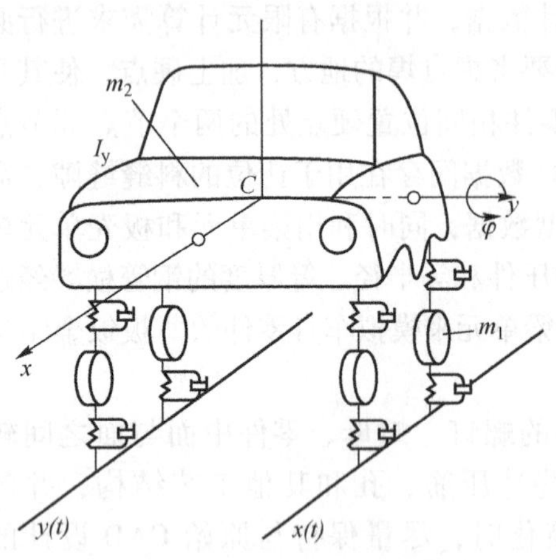

图 6-2　汽车四自由度振动模型

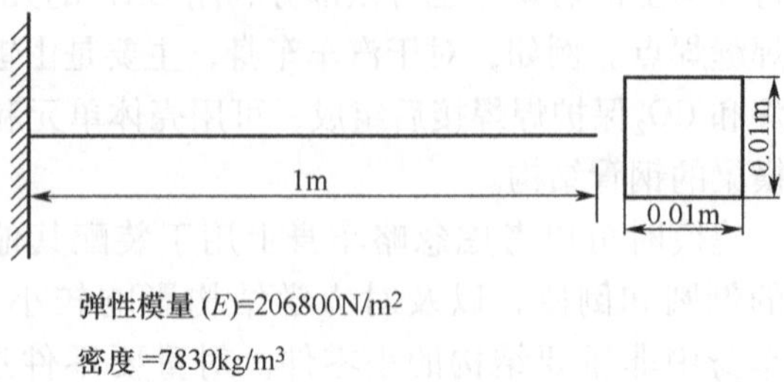

图 6-3　悬臂梁模型及参数

6.1.2　在 ANSYS Workbench 平台上进行模态分析

在 ANSYS Workbench 平台上进行模态分析的操作与静力学分析的操作步骤相似：①建立一个工程项目；②修改材料数据；③建立/导入几何模型；④建立有限元模型，包括划分网格、施加载荷；⑤进行求解；⑥查看分析结果。

1. 建立一个模态分析项目

首先启动 ANSYS Workbench，如图 6-4 所示，将项目另存，保存成项目名为 Modal_ example 的工作项目。在工具箱将 Modal(ANSYS)工具拖拉到项目规划区，如图 6-4 所示。

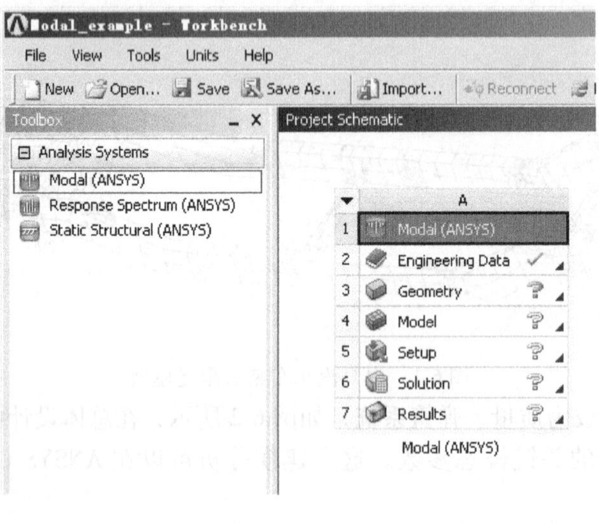

图 6-4　建立名为 Modal_ example 的工作项目

2. 定义材料属性

双击 A2—Engineering Data，输入材料数据名称为 steel，如图 6-5 所示。

单击工具栏 Linear Elastic 左侧的符号“+”，在展开项中单击选择 Isotropic Elasticity，将其拖拉到新建立的材料名称 steel 上，在 steel 的属性栏输入材料弹性模量为 2.068E11Pa，泊松比为 0.3，如图 6-6 所示。

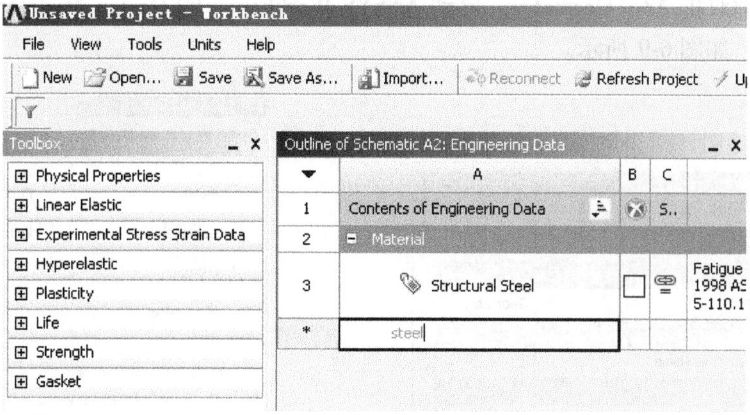

图 6-5　定义材料名称

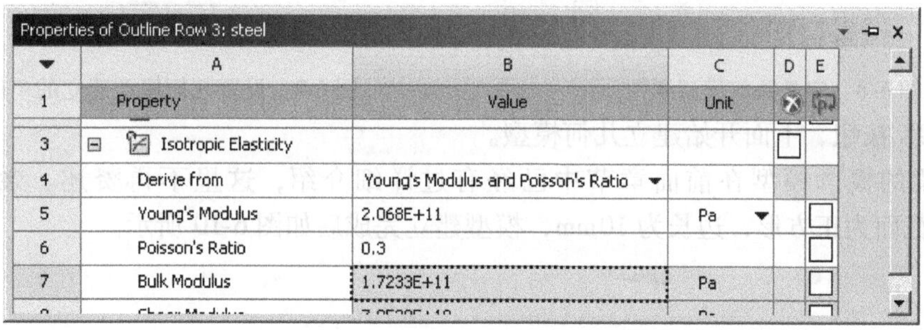

图 6-6　输入材料的弹性模量和泊松比

进行模态分析还需要输入材料的质量特性，单击工具栏上的 Physical Properties 左侧的符号“+”，在展开项中单击选择 Density，将其拖拉到新建立的材料名称 steel 上，设置材料密度为 7830kg/m^3，如图 6-7 所示。

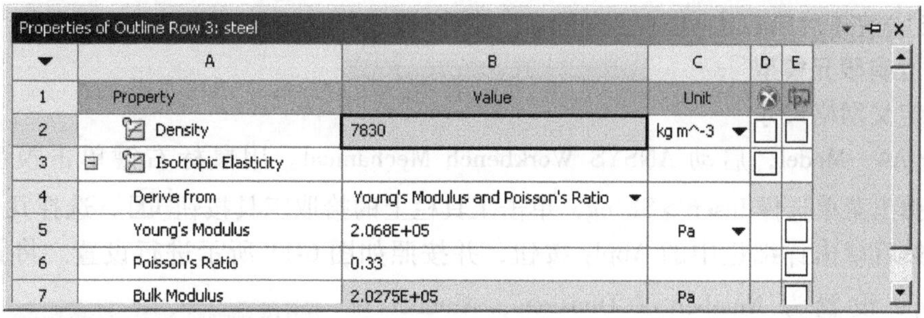

图 6-7　输入材料密度

单击工具栏上的 Return to Project 按钮，返回 ANSYS Workbench 主界面，如图 6-4 所示。

3. 建立几何模型

对于图 6-3 所示的悬臂梁，可以用一条直线代替它的几何模型，然后定义它的截面积。

用鼠标左键单击 A3—Geometry，然后单击鼠标右键，在弹出菜单选择 Properties，勾选 Line Bodies 右侧的复选框，如图 6-8 所示，然后单击对话框右上角的 ×，关闭对话框。定义了这一选项后，就可以在 ANSYS Workbench 中建立梁的概念模型。

用鼠标左键双击 A3—Geometry，启动 ANSYS Workbench 的 Design Modeler，首先弹出单位设置对话框，如图 6-9 所示。

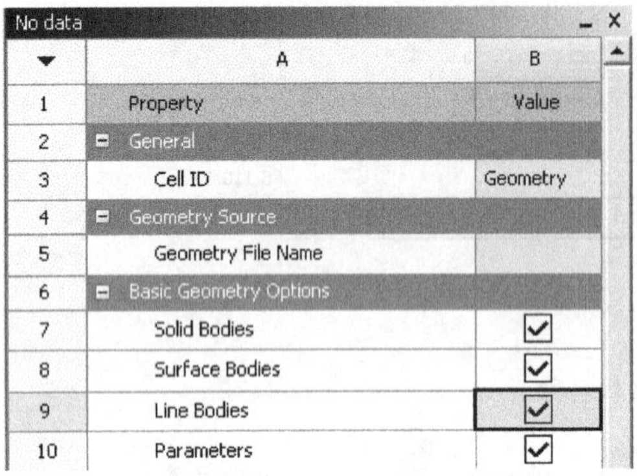

图 6-8　定义几何模型属性

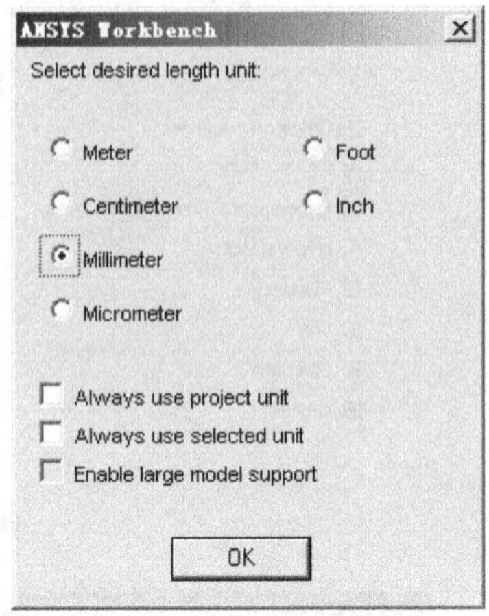

图 6-9　设置几何模型建立的单位制

单击 OK 按钮，下面开始建立几何模型。

关于梁的概念模型在前面章节中已经有过详细介绍，这里不再赘述。梁的长度为 1000mm，截面为正方形，边长为 10mm，模型建立完成后如图 6-10 所示。

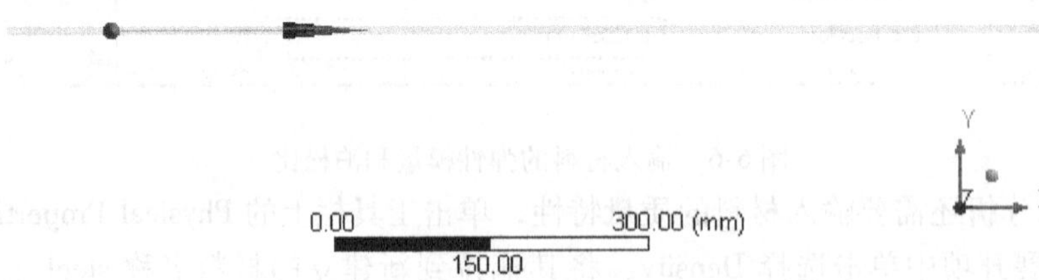

图 6-10　建立几何模型

模型建立完毕后单击对话框右上角的×，关闭 ANSYS Workbench 的 Design Modeler 对话框。

4. 建立有限元模型

（1）定义网格尺寸

双击 A4—Model，启动 ANSYS Workbench Mechanical。用鼠标右键单击模型树中的 Mesh，在弹出菜单选择 Insert > Sizing，单击工具栏上的拾取工具按钮，选择几何图形区的直线，然后单击详细栏中的 Apply 按钮，并按照如图 6-11 所示进行设置。将直线分为 10 份，Type 设置为 Number of Divisions，Number of Divisions 设置为 10。

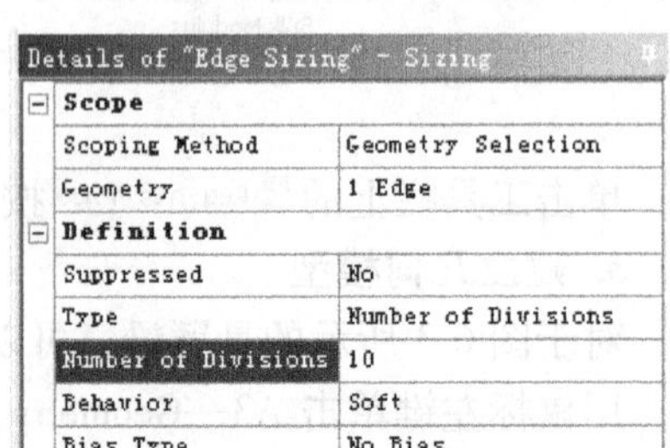

图 6-11　定义网格尺寸

（2）生成网格

用鼠标右键单击模型树中的 Mesh，在弹出菜单选择 Generate Mesh，生成的网格如图 6-12 所示，梁被划分为 10 个单元，与图 6-11 的设置相同。

（3）施加载荷/约束

用鼠标右键单击模型树中的 Modal（A5），在弹出菜单选择 Insert > Fixed Support，单击工具栏上的拾取工具按钮，选择梁的左侧端点，然后单击细节窗口中的 Apply 按钮，如图 6-13 所示。

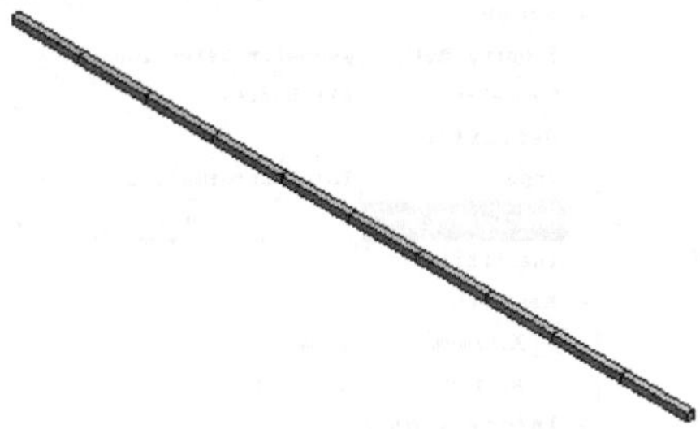

图 6-12　生成网格

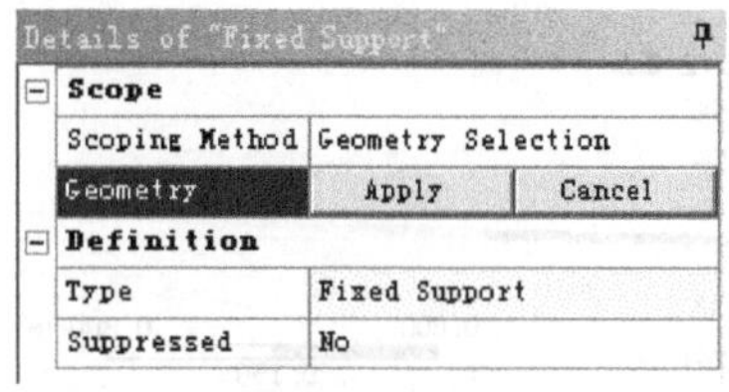

Details of "Fixed Support"	
Scope	
Scoping Method	Geometry Selection
Geometry	Apply / Cancel
Definition	
Type	Fixed Support
Suppressed	No

图 6-13　定义约束

用鼠标右键单击模型树中的 Modal(A5)，在弹出菜单选择 Insert > Displacement，单击工具栏上的拾取工具按钮，选择梁，设置 Z 方向的位移为 0，如图 6-14 所示。

5. 定义模态求解参数

用鼠标右键单击模型树中的 Analysis Settings，设置分析模态(Max Modes to Find)为 5，其他采用默认设置，如图 6-15 所示。

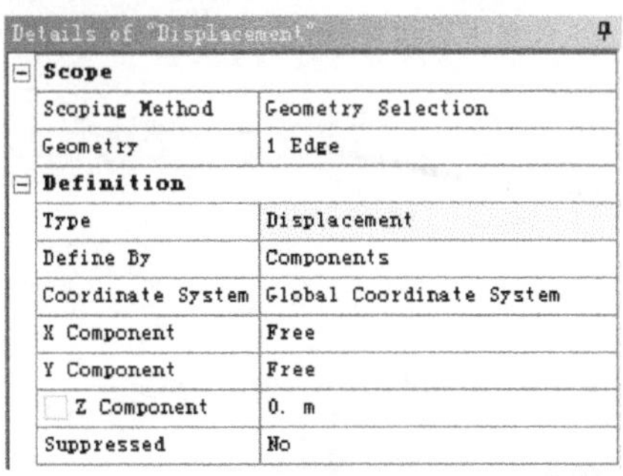

Details of "Displacement"	
Scope	
Scoping Method	Geometry Selection
Geometry	1 Edge
Definition	
Type	Displacement
Define By	Components
Coordinate System	Global Coordinate System
X Component	Free
Y Component	Free
Z Component	0. m
Suppressed	No

图 6-14　定义 Z 方向的位移为 0

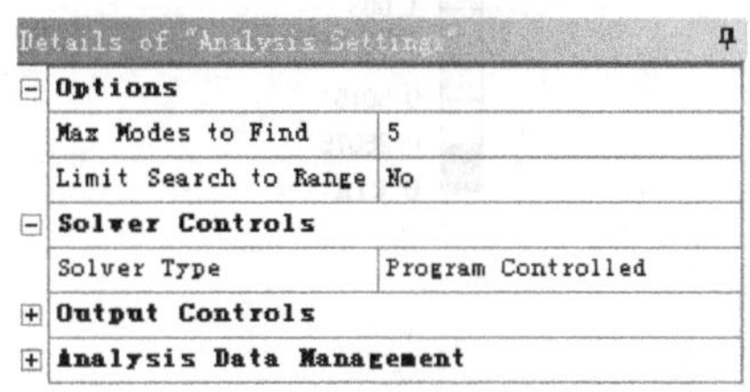

Details of "Analysis Settings"	
Options	
Max Modes to Find	5
Limit Search to Range	No
Solver Controls	
Solver Type	Program Controlled
Output Controls	
Analysis Data Management	

图 6-15　定义模态求解参数

6. 定义分析结果

用鼠标右键单击模型树中的 Solution(A6)，在弹出菜单选择 Insert > Deformation > Total。

7. 求解

用鼠标右键单击模型树中的 Modal(A5)，在弹出菜单选择 Solve，进行求解。

8. 查看分析结果

用鼠标左键单击模型树中的 Total Deformation，模态求解列表如图 6-16 所示。

几何图形区显示一阶模态结果如图 6-17 所示。

在详细栏设置模态 Mode 为 2，如图 6-18 所示。用鼠标右键单击模型树中的 Total Deformation，在弹出菜单选择 Retrieve This Result。

几何图形区显示二阶模态结果如图 6-19 所示。

单击 Graph 窗口的动画播放按钮，如图 6-20 所示，可以播放当前模态的动画。

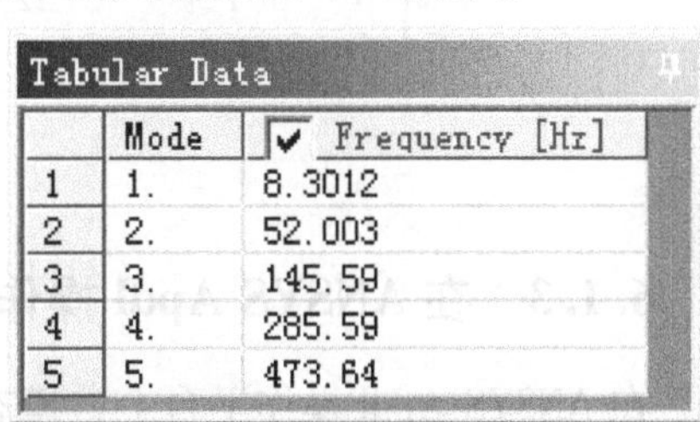

Tabular Data

	Mode	Frequency [Hz]
1	1.	8.3012
2	2.	52.003
3	3.	145.59
4	4.	285.59
5	5.	473.64

图 6-16　模态求解列表

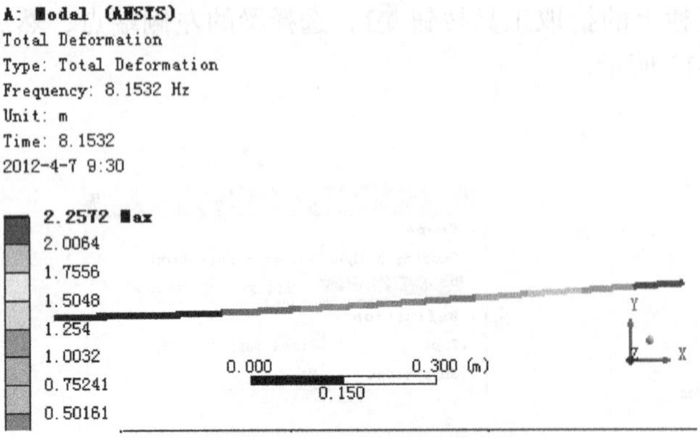

图 6-17 一阶模态结果

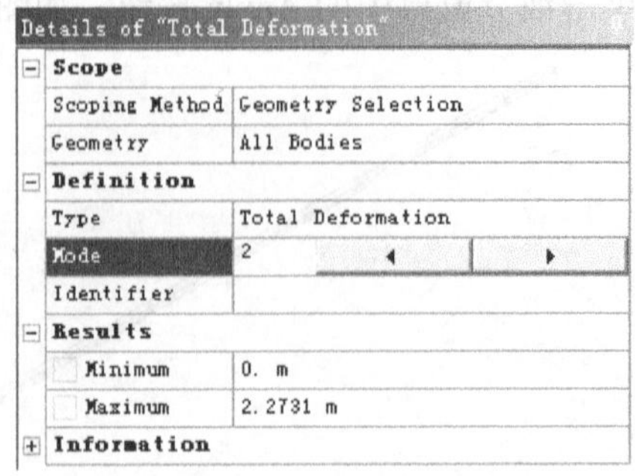

图 6-18 定义图形显示的模态阶数

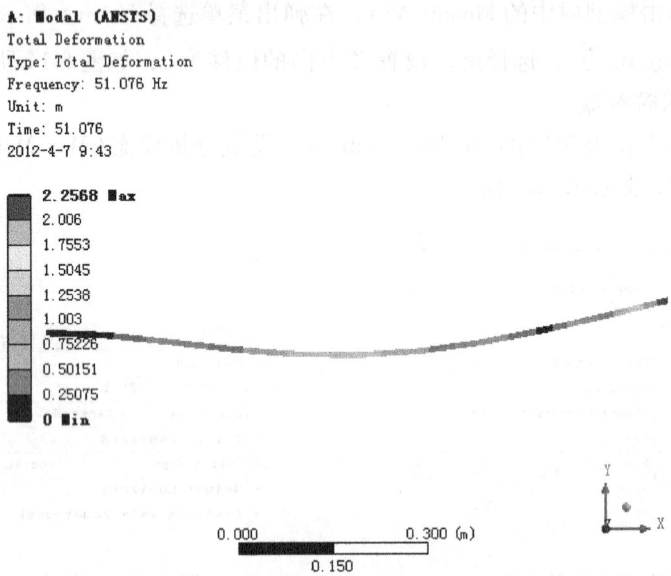

图 6-19 二阶模态结果

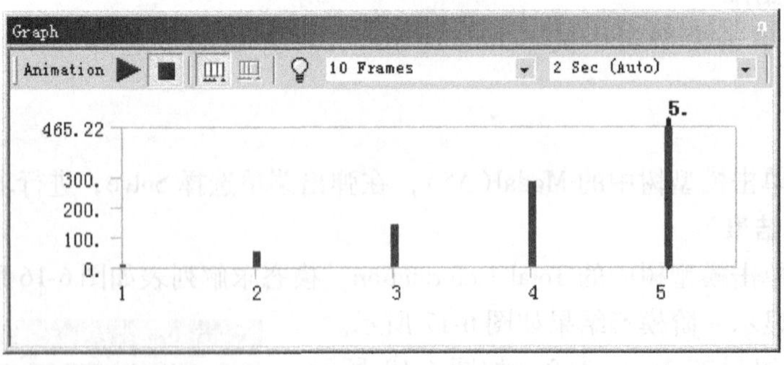

图 6-20 动画播放

6.1.3 在 ANSYS Apdl 操作平台上进行模态分析

在 ANSYS Apdl 操作平台上，模态分析的操作步骤与在 ANSYS Workbench 平台上相同：①建立一个工程项目；②修改材料数据；③建立/导入几何模型；④建立有限元模型，包括划分网格、施加载荷；⑤进行求解；⑥查看分析结果。首先启动 ANSYS Apdl，如图 6-21 所示。

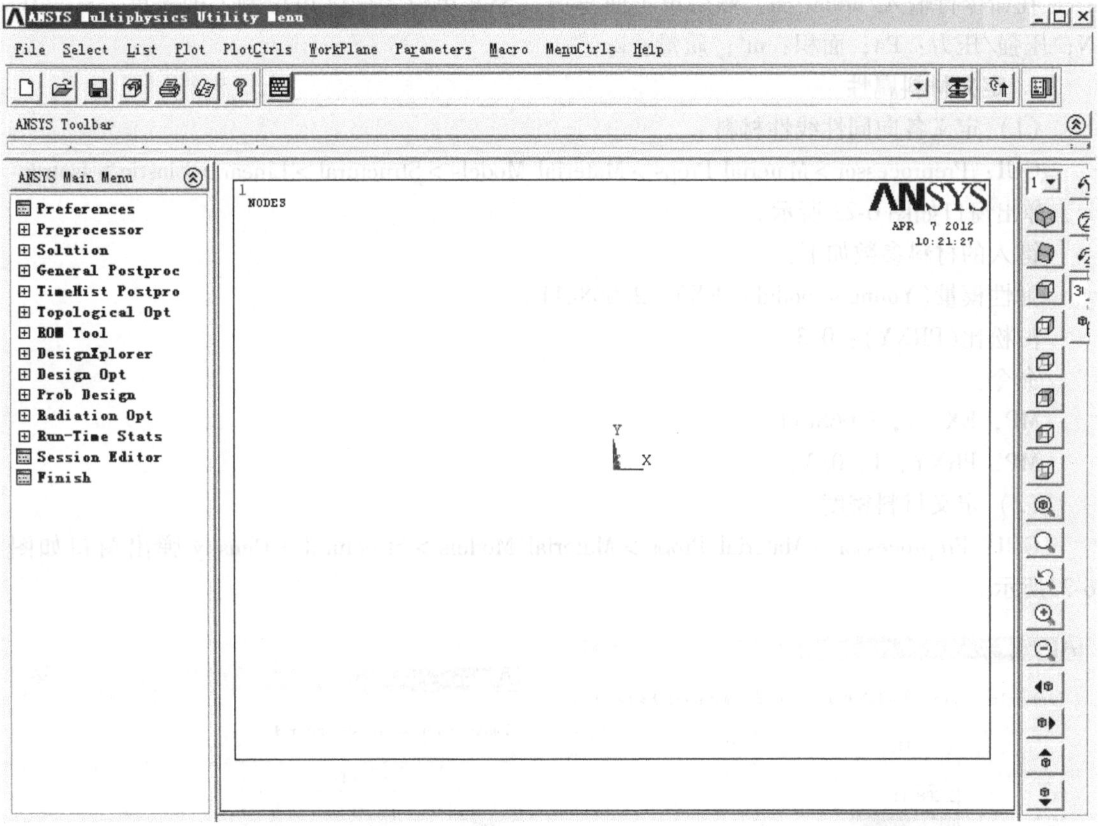

图 6-21　启动 ANSYS Apdl

1. 建立一个模态分析项目

（1）进入前处理器

选择菜单 GUI：Preprocessor。

命令：/PREP7。

（2）添加标题

选择菜单 GUI：Utility Menu > File > Change Title... 。

新标题为：Modal Analysis。

命令：/TITLE，Modal Analysis。

（3）修改工作名

选择菜单 GUI：Utility Menu > File > Change Jobname... 。

键入工作名：Modal。

命令：/FILNAME，Modal，0。

（4）选择分析类型

确定分析类型为模态分析，选择菜单 GUI：Solution > Analysis Type > New Analysis > Modal。

命令：ANTYPE，2。

（5）定义单位制

在命令行输入/units，si，然后单击回车键，定义单位为国际单位制，即长度：m；力：N；压强/压力：Pa；面积：m^2；质量：kg。

2. 定义材料属性

（1）定义各向同性线性材料

GUI：Preprocessor > Material Props > Material Models > Structural > Linear > Elastic > Isotropic，弹出窗口如图 6-22 所示。

键入的材料参数如下：

弹性模量(Young s modulus EX)：2.068e11。

泊松比(PRXY)：0.3。

命令：

MP，EX，1，2.068e11。

MP，PRXY，1，0.3。

（2）定义材料密度

GUI：Preprocessor > Material Props > Material Models > Structural > Density 弹出窗口如图 6-23所示。

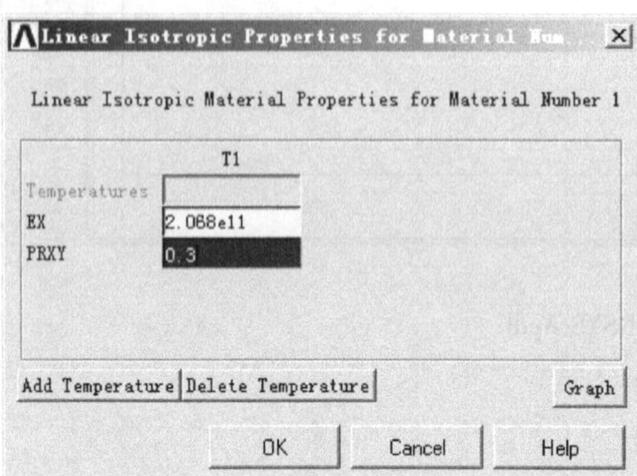

图 6-22　定义弹性模量和泊松比

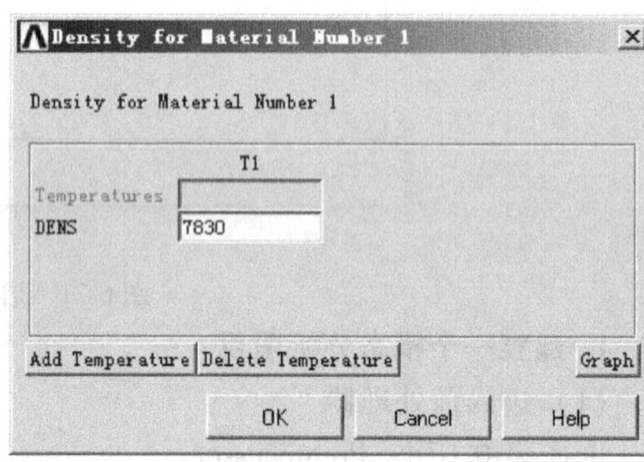

图 6-23　定义材料密度

输入密度值“7830”，如图 6-23 所示，单击 OK 按钮。

命令：

MP，DENS，1，7830。

注意：

在动态分析过程中，材料的密度和弹性模量都必须进行准确定义。

3. 建立几何模型

（1）定义关键点(梁的端点)

选择菜单 GUI：Preprocessor > Modeling > Create > Keypoints > In Active CS，弹出如图 6-24 所示的对话框，按照如图所示进行设置。

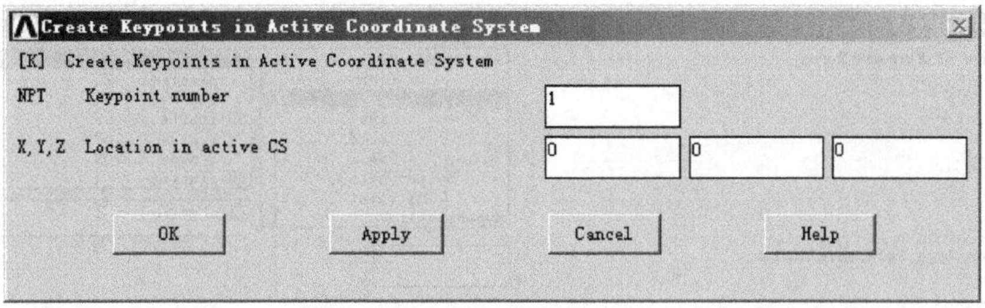

图 6-24　定义梁的左侧端点

单击 Apply 按钮，接下来定义关键点 2，如图 6-25 所示，单击 OK 按钮，完成右侧端点定义。

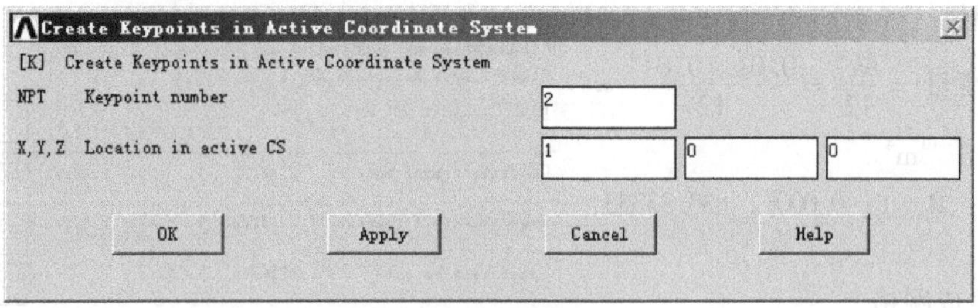

图 6-25　定义梁的右侧端点

命令：

定义 1#关键点：k，1，0，0。

定义 2#关键点：k，2，1，0。

（2）定义直线(梁的实体模型)

通过关键点定义直线(悬臂梁模型)，选择菜单 GUI：Preprocessor > Modeling > Create > Lines > Lines > Straight Line，单击鼠标左键拾取图形界面上的两个关键点，然后单击鼠标中键确认，在 1#和 2#关键点之间生成一条直线。

命令：L，1，2。

4. 建立有限元模型

（1）选择单元

1）定义单元。选择菜单 GUI：Preprocessor > Element Type > Add/Edit/Delete...，弹出如图 6-26 所示的对话框。

选择 BEAM3(二维弹性梁)单元，如图 6-26 所示，单击 OK 按钮。

命令：ET，1，BEAM3。

2）定义实常数。选择菜单 GUI：Preprocessor > Real Constants > Add，弹出 BEAM3 实常数窗口(Real Constants for BEAM3)，如图 6-27 所示。

由于采用国际单位制，相关参数的计算一定要基于国际单位进行计算，通过计算，填写后如图 6-27 所示。

梁横截面面积

$$面积 = 0.01 \times 0.01 = 0.0001\mathrm{m}^2$$

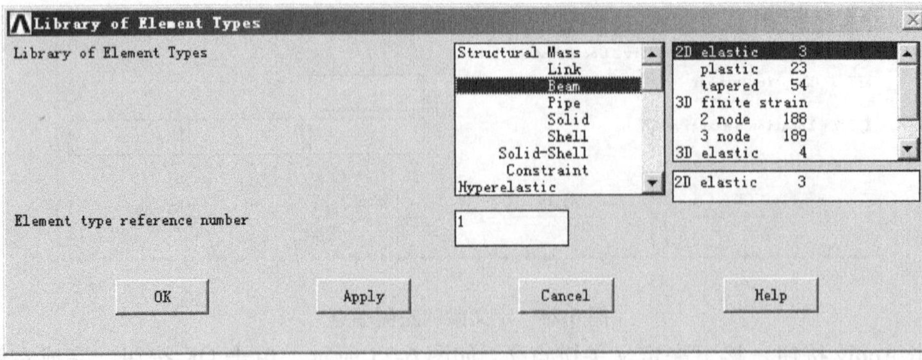

图 6-26　定义单元

截面惯量

$$截面惯量=\frac{bh^3}{12}=\frac{0.01\times0.01^3}{12}=8.33333\times10^{-10}\text{m}^4$$

命令：R，1，0.0001，833.33333，0.01。

（2）生成网格

1）设定网格尺寸。选择菜单 GUI：Preprocessor > Meshing > Size Cntrls > ManualSize > Lines > All Lines...，弹出如图 6-28 所示的对话框。

按照如图 6-28 所示进行设置，将悬臂梁模型分为 10 份，即单元长度为 100mm。

命令：LESIZE，ALL，，，10。

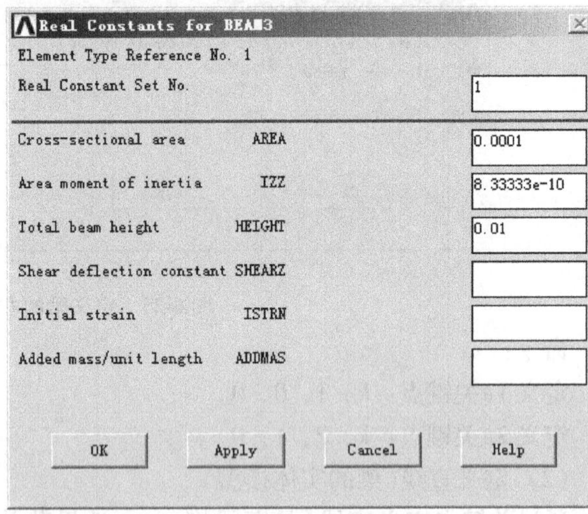

图 6-27　定义 BEAM3 实常数

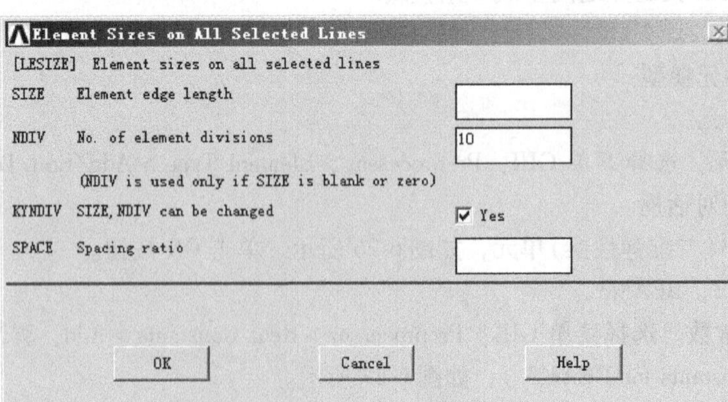

图 6-28　定义网格尺寸

2）划分网格。选择菜单 GUI：Preprocessor > Meshing > Mesh > Lines > Pick All。

命令：LMESH，1。

（3）施加载荷/约束

在关键点（梁的端点）定义位移约束，选择菜单 GUI：Solution > Define Loads > Apply > Structural > Displacement > On Keypoints，在弹出的对话框选择 1#关键点，固定（Fix）1#关键点所有自由度（ALL DOFs）。

5. 定义模态求解参数

打开分析类型选项窗口。选择菜单 GUI：Solution > Analysis Type > Analysis Options...，弹出如图 6-29 所示的对话框。

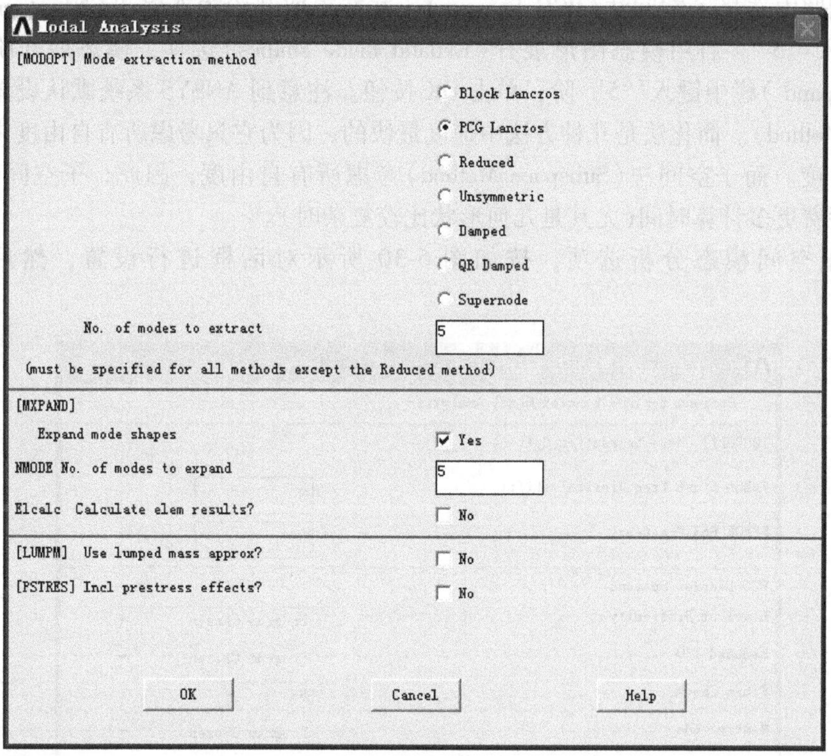

图 6-29　设定模态分析选项

（1）Mode Extraction Method 各选项的含义

1）子空间法。子空间法（Subspace）适用于大型对称矩阵特征值问题求解。可以通过采用多种求解控制选项来控制子空间迭代过程，获取比较精确、可信的解。

2）Block Lanczos 法。Block Lanczos 法主要应用于大型对称矩阵特征值问题求解。

3）Power Dynaimics 法。Power Dynaimics 法适用于非常大的模型，即自由度数超过 10 万的模型求解。此法在求解前几阶模态方面精度非常高，可以用来求解结构前几阶模态，了解结构可能的响应情况，然后再采用适用于高阶求解的方法，如子空间法或者 Block Lanczos 法进行高阶求解。

4）Unsymmetric 法。Unsymmetric 法用于系统矩阵为非对称矩阵问题求解，如流体—结构耦合问题。

5）Damped 法。Damped 法用于阻尼作用不可以忽略问题类型的求解，如轴承问题等。对于大多数问题而言，子空间法和 Reduced 法、Block Lanczos 法或者 Power Dynaimics 法基本够用了，其他两种方法只有在很特殊情况下才可能用到。知道模态提取方法后，ANSYS 自动选择合适的求解器。

（2）MXPAND 选项

此选项在采用 Reduced 法、Unsymmetric 法和 Damped 法时才需要设置。但是如果想得到单元求解结果，则不论哪种模态提取方法都需要扩展计算单元结果选项。

（3）Prestress Effect Caculation 选项

此选项适合于有预应力结构的模态分析。一般采用默认设置时不考虑预应力。

在本例题中选择子空间法（PCG Lanczos），并在提取几阶模态输出（No. of modes to extract）栏键入“5”。启用模态图形展开（Expand mode shapes）选项，模态展开阶数（No. of modes to expand）栏中键入“5”阶，单击 OK 按钮。注意到 ANSYS 系统默认设置为简化法（Reduced Method）。简化法是几种方法中速度最快的，因为它只考虑所有自由度中起到主要作用的自由度。而子空间法（Subspace Method）考虑所有自由度，因此，子空间法更精确，但是需要耗费更多计算时间（尤其是几何形状比较复杂时）。

定义子空间模态分析选项，按如图 6-30 所示对话框进行设置，然后单击 OK 按钮。

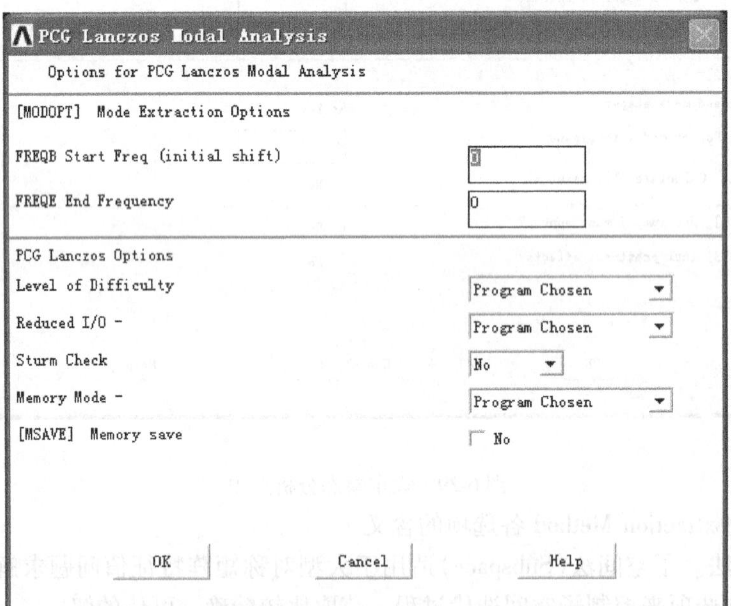

图 6-30　子空间法模态分析定义

6. 求解

选择菜单 GUI：Solution > Solve > Current LS。

命令：SOLVE。

7. 查看分析结果

（1）查看各阶模态对应频率

选择菜单 GUI：General Postproc > Results Summary，弹出 SET，LIST Command 的对话框（如图 6-31 所示），显示出子空间法的分析结果。

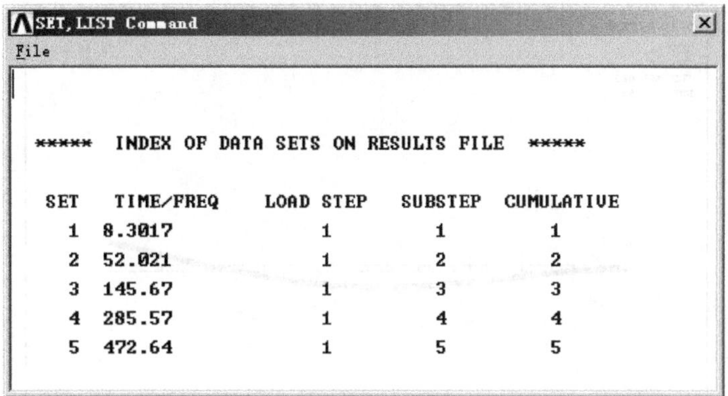

SET,LIST Command

File

***** INDEX OF DATA SETS ON RESULTS FILE *****

SET	TIME/FREQ	LOAD STEP	SUBSTEP	CUMULATIVE
1	8.3017	1	1	1
2	52.021	1	2	2
3	145.67	1	3	3
4	285.57	1	4	4
5	472.64	1	5	5

图 6-31　模态分析结果列表

注意：

为了获取精确的高阶模态频率，网格需要划分得更加细密，也就是说，划分网格不应该是现在的 10 份而是 15 份或者更高，具体情况依读者所关心的最高模态阶数确定。

（2）查看各阶模态图形

1）首先读入结果。读取第一阶模态结果，选择菜单 GUI：General Postproc > Read Results > First Set。

2）显示变形后图形。选择菜单 GUI：General Postproc > Plot Results > Deformed shape。

选择 Def + undef edge 选项，则第一阶模态将显示在图形对话框（图 6-32）。

3）查看下一阶模态形状。选择菜单 GUI：General Postproc > Read Results > Next Set。

显示变形后图形，选择菜单 GUI：General Postproc > Plot Results > Deformed shape，在弹出对话框选择 Def + undef edge 选项。

4）第一阶到第四阶模态图形。重复步骤 3）得到第一阶到第四阶模态图形如图 6-32 ~ 图 6-35所示。

第一阶模态如图 6-32 所示。

第二阶模态如图 6-33 所示。

第三阶模态如图 6-34 所示。

第四阶模态如图 6-35 所示。

5）显示模态动画。通过菜单操作打开动画设置对话框，GUI：Utility Menu > Plot Ctrls > Animate > Mode Shape，弹出 Animate Mode Shape 对话框（图6-36）。保持默

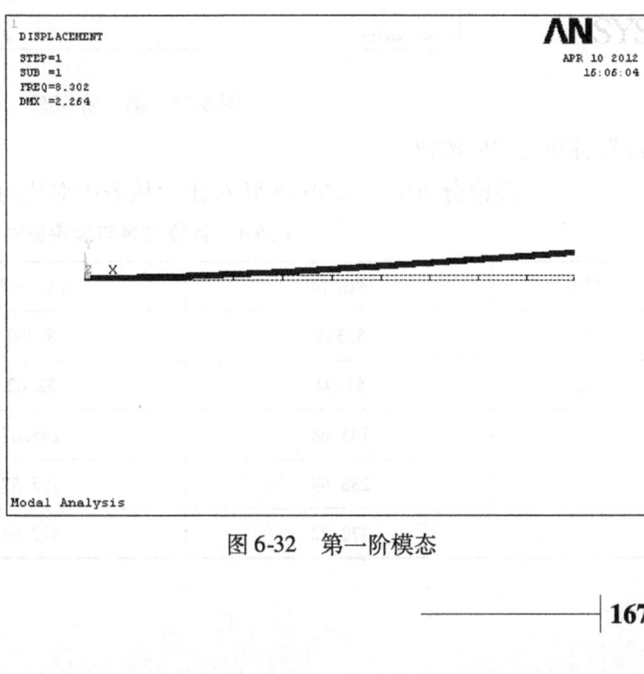

图 6-32　第一阶模态

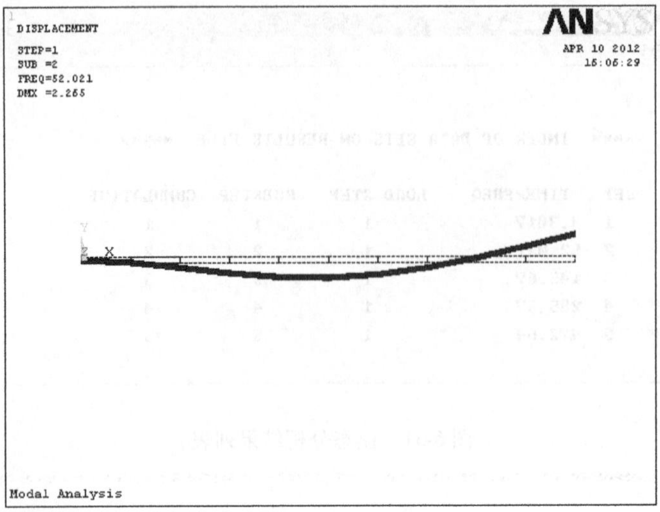

图 6-33　第二阶模态

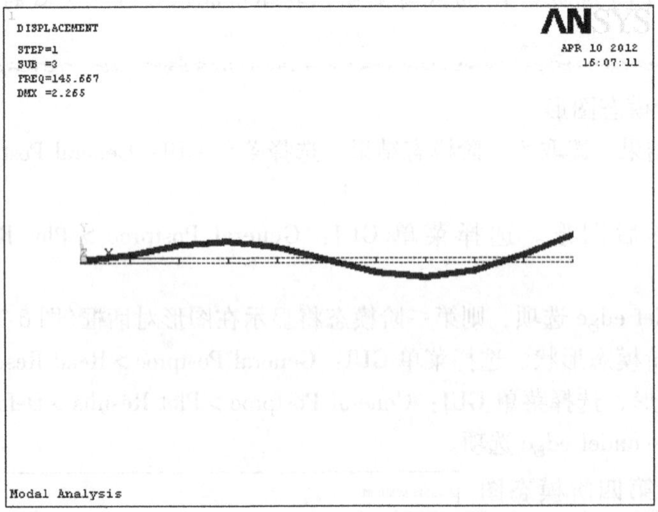

图 6-34　第三阶模态

认设置并单击 OK 按钮。

表 6-1 为理论分析值与 ANSYS 解对比，从表中对比可以看出，三者差异不大。

表 6-1　计算结果与理论值对比

模态	理论值	ANSYS 解	ANSYS Workbench 解
1	8.311	8.302	8.301
2	51.94	52.02	52.00
3	145.68	145.67	145.59
4	285.69	285.57	285.59
5	472.22	472.64	473.64

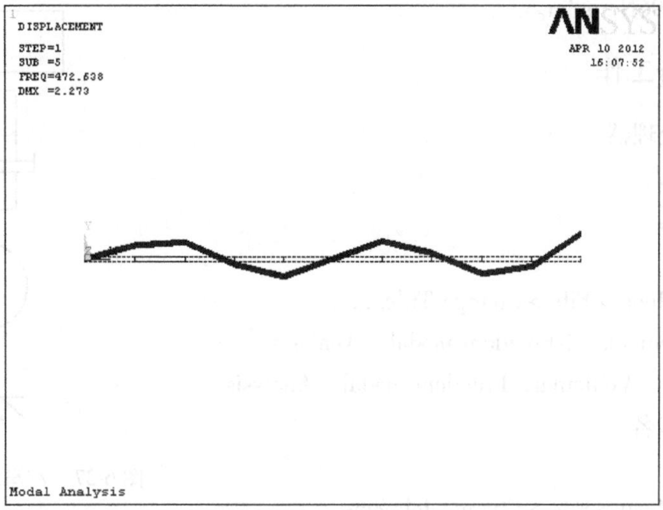

图 6-35　第四阶模态

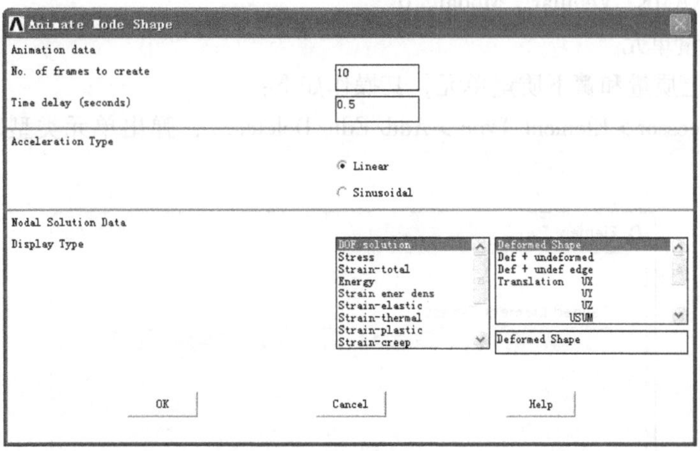

图 6-36　显示模态动画

6.2 某越野汽车二自由度振动模态分析

6.2.1　问题描述

在汽车理论中，一般会将汽车的垂向振动简化为二自由度的振动，如图 6-37 所示。已知某4×4轻型车辆的二自由度振动参数如下：

$m_1=148.45\text{kg}$；

$m_2=981.55\text{kg}$；

轮胎刚度 =233631N/m；

悬架刚度 =76200N/m；

阻尼系数 =2596N · s/m。

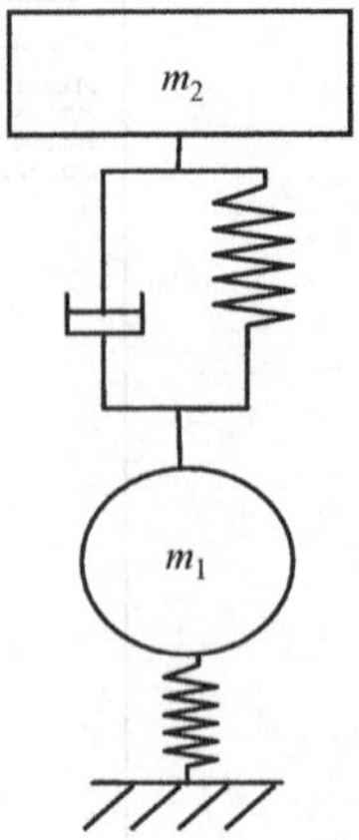

图 6-37　汽车二自由度振动模型

6.2.2　准备工作

（1）进入前处理器

命令：/PREP7。

（2）添加标题

其操作如下：

GUI：Utility Menu > File > Change Title... 。

新标题为：Vehicular 2-Freedom modal　Analysis。

命令：/TITLE，Vehicular2-Freedom modal　Analysis。

（3）修改工作名

其操作如下：

GUI：Utility Menu > File > Change Jobname... 。

键入工作名：Vecular_ Modal。

命令：/FILNAME，Vecular_ Modal，0。

（4）定义质量单元

首先定义簧上质量和簧下质量单元，其操作如下：

GUI：Preprocessor > Element Type > Add/Edit/Delete...，弹出单元类型对话框，如图 6-38 所示。

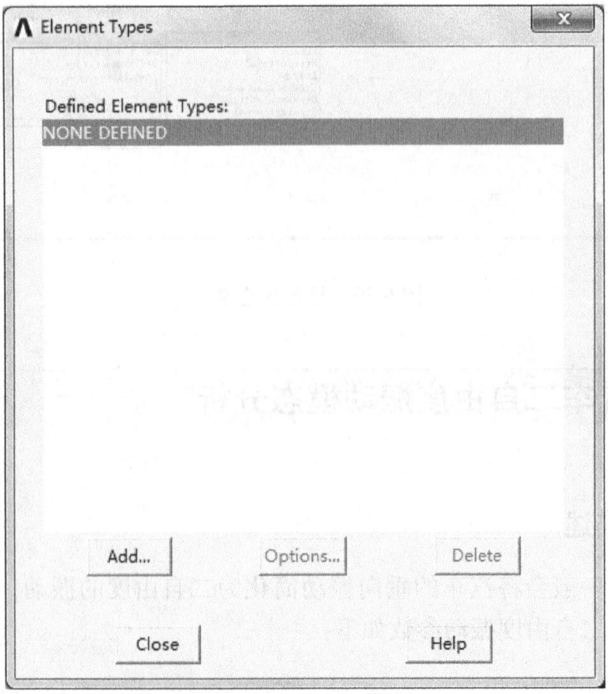

图 6-38　单元类型

单击 Add...按钮，弹出单元类型数据库对话框，如图 6-39 所示。

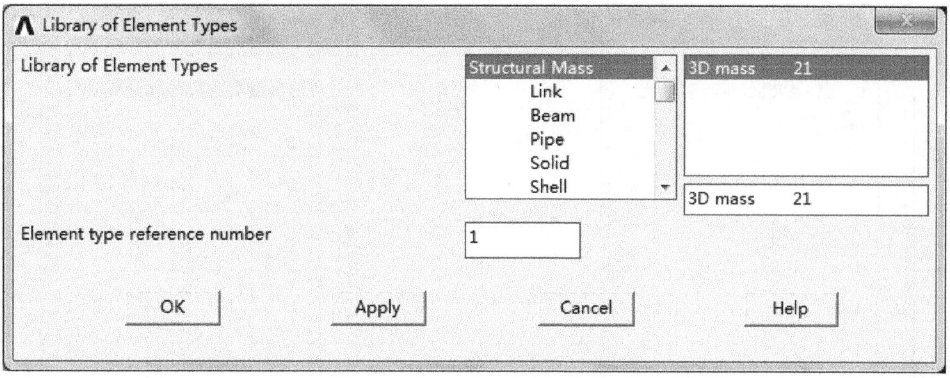

图 6-39　单元类型数据库

选择 Structural Mass 类型中的 3D mass 21，单击 OK 按钮，弹出 MASS21 单元类型选项对话框，如图 6-40 所示。

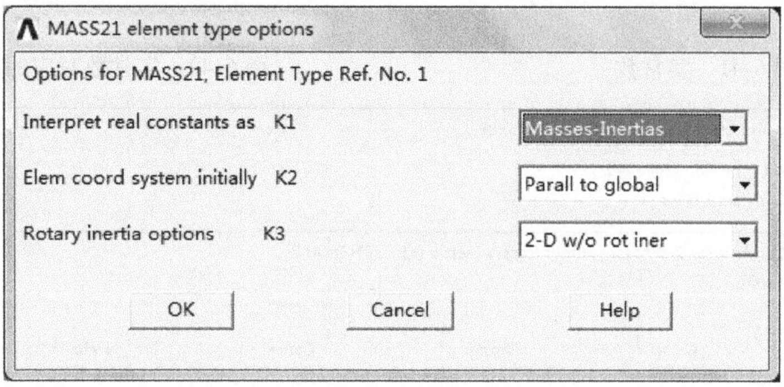

图 6-40　定义 MASS21 单元类型选项

单击 OK 按钮，完成设置。

(5) 定义质量单元实常数

接下来定义单元常数 1(簧下质量 148.45kg)，选择菜单 GUI：Preprocessor > Real Constants > Add，弹出实常数定义对话框，如图 6-41 所示。

单击 Add... 按钮，弹出对话框如图 6-42 所示，选择实常数对应的单元选择对话框。选择单元 Type 1 MASS21，单击 OK 按钮，接下来进行实常数定义，如图 6-43 所示。

在对话框中填入 MASS 为 148.45，然后单击 OK 按钮，弹出实常数对话框，如图 6-44 所示。

定义单元常数 2，单击实常数对话框中的 Add... 按钮，弹出对话框如图 6-45 所示，选择实常数对应的单元。

单击 OK 按钮，设置 2 号实常数定义对话框，如图 6-46 所示。

设置质量常数 MASS 为 981.55(簧上质量)，设置完成后单击 OK 按钮，弹出实常数对话框，如图 6-47 所示，单击 Close 按钮，完成实常数定义。

(6) 定义弹簧阻尼器单元

定义代表悬架和轮胎的弹簧阻尼单元，通过菜单操作 GUI：Preprocessor > Element Type > Add/Edit/Delete...，弹出单元类型对话框，如图 6-48 所示。

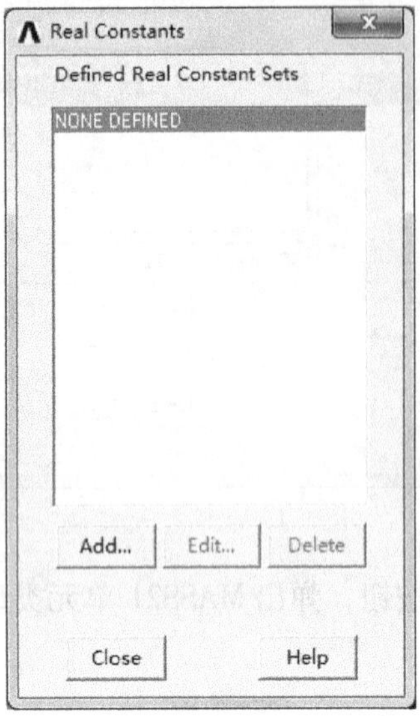

图 6-41　实常数

图 6-42　实常数对应的单元选择

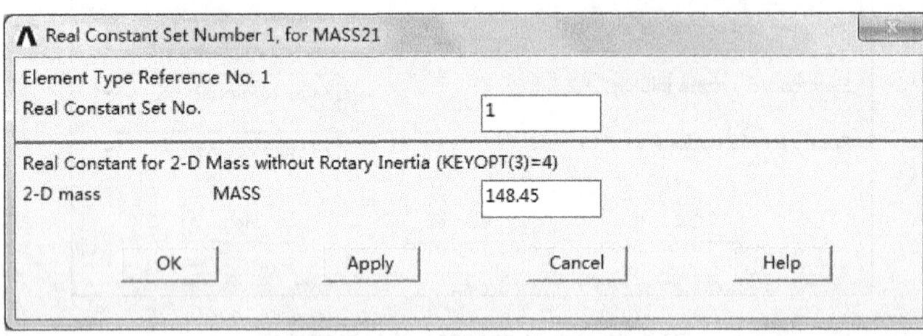

图 6-43　实常数定义对话框

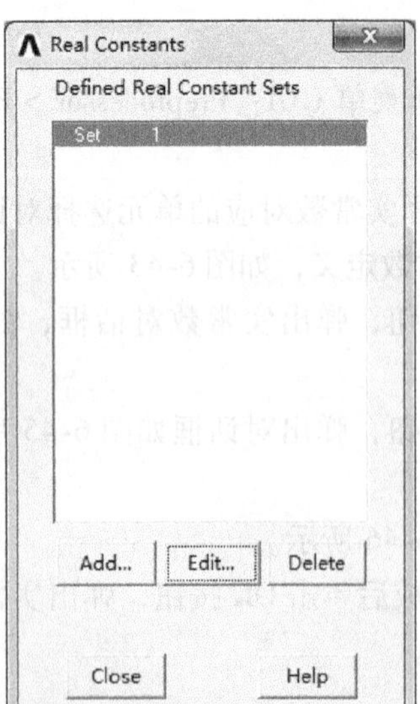

图 6-44　实常数对话框

图 6-45　实常数对应的单元选择

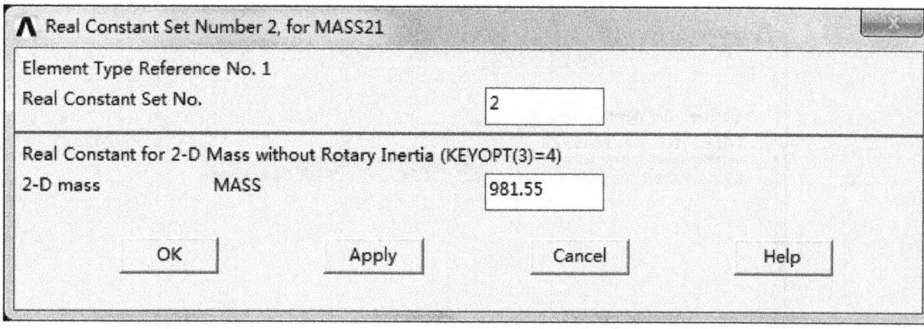

图 6-46　2 号实常数定义对话框

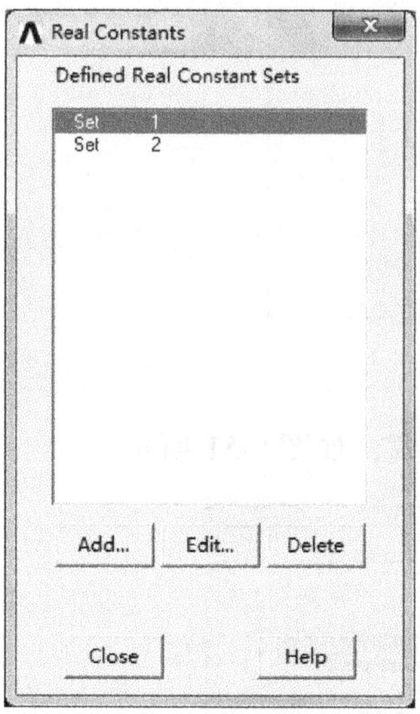

图 6-47　实常数对话框

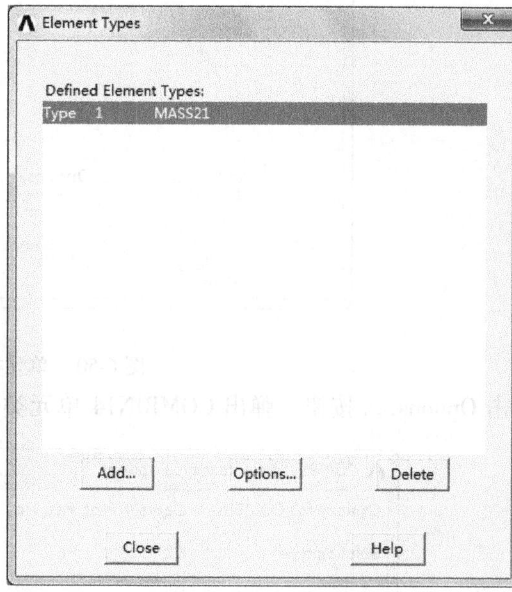

图 6-48　单元类型

单击 Add... 按钮，弹出单元类型数据库对话框，如图 6-49 所示。

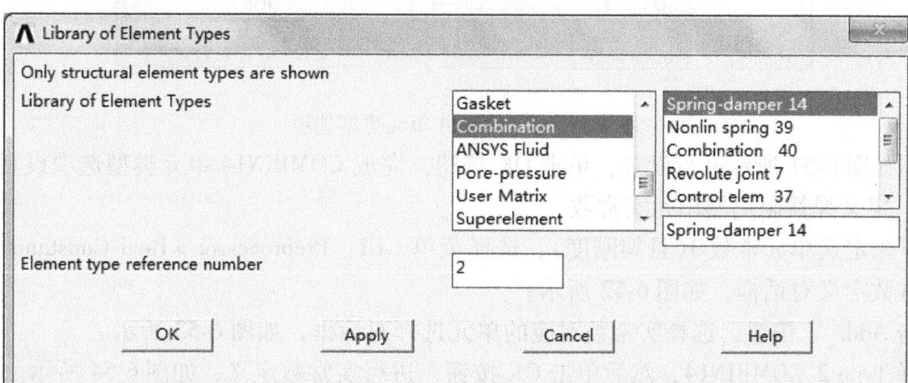

图 6-49　单元类型数据库

选择 Combination 类型中的 Spring-damper14，单击 OK 按钮，弹出如图 6-50 所示对话框。

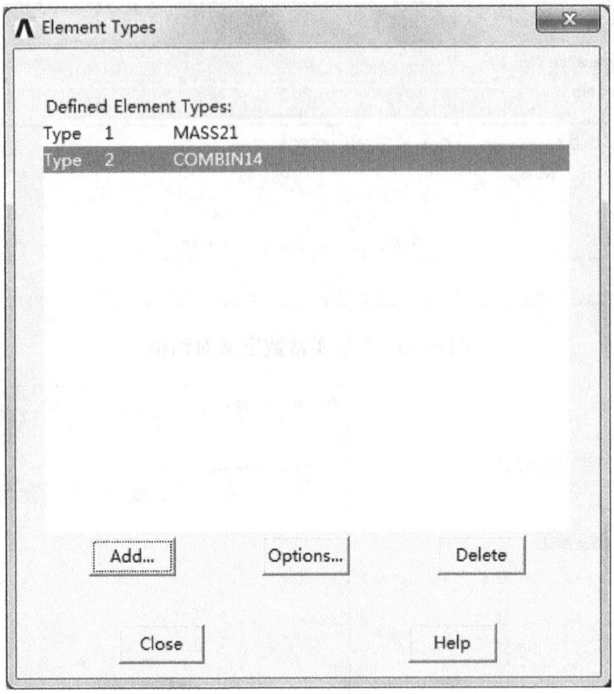

图 6-50 单元类型

单击 Options... 按钮，弹出 COMBIN14 单元类型选项对话框，如图 6-51 所示。

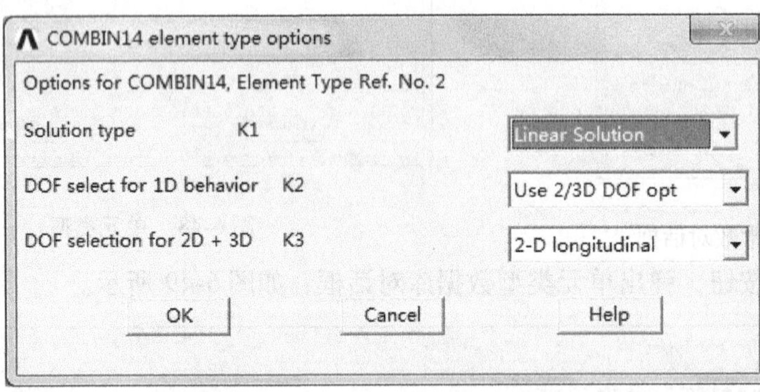

图 6-51 COMBIN14 单元类型选项

按照如图 6-51 所示进行设置，单击 OK 按钮，完成 COMBIN14 单元类型选项设置。

(7) 定义弹簧阻尼器单元实常数

接下来定义单元常数 3(悬架刚度)，选择菜单 GUI：Preprocessor > Real Constants > Add，弹出实常数定义对话框，如图 6-52 所示。

单击 Add... 按钮，选择实常数对应的单元选择对话框，如图 6-53 所示。

选择 Type 2 COMBIN14，然后单击 OK 按钮，进行实常数定义，如图 6-54 所示。

设置弹簧刚度 K 为 76200，阻尼为 2596，然后单击 OK 按钮，返回实常数对话框，如图 6-55 所示。

接下来定义单元常数 4—轮胎刚度。单击图 6-55 中的 Add... 按钮，弹出单元类型对话框，如图 6-56 所示。

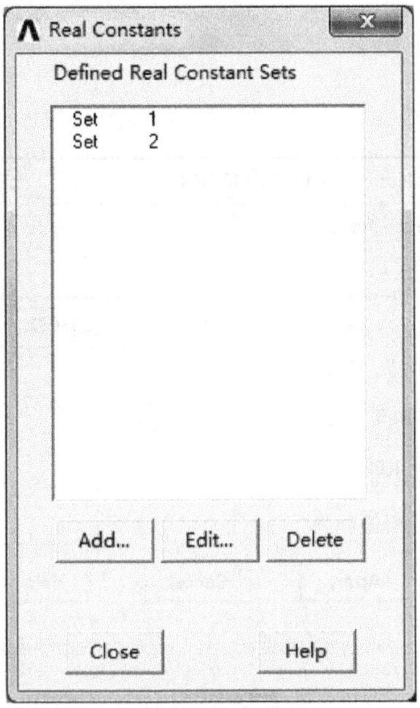

图 6-52　实常数定义对话框

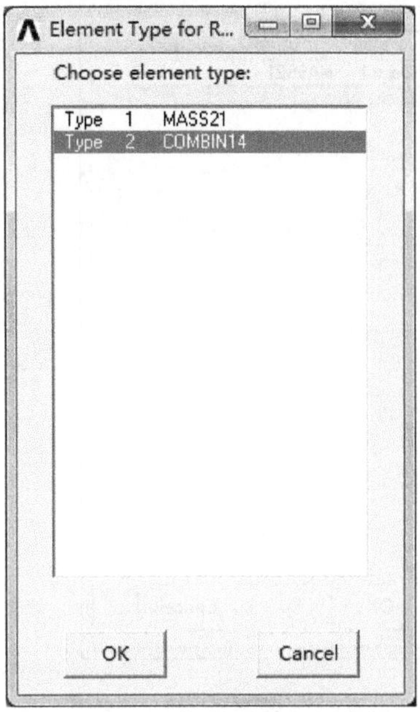

图 6-53　单元类型

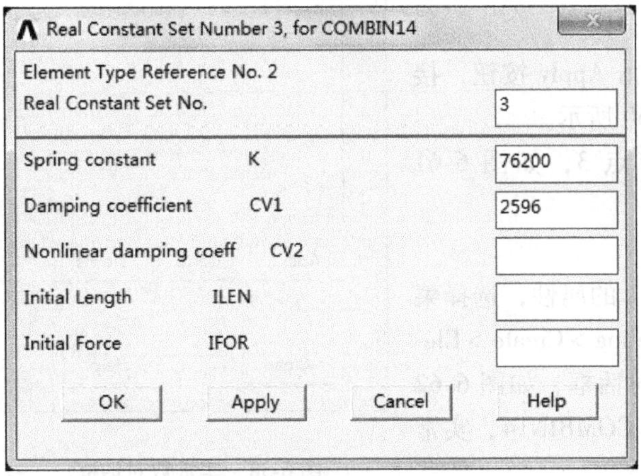

图 6-54　实常数定义对话框

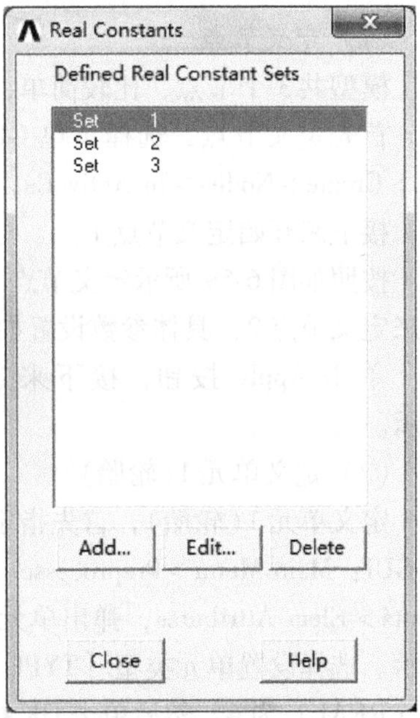

图 6-55　实常数对话框

在图 6-56 中，选择 Type 2 COMBIN14，然后单击 OK 按钮，弹出实常数定义对话框，如图 6-57 所示。

在图 6-57 中，定义弹性常数 K 为 233631，然后单击 OK 按钮，单击图 6-58 所示对话框中 Close 按钮。

图 6-56　单元类型

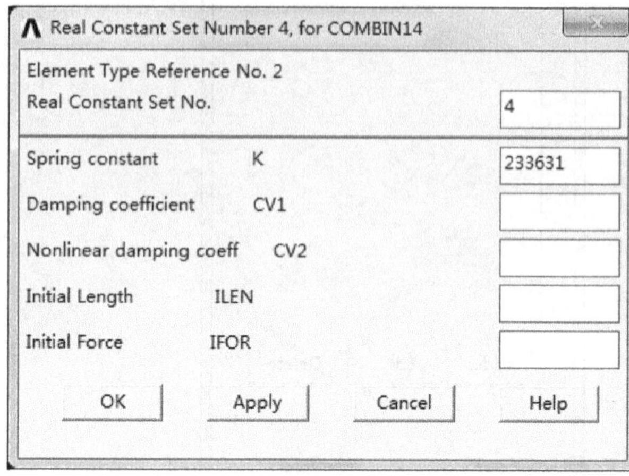

图 6-57　实常数定义对话框

6.2.3　建立模型

（1）定义节点

模型共 3 个节点，比较简单，这里直接定义节点和单元。首先定义节点，选择菜单 GUI：Preprocessor > Modeling > Create > Nodes > In ActiveCs，弹出图 6-59 所示的对话框，接下来开始定义节点 1。

按照如图 6-59 所示定义节点 1，单击 Apply 按钮，接下来定义节点 2，具体参数设置如图 6-60 所示。

单击 Apply 按钮，接下来定义节点 3，如图 6-61 所示。

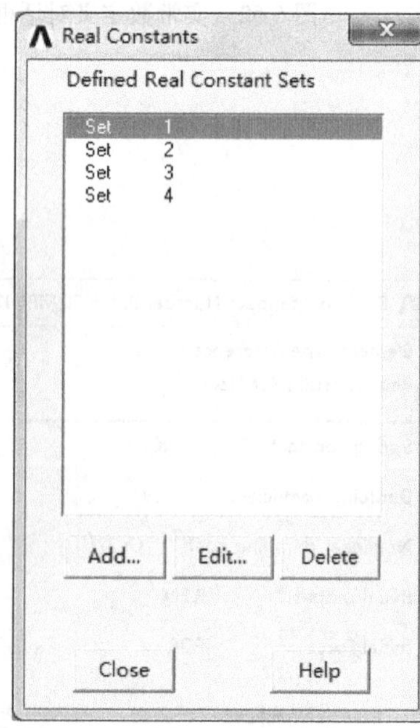

图 6-58　实常数对话框

（2）定义单元 1(轮胎)

定义单元 1(轮胎)，首先指定单元 1 的属性，选择菜单 GUI：Main Menu > Preprocessor > Modeling > Create > Elements > Elem Attributes，弹出单元属性对话框，如图 6-62 所示。选择设置单元类型 [TYPE] 为 2 COMBIN14，实常数 [REAL] 为 4，然后单击 OK 按钮。

接下来通过节点定义单元，选择菜单 GUI：Main Menu > Preprocessor > Modeling > Create > Elements > Auto Numbered > Thru Nodes，弹出拾取节点对话框，如图 6-63 所示。

选择节点 1、2，然后单击 OK 按钮，完成单元创建。

（3）定义单元 2(悬架)

定义单元 2(悬架)，首先指定单元属性。选择菜单 GUI：Main Menu > Preprocessor >

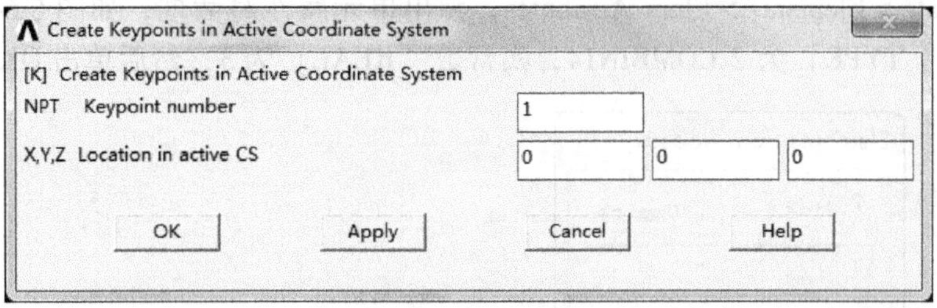

图 6-59　定义节点 1

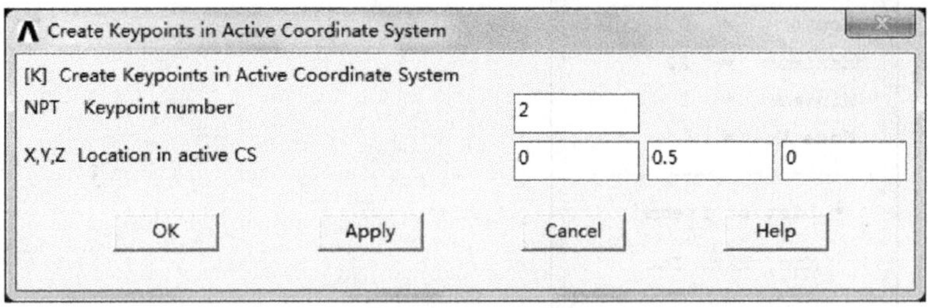

图 6-60　定义节点 2

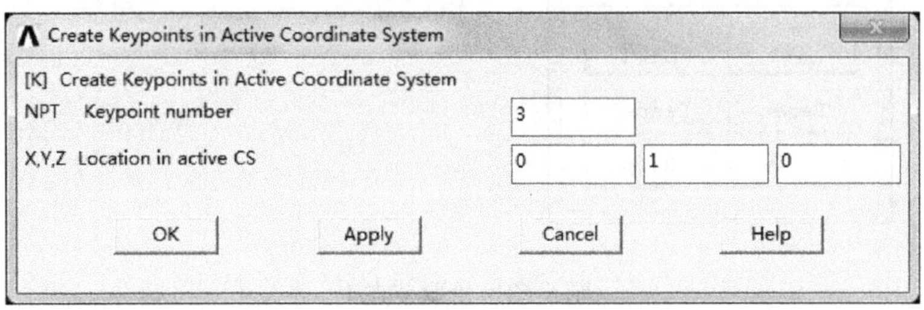

图 6-61　定义节点 3

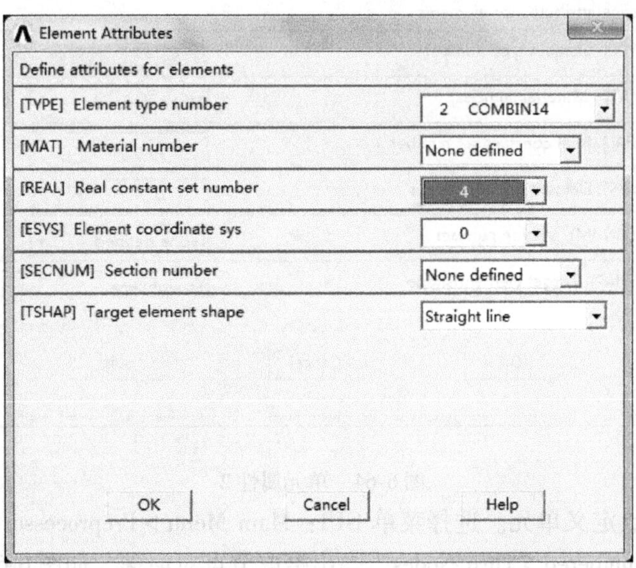

图 6-62　单元属性 1

Modeling > Create > Elements > Elem Attributes，弹出单元属性对话框，如图 6-64 所示。选择设置单元类型［TYPE］为 2 COMBIN14，实常数［REAL］为 3，然后单击 OK 按钮。

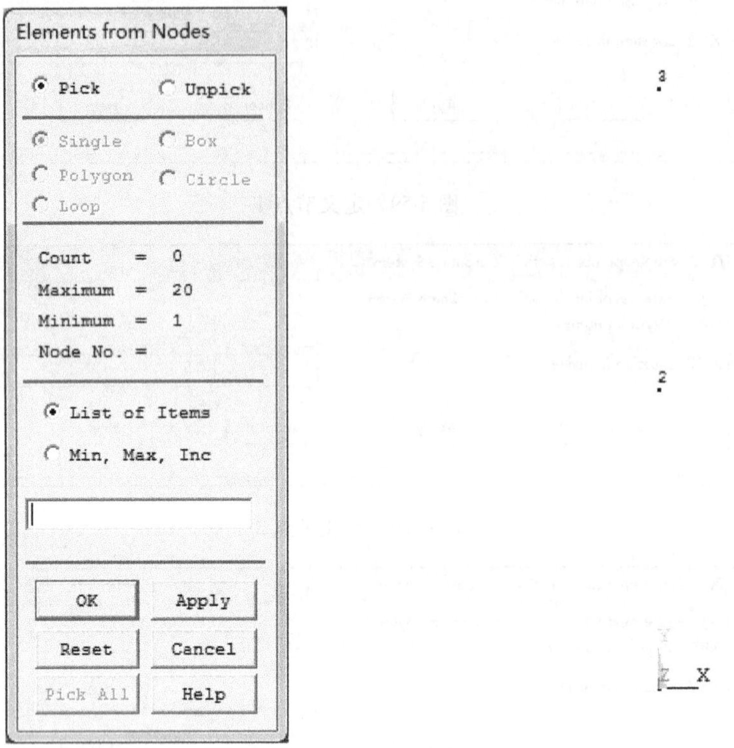

图 6-63　拾取节点 1

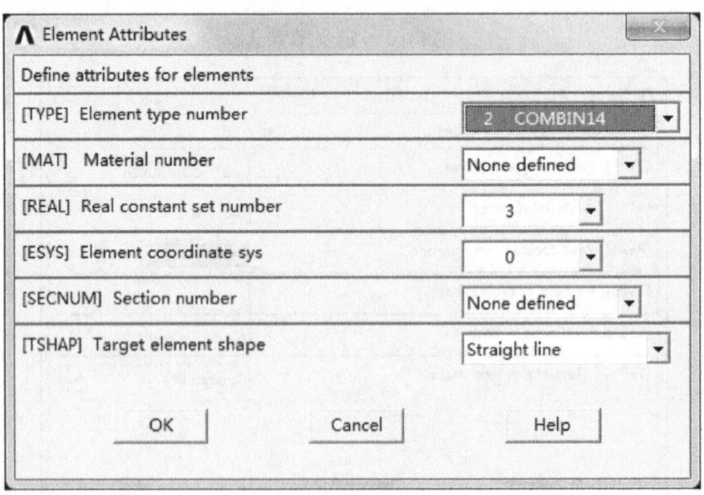

图 6-64　单元属性 2

接下来通过节点定义单元。选择菜单 GUI：Main Menu > Preprocessor > Modeling > Create > Elements > Auto Numbered > Thru Nodes，弹出拾取节点对话框，如图 6-65 所示。

单击鼠标左键，选择节点 2、3，然后单击 OK 按钮，完成单元创建。

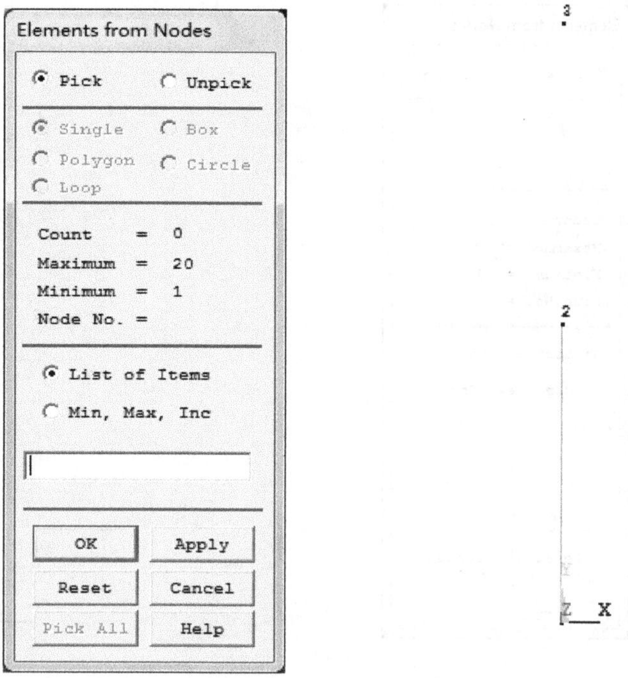

图 6-65 拾取节点 2

(4) 定义单元(簧下质量)

首先指定单元属性。选择菜单 GUI：Main Menu > Preprocessor > Modeling > Create > Elements > Elements Attributes，弹出如图 6-66 所示的对话框。

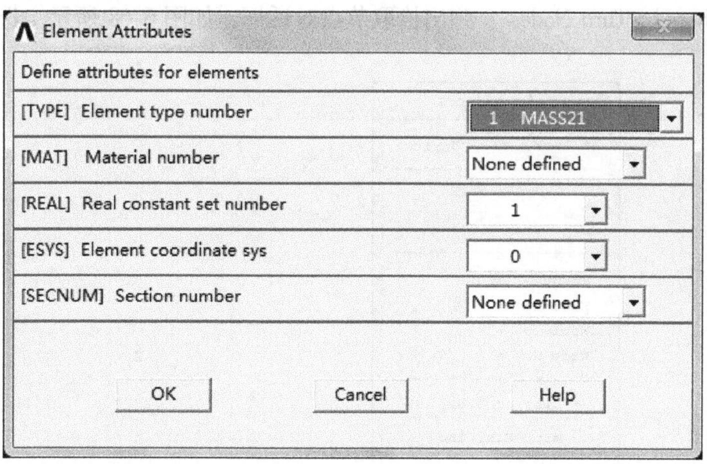

图 6-66 单元属性 3

选择设置单元类型［TYPE］为 1 MASS21，实常数［REAL］为 1，然后单击 OK 按钮。

接下来通过节点定义单元，选择菜单 GUI：Main Menu > Preprocessor > Modeling > Create > Elements > Auto Numbered > Thru Nodes，弹出拾取节点对话框，如图 6-67 所示。选择 2 号节点，然后单击 OK 按钮。

(5) 定义单元(簧上质量)

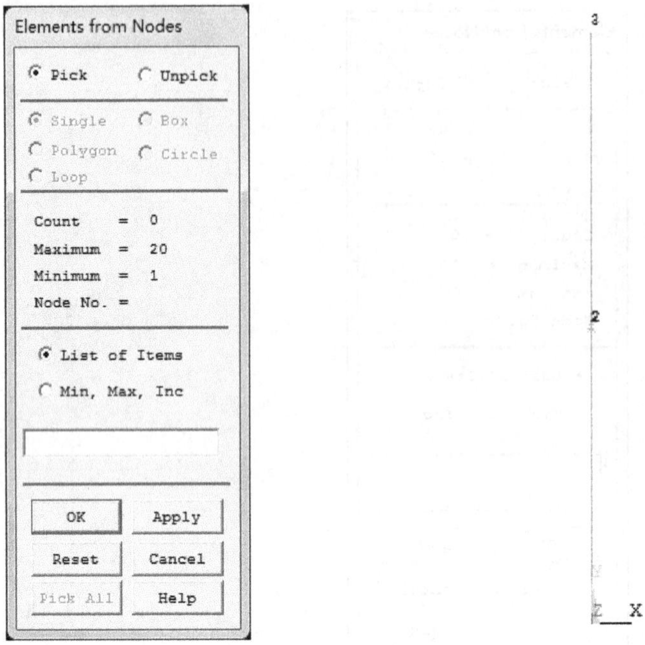

图 6-67　拾取节点 3

首先指定单元属性，选择菜单 GUI：Main Menu > Preprocessor > Modeling > Create > Elements > Elem Attributes，弹出单元属性对话框，如图 6-66 所示。

设置单元类型［TYPE］为 1 MASS21，实常数［REAL］为 2，然后单击 OK 按钮，完成定义。

接下来通过节点定义单元，选择菜单 GUI：Main Menu > Preprocessor > Modeling > Create > Elements > Auto Numbered > Thru Nodes，弹出拾取节点对话框，如图 6-68 所示。选择 3 号节点，然

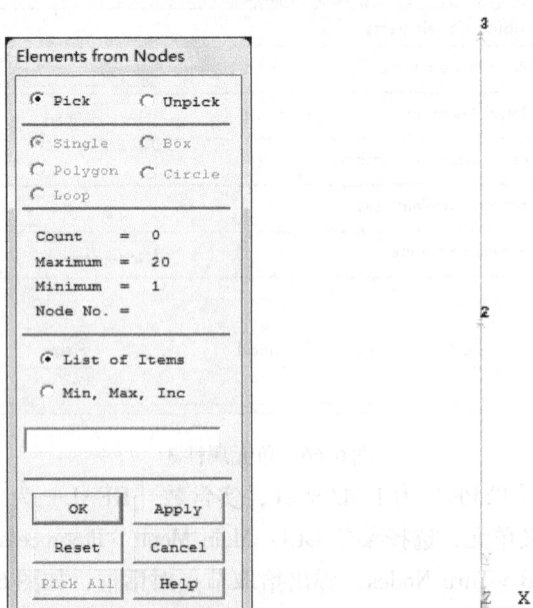

图 6-68　拾取节点 4

后单击 OK 按钮。

6.2.4　定义分析类型

定义分析类型为模态分析。选择菜单 GUI：Main Menu > Solution > Analysis Type > New Analysis，弹出如图 6-69 所示的对话框。

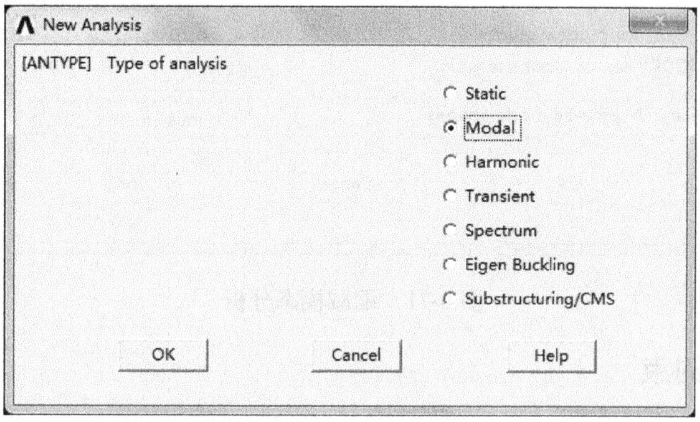

图 6-69　设置分析类型

选择分析类型为 Modal，然后单击 OK 按钮。

定义求解方法为 Reduced 方法。选择菜单 GUI：Main Menu > Solution > Analysis Type > Analysis Options，弹出模态分析对话框，如图6-70所示。

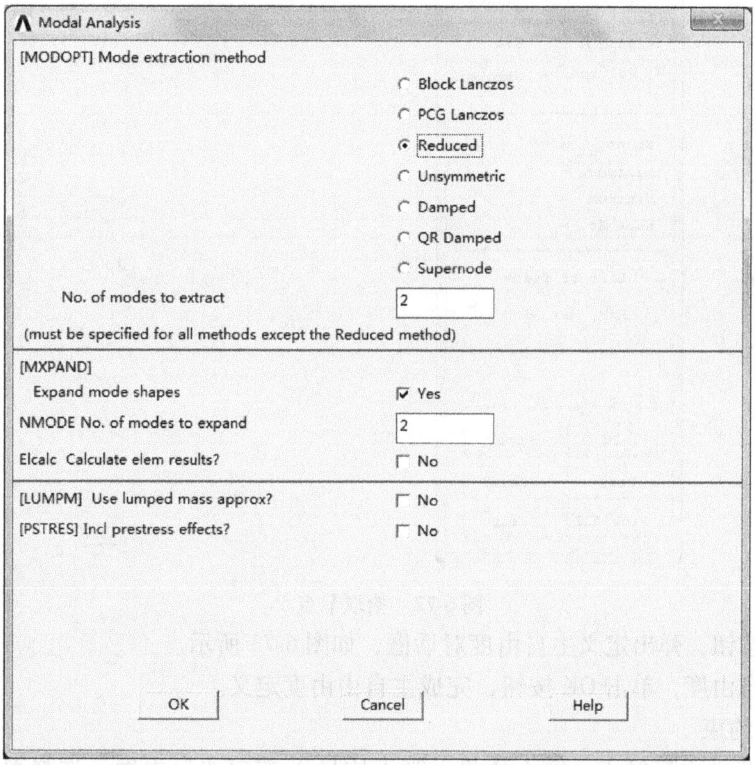

图 6-70　模态分析

按照图 6-70 所示进行设置后，单击 OK 按钮，弹出缩减模态分析对话框，如图 6-71 所示。按照如图所示进行设置，单击 OK 按钮。

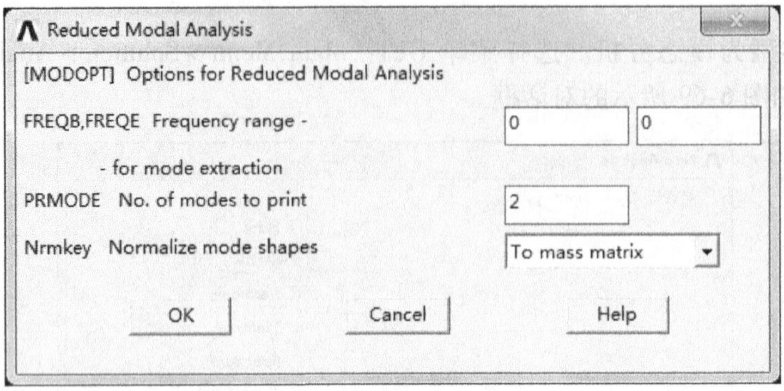

图 6-71　缩减模态分析

6.2.5　施加约束

（1）定义主自由度

选择菜单 GUI：Main Menu > Solution > Master DOFs > Define，弹出拾取节点对话框，选择节点 2、3。

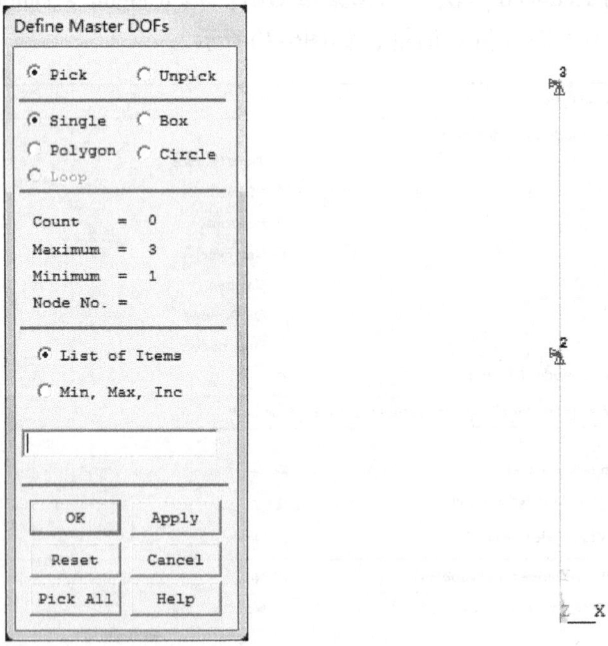

图 6-72　拾取节点 5

单击 OK 按钮，弹出定义主自由度对话框，如图 6-73 所示。

选择 UY 自由度，单击 OK 按钮，完成主自由由度定义。

（2）定义约束

约束轮胎与地面接触点、簧上质量、簧下质量 X 方向的自由度。选择菜单 GUI：Main Menu > Preprocessor > Loads > Define Loads > Apply > Displacement，弹出拾取节点对话框，如

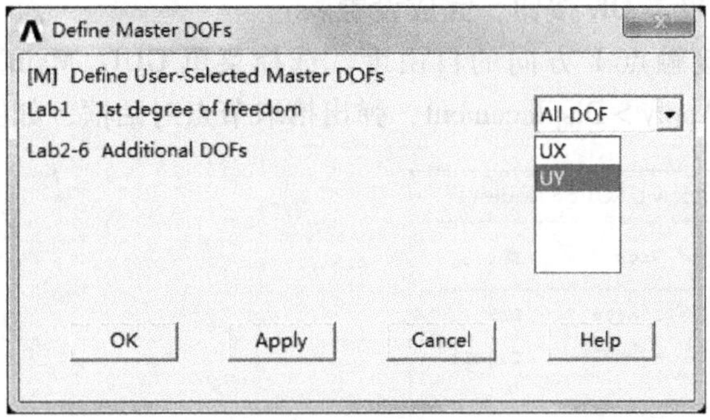

图 6-73　定义主自由度

图 6-74 所示。

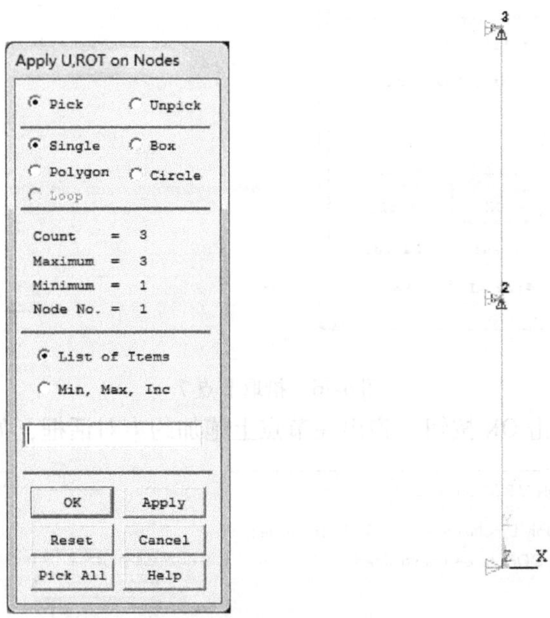

图 6-74　拾取节点 6

选择节点 1、2、3，单击 OK 按钮，如图 6-75 所示。

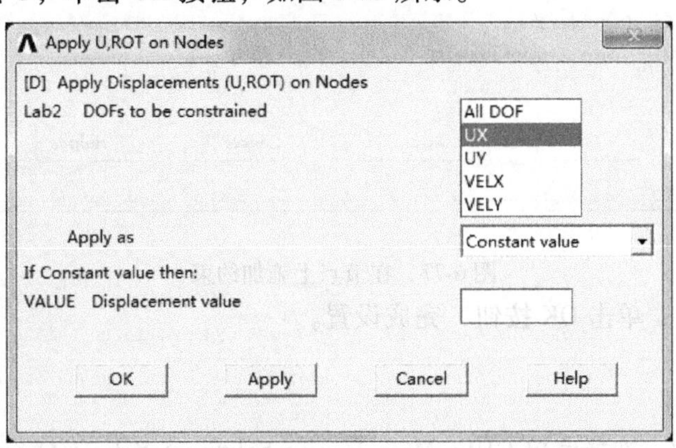

图 6-75　在节点上施加约束

选择 UX 自由度，单击 OK 按钮，完成设置。

约束轮胎与地面接触点 *Y* 方向的自由度。选择菜单 GUI：Main Menu > Preprocessor > Loads > Define Loads > Apply > Displacement，弹出拾取节点对话框，如图 6-76 所示。

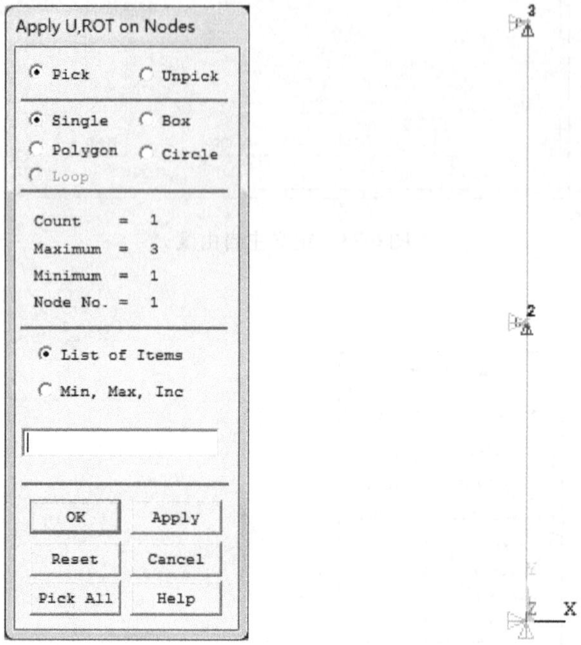

图 6-76　拾取节点 7

选择 1 号节点，单击 OK 按钮，弹出在节点上施加约束对话框，如图 6-77 所示。

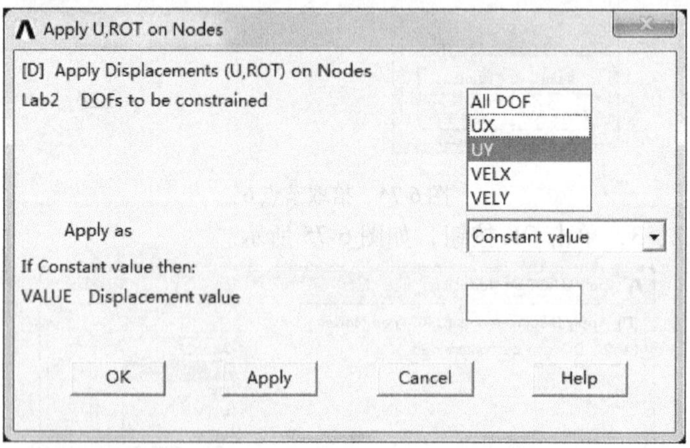

图 6-77　在节点上施加约束

选择 UY 自由度，单击 OK 按钮，完成设置。

6.2.6　求解

接下来进行求解，选择菜单 GUI：Main Menu > Solution > Solve > Current LS，弹出求解当前载荷步对话框，如图 6-78 所示。

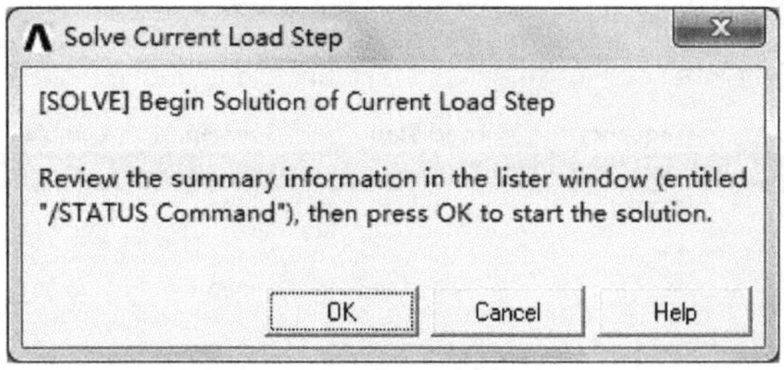

图 6-78　求解当前载荷步

单击 OK 按钮进行确认，接下来弹出求解结束对话框，如图 6-79 所示，单击 Close 按钮完成求解。

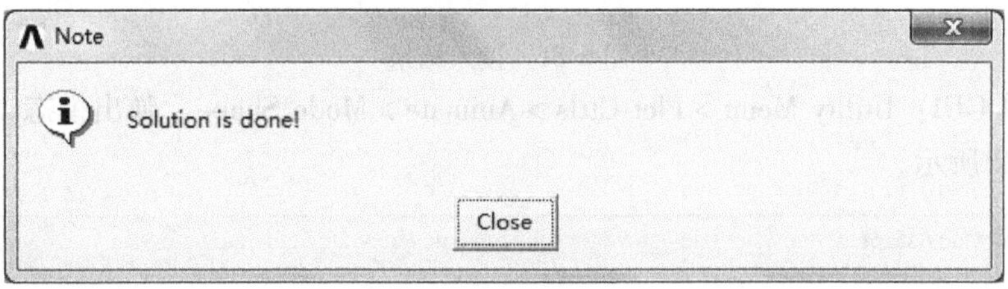

图 6-79　求解结束

6.2.7　后处理

接下来提取求解结果。

(1) 分析结果列表

选择菜单 GUI：Main Menu > General Postproc > Results Summary，弹出分析结果列表，如图 6-80 所示。

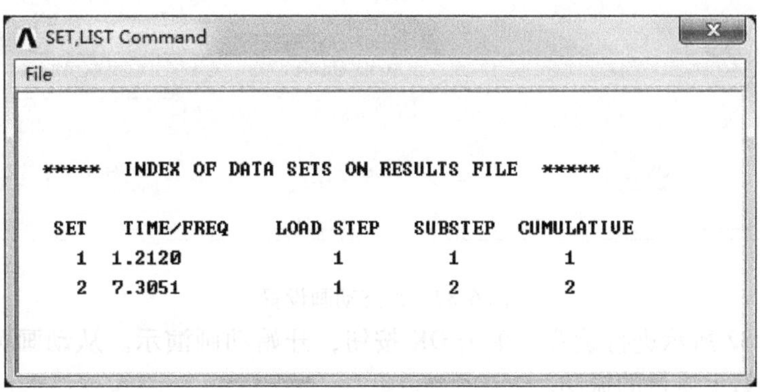

图 6-80　分析结果列表

(2) 观察分析结果动画

选择菜单 GUI：Main Menu > General Postproc > Read Results > By Pick，弹出读入结果对话框，如图 6-81 所示。选择分析结果 1，单击 Read 按钮，然后单击 Close 按钮，完成分析结果 1 读入。

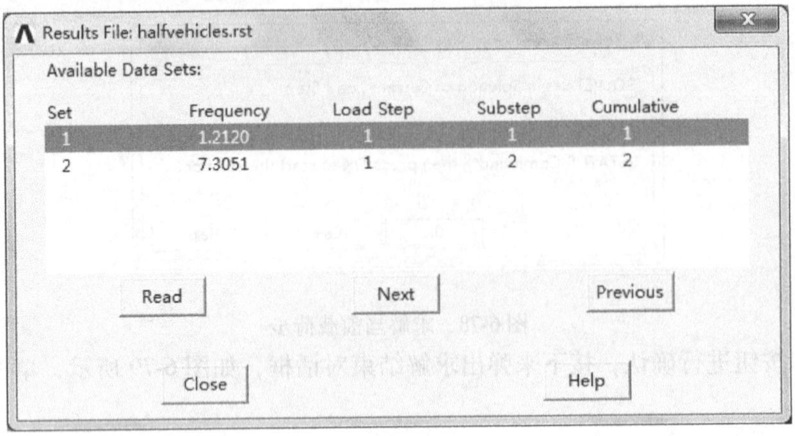

图 6-81　读入结果

选择菜单 GUI：Utility Menu > Plot Ctrls > Animate > Mode Shape，弹出模态动画设置对话框，如图 6-82 所示。

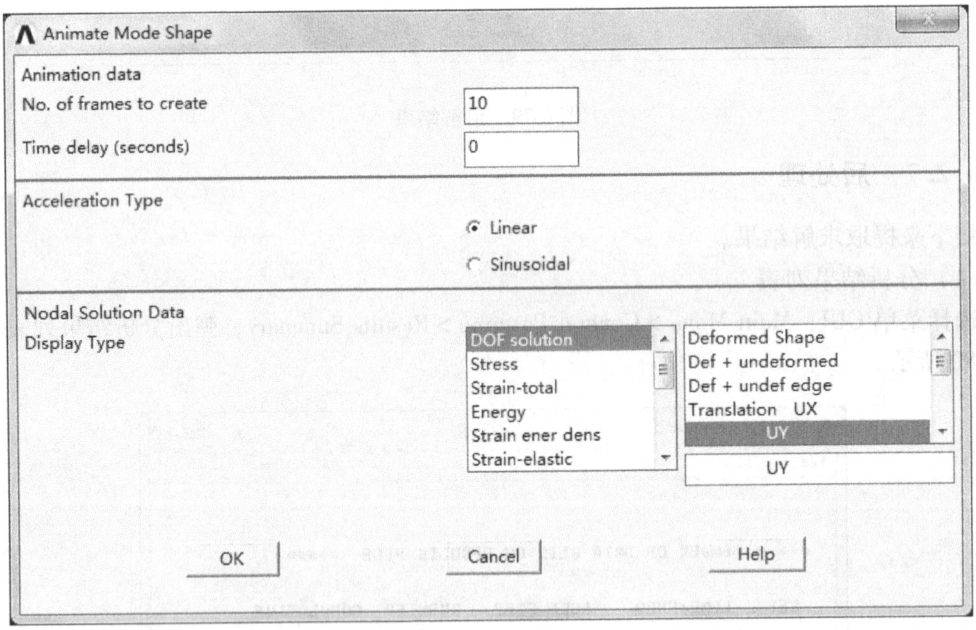

图 6-82　模态动画设置

按照如图 6-82 所示进行设置，单击 OK 按钮，开始动画演示。从动画可以看出，低阶模态主要表现为簧上质量的振动。

按照上述同样的方法，可以显示高阶模态振动情况。可以看出，高阶模态主要表现为簧下质量的振动。

6.2.8　Apdl 指令

```
/PREP7                    ! 进入前处理器
ANTYPE,MODAL              ! 定义分析类型为模态分析
```

```
MODOPT,REDUC,2,,,2              ! 定义分析方法为模态缩减法,提取模态阶数为2,扩
                                  展模态为2
MXPAND,2, , ,0                  ! 输出模态阶数为2
ET,1,MASS21,,,4                 ! 定义质量单元
R,1,148.45                      ! 定义簧下质量的质量参数
R,2,981.55                      ! 定义簧上质量的质量参数
ET,2,COMBIN14,,,2               ! 定义弹簧单元
R,3,76200,2596                  ! 定义悬架的刚度与阻尼
R,4,233631                      ! 定义轮胎刚度
N,1                             ! 定义节点,轮胎与地面接触点
N,2,0,0.5                       ! 定义节点,轮胎与悬架连接点
N,3,0,1                         ! 悬架与簧上质量连接点
TYPE, 2                         ! 指定代表轮胎的单元
REAL, 4                         ! 指定轮胎单元的基本参数
E,1,2                           ! 定义轮胎单元,连接节点1和节点2
TYPE, 2                         ! 指定代表悬架的单元
REAL, 3                         ! 指定悬架单元的基本参数
E,2,3                           ! 定义悬架单元,连接节点2和节点3
TYPE, 1                         ! 定义代表簧下质量的单元
REAL, 1                         ! 指定代表簧下质量单元的基本参数
E, 2                            ! 定义代表簧下质量的单元
TYPE, 1                         ! 指定代表簧上质量的单元
REAL, 2                         ! 指定代表簧上质量单元的基本参数
E, 3                            ! 定义代表簧上质量的单元
FINISH                          ! 完成模型的建立
/SOL                            ! 进入求解处理器
M,3, UY                         ! 定义簧上质量单元的主自由度
M,2, UY                         ! 定义簧下质量单元的主自由度
D,1, , , , , ,UX,UY, , , ,      ! 约束节点1在X,Y两个方向的自由度
SOLVE                           ! 进行求解
```

6.3 某重型高机动越野汽车的模态分析

6.3.1 问题描述

图 6-83 所示为典型的汽车俯仰振动模型。某越野汽车基本参数如下：$L=3175\text{mm}$，$L_1=0$，$L_2=1524\text{mm}$，$L_3=5334\text{mm}$，$L_4=6858\text{mm}$，$C_1=C_2=881\text{N/mm}$，$C_3=C_4=733\text{N/mm}$，满载整车质量 $m=27397\text{kg}$。求系统的模态。

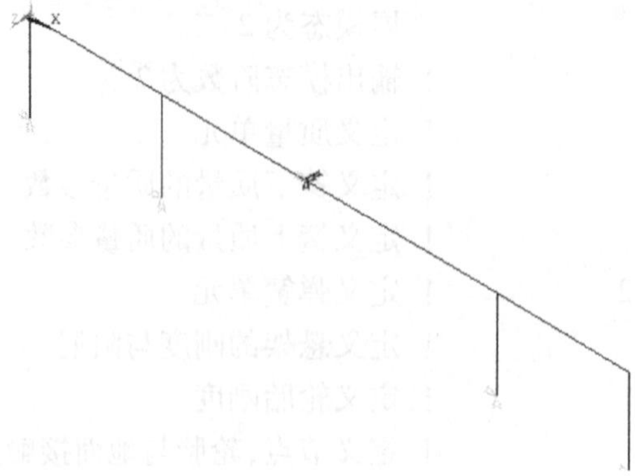

图 6-83　汽车俯仰振动模型

6.3.2　准备工作

（1）进入前处理器

命令：/PREP7。

（2）添加标题

GUI：Utility Menu > File > Change Title...。

新标题为：Vehicular 2-Freedom pitch modal Analysis。

命令：/TITLE，Vehicular 2-Freedom pitch modal Analysis。

（3）修改工作名

GUI：Utility Menu > File > Change Jobname...。

键入工作名：Vehicular_ pitch _ Modal。

命令：/FILNAME，Vehicular_ pitch _ Modal，0。

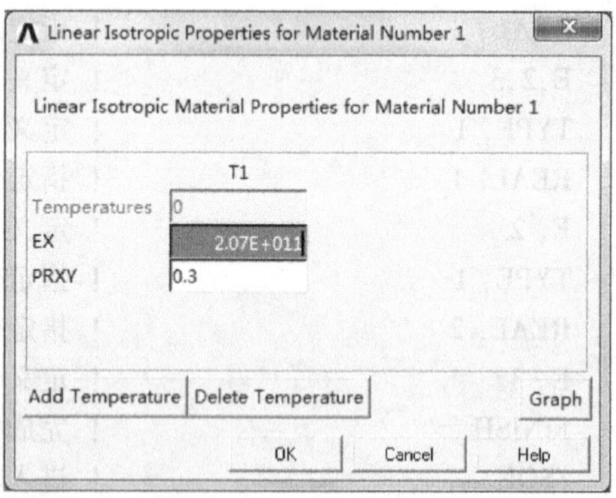

图 6-84　定义材料属性

（4）定义材料属性

GUI：Preprocessor > Material Props > Material Models > Structural > Linear > Elastic > Isotropic，弹出定义材料属性窗口，如图 6-84 所示。

GUI：Preprocessor > Material Props > Material Models > Structural > Density，弹出定义材料密度窗口，如图 6-85 所示，定义材料密度 DENS 为 0，单击 OK 按钮结束设置。

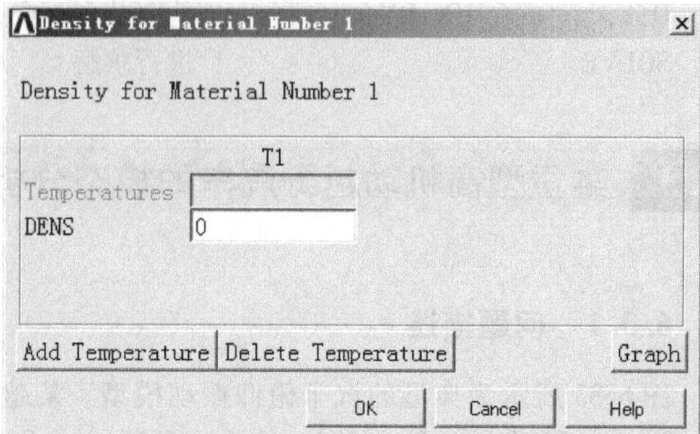

图 6-85　定义材料密度

定义分析类型为模态分析，操作如下：

GUI：Solution > Analysis Type > New Analysis，弹出如图 6-86 所示的对话框，选择分析类型为模态分析 Modal，单击 OK 按钮，完成设置。

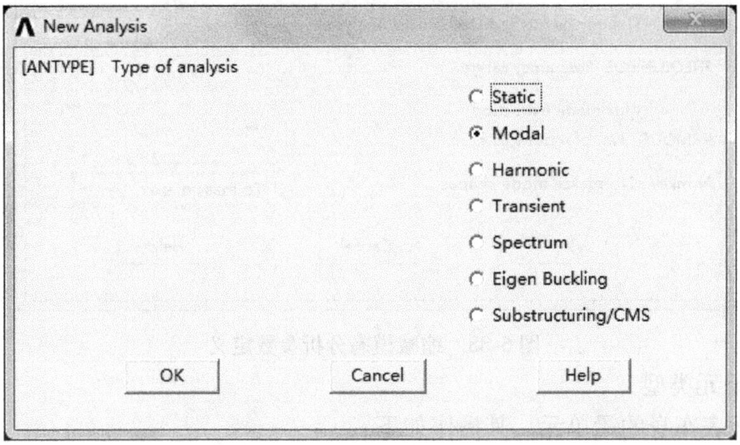

图 6-86　定义分析类型为模态分析

GUI：Solution > Analysis Type > Analysis Options，弹出图 6-87 所示的对话框，接下来定义分析参数。定义模态分析方法为模态缩减法(Reduced)，模态提取阶数(No. of modes to extract)为 2，模态扩展阶数(NMODE No. of modes to expand)为 2。

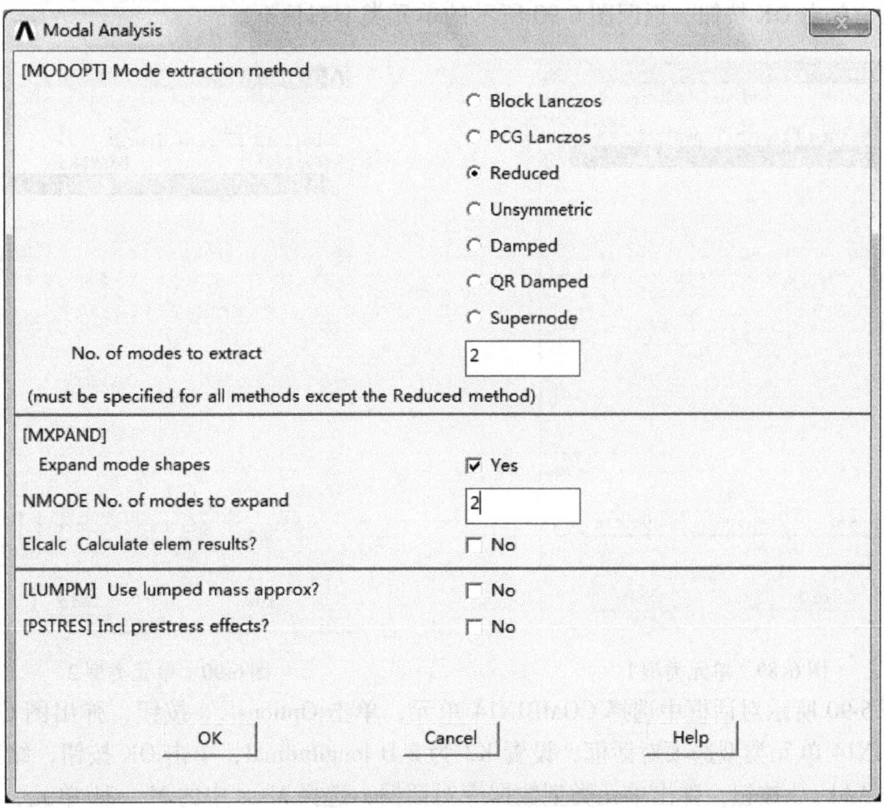

图 6-87　定义模态分析参数

单击 OK 按钮，弹出如图 6-88 所示的对话框，定义打印模态阶数 No. of modes to print 为 2，单击 OK 按钮。

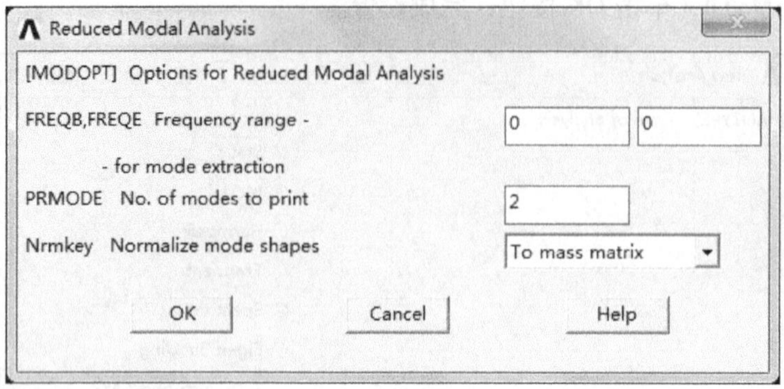

图 6-88　缩减模态分析参数定义

（5）定义单元类型

首先定义代表车身的梁单元，其操作如下：

GUI：Preprocessor > Element Type > Add/Edit/Delete...，弹出单元类型对话框，如图 6-89所示，从图中可以看出，BEAM3 单元已经定义。

输入指令：ET，1，BEAM3。

单击 Add... 按钮，弹出单元类型数据库对话框，选择 Combination 中的 Spring-Damper14 单元，单击 OK 按钮，返回图 6-90 所示的单元类型对话框。

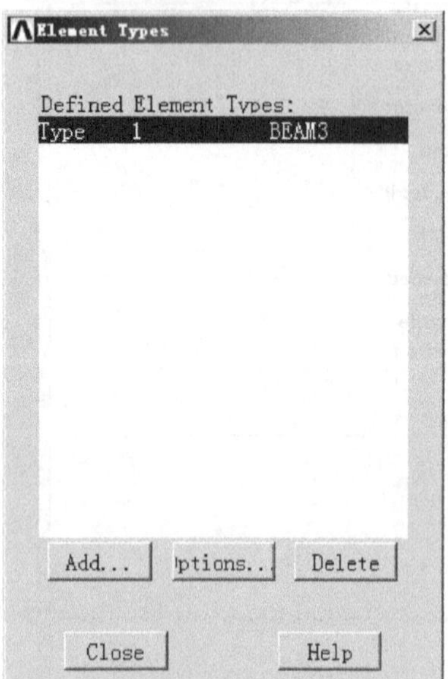

图 6-89　单元类型 1

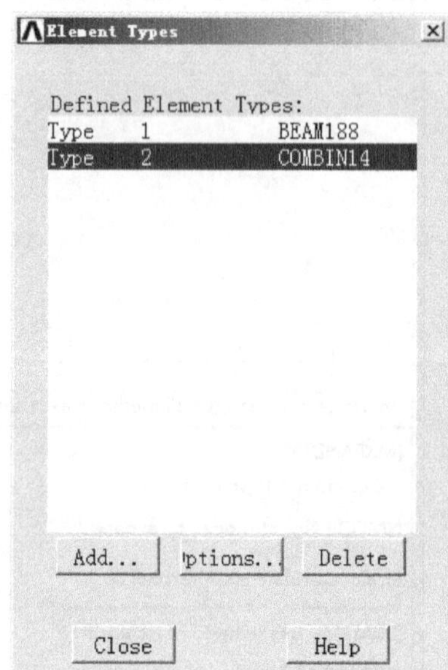

图 6-90　单元类型 2

在图 6-90 所示对话框中选择 COMBIN14 单元，单击 Options... 按钮，弹出图 6-91 所示的 COMBIN14 单元类型选项对话框，设置 K3 为 2-D longitudinal，单击 OK 按钮，结束设置。

单击 Add... 按钮，弹出单元类型数据库对话框，选择 Mass 中的 Mass21 单元，单击 OK 按钮，返回图 6-92 所示的单元类型对话框。

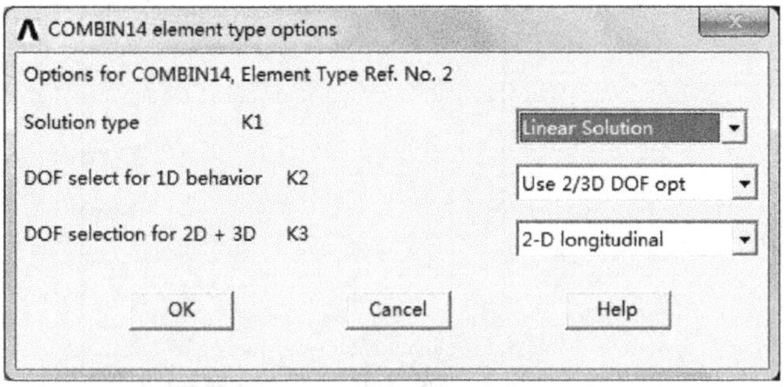

图 6-91　COMBIN14 单元类型选项对话框

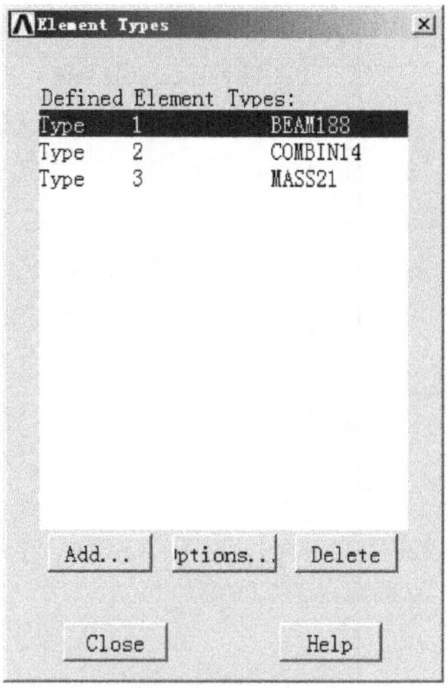

图 6-92　单元类型 3

在图 6-92 所示对话框中选择 Mass21 单元，单击 Options... 按钮，弹出图 6-93 所示的 Mass21 单元类型选项对话框，设置 K3 为 2-D w rot inert，单击 OK 按钮，结束设置。

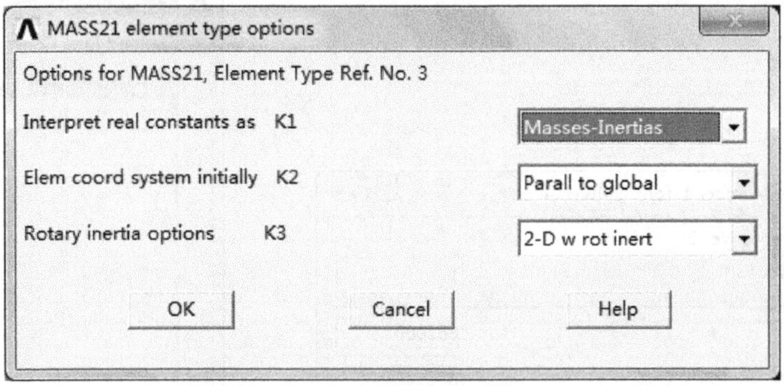

图 6-93　定义质量单元的选项

（6）定义实常数

常数 1 为前两桥弹簧刚度设置。

GUI：Preprocessor > Real Constants > Add，弹出实常数定义对话框，如图 6-94 所示。

单击 Add... 按钮，选择实常数对应的单元选择对话框，如图 6-95 所示。

选择单元 Type 2 COMBIN14，单击 OK 按钮，接下来进行实常数定义。

在图 6-96 所示对话框中定义 Spring constant K 为 881000，然后单击 OK 按钮，返回实常数对话框，如图 6-97 所示，单击 Close 按钮，完成设置。

常数 2 为车体(梁)的定义。

输入命令：r，2，1，1，1。

定义梁的截面属性和惯量属性。

常数 3 为整车质量参数设置。

图 6-94　实常数 1

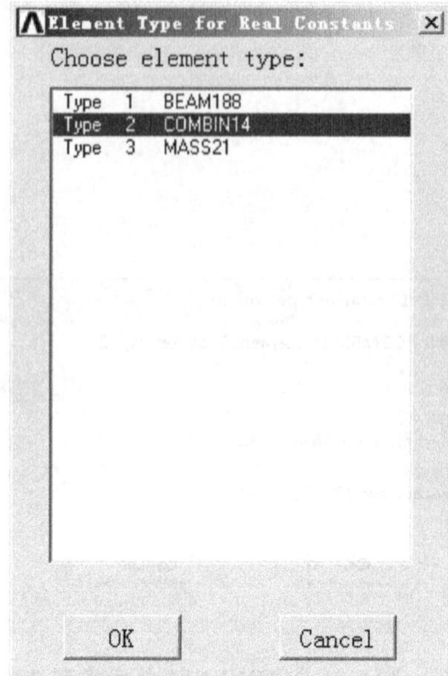

图 6-95　实常数对应的单元选择

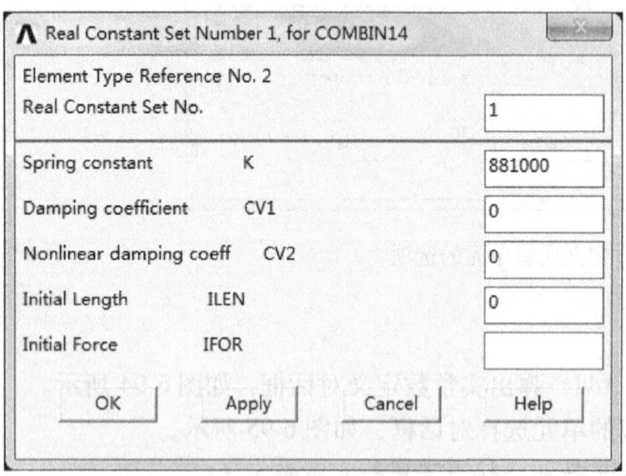

图 6-96　实常数定义 1

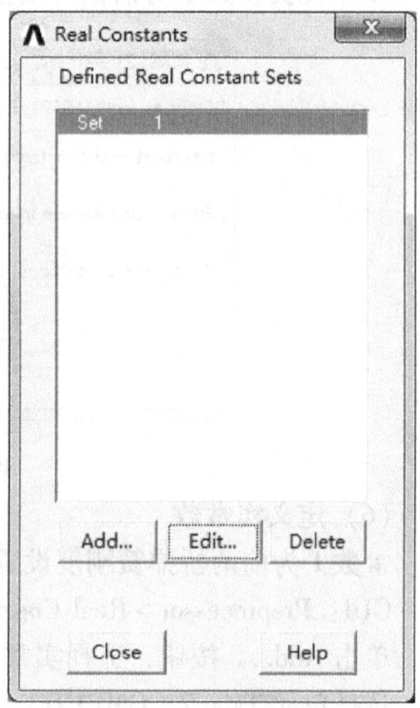

图 6-97　实常数 2

单击 Add... 按钮，弹出对话框，选择实常数对应的单元选择对话框，如图 6-95 所示。选择单元 MASS21，单击 OK 按钮，接下来进行实常数定义。定义整车质量 MASS 为 27397，转动惯量 IZZ 为 3200，如图 6-98 所示。

定义完毕后实常数对话框如图 6-99 所示。

常数 4 为后两桥弹簧刚度。

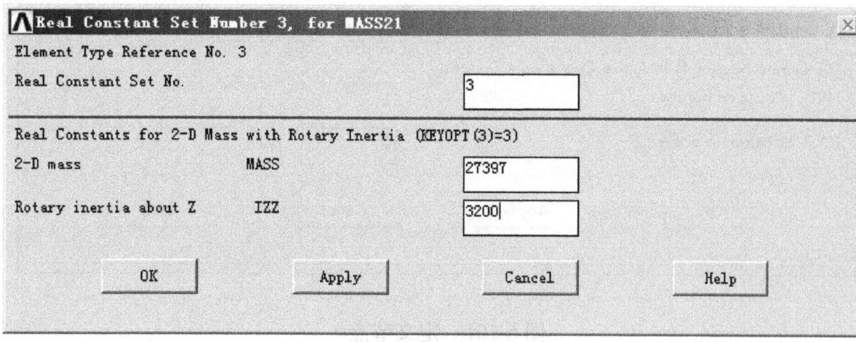

图 6-98 实常数定义 2

单击 Add... 按钮，选择实常数对应的单元选择对话框，如图 6-95 所示。选择单元 Type 2 COMBIN14，单击 OK 按钮，接下来进行实常数定义，如图 6-100 所示，填写完毕后单击 OK 按钮结束设置。

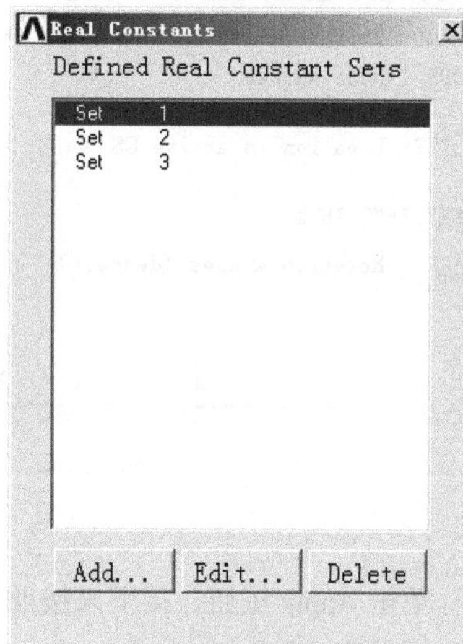

图 6-99 实常数 3

6.3.3 建立模型

（1）定义节点

模型共 9 个节点，比较简单，这里直接定义节点和单元，首先定义节点。

GUI：Preprocessor > Modeling > Create > Nodes > In Active Cs，开始定义节点 1，如图 6-101 所示。

单击 Apply 按钮，接下来定义节点 2。

GUI：Preprocessor > Modeling > Create > Nodes > In Active Cs，开始定义节点 2，如图 6-102 所示。

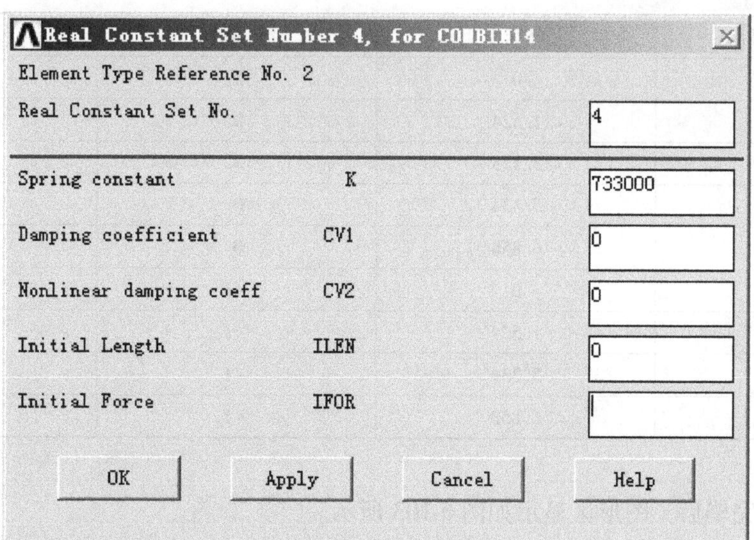

图 6-100 实常数定义 3

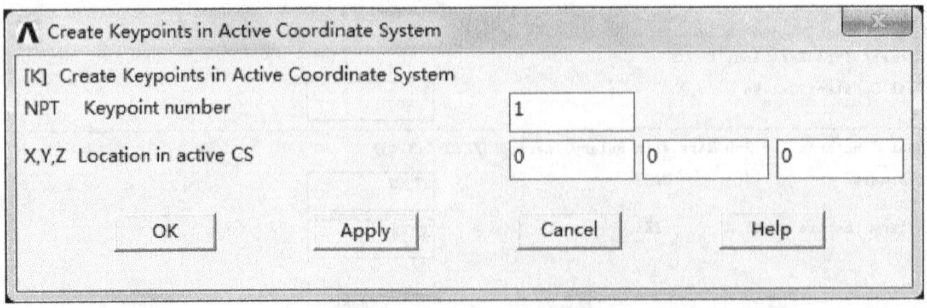

图 6-101　定义节点 1

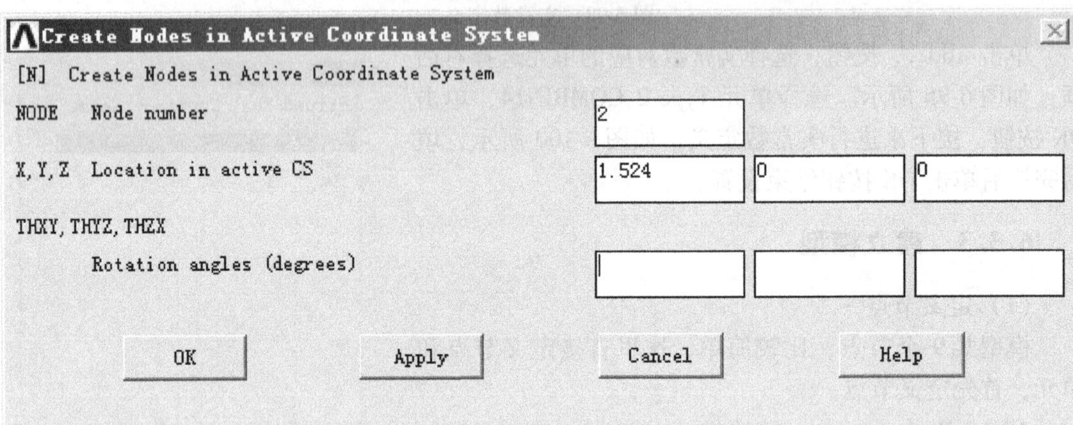

图 6-102　定义节点 2

单击 Apply 按钮，接下来按照上述方法依次定义节点 3、4、5、6、7、8、9、10。各节点坐标见表 6-2。

表 6-2　各节点坐标

节点编号	坐标 X	坐标 Y	坐标 Z
1	0	0	0
2	1.524	0	0
3	3.175	0	0
4	5.334	0	0
5	6.858	0	0
6	0	-1	0
7	1.524	-1	0
8	5.334	-1	0
9	6.858	-1	0

节点定义完毕后，图形区显示如图 6-103 所示。

(2) 定义单元

定义单元—前桥弹簧：单元 2，实常数 1。

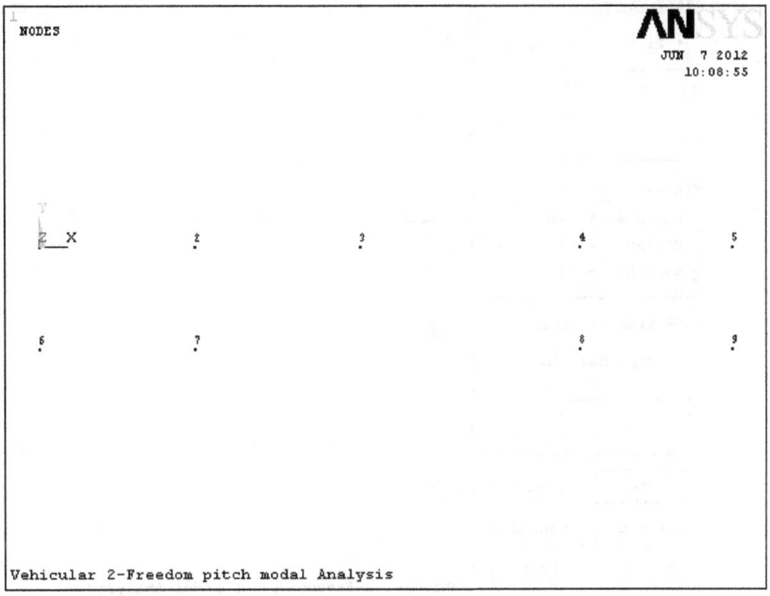

图 6-103　节点在图形区显示

首先指定单元属性。GUI：Main Menu > Preprocessor > Modeling > Create > Elements > Elements Attributes，弹出单元属性对话框，如图 6-104 所示。

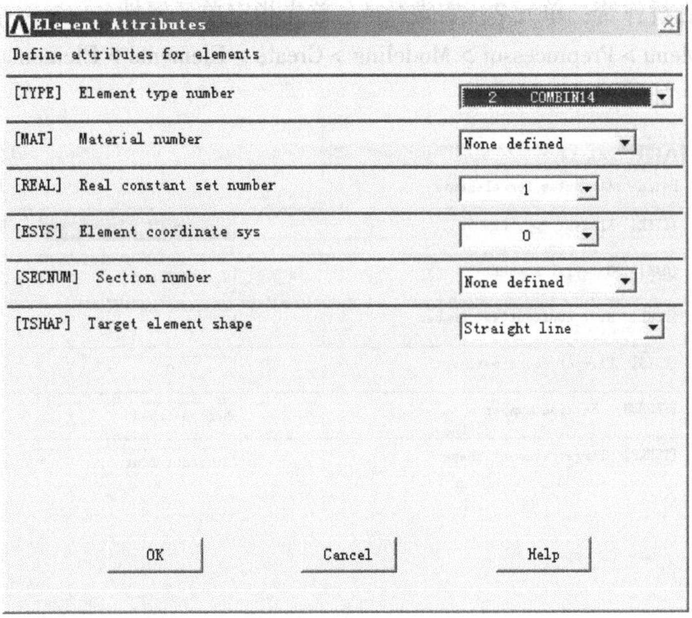

图 6-104　单元属性 1

选择设置单元类型［TYPE］为 2 COMBIN14，实常数［REAL］为 1，然后单击 OK 按钮。接下来通过节点定义单元，选择菜单 GUI：Main Menu > Preprocessor > Modeling > Create > Elements > Auto Numbered > Thru Nodes，弹出拾取节点对话框，如图 6-105 所示。

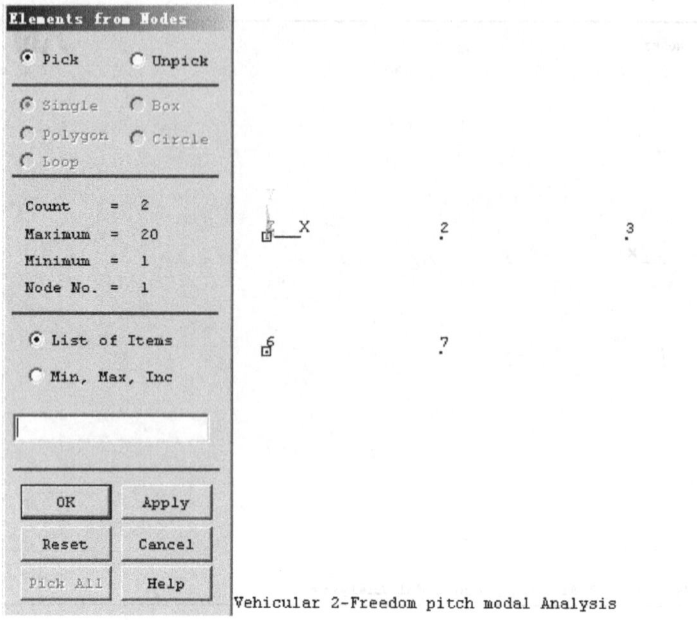

图 6-105　拾取节点 1

选择节点 1、6，然后单击 Apply 按钮，完成单元 1 的创建。接下来拾取节点 2、7，单击 OK 按钮，完成单元 2 的创建。

定义单元—后桥弹簧：单元 2，实常数 4。首先指定单元属性。

GUI：Main Menu > Preprocessor > Modeling > Create > Elements > Elements Attributes，弹出单元属性对话框，如图 6-106 所示。

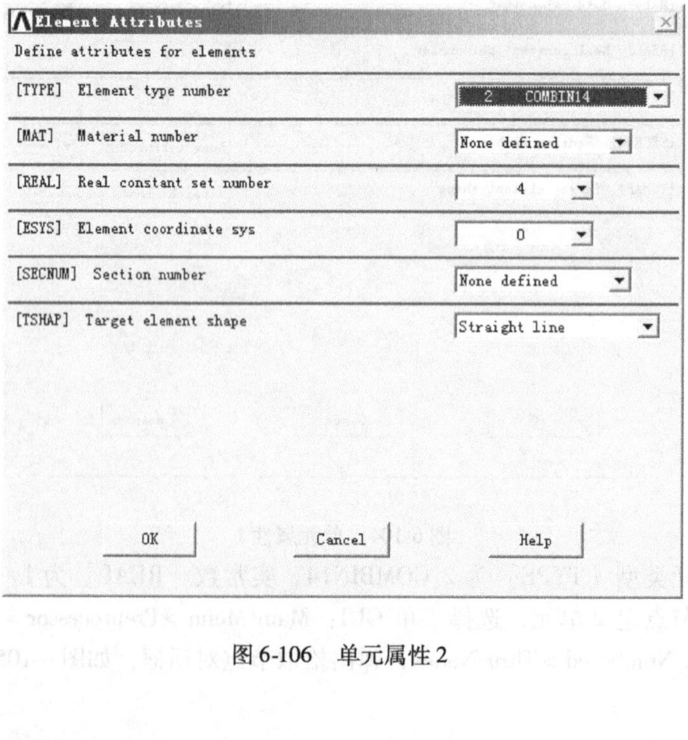

图 6-106　单元属性 2

选择设置单元类型［TYPE］为 2 COMBIN14，实常数［REAL］为 4，然后单击 OK 按钮。接下来通过节点定义单元，选择菜单 GUI：Main Menu > Preprocessor > Modeling > Create > Elements > Auto Numbered > Thru Nodes，弹出拾取节点对话框，如图 6-107 所示。

选择节点 4、8，然后单击 Apply 按钮，完成单元 3 的创建。接下来拾取节点 5、9，单击 OK 按钮，完成单元 4 的创建。

定义单元—车身：单元 1，常数 2。首先指定单元属性。

GUI：Main Menu > Preprocessor > Modeling > Create > Elements > Elem Attributes，弹出单元属性对话框，如图 6-108 所示。

然后设置单元类型［TYPE］为 1-BEAM3，常数［REAL］为 2，如图 6-108 所示，然后单击 OK 按钮。接下来通过节

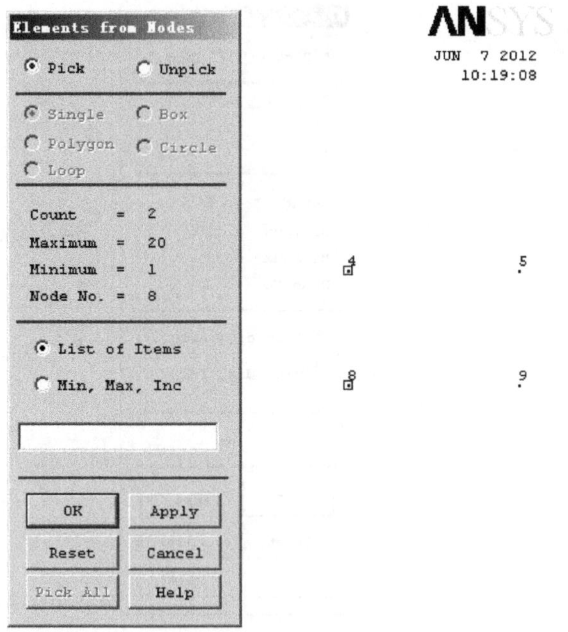

图 6-107　拾取节点 2

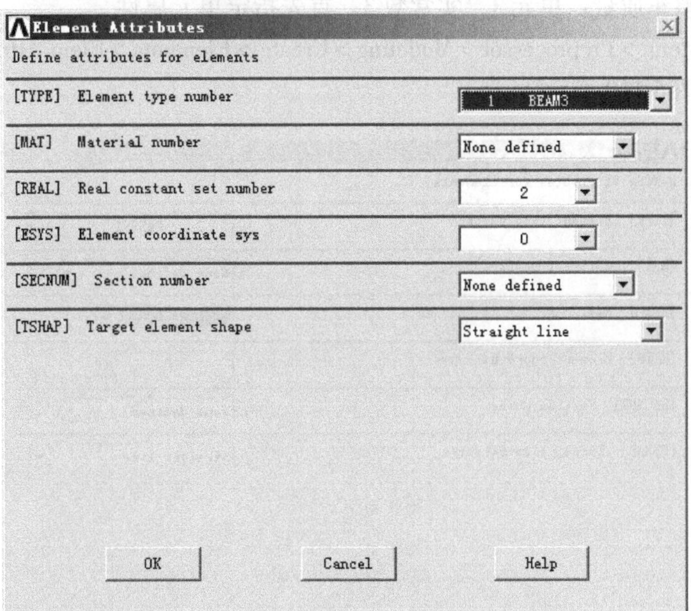

图 6-108　单元属性 3

点定义单元，选择菜单 GUI：Main Menu > Preprocessor > Modeling > Create > Elements > Auto Numbered > Thru Nodes，弹出拾取节点对话框，如图 6-109 所示。

选择节点 1、2，然后单击 Apply 按钮，完成单元 5 的创建；接下来拾取节点 2、3，单击 Apply 按钮，完成单元 6 的创建；接下来拾取节点 3、4，单击 Apply 按钮，完成单元 7 的

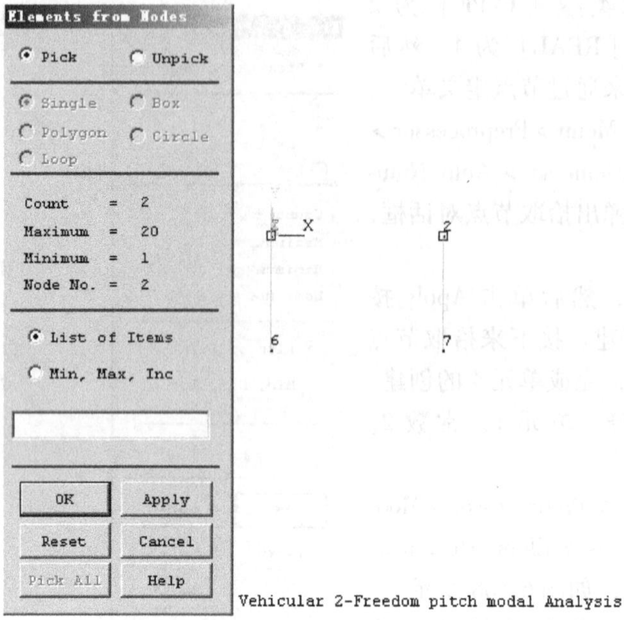

图 6-109　拾取节点 3

创建；接下来拾取节点 4、5，单击 OK 按钮，完成单元 8 的创建。

定义单元—整车质量：单元 3，实常数 3。首先指定单元属性。

GUI：Main Menu > Preprocessor > Modeling > Create > Elements > Elem Attributes，弹出单元属性对话框，如图 6-110 所示。

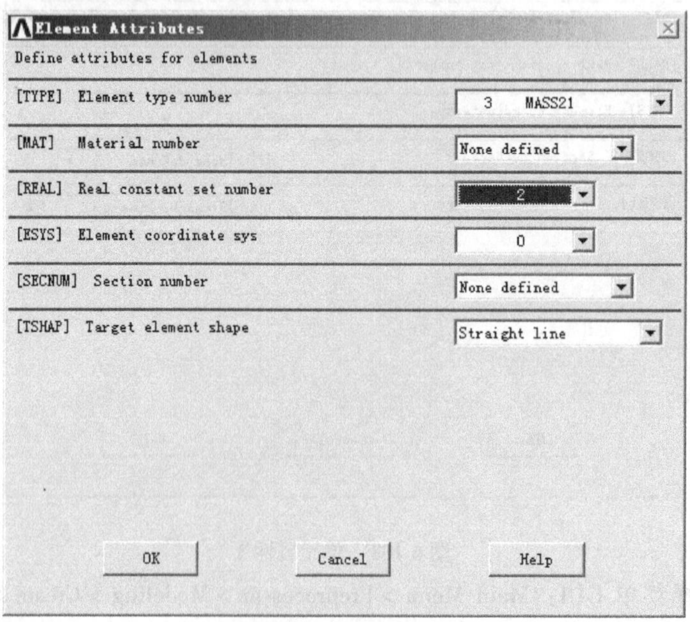

图 6-110　单元属性 4

然后设置单元类型［TYPE］为 3-MASS21，实数［REAL］为 3，然后单击 OK 按钮。

接下来通过节点定义单元，选择菜单 GUI：Main Menu > Preprocessor > Modeling > Create > Elements > Auto Numbered > Thru Nodes，弹出拾取节点对话框，如图 6-111 所示。

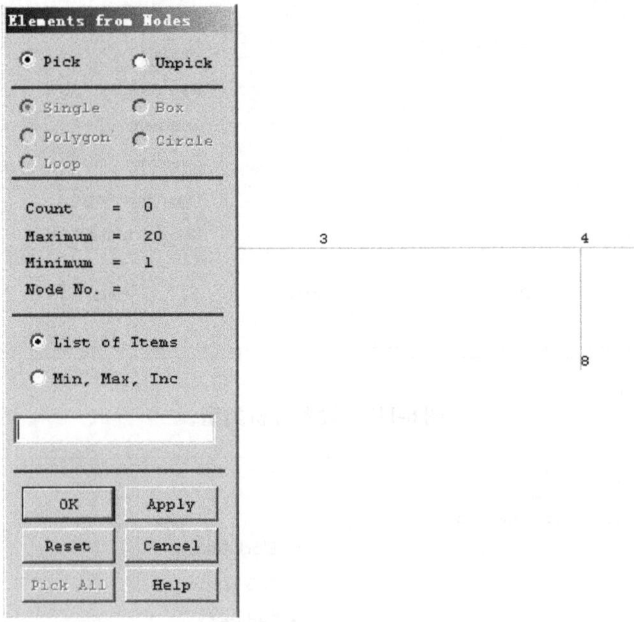

图 6-111　拾取节点 4

选择节点 3，然后单击 OK 按钮，完成质量单元的创建。节点与单元创建完毕后如图 6-112所示。

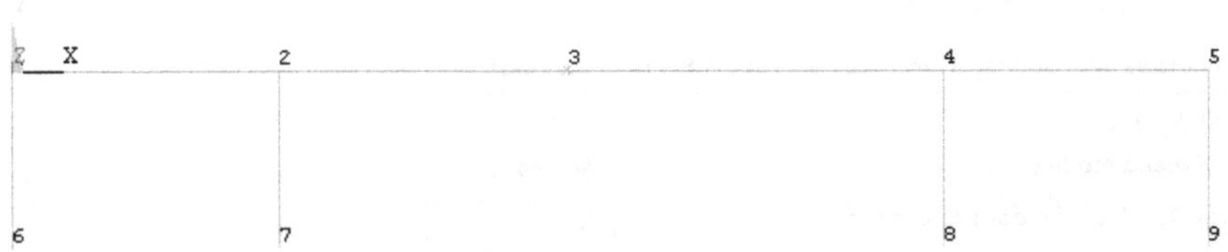

图 6-112　节点与单元创建完毕后的模型

6.3.4　定义分析类型

定义分析类型为模态分析。选择菜单 GUI：Main Menu > Solution > Analysis Type > New Analysis，弹出图 6-113 所示的对话框。

选择分析类型为 Modal，然后单击 OK 按钮。

定义求解方法为 Reduced 方法。选择菜单 GUI：Main Menu > Solution > Analysis Type > Analysis Options，弹出模态分析对话框，如图 6-114 所示。

按照图 6-114 所示进行设置后，单击 OK 按钮，弹出缩减模态分析对话框，如图 6-115 所示。

6.3.5　施加约束

（1）定义主自由度

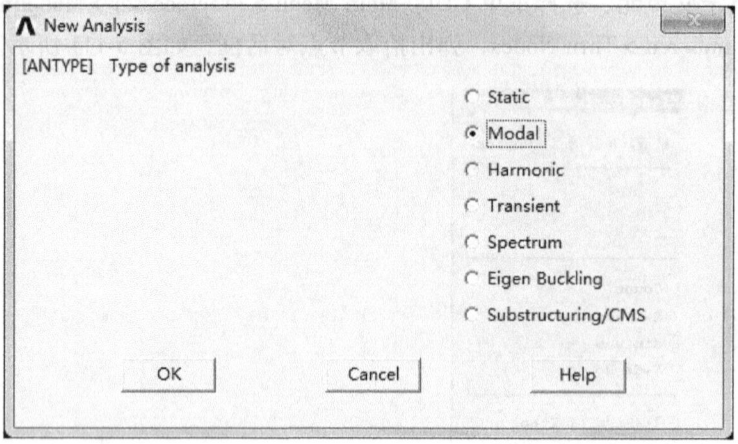

图 6-113 设置分析类型

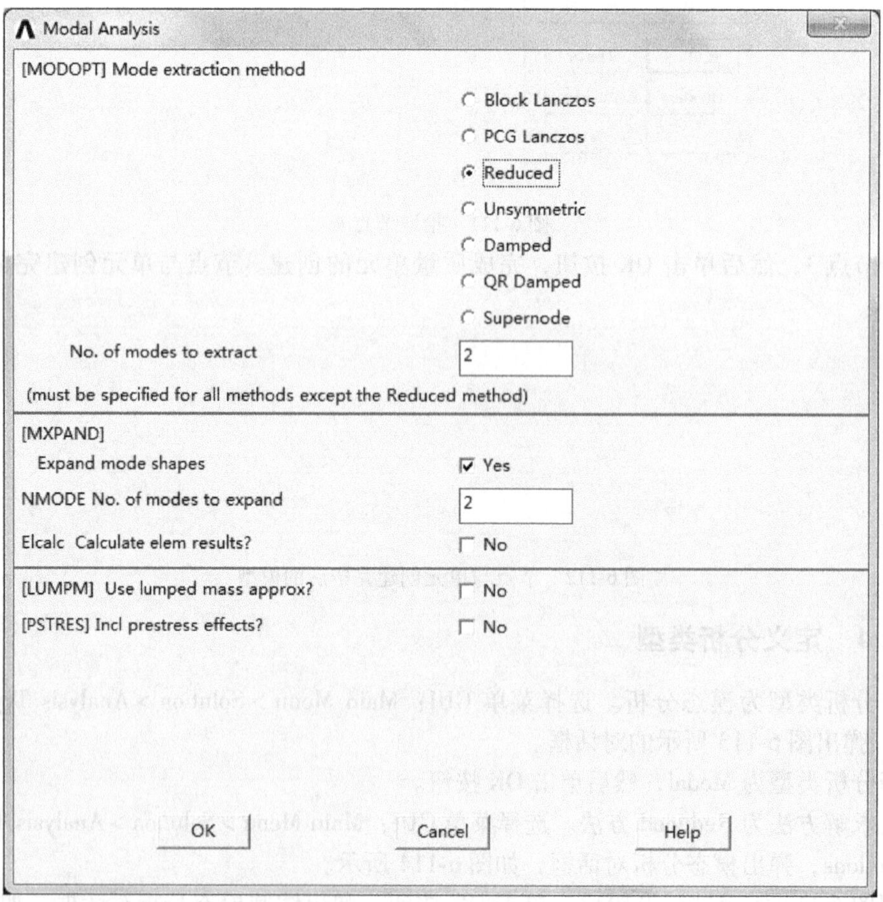

图 6-114 模态分析

选择菜单 GUI：Main Menu > Solution > Master DOFs > Define，弹出拾取节点对话框，选择节点 3，单击 OK 按钮，弹出如图 6-116 所示的对话框。

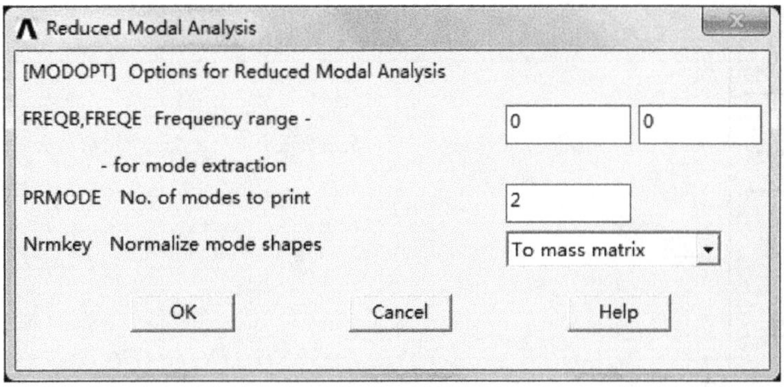

图 6-115　缩减模态分析

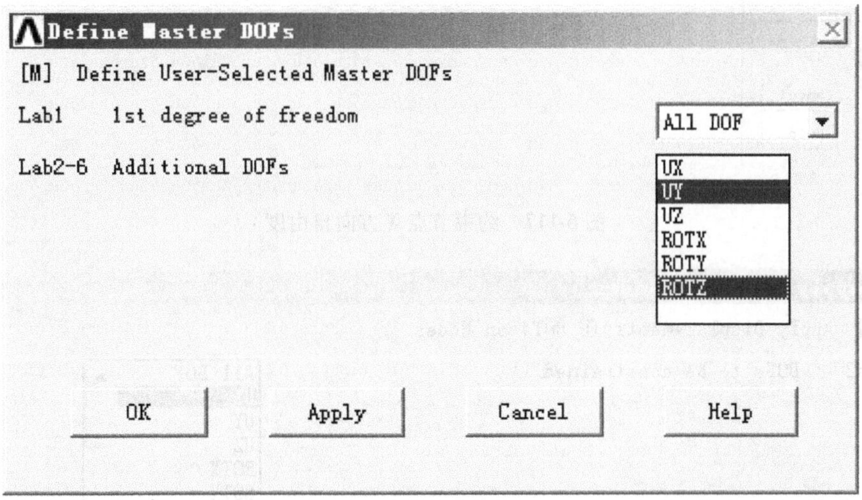

图 6-116　定义主自由度

选取自由度 UY 和 ROTZ，如图 6-116 所示，单击 OK 按钮，完成定义。

(2) 定义约束

约束弹簧与地面接触点、簧上质量 *X* 方向的自由度，即节点 3、6、7、8、9 的 *X* 方向的自由度。选择菜单 GUI：Main Menu > Preprocessor > Loads > Define Loads > Apply > Displacement，弹出节点选择对话框，如图 6-117 所示。

拾取节点 3、6、7、8、9，单击 Apply 按钮，弹出约束节点自由度对话框，如图 6-118 所示。

选择自由度 UX，单击 Apply 按钮。

约束弹簧与地面接触点 *Y* 方向的自由度，即节点 6、7、8、9 的 *Y* 方向的自由度。拾取节点 6、7、8、9，弹出约束节点自由度对话框，如图 6-119 所示。

选取自由度 UY，如图 6-120 所示，单击 OK 按钮，完成定义。

6.3.6　求解

接下来进行求解，选择菜单 GUI：Main Menu > Solution > Solve > Current LS，弹出求解当

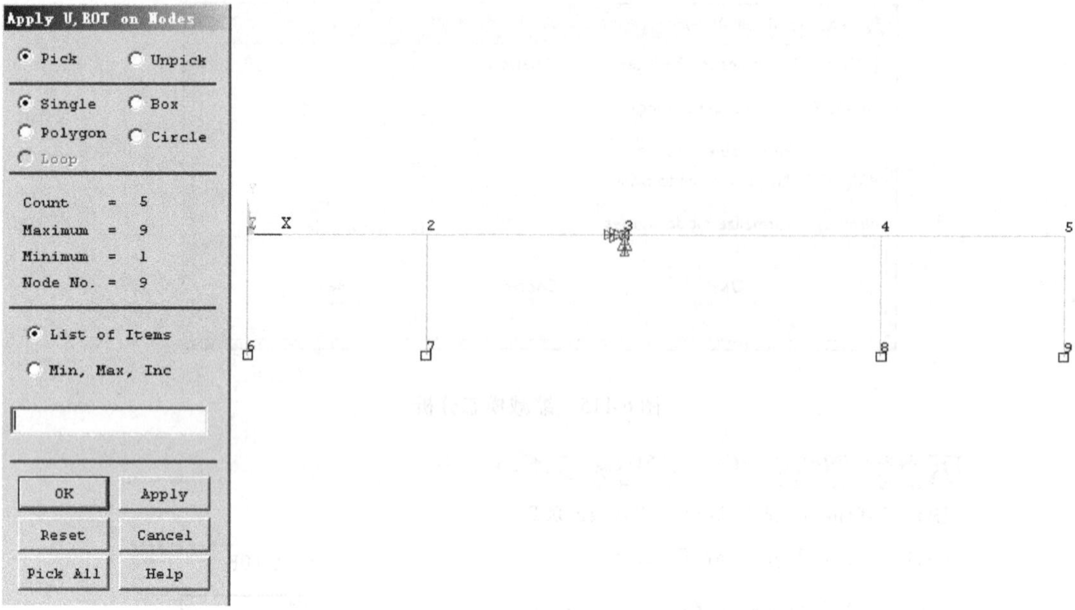

图 6-117　约束节点 *X* 方向自由度

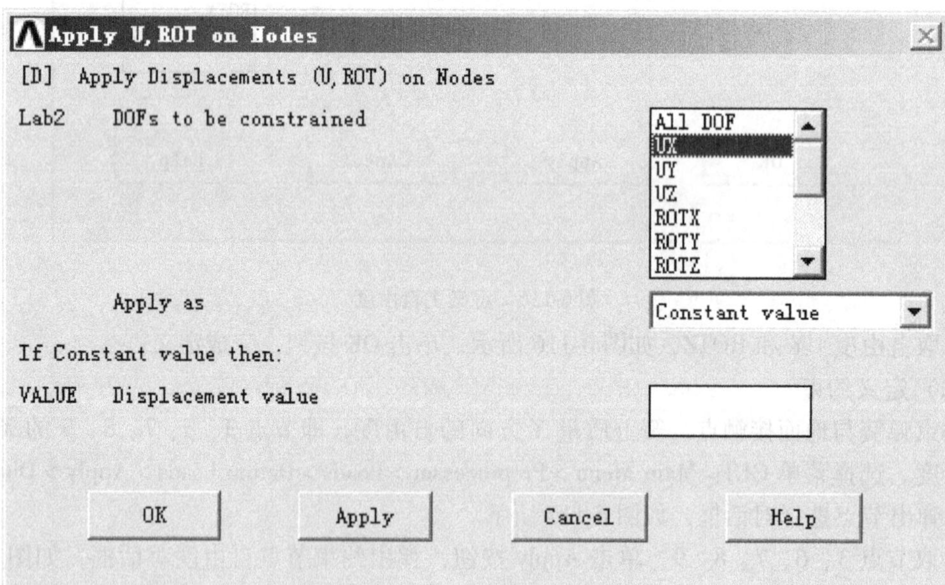

图 6-118　约束节点自由度对话框

前载荷步对话框，单击 OK 按钮进行求解。

6.3.7　后处理

接下来提取求解结果。

（1）分析结果列表

选择菜单 GUI：Main Menu > General Postproc > Results Summary，弹出分析结果列表，如

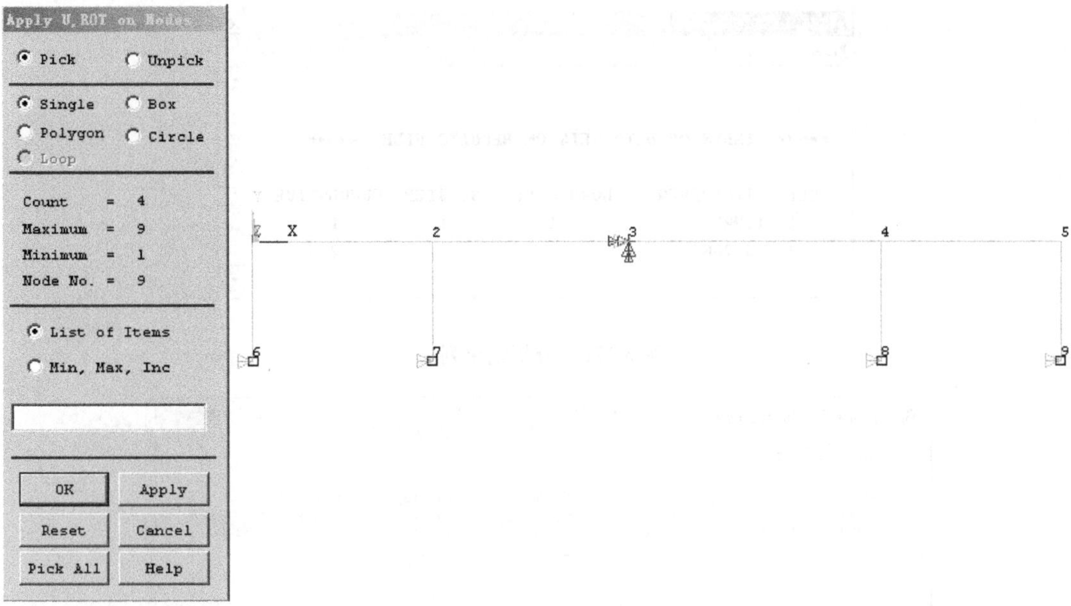

图 6-119　选取需要约束的节点

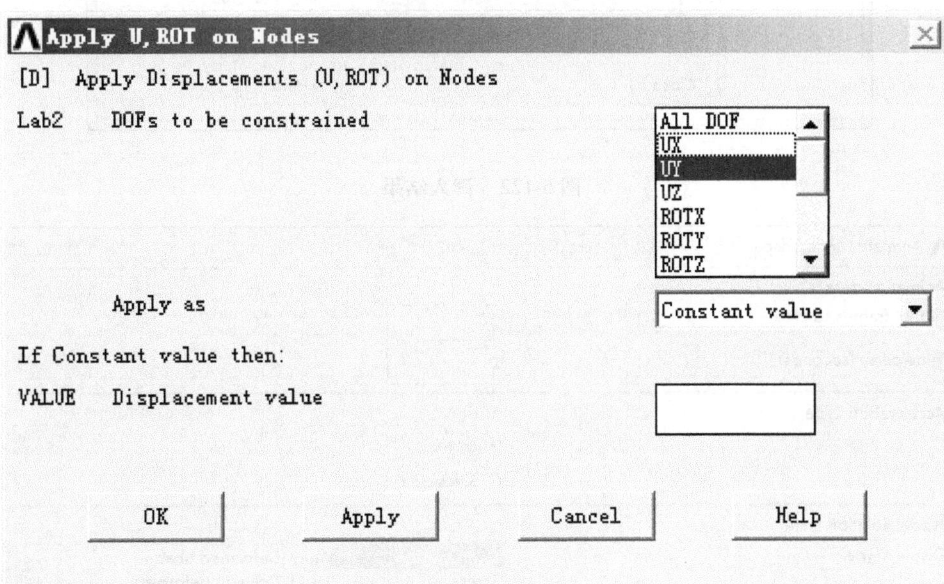

图 6-120　选取节点自由度 *UY*

图 6-121 所示。

(2) 观察分析结果动画

选择菜单 GUI：Main Menu > General Postproc > Read Results > By Pick，弹出读入结果对话框，如图 6-122 所示。

选择分析结果 1，单击 Read 按钮，然后单击 Close 按钮。选择菜单 GUI：Utility Menu > Plot Ctrls > Animate > Mode Shape，弹出模态动画设置对话框，如图 6-123 所示。

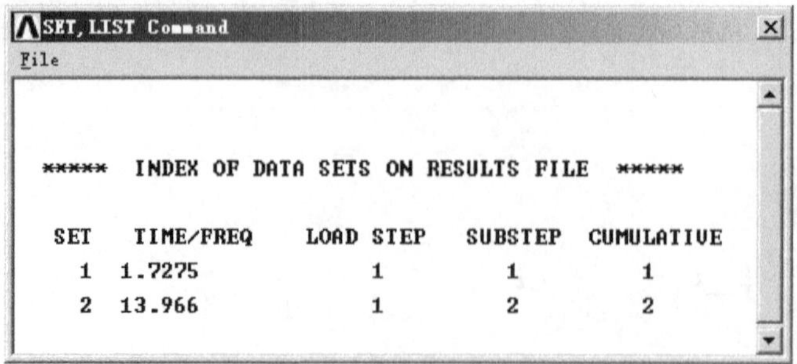

图 6-121 分析结果列表

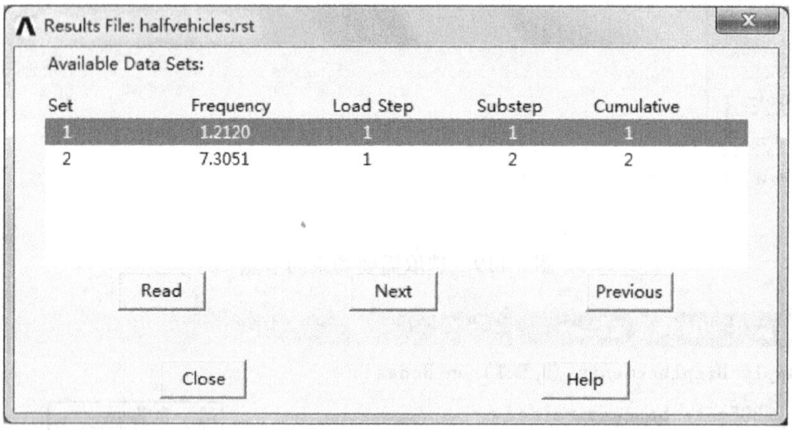

图 6-122 读入结果

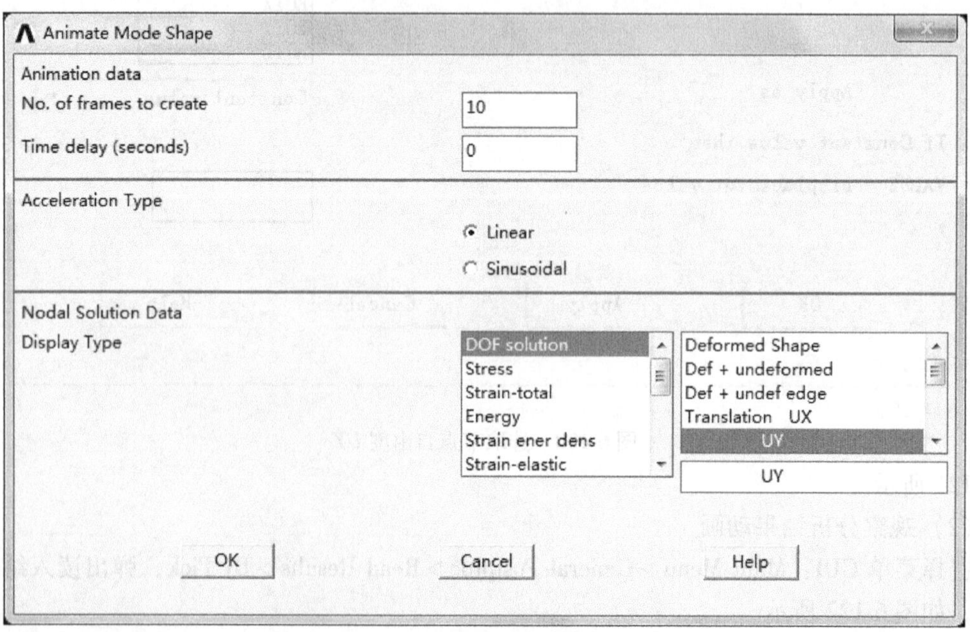

图 6-123 模态动画设置

按照如图 6-123 所示进行设置，单击 OK 按钮，开始动画演示。从动画可以看出，低阶模态主要表现为车身的上下振动(图 6-124)。

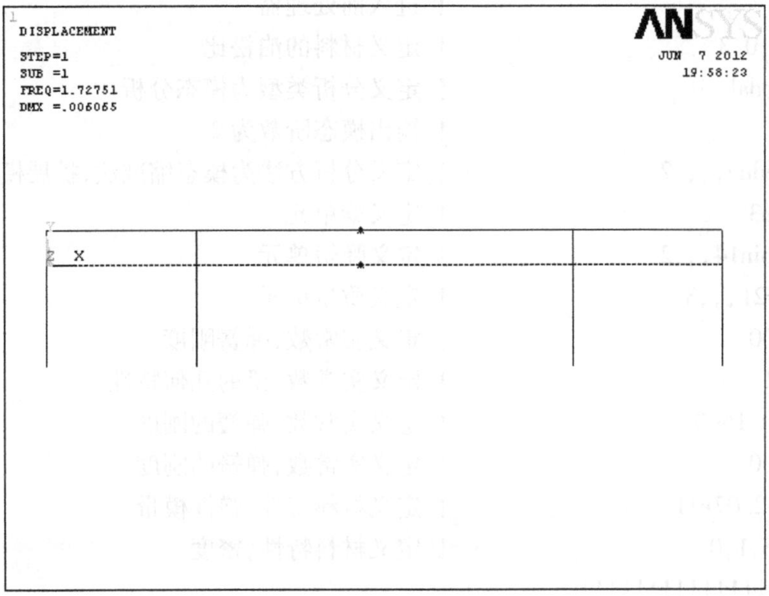

图 6-124　垂直振动

按照上述同样的方法，可以显示高阶模态振动情况，如图 6-125 所示，可以看出，高阶模态主要表现为俯仰振动。

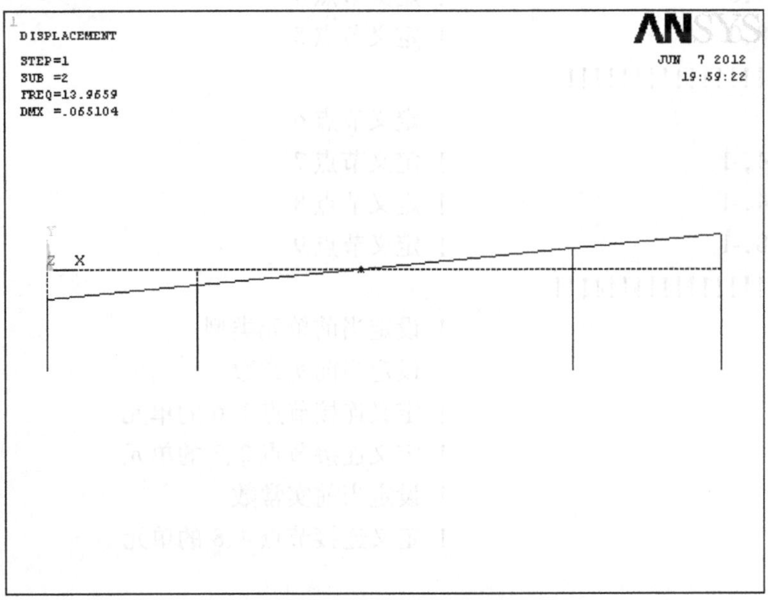

图 6-125　俯仰振动

6.3.8 Apdl 指令

```
/prep7                      ！进入前处理器
mp,prxy,,0.3                ！定义材料的泊松比
antype,modal                ！定义分析类型为模态分析
mxpand,2                    ！输出模态阶数为2
modopt,reduc,,,,2           ！定义分析方法为模态缩减法,扩展模态为2
et,1,beam3                  ！定义梁单元
et,2,combin14,,,2           ！定义弹簧单元
et,3,mass21,,,3             ！定义质量单元
r,1,881000                  ！定义实常数,弹簧刚度
r,2,1,1,1                   ！定义实常数,梁的几何特性
r,3,22900,1600              ！定义实常数,弹簧的刚度
r,4,733000                  ！定义实常数,弹簧的刚度
mp,ex,1,2.07e11             ！定义材料特性,弹性模量
MP,DENS,1,0                 ！定义材料特性,密度
!!!!!!!!!!!!!!!!!!!!!!
n,1,0,0                     ！定义节点1
n,2,1.524,0                 ！定义节点2
n,3,3.175,0                 ！定义节点3
n,4,5.334,0                 ！定义节点4
n,5,6.858,0                 ！定义节点5
!!!!!!!!!!!!!!!!!!!!!!!
n,6,0,-1                    ！定义节点6
n,7,1.524,-1                ！定义节点7
n,8,5.334,-1                ！定义节点8
n,9,6.858,-1                ！定义节点9
!!!!!!!!!!!!!!!!!!!!!!!!
type,2                      ！设定当前单元类型
real,1                      ！设定当前实常数
e,1,6                       ！定义连接节点1、6的单元
e,2,7                       ！定义连接节点2、7的单元
real,4                      ！设定当前实常数
e,4,8                       ！定义连接节点4、8的单元
e,5,9
!!!!!!!!!!!!!!!!!!!!!!!!
type,3                      ！设定当前单元类型
real,3                      ！设定当前实常数
e,3                         ！定义质量单元
```

```
!!!!!!!!!!!!!!!!!!!!!!!!!
type,1                              ! 设定当前单元类型
real,2                              ! 设定当前实常数
e,1,2                               ! 定义连接节点 1、2 的单元
e,2,3                               ! 定义连接节点 2、3 的单元
e,3,4                               ! 定义连接节点 3、4 的单元
e,4,5                               ! 定义连接节点 4、5 的单元
m,3,uy,,,rotz                       ! 定义主自由度
D,6,,,,,,UX,UY,,,,                  ! 定义约束
D,7,,,,,,UX,UY,,,,                  ! 定义约束
D,8,,,,,,UX,UY,,,,                  ! 定义约束
D,9,,,,,,UX,UY,,,,                  ! 定义约束
D,3,,,,,,,,UX,,,,                   ! 定义约束
m,3,uy,,,rotz                       ! 定义主自由度
FINISH                              ! 结束前处理
/SOLU                               ! 进入求解处理器
SOLVE                               ! 进行求解
```

第7章 车辆结构有限元谐响应分析

7.1 有限元谐响应分析基础

7.1.1 基本概念

车辆是包含质量、弹簧和阻尼的振动系统，由多个具有固有振动特性的振动子系统组成。由于车辆各结构的固有频率不同，在行驶中常因路面不平、运动方向的变化、传动系的不平衡以及发动机的激励作用，引起整车和局部的强烈振动。振动会使车辆的动力性得不到充分的发挥，导致经济性下降，同时车辆的振动还影响其通过性、操纵稳定性和平顺性，甚至损坏车辆零部件和运载的货物，也会缩短其使用寿命。

例如某载货汽车在40～50km/h的车速下驾驶室出现较强的振动，且路面状况越好，其振动越剧烈，虽然经过分析、测试与研究，并采取了一些减振措施，但是效果不理想。文献[13]采用谐响应分析方法，考察该车的动态特性，依据整车有限元分析结果，找出振动的原因，提出了解决振动的方案和措施。

谐响应分析是用于确定线性结构在承受随时间按正弦(简谐)规律变化的载荷时的稳态响应的一种技术。分析的目的是计算结构在激励频率下的响应，并得到频率响应曲线(一般为幅频响应)，通过曲线可以找到“峰值”响应。谐响应分析技术只计算结构的稳态受迫振动，属于线性分析。这种计算只考虑结构的稳态受迫振动，发生在激励开始时的瞬态振动不在谐响应分析中考虑。

根据动力学相关知识可得系统在简谐激励作用下的运动方程：

$$\boldsymbol{M}\ddot{X}+\boldsymbol{C}\dot{X}+\boldsymbol{K}X=\boldsymbol{F}\sin(\omega t) \tag{7-1}$$

式中，$\boldsymbol{M}$为结构的质量矩阵；$\boldsymbol{C}$为结构的阻尼矩阵；$\boldsymbol{K}$为结构的刚度矩阵；$\boldsymbol{F}$为简谐激励的幅值矩阵；ω为简谐激励的频率。

对于线性定常系统，式(7-1)的解可表示为

$$X(t)=X_1(t)+X_2(t) \tag{7-2}$$

式中，$X_1(t)$对应于式(7-1)中右端为0的齐次方程的通解，在弱阻尼状态下的通解可以表示为

$$X_1(t)=A\mathrm{e}^{-\omega t}\sin(\omega t+\varphi) \tag{7-3}$$

式中，$X_2(t)$为对应于式(7-1)的一个特解，因为方程的非奇次项为简谐正弦函数，其特解也为简谐函数，且频率与非齐次项的正弦函数一致，即

$$X_2(t) = B\sin(\omega t - \varphi) \tag{7-4}$$

在 ANSYS Apdl 操作平台下，谐响应可以采用三种方法求解，分别是 Full 法、模态叠加法和 Reduced 法；在 ANSYS Workbench 操作平台下，只有前两种方法可供选择。

1. Full 法

Full 法是最为常用的方法，它采用完整的系统矩阵（即不对矩阵进行缩减）计算谐响应，所用矩阵可以是对称的，也可以是不对称的。

Full 法的优点：

1）简单易用，不需要关心主自由度如何定义及模态选取。

2）使用完全矩阵，不涉及质量矩阵近似。

3）采用单一处理进程计算出所有的位移和应力。

4）对载荷类型没有特殊要求，可以施加各种类型载荷，如节点力、非零位移约束、单元载荷等。

5）对施加载荷没有限制，可以在实体模型上也可以在有限元模型上施加。

当然，Full 法也有它的缺点，如不能分析存在预应力的结构谐响应，采用 Frontal 求解器时所需资源消耗较高。

2. Reduced 法

Reduced 法借助主自由度和缩减矩阵来压缩问题的规模。主自由度处位移计算得到的结果可以扩展到初始的完整 DOF（自由度）集中。

Reduced 法的优点：

1）采用 Frontal 求解器时比 Full 法效率高。

2）可以分析存在预应力的结构谐响应。

Reduced 法的缺点：

① 初始解只能得到主自由度处位移，需要完整 DOF 的位移、应力和力的结果需要进行扩展处理，在扩展处理过程中可以进行调整。

② 对载荷类型有限制，不能施加单元载荷。

③ 载荷位置限制严格，只能施加载荷于用户定义的主自由度上。

3. 模态叠加法

模态叠加法通过模态分析得到的模态（即特征向量）与参与因子的乘积进行积分来计算结构的响应。

模态叠加法的优点：

1）在很多问题求解上，比 Full 法或者 Reduced 法效率更高。

2）在模态分析中施加的载荷可以通过 LBSCALE 命令引入谐响应分析。

GUI：Main Menu > Preprocessor > Loads > Define Loads > Apply > Load Vector > For Mode Super。

3）可以使解按结构的固有频率聚集，产生更平滑、更精确的响应曲线图。可以用于存在预应力的结构的谐响应分析。

4）可以考虑阻尼因素（通过将阻尼系数定义为频率函数引入阻尼因素）。

模态叠加法的缺点：

① 载荷只能是简谐载荷。

② 所有载荷频率必须相同。

③ 只能用于线性结构分析。

④ 不可计算瞬态效应。

上述缺点可以通过瞬态分析克服，即只需将简谐载荷定义为时间历程的载荷函数即可考虑瞬态因素。

7.1.2 在 ANSYS Workbench 平台上进行谐响应分析

在 ANSYS Workbench 平台上，完整的谐响应分析的操作与静力学分析的操作步骤相似：①建立一个工程项目；②修改材料数据；③建立/导入几何模型；④建立有限元模型，包括划分网格、施加载荷；⑤进行求解；⑥查看分析结果。

一般来讲，谐响应分析是在模态分析的基础上完成的，在 ANSYS Workbench 平台上，运用模态分析的结果进行谐响应分析是非常方便的，下面在上一章对悬臂梁模态分析的基础上，进行谐响应分析。

将周期性载荷作用在悬臂梁自由端，载荷作用频率在 1～100Hz 范围内变化。悬臂梁简谐振动载荷施加如图 7-1 所示。

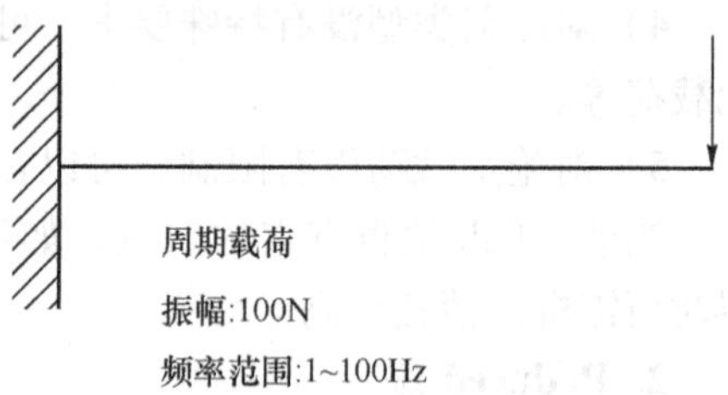

图 7-1　简谐载荷

1. 建立模态分析的谐响应分析项目

启动 ANSYS Workbench，打开随书文件中的 Harmonic_example. wbpj，将工具箱 ToolBox 中 Harmonic Response(ANSYS)拖拉到模态分析流程图上，如图 7-2 所示。

在进行谐响应分析过程中，要用到模态分析的有限元网格划分结果，在拖拉过程中红色网格要覆盖到 A4—Model，如图 7-2 所示。

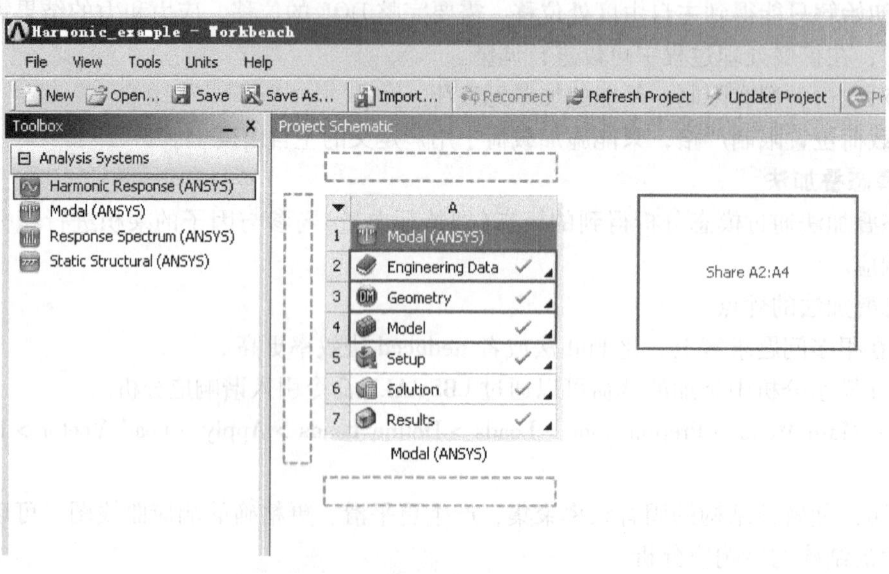

图 7-2　建立谐响应分析流程

最后建立的谐响应分析流程如图 7-3 所示。

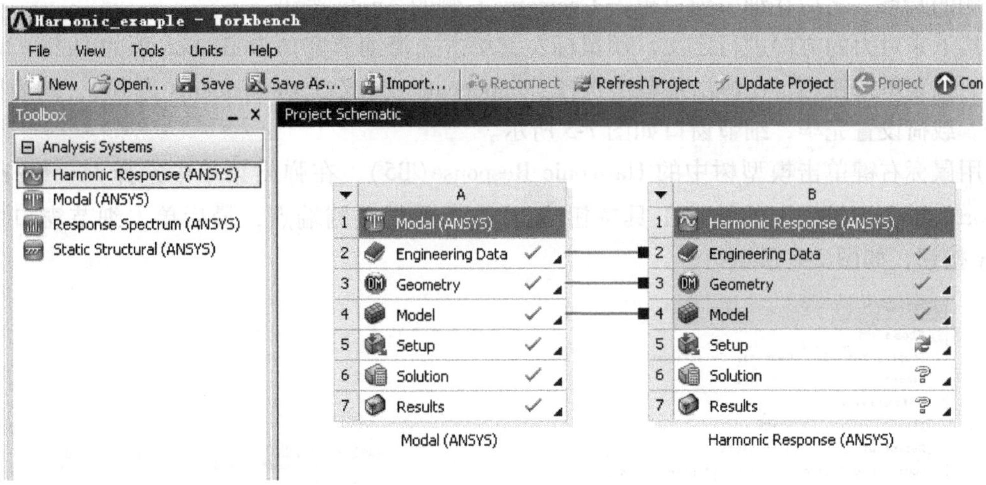

图 7-3　基于模态分析的谐响应分析流程

2. 有限元模型的修改

在进行模态分析过程中施加的载荷与约束在谐响应分析中无效，按照题目要求，需要在悬臂梁的端部施加集中载荷，在左侧端点施加全约束。

用鼠标双击 B5—Setup，启动 ANSYS Workbench Mechanical，如图 7-4 所示。

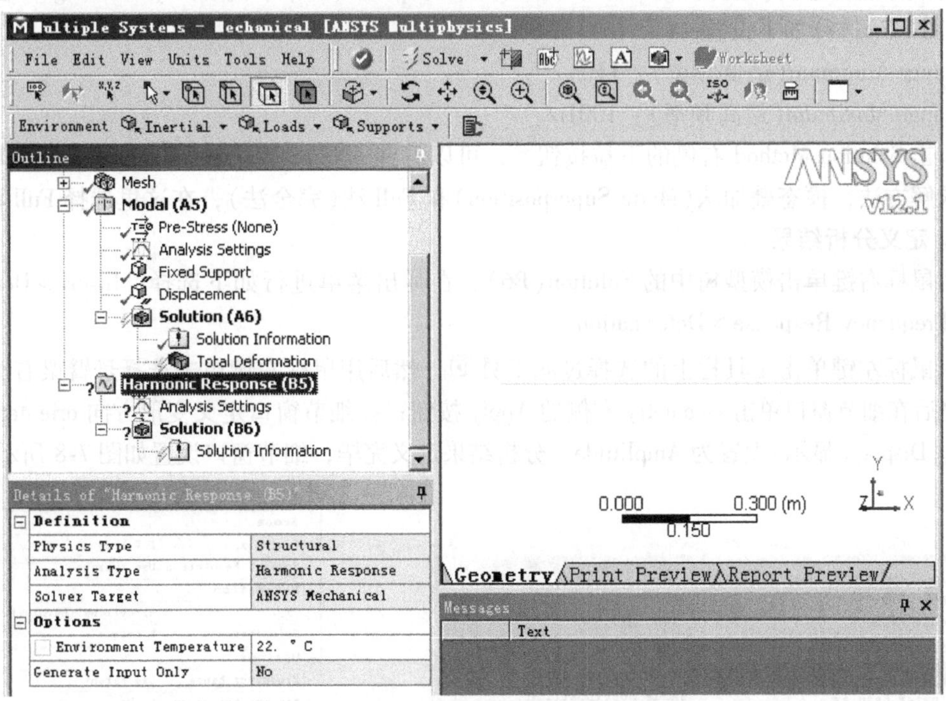

图 7-4　启动 ANSYS Workbench Mechanical

用鼠标左键单击模型树 Outline 中 Harmonic Response(B5)，单击鼠标右键，在弹出菜单中选择 Force，用鼠标左键单击工具栏上的选择过滤工具，然后用鼠标左键单击选择悬臂梁右侧的端点，之后在细节窗口单击 Geometry 右侧的 Apply 按钮。

接下来对力的方向进行定义。用鼠标左键单击选择细节窗口 Definition 下的 Define by 右侧的下拉菜单按钮，在弹出菜单中选择 Components，定义 Y Components 为 100，然后回车确认。载荷设置完毕，细节窗口如图 7-5 所示。

用鼠标右键单击模型树中的 Harmonic Response(B5)，在弹出菜单中选择 Insert > Fixed Support，单击工具栏上的拾取工具按钮，选择梁的左侧端点，最后单击细节窗口中的 Apply 按钮，如图 7-6 所示。

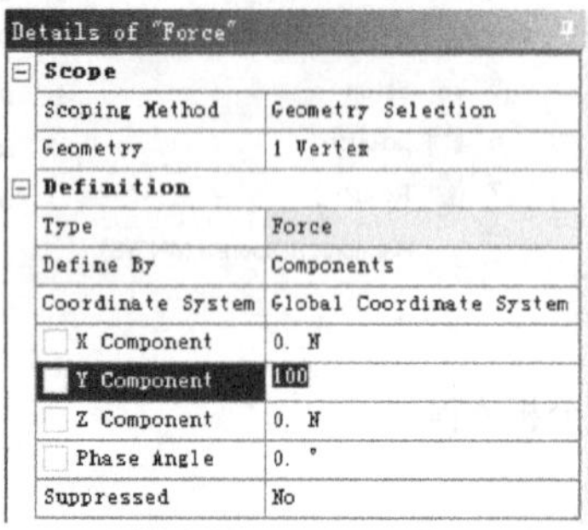

图 7-5　载荷定义细节窗口设置

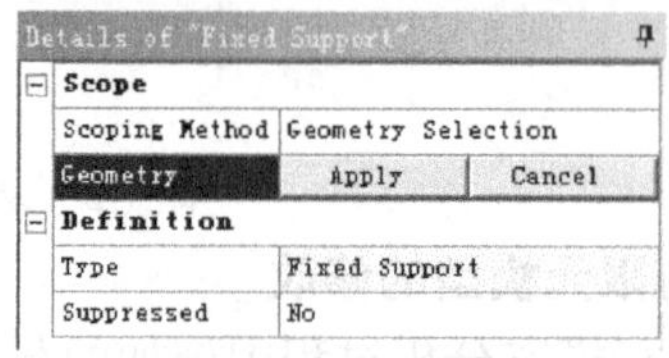

图 7-6　定义约束

3. 定义求解参数

用鼠标左键单击模型树 Outline 中 Harmonic Response(B5)下的 AnalysisSettings，在细节窗口(图 7-7)进行如下设置：

Range Minimum(最低频率)：1Hz。

Range Maximum(最高频率)：100Hz。

单击 Solution Method 右侧的下拉按钮，可以看到 ANSYS Workbench 对模态分析提供了两种求解方法，模态叠加法(Mode Superposition)和 Full 法(完全法)，在这里选择 Full 法。

4. 定义分析结果

用鼠标右键单击模型树中的 Solution(B6)，在弹出菜单进行如下选择：Insert > Deformation > Frequency Response > Deformation

用鼠标左键单击工具栏上的选择过滤工具，然后用鼠标左键单击选择悬臂梁右侧的端点，之后在细节窗口单击 Geometry 右侧的 Apply 按钮；在细节窗口定义变形方向 orientation 为 YAxis；Display(显示)设置为 Amplitude。分析结果定义完毕，细节窗口设置如图 7-8 所示。

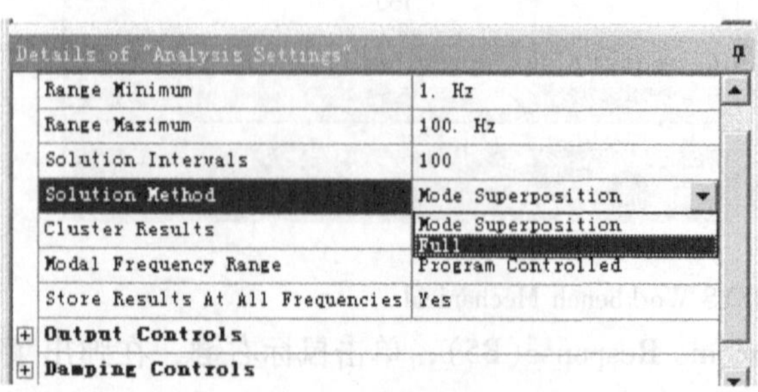

图 7-7　进行求解参数设置

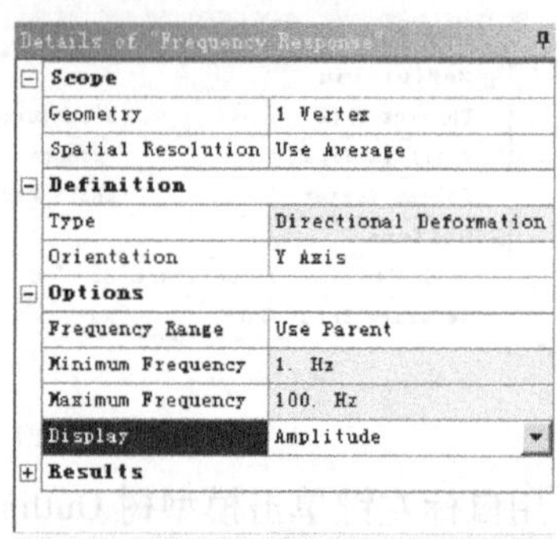

图 7-8　定义分析结果

5. 求解

用鼠标右键单击模型树中的 Solution(B6)，在弹出菜单选择 Solve，进行求解。

6. 查看分析结果

用鼠标左键单击模型树中的 Frequency Response，谐响应分析结果如图 7-9 所示。

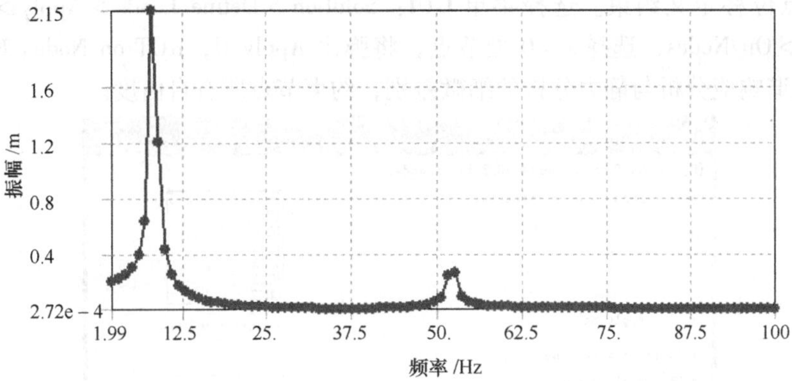

图 7-9　谐响应分析结果

可以看出，图中谐响应两个峰值的频率分别对应模态分析的前两阶固有频率。低频载荷对悬臂梁端部变形影响最大。

7.1.3　在 ANSYS Apdl 操作平台上进行谐响应分析

在 ANSYS Apdl 操作平台上进行谐响应分析的操作步骤与进行模态分析相似：①建立一个工程项目；②修改材料数据；③建立/导入几何模型；④建立有限元模型，包括划分网格、施加载荷；⑤进行求解；⑥查看分析结果。一般来讲，谐响应分析是在模态分析的基础上完成的，下面在 6.1.3 悬臂梁模态分析的基础上，进行谐响应分析。

1. 建立一个谐响应分析项目

首先启动 ANSYS，然后导入模态分析结果。

GUI：File > Resumefrom…，在弹出对话框中选择随书光盘上的文件 Harmonic_example.db。

（1）添加标题

操作如下：

GUI：Utility Menu > File > ChangeTitle...。

键入标题：Harmonic_example。

命令：/TITLE，DynamicAnalysis。

（2）修改工作名

防止下次启动 ANSYS 数据文件被修改，操作如下：

GUI：Utility Menu > File > ChangeJobname...。

键入工作名：Harmonic_example。

命令：/FILNAME，Harmonic_example，0。

（3）选择分析类型

选择谐响应分析(Harmonic)，操作如下：

GUI：Solution > Analysis Type > New Analysis > Harmonic。

命令：ANTYPE，3。

2. 建立有限元模型

（1）定义梁的端点约束

通过节点位移定义约束。选择菜单 GUI：Solution > Define Loads > Apply > Structural > Displacement > On Nodes，选择 $x=0$ 处节点，将弹出 Apply U，ROT on Nodes 对话框（图 7-10），应注意谐响应分析与静力分析的细微差别，约束节点所有自由度。

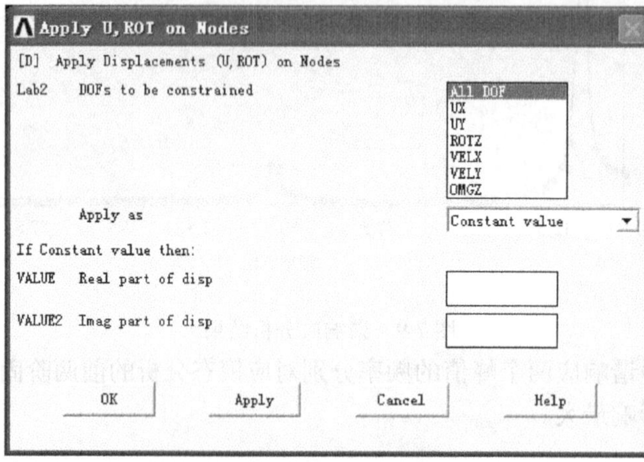

图 7-10 定义节点约束

（2）施加简谐载荷

通过节点施加载荷，选择菜单 GUI：Solution > Define Loads > Apply > Structural > Force/Moment > On Nodes，选择悬臂梁的右侧自由端节点，单击 OK 按钮。弹出 Apply Force/Moment on Nodes 对话框，按图 7-11 所示，进行设置后，单击 OK 按钮。

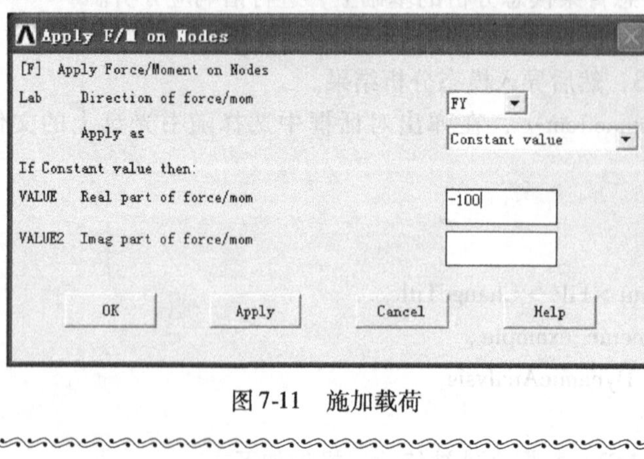

图 7-11 施加载荷

注意：

通过详细定义载荷的实部和虚部，确定了载荷的大小和相位。本例中，载荷的大小为 100N，相位角为零度。当所分析的结构上需施加的载荷不止一个时，相位角信息非常重要，它决定所施加的载荷是否在相位角范围内。对于谐响应分析，结构所承受的载荷不论大小必须是同一频率。

（3）保存数据库

GUI：Utility Menu > SaveJobname. DB。

命令：SAVE。

（4）设定载荷步

打开频率/子步设定对话框，选择菜单 GUI：Solution > Load Step Opts > Time/Frequency > Freq and Substps...，弹出 Harmonic Frequency and Substep Options 对话框（图 7-12）。将频率范围设定为“0～100Hz”，子步数为“100”，stepped or rampedb. c 为 Stepped。

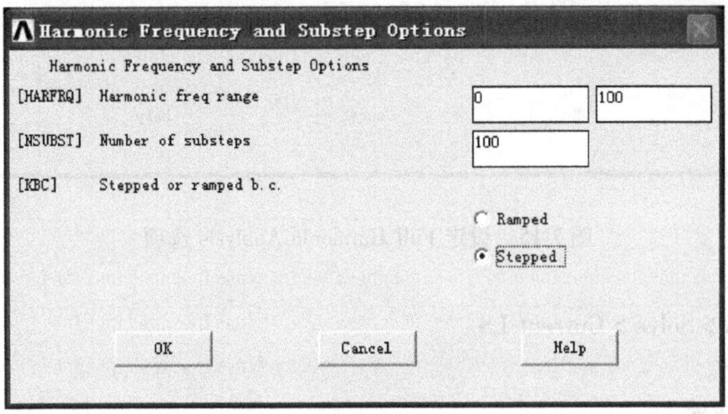

图 7-12　设定频率范围及子步数

通过上述设定，系统对悬臂梁施加载荷的频率从 1Hz 开始到 100Hz 中止。这里需要定义阶梯状边界条件（stepped boundary condition），保证在每个加载频率下载荷数值均为 100N。作为另外一项选择，即 ramped option，加载则是当载荷频率为 1Hz 时载荷大小为 1N，当载荷频率增大到 100Hz 时，载荷数值增大到 100N。单击 OK 按钮，载荷及约束定义完毕，如图 7-13所示。

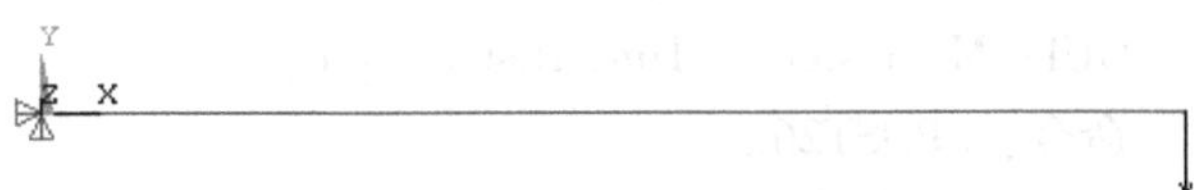

图 7-13　模型约束及载荷

3. 定义谐响应求解参数

打开谐响应分析（Harmonic）对话框，选择菜单 GUI：Main Menu > Solution > Analysis Type > New Analysis > Analysis Options，如图 7-14 所示。

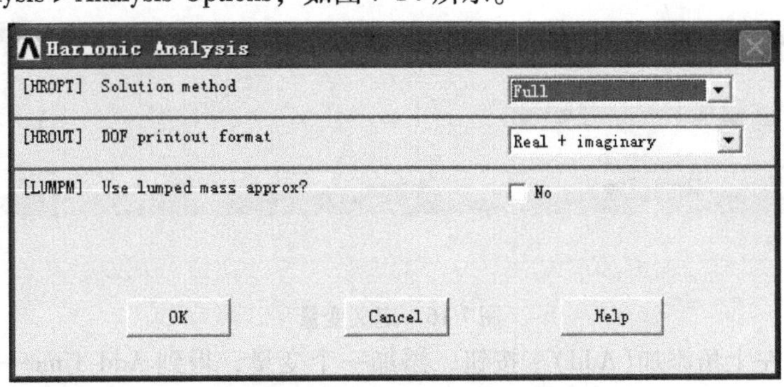

图 7-14　设定谐响应分析选项

选择完整求解法(Full Solution method)，自由度输出格式(DOFprintout format)选 Real + imaginary，不建议采用 Lump mass approx，单击 OK 按钮。弹出 Full Harmonic Analysis 选项对话框，如图 7-15 所示，保留 ANSYS 系统默认设置，单击 OK 按钮。

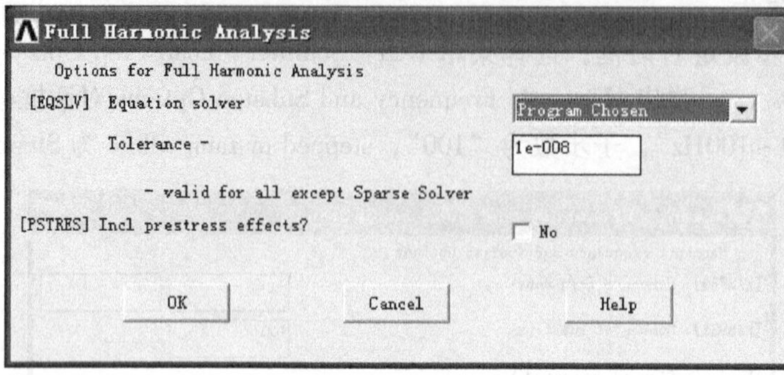

图 7-15　设定 Full Harmonic Analysis 选项

4. 求解

GUI：Solution > Solve > Current LS。

命令：SOLVE。

5. 查看分析结果

接下来查看悬臂梁端点处结构响应情况。在这里，不能再通过通用后处理(General Post Processing,POST1)查看结果，只能使用时间历程后处理(TimeHist PostProcessing,POST26)查看。POST26 通常用于查看时间或频率函数变化情况。

(1) 打开 POST26 处理器

GUI：Main Menu > Time Hist Postpro。

命令：/POST26。

(2) 定义参数变量

这里需要定义想查看结果的变量。在系统默认情况下，变量 1(Variable1)可以是时间或频率。这里将变量 1 设为频率，感兴趣的是在 $x = 1$ 处 2#节点 Y 方向位移(UY)。进入变量指示对话框，操作如下：

GUI：Time Hist Postpro > VariableViewer...。

弹出 TimeHistoryVariable 对话框，如图 7-16 所示。

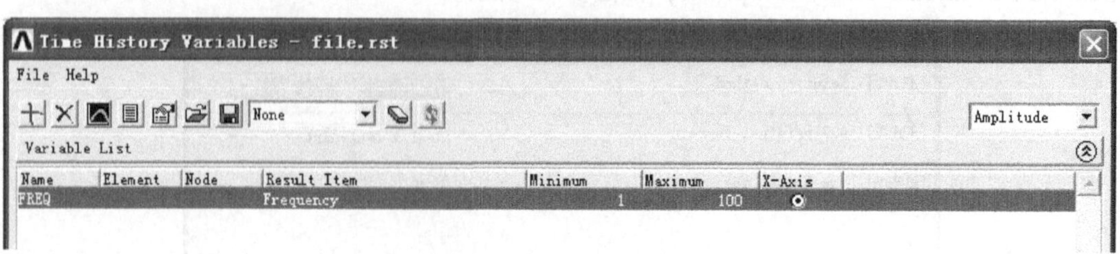

图 7-16　定义变量

单击对话框左上角添加(Add)按钮，添加一个变量，得到 Add Time—History Variable 对话框，如图 7-17 所示，在对话框中定义 2#变量。

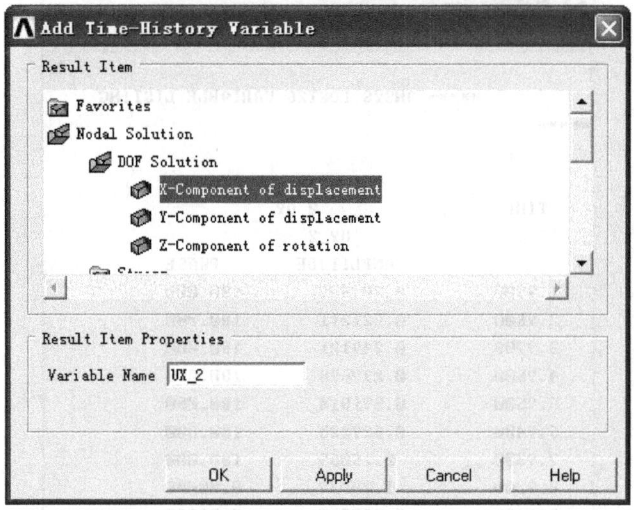

图 7-17 定义 UY 变量

因为感兴趣的是 *Y* 轴方向位移，选择 UY，选择菜单 GUI：Nodal Solution > DOF Solution > Y – Component of displacement，单击 OK 按钮。在图形对话框中，根据提示点选 2#节点后单击 OK 按钮。这时，时间历程变量(TimeHistoryVariables)对话框如图 7-18 所示。

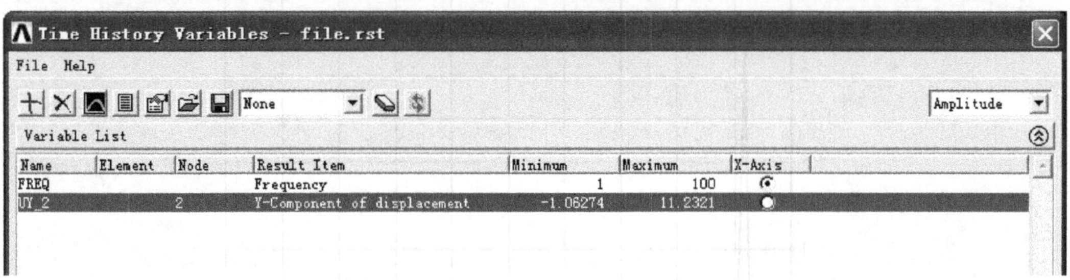

图 7-18 变量定义完毕

(3) 列表显示变量结果

在时间历史变量(TimeHistoryVariables)对话框中，单击列表(List)按钮，得到数据列表，如图 7-19 所示。

(4) 显示 UY 频率变化图

在时间历程变量(Time History Variables)对话框中，单击绘图(Plot)按钮，则在 ANSYS 图形窗口中显示出 UY 随频率的变化情况，如图 7-20 所示。

在这里应该注意到在频率为 8.3Hz 和 51Hz 时，位移 UY 出现峰值，这与已知频率 8.311 和 51.94Hz 相对应，证明 ANSYS 解是正确的。如果需要更清晰了解 UY 变化情况，可以改变 UY 显示比例。

改变坐标轴形式，打开 Modify Axis 对话框。选择菜单 GUI：Utility Menu > Plot Ctrls > Style > Graphs > Modify Axis，弹出 Axes Modification for Graph Plots 对话框。如图 7-21 所示，将 *Y* 轴改为对数(Logarithmic)，单击 OK 按钮。

PRVAR Command

File

***** ANSYS POST26 VARIABLE LISTING *****

TIME	2 UY UY_2 AMPLITUDE	PHASE
1.9900	0.204877	180.000
2.9800	0.221211	180.000
3.9700	0.249121	180.000
4.9600	0.297698	180.000
5.9500	0.391814	180.000
6.9400	0.629223	180.000
7.9300	2.15055	180.000
8.9200	1.20937	0.00000
9.9100	0.435927	0.00000
10.900	0.253463	0.00000
11.890	0.172656	0.00000
12.880	0.127446	0.00000

图 7-19　UY 随时间变化结果列表

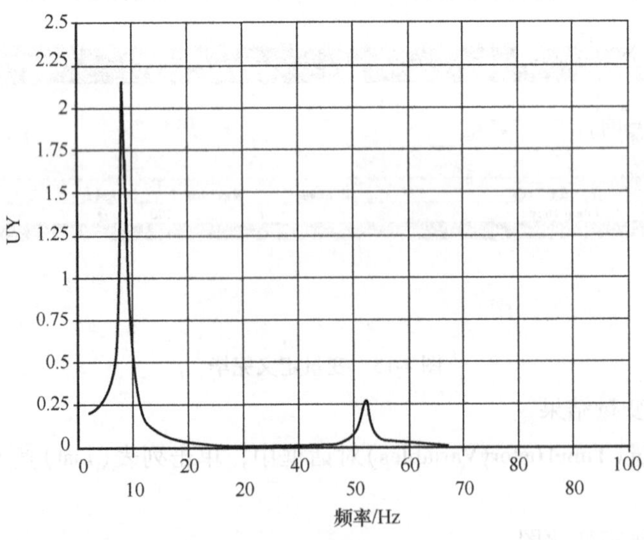

图 7-20　UY 随频率变化曲线

接下来显示坐标轴修改后图形显示，选择菜单 GUI：Utility Menu > Plot > Replot，图 7-22 所示为 2#节点随频率从 0 ~ 100Hz 范围变化的周期性载荷的响应。

命令：replot。

比较 ANSYS Workbench 和 ANSYS Apdl 操作平台下的分析结果，如图 7-23 所示。从图中可以看出，无论是共振频率，还是谐响应的最大变形，两个平台下的分析结果都是相同的。

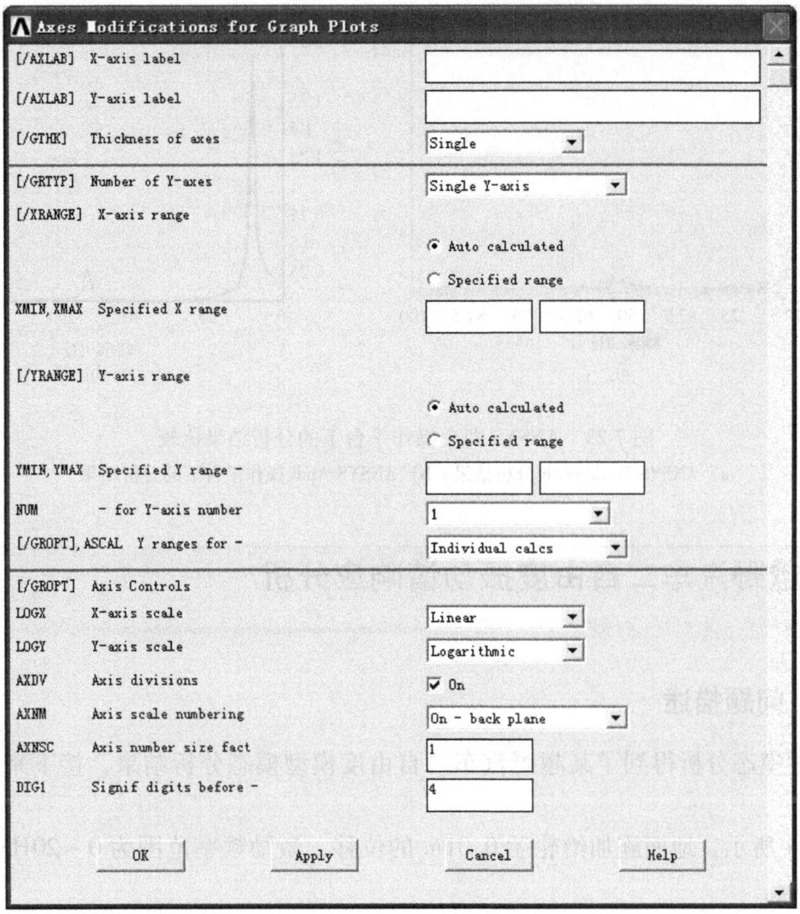

图 7-21　改变坐标轴参数

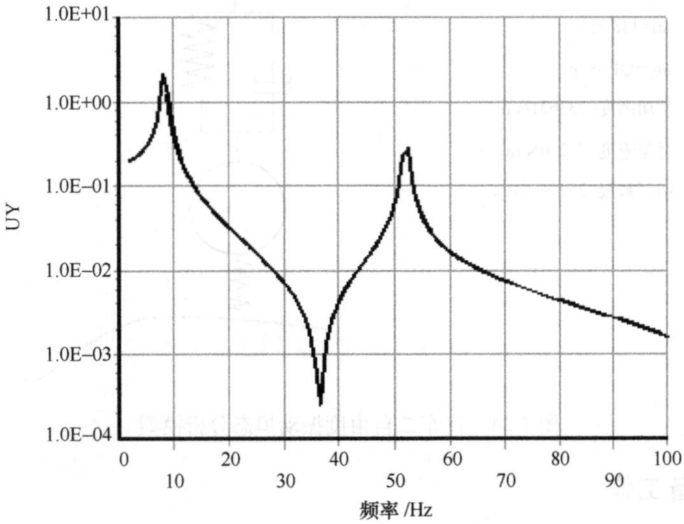

图 7-22　2#节点的周期性载荷的响应图

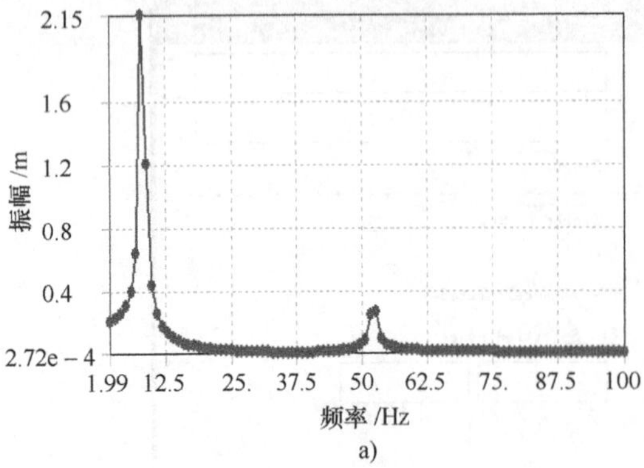

a)

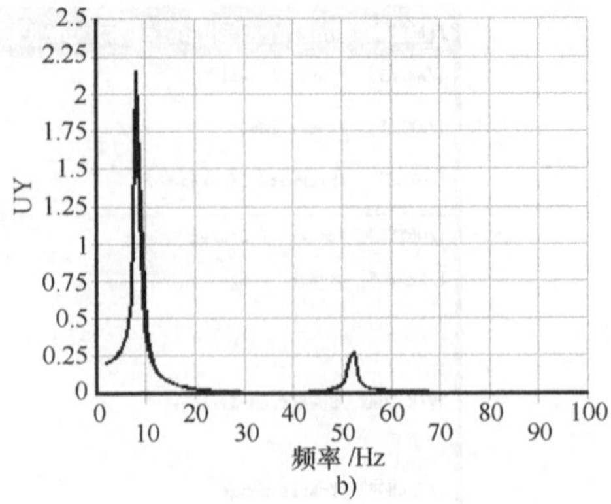

b)

图 7-23　ANSYS 两个操作平台下的分析结果比较

a）ANSYS Workbench 分析结果　b）ANSYS Apdl 操作平台下的分析结果

7.2　某越野汽车二自由度振动谐响应分析

7.2.1　问题描述

前面通过模态分析得到了某越野汽车二自由度模型模态分析结果，接下来进行谐响应分析。

如图 7-24 所示，地面施加给轮胎 0.01m 的位移，激励频率范围为 0～20Hz，分析簧上质量 m_2的响应。

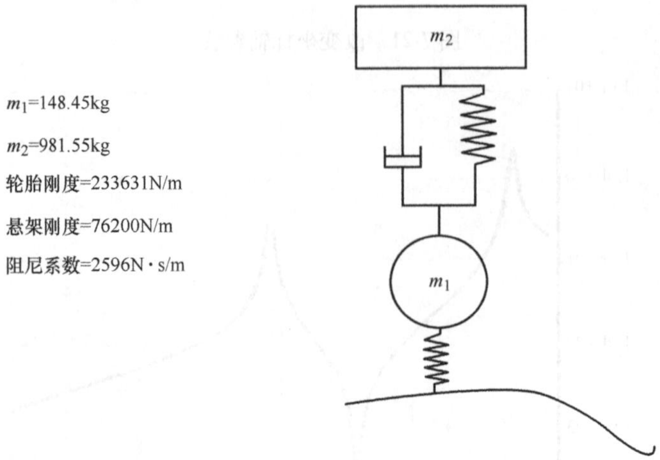

图 7-24　汽车二自由度振动模态分析模型

7.2.2　准备工作

1. 读入模态分析结果

选择菜单 Utility Menu > File > Resum From...，弹出对话框如图 7-25 所示。

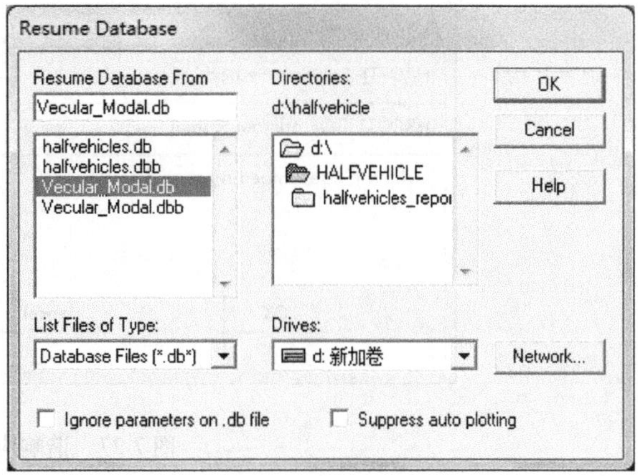

图 7-25 载入数据库

选择文件 Vecular_Modal. db，然后单击 OK 按钮。

2. 修改工作名

选择菜单 GUI：Utility Menu > File > Change Jobname...。

键入工作名：Vecular_Harmonic。

命令：/FILNAME，Vecular_Harmonic。

3. 进入前处理器

命令：/PREP7。

4. 更改标题

其操作如下：

GUI：Utility Menu > File > ChangeTitle...。

新标题为：Vehicular2 – Freedom Harmonic Analysis。

命令：/TITLE，Vehicular2 – Freedom Harmonic Analysis。

7.2.3 建立模型

谐响应分析所用模型与模态分析模型相同，不需要重新建立。

7.2.4 定义分析类型

选择菜单 GUI：Main Menu > Solution > Analysis Type > New Analysis，弹出图 7-26 所示的对话框。

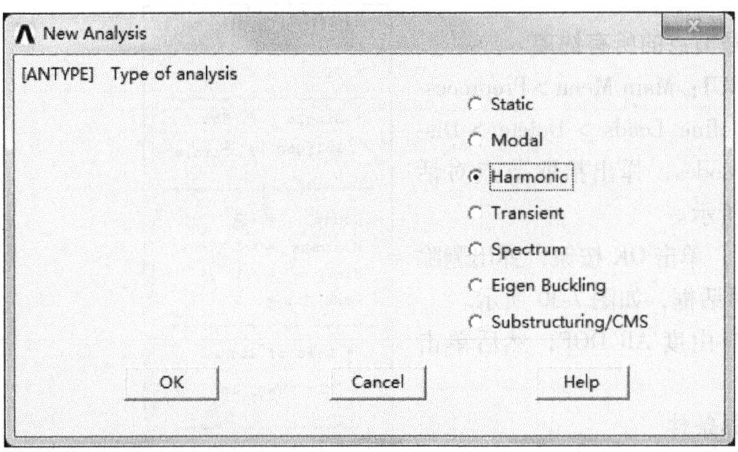

图 7-26 定义分析类型

选择 Harmonic 选项，单击 OK 按钮，弹出谐响应分析对话框，如图 7-27 所示。

将求解方法设置为 Full，然后单击 OK 按钮，弹出 Full 求解方法的有关选项对话框，如图 7-28 所示。

采取默认设置，单击 OK 按钮。

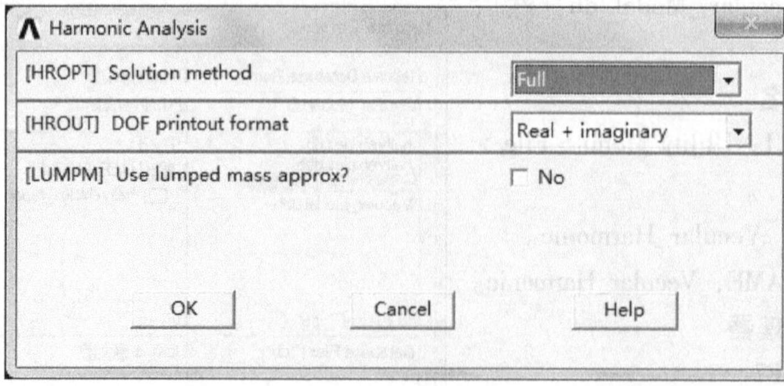

图 7-27　谐响应分析

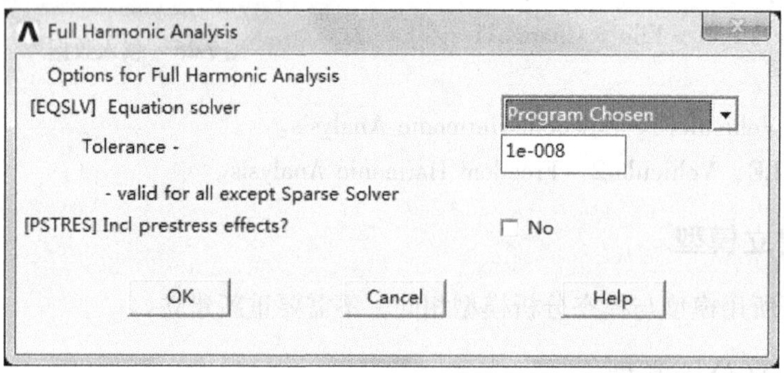

图 7-28　谐响应分析完全求解

7.2.5　施加约束

1. 删除 1 号节点的所有约束

选择菜单 GUI：Main Menu > Preprocessor > Loads > Define Loads > Delete > Displacement > On nodes，弹出拾取节点对话框，如图 7-29 所示。

选择节点 1，单击 OK 按钮，弹出删除节点上约束的对话框，如图 7-30 所示。

选择所有自由度 All DOF，然后单击 OK 按钮。

2. 施加边界条件

选择菜单 GUI：Main Menu > Preprocessor > Loads > Define Loads > Apply > Displacement > On nodes，弹出施加节点自由度对话框，如图 7-31 所示。

选择自由度 UY，位移的实部为 0.01，虚部默认为 0，然后单击 OK 按钮，弹出谐

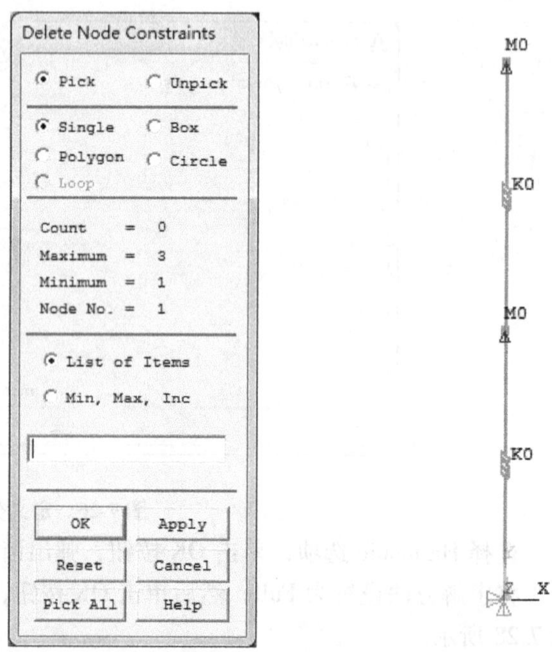

图 7-29　拾取节点

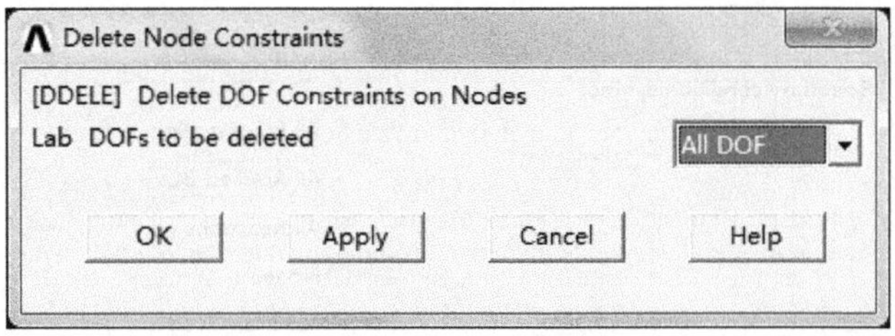

图 7-30　删除节点上的约束

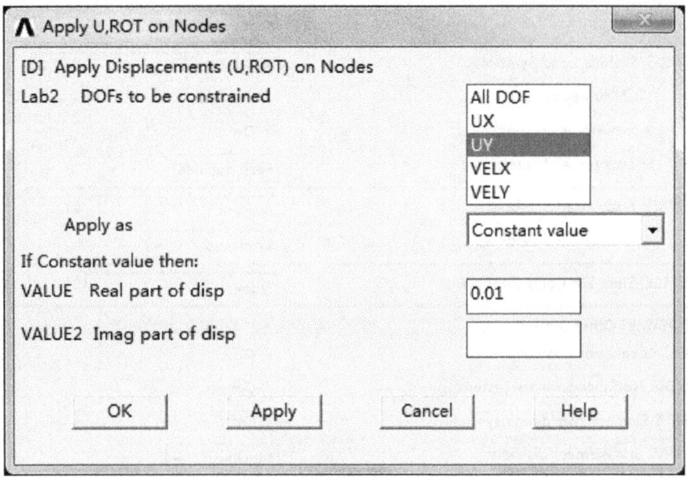

图 7-31　施加节点自由度

响应频率及子步选项对话框，如图 7-32 所示。

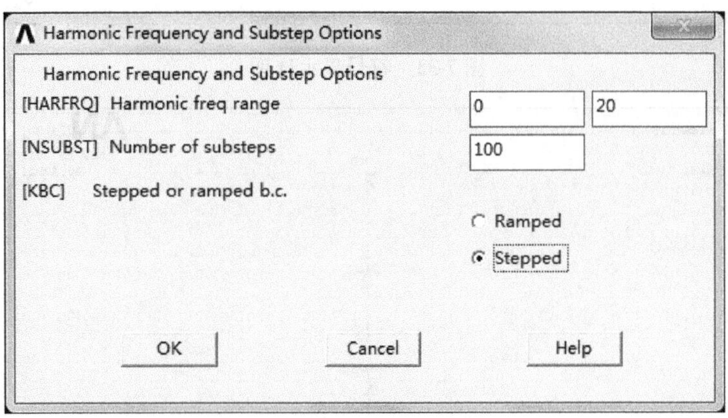

图 7-32　谐响应频率及子步选项

设置频率范围为 0 ~ 20，子步数为 100，为阶跃响应 Stepped，然后单击 OK 按钮。

3. 显示约束

选择菜单 Utility Menu：Utility Menu > Plot Ctrls > Symbols，弹出符号显示选项对话框，如图 7-33 所示。

选择显示所有约束 All Applied BC's，然后单击 OK 按钮，完成约束后模型如图 7-34 所示。

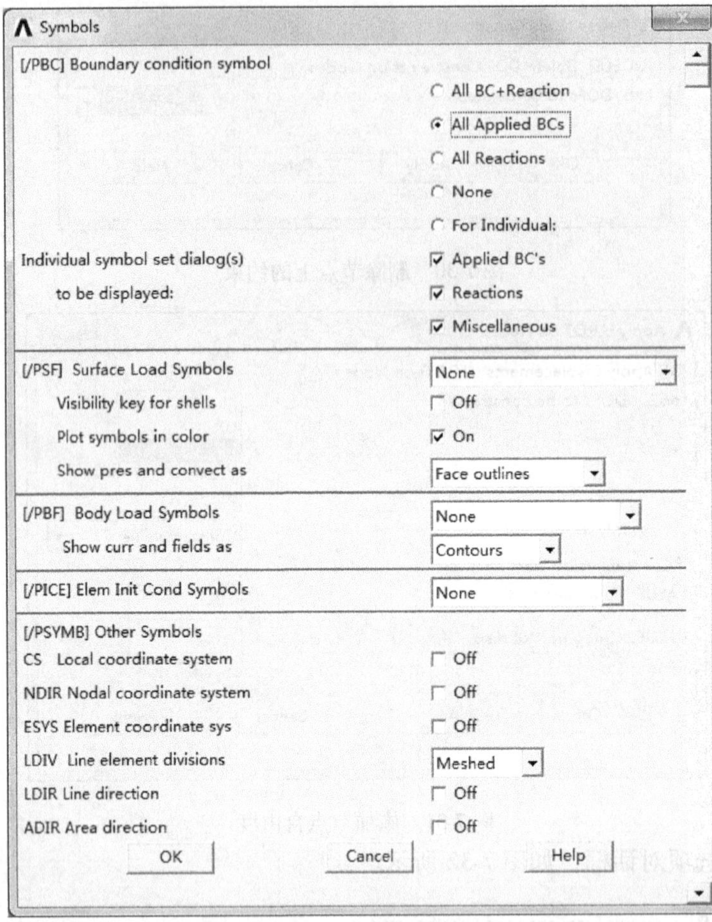

图 7-33 符号显示选项

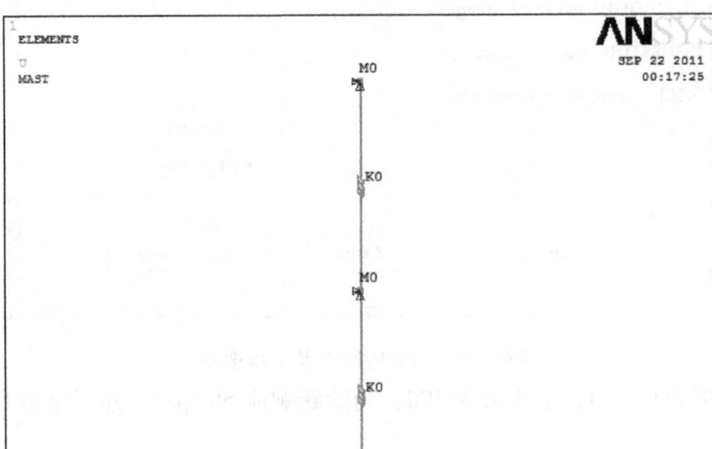

图 7-34 完成约束后的模型

7.2.6　进行求解

接下来进行求解，选择菜单 GUI：Main Menu > Solution > Solve > Current LS，弹出求解当前载荷步对话框，如图 7-35 所示。

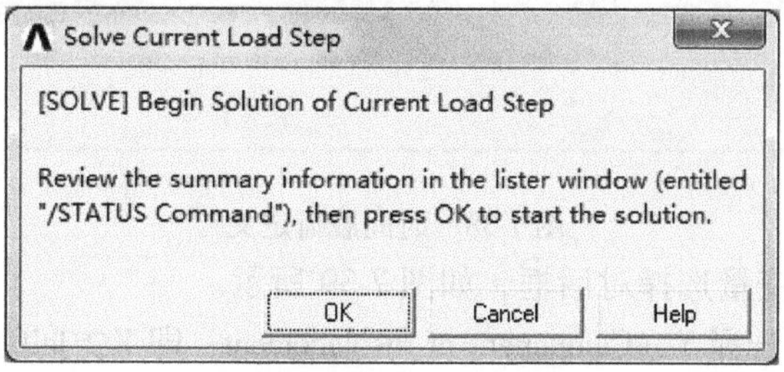

图 7-35　求解当前载荷步

单击 OK 按钮，开始求解，求解完成后，弹出求解结束对话框，如图 7-36 所示。

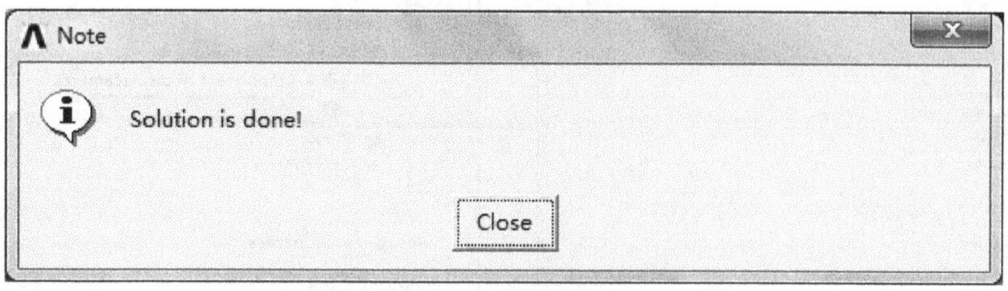

图 7-36　求解结束

单击 Close 按钮，弹出求解的基本信息，如图 7-37 所示。

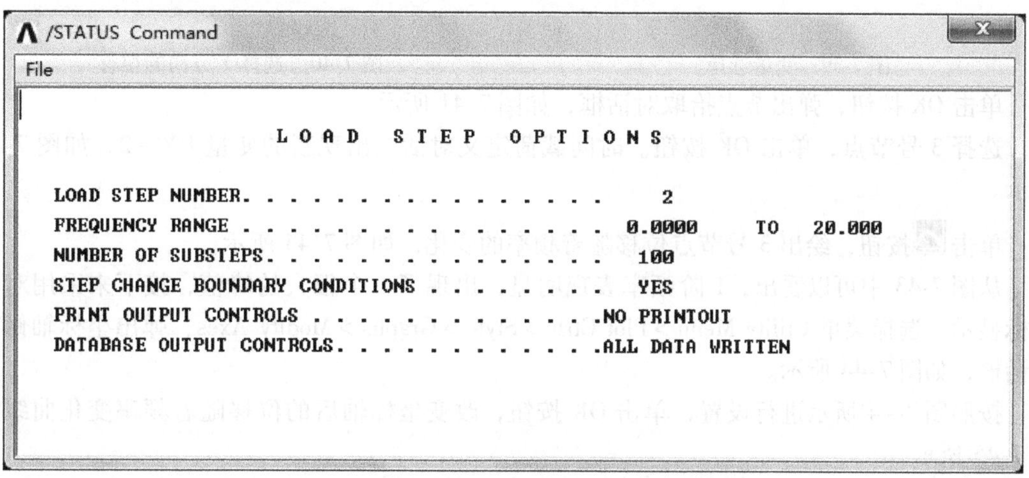

图 7-37　求解的基本信息

7.2.7　后处理

1. 查看簧上质量的位移响应

接下来查看簧上质量的位移响应。选择菜单 GUI：Main Menu > Time Hist Postpro，弹出时间载荷定义对话框，如图 7-38 所示。

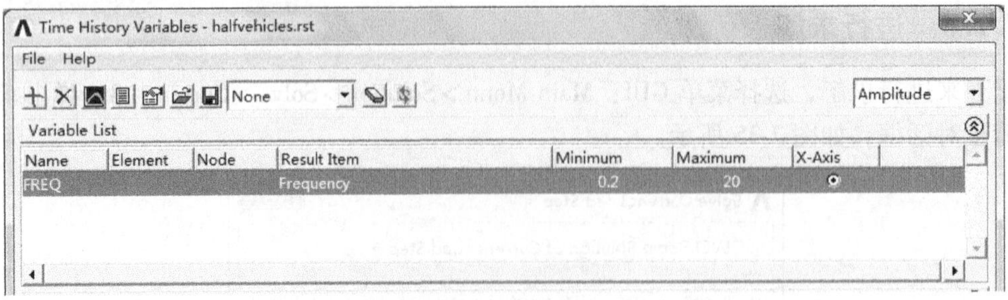

图 7-38　时间载荷定义

单击按钮，弹出变量选择对话框，如图 7-39 所示。

单击 DOF Solution，选择 Y—Component of displacement，即 *Y* 方向的位移，如图 7-40 所示。

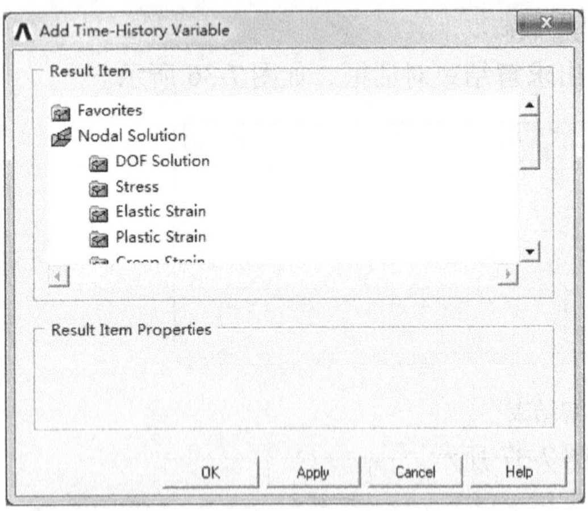

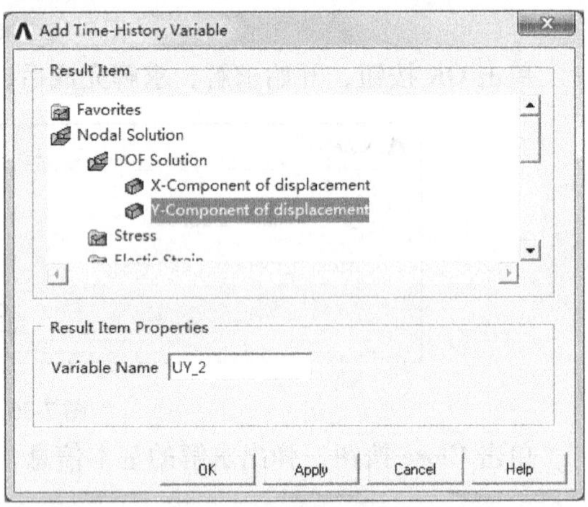

图 7-39　变量选择

图 7-40　选择 *Y* 方向的位移

单击 OK 按钮，弹出节点拾取对话框，如图 7-41 所示。

选择 3 号节点，单击 OK 按钮。时间载荷定义对话框出现新的变量 UY -2，如图 7-42 所示。

单击按钮，绘出 3 号节点位移随着频率的变化，如图 7-43 所示。

从图 7-43 中可以看出，1 阶频率表现明显，出现了一个很大的峰值，接下来采用对数坐标显示。选择菜单 Utility Menu > Plot Ctrls > Style > Graphs > Modify Axes，弹出坐标轴修改对话框，如图 7-44 所示。

按照图 7-44 所示进行设置，单击 OK 按钮，改变坐标轴后的位移随着频率变化曲线如图 7-45 所示。

从图 7-45 可以看出二阶固有频率在 7Hz 左右。由于存在阻尼，二阶频率峰值并不高，为了便于比较，图 7-46 把悬架的阻尼修改为零，然后查看簧上质量响应的情况。

改为对数坐标显示，如图 7-47 所示。从图中可以看出，修改阻尼后，响应明显增大。

2. 动画显示

选择菜单 GUI：Main Menu > General Postproc > Read Results > By Pick，弹出读入结果对话框，如图 7-48 所示。

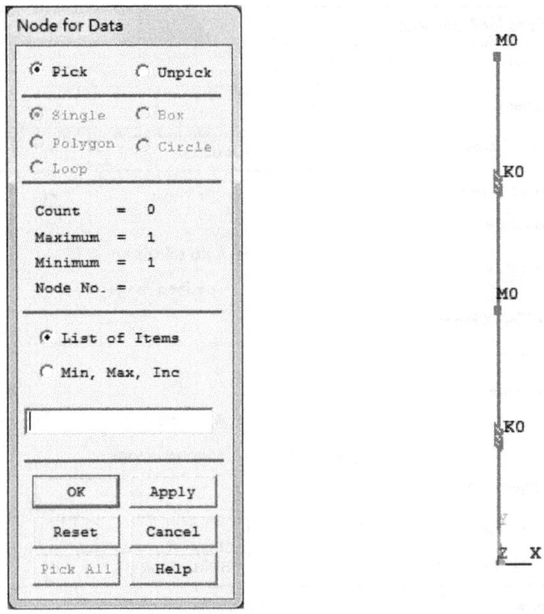

图 7-41　节点拾取

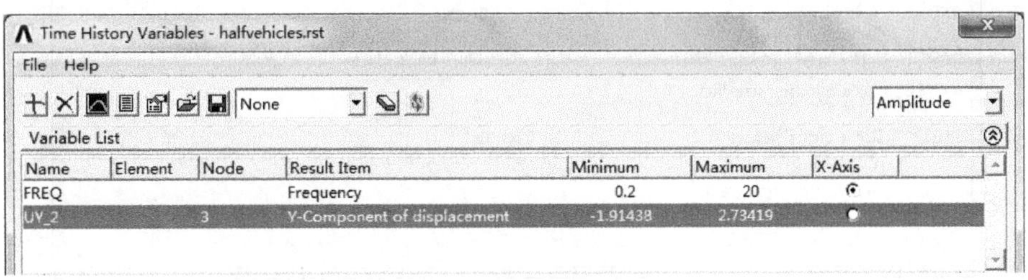

图 7-42　时间载荷定义

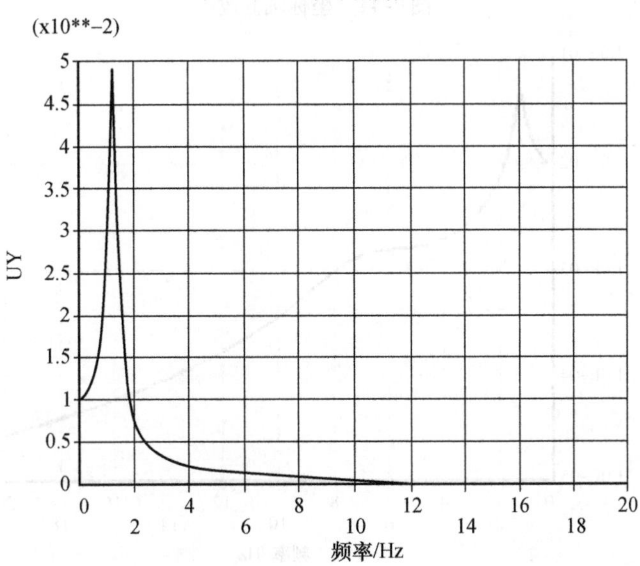

图 7-43　位移随着频率变化曲线

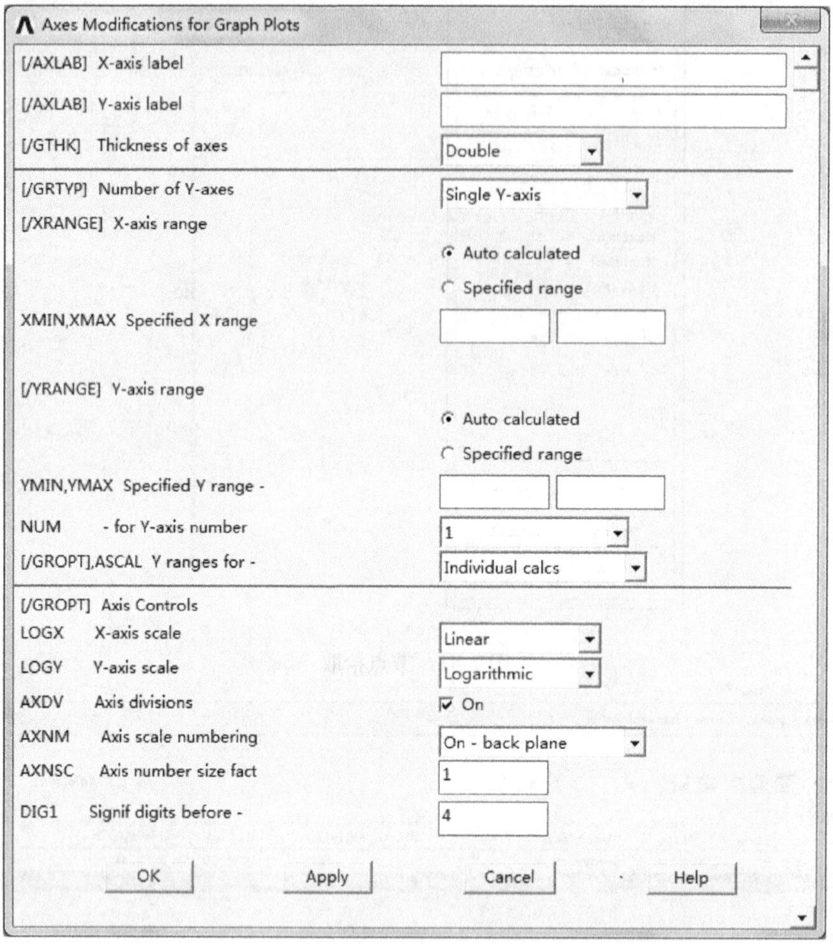

图 7-44 坐标轴修改

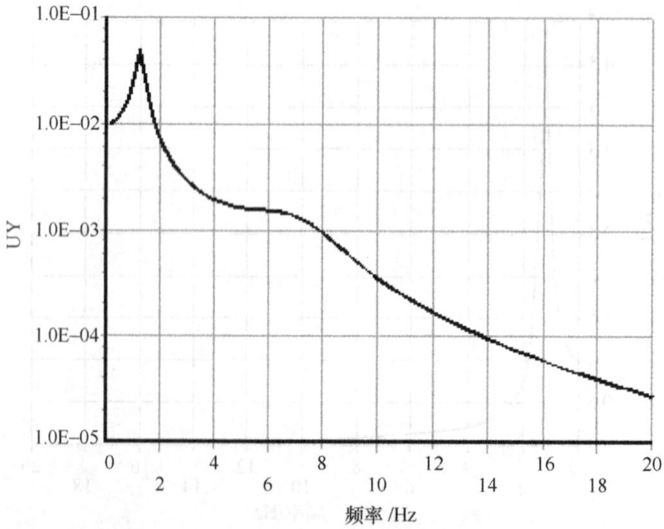

图 7-45 采用对数坐标的位移随着频率变化曲线

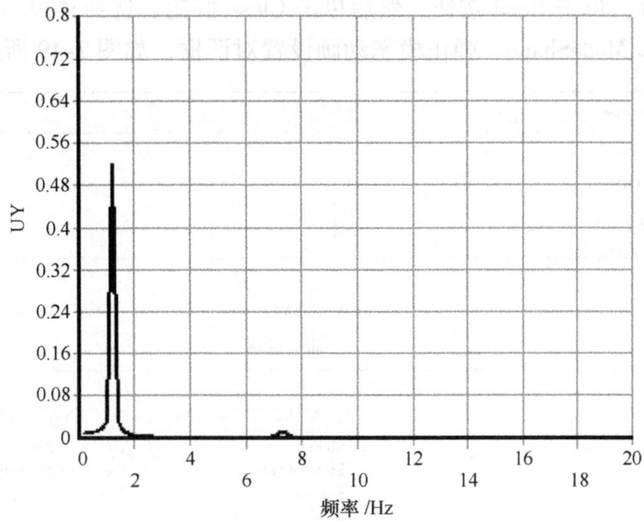

图 7-46　位移随着频率变化曲线

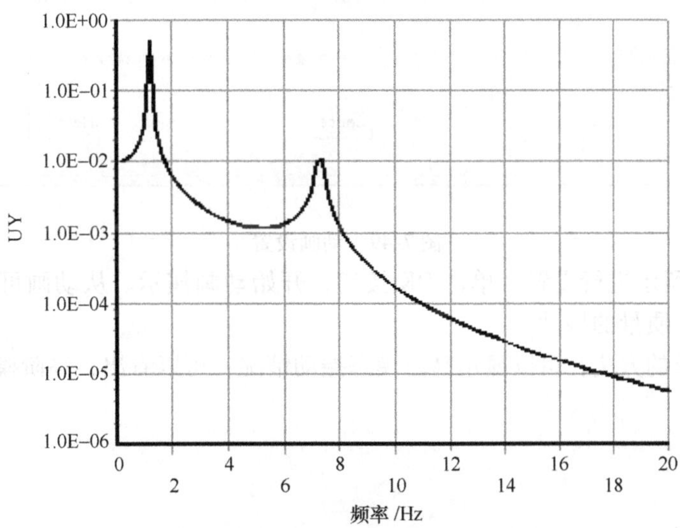

图 7-47　对数坐标位移随着频率变化曲线

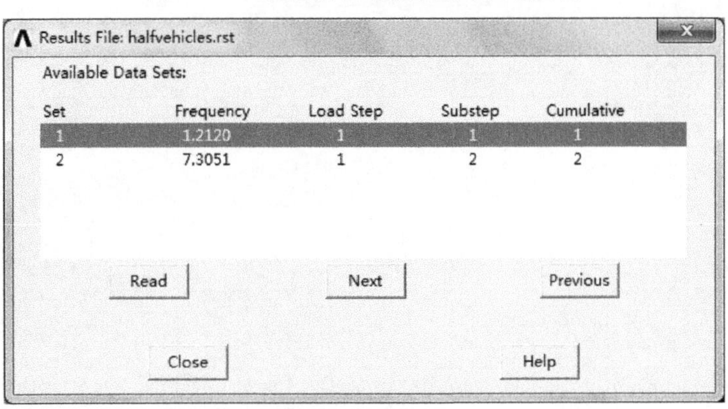

图 7-48　读入结果

选择分析结果 1，单击 Read 按钮，然后单击 Close 按钮。选择菜单 GUI：Utility Menu > Plot Ctrls > Animate > ModeShape，弹出模态动画设置对话框，如图 7-49 所示。

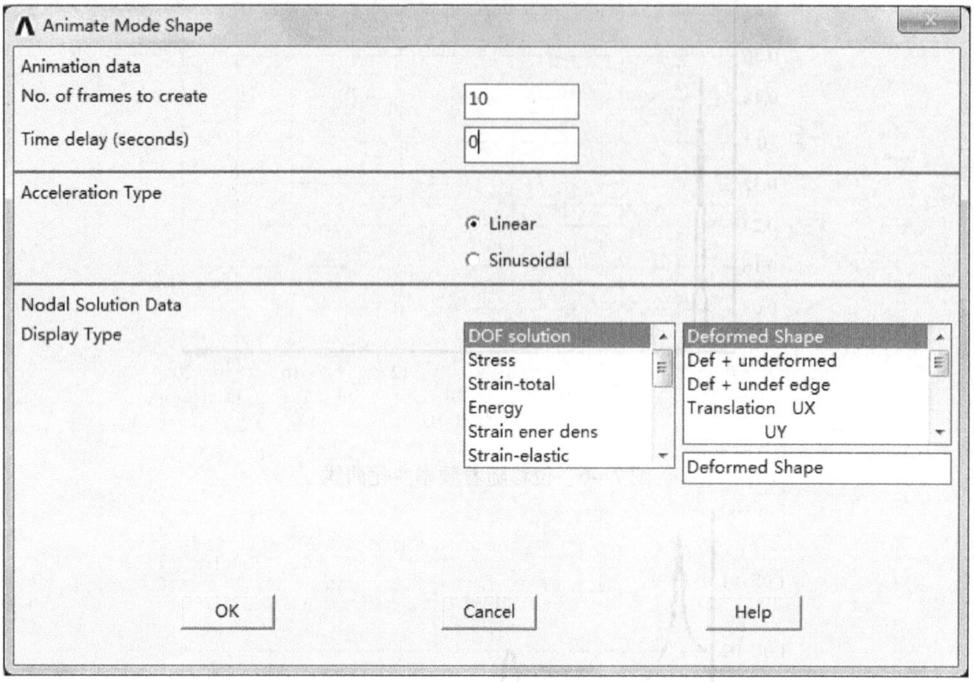

图 7-49　动画设置

按照图 7-49 所示进行设置，单击 OK 按钮，开始动画演示。从动画可以看出，低阶模态主要表现为簧上质量的振动。

按照上述同样的方法，可以显示高阶模态振动情况，可以看出，高阶模态主要表现为簧下质量的振动。

第 8 章

车辆结构有限元瞬态动力学分析

8.1 有限元瞬态动力学分析基础

8.1.1 基本概念

当结构承受任意随时间变化的载荷时，瞬态动力学分析(亦称时间历程分析)可用于确定其动力学响应。瞬态动力学分析可以确定结构在稳态载荷、瞬态载荷和简谐载荷随意组合作用下随时间变化的位移、应变、应力及力。载荷和时间的相关性使得惯性力和阻尼作用比较重要。如果惯性力和阻尼作用不重要，就可以用静力学分析代替瞬态分析。

瞬态动力学的基本运动方程是：

$$\boldsymbol{M}\ddot{\boldsymbol{u}}+\boldsymbol{C}\dot{\boldsymbol{u}}+\boldsymbol{K}\boldsymbol{u}=\boldsymbol{F}(t)$$

式中，$\boldsymbol{M}$ 是质量矩阵；$\boldsymbol{C}$ 是阻尼矩阵；$\boldsymbol{K}$ 是刚度矩阵；$\ddot{\boldsymbol{u}}$ 是节点加速度向量；$\dot{\boldsymbol{u}}$ 是节点速度向量；$\boldsymbol{u}$ 是节点位移向量。

对于任意给定的时间 t，这些方程可看做一系列考虑了惯性力($\boldsymbol{M}\ddot{\boldsymbol{u}}$)和阻尼力($\boldsymbol{C}\dot{\boldsymbol{u}}$)的静力学平衡方程。ANSYS 程序使用 Newmark 时间积分方法在离散的时间点上求解这些方程。两个连续时间点间的时间增量称为积分时间步长(integration time step)。

ANSYS 为瞬态动力学分析提供了三种方法，即 Full 法、Reduced 法和模态叠加法。在 ANSYS/LinearPlus 中只能采用模态叠加法求解。关于三种方法的优缺点在第 7 章已经进行了说明，这里不再赘述。

分析汽车防撞板是否可以承受低速冲击，汽车过凸起引起汽车振动的响应等问题都需要进行瞬态动力学分析。

图 8-1 是乔治·华盛顿大学公布的雪佛兰皮卡有限元模型。这一模型包含部件 679 个，

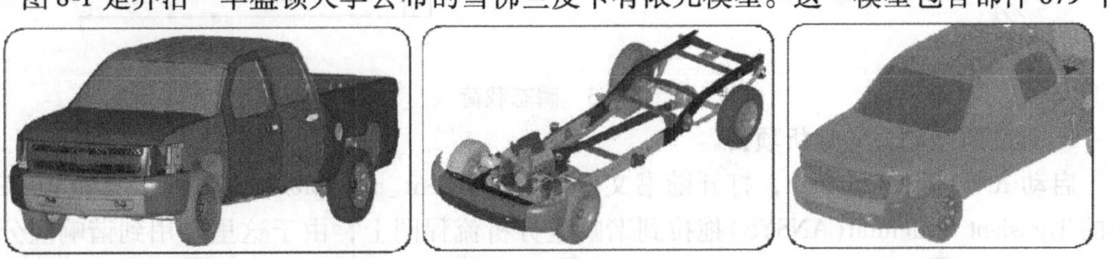

图 8-1 雪佛兰皮卡碰撞有限元模型

节点数942677个，板壳单元873144个，梁单元数量2662个，实体单元数量53293个，单元总数929131个。

这一模型可以用于模拟大部分碰撞工况，材料特性数据源于实验，并且在正碰实验中得到了验证，图8-2是正碰仿真实验与实际实验对比。

图8-2 正碰仿真实验与实际实验对比

对于复杂结构的瞬态动力学分析，在正式进行分析之前需要进行如下准备工作：①建立验证模型：按照一般的原则，首先需要建立一个比较简单的模型，验证分析设置是否可靠(模型最好是经过实验验证的)；②分析非线性因素的影响，如果结构分析中包括非线性因素，应该首先通过静力分析了解非线性特性对结构的影响机理，然后相应地调整分析模型。有时动力学分析中可以忽略非线性因素影响；③了解问题的动力学特性，首先通过模态分析计算结构的固有频率和模态，为瞬态分析准备数据。

8.1.2 在ANSYS Workbench平台上进行瞬态动力学分析

本例中将在悬臂梁的自由端施加一个沿垂直方向的冲击载荷，观察载荷施加位置的响应情况。因为理想冲击载荷激发结构所有振荡模态，所以悬臂梁的响应中必然包含所有的振荡频率。然而不可能通过数值的方式产生一个如此理想的冲击载荷，这里只能在一个很短的时间 dt 内的产生一个脉冲载荷来模拟理想冲击载荷，如图8-3所示。

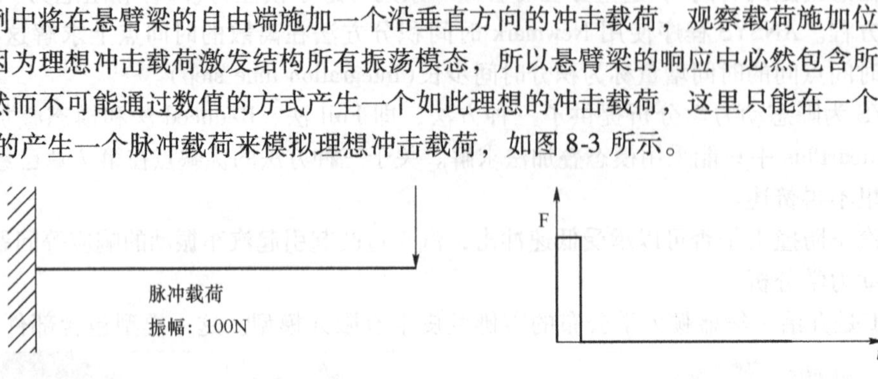

图8-3 瞬态载荷

1. 建立瞬态动力学分析项目

启动ANSYS Workbench，打开随书文件中的transient_example.wbpj，将工具箱ToolBox中的Transient Structural(ANSYS)拖拉到谐响应分析流程图上，由于这里要用到谐响应分析的有限元网格划分结果，在拖拉过程中红色网格要覆盖到A4—Model，如图8-4所示。

最后建立的基于模态分析的瞬态动力学分析流程如图8-5所示。

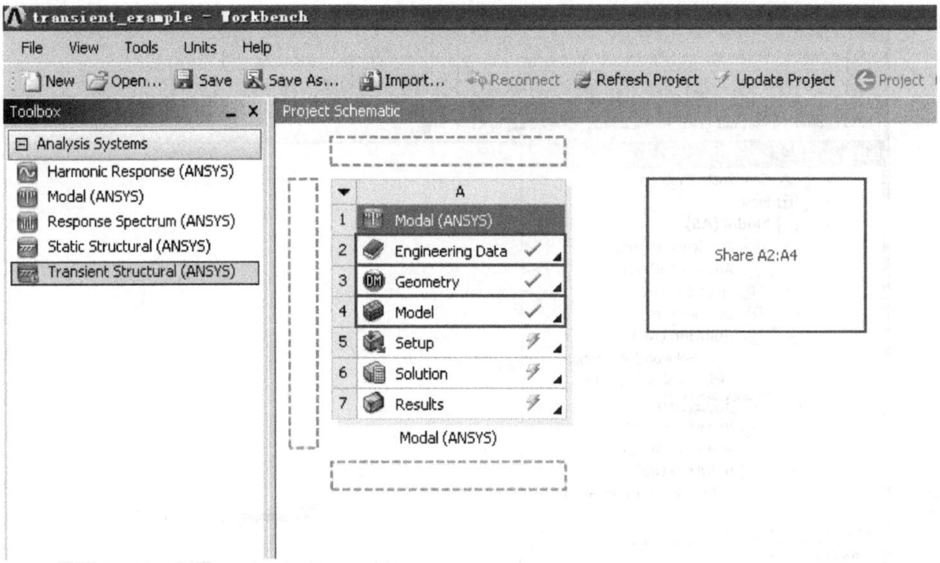

图 8-4　建立瞬态动力学分析流程

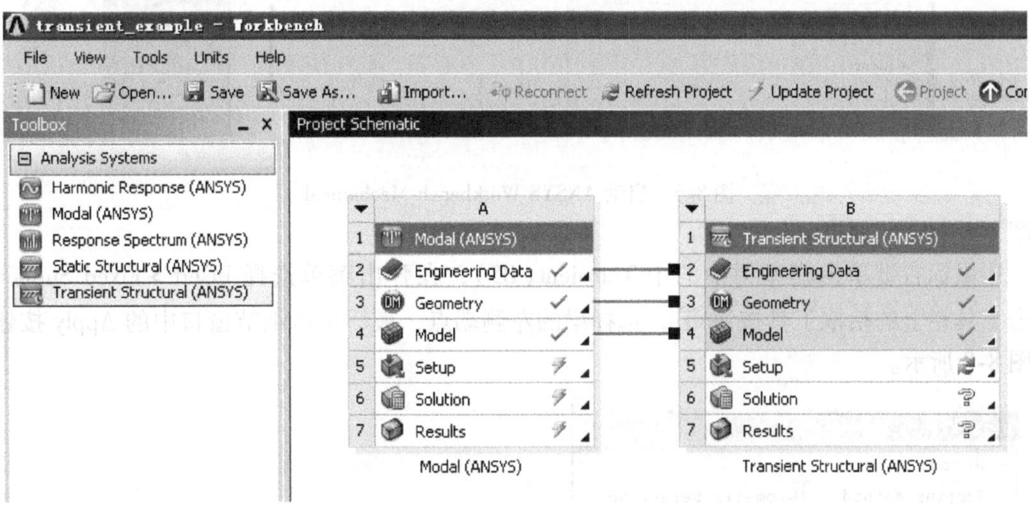

图 8-5　基于模态分析的瞬态动力学分析流程

2. 有限元模型的修改

在模态分析过程中施加的载荷与约束在瞬态动力学分析中无效，按照题目要求，需要在悬臂梁的端部施加集中载荷，在左侧端点施加全约束。

用鼠标双击 B5—Setup，启动 ANSYS Workbench Mechanical，如图 8-6 所示。

用鼠标左键单击模型树 Outline 中的 Transient(B5)，单击鼠标右键，在弹出菜单选择 Force，用鼠标左键单击工具栏中的选择过滤工具，然后用鼠标左键单击选择悬臂梁右侧的端点，之后在细节窗口单击 Geometry 右侧的 Apply 按钮。接下来对力的方向进行定义。用鼠标左键单击选择细节窗口 Definition 下的 Define by，单击右侧下拉菜单按钮，在弹出菜单选择 Components，定义 YComponents 为 -100，然后回车确认。载荷设置完毕，细节窗口

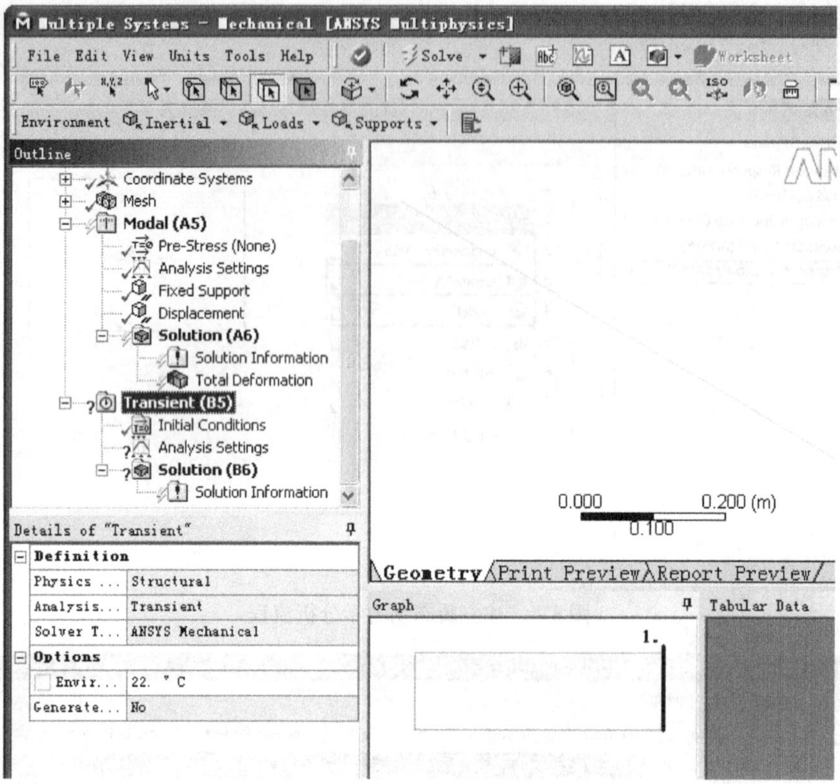

图 8-6　启动 ANSYS Workbench Mechanical

如图 8-7 所示。

用鼠标右键单击模型树中的中 Transient(B5)，在弹出菜单选择 Insert > Fixed Support，单击工具栏上的拾取工具按钮，选择梁的左侧端点，最后单击细节窗口中的 Apply 按钮，如图 8-8 所示。

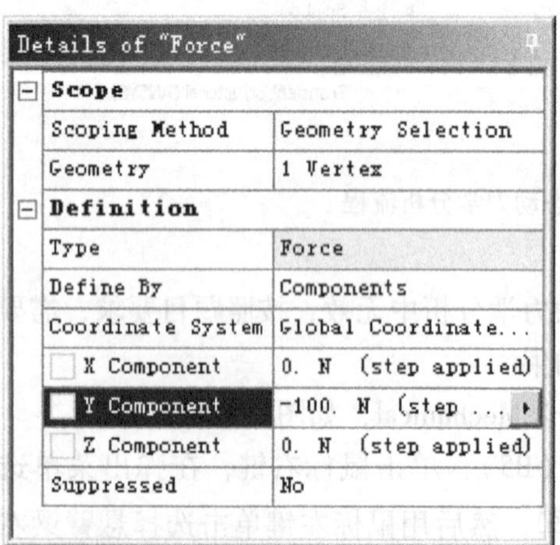

图 8-7　载荷定义细节窗口设置

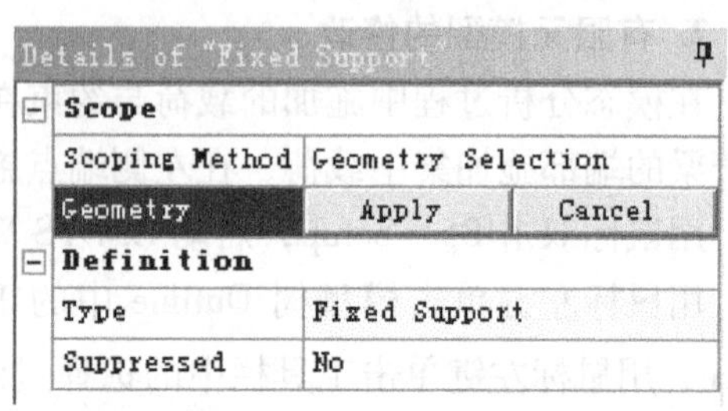

图 8-8　定义约束

3. 定义求解参数

用鼠标左键单击模型树 Outline 中 Transient(B5)下的 Analysis Settings，在细节窗口进行第一个载荷步设置，如图 8-9 所示。

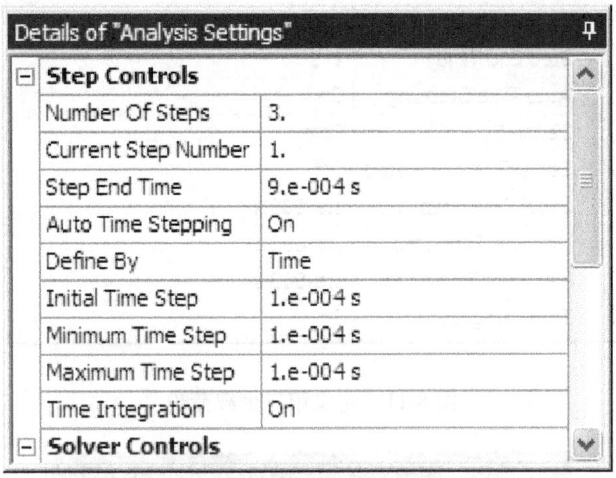

Details of "Analysis Settings"

Step Controls	
Number Of Steps	3.
Current Step Number	1.
Step End Time	9.e-004 s
Auto Time Stepping	On
Define By	Time
Initial Time Step	1.e-004 s
Minimum Time Step	1.e-004 s
Maximum Time Step	1.e-004 s
Time Integration	On
Solver Controls	

图 8-9　定义第一个载荷步

在细节窗口进行第二个载荷步设置，如图 8-10 所示。

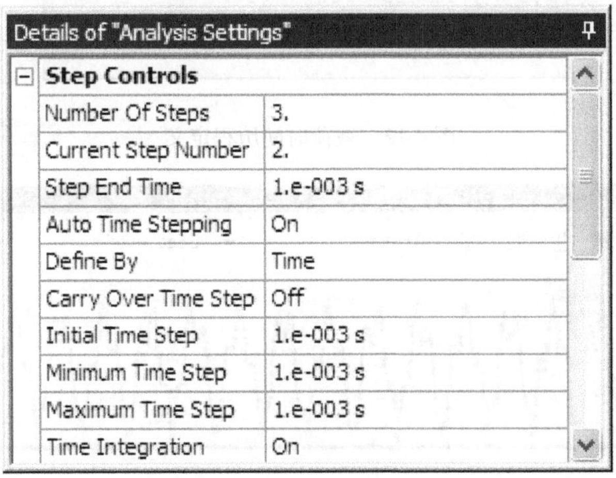

Details of "Analysis Settings"

Step Controls	
Number Of Steps	3.
Current Step Number	2.
Step End Time	1.e-003 s
Auto Time Stepping	On
Define By	Time
Carry Over Time Step	Off
Initial Time Step	1.e-003 s
Minimum Time Step	1.e-003 s
Maximum Time Step	1.e-003 s
Time Integration	On

图 8-10　定义第二个载荷步

在细节窗口进行第三个载荷步设置，如图 8-11 所示。

用鼠标左键单击模型树中的 Force，在数据栏中定义载荷时间历程，如图 8-12 所示。

4. 定义分析结果

用鼠标右键单击模型树中的 Solution(B6)，在弹出菜单选择 Insert > Deformation > Total。

5. 求解

用鼠标右键单击模型树中的 Solution(B6)，在弹出菜单选择 Solve，进行求解。

6. 查看分析结果

用鼠标左键单击模型树中的 Total Deformation，瞬态动力学分析结果如图 8-13 所示。

单击动画播放按钮▶，可以查看动画结果。

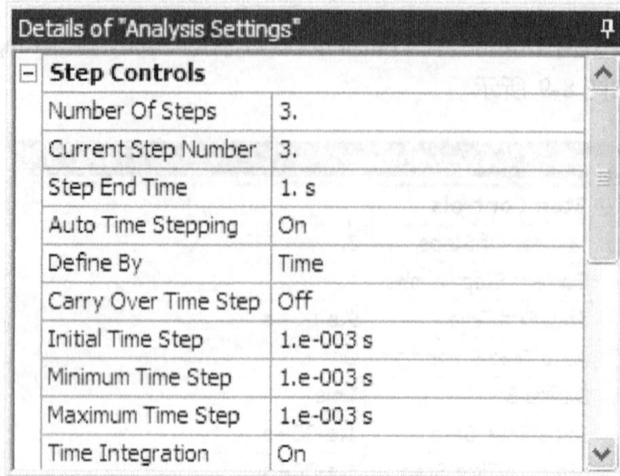

图 8-11 定义第三个载荷步

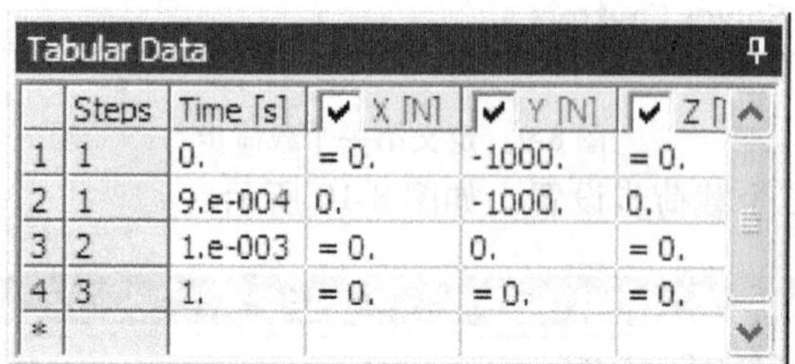

Tabular Data
Steps
Time [s]
X [N]
Y [N]
Z [
1 1 0. = 0. -1000. = 0.
2 1 9.e-004 0. -1000. 0.
3 2 1.e-003 = 0. 0. = 0.
4 3 1. = 0. = 0. = 0.

图 8-12 载荷时间历程定义

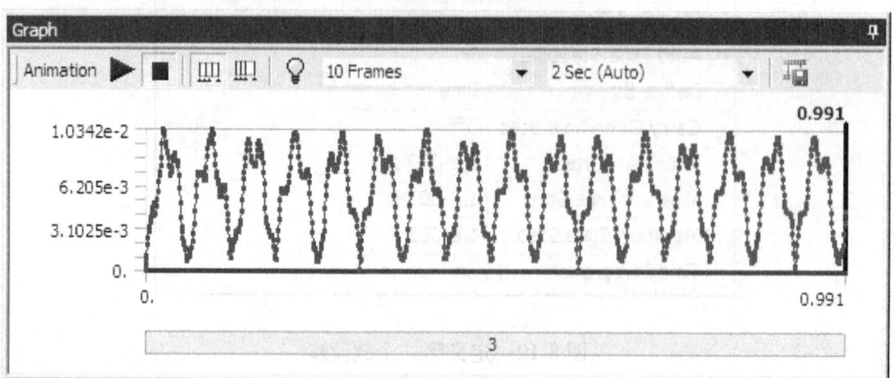

图 8-13 瞬态动力学分析结果

7. 重新分析

（1）阻尼响应分析

上述悬臂梁瞬态动力学分析过程中没有涉及结构的阻尼。阻尼需要在 Analysis Setting 中定义。

（2）设置阻尼参数

用鼠标左键单击模型树中的 Analysis Setting，在细节栏设定 Beta 阻尼系数为 0.01，如图 8-14 所示。

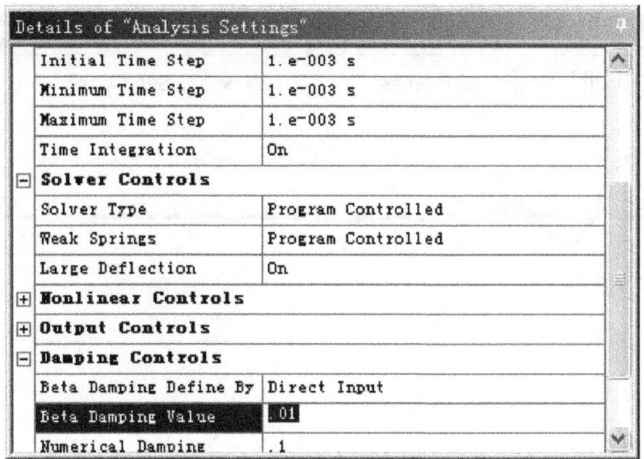

Details of "Analysis Settings"

Initial Time Step	1. e-003 s
Minimum Time Step	1. e-003 s
Maximum Time Step	1. e-003 s
Time Integration	On
Solver Controls	
Solver Type	Program Controlled
Weak Springs	Program Controlled
Large Deflection	On
Nonlinear Controls	
Output Controls	
Damping Controls	
Beta Damping Define By	Direct Input
Beta Damping Value	.01
Numerical Damping	.1

图 8-14　定义阻尼系数

(3) 求解

用鼠标右键单击模型树中的 Solution(B6)，在弹出菜单选择 Solve，重新进行求解。

(4) 查看分析结果

用鼠标左键单击模型树中的 Total Deformation，在细节栏进行分析结果设置，如图 8-15 所示。

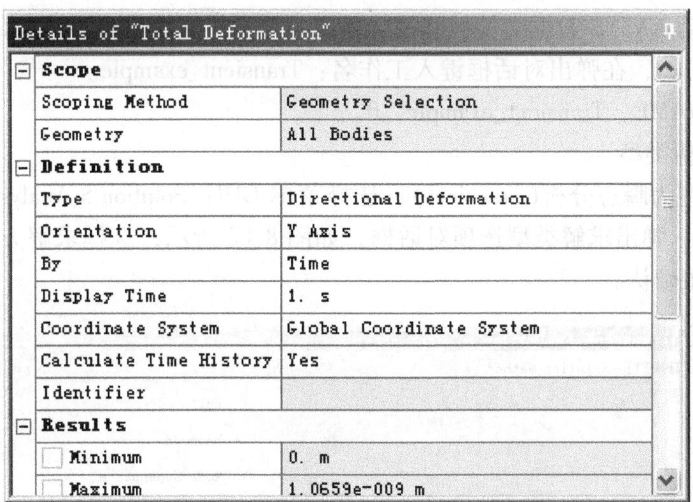

Details of "Total Deformation"

Scope	
Scoping Method	Geometry Selection
Geometry	All Bodies
Definition	
Type	Directional Deformation
Orientation	Y Axis
By	Time
Display Time	1. s
Coordinate System	Global Coordinate System
Calculate Time History	Yes
Identifier	
Results	
Minimum	0. m
Maximum	1. 0659e-009 m

图 8-15　定义变形结果显示方向为 Y 轴

瞬态动力学分析结果如图 8-16 所示。

8.1.3　在 ANSYS Apdl 平台上进行瞬态动力学分析

接下来将上述问题在 ANSYS Apdl 操作平台上进行求解。

1. 建立一个瞬态动力学分析项目

首先启动 ANSYS，打开包含模态分析结果的文件。

GUI：File > Resume from...，在弹出对话框中选择随书光盘上的文件 Transient_example. db。

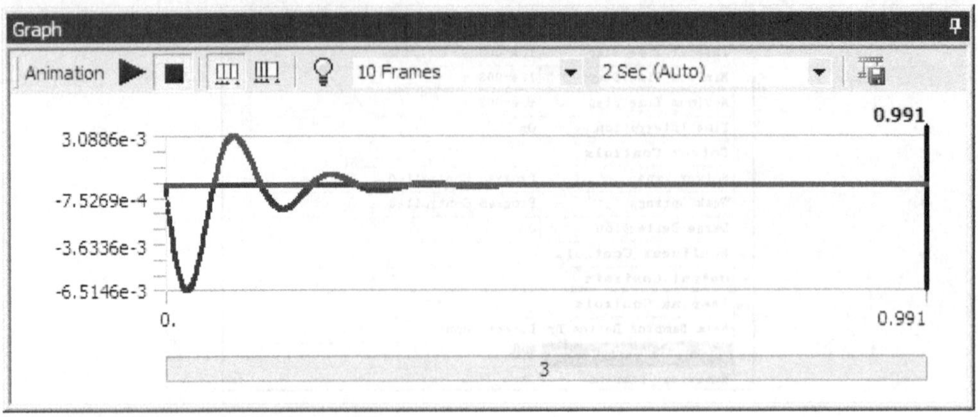

图 8-16　瞬态动力学分析结果

（1）添加标题

选择菜单 GUI：Utility Menu > File > ChangeTitle...，在弹出对话框键入标题：Transient_example。

命令：/TITLE，Transient Analysis。

（2）修改工作名

防止下次启动 ANSYS 数据文件被修改，修改工作名。选择菜单 GUI：Utility Menu > File > ChangeJobname...，在弹出对话框键入工作名：Transient_example。

命令：/FILNAME，Transient_example，0。

（3）选择分析类型

选择分析类型为瞬态分析(Transient)，选择菜单 GUI：Solution > Analysis Type > New Analysis > Transient，弹出求解类型选项对话框，如图 8-17 所示，选择求解方法为 Reduced 方法，单击 OK 按钮确认。

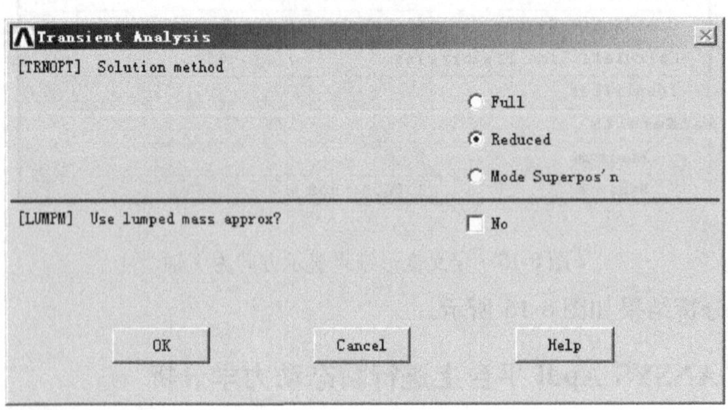

图 8-17　求解类型选项

2. 建立有限元模型

（1）定义主自由度

选择菜单 GUI：Solution > Master DOFs > User Selected > Define，弹出节点拾取对话框，

选择除了 $x=0$ 节点外的所有节点。单击 OK 按钮，弹出如图 8-18 所示的对话框，取 UY 为第一主自由度，单击 OK 按钮完成设置。

（2）定义约束

定义梁的端点的约束，选择菜单 GUI：Solution Menu > Define Loads > Apply > Structural > Displacement > On nodes，固定(Fixed)最左端节点的所有自由度(All DOFs)，单击 OK 按钮结束定义。

（3）施加载荷

通过载荷步长定义所需冲击载荷。图 8-19 所示为载荷沿时间变化曲线。由于求解采用简化法，所以在一个时间步长中载荷数值大小不变。

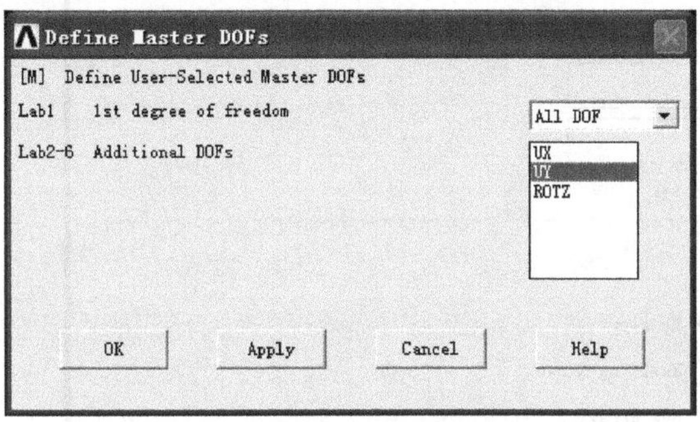

图 8-18　设定主自由度

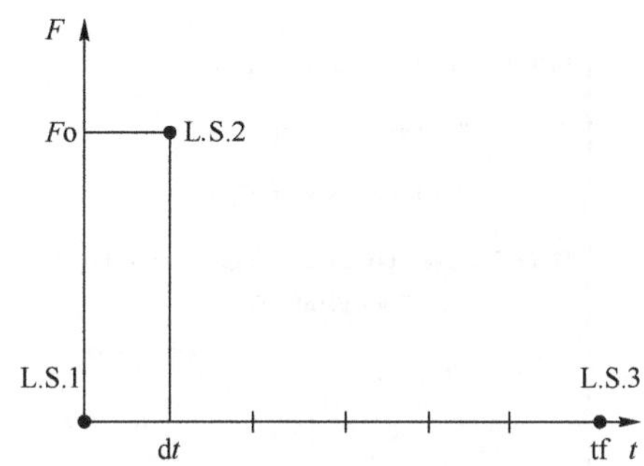

图 8-19　冲击载荷模型

瞬态载荷需要定义每个加载片段中的载荷，并存入文件以方便后面求解需要。当所分析的问题需多步加载时，可能需要重新求解，对此强烈建议及时保存加载文件。定义完单步载荷后，可以按子步求解。子步的分析结果将存入文件以便调用，同时在定义完整个载荷加载情况后求解每步载荷下的结构响应。

1）定义初始条件。定义初始条件即根据瞬态载荷的类型建立相应的载荷文件并在求解时导入分析进程。首先定义加载初始条件，即在 $t=0$ 时的载荷。瞬态分析方程还有另外两个初始条件：初始位移和初始速度。然而初始位移和初始速度的默认设置均为零，所以可以跳过这一步直接进入下一步设置。

2）加载第一载荷步。在关键点(梁的端点)定义位移约束。选择菜单 GUI：Solution > Define Loads > Apply > Structural > Displacement > On Keypoints，固定(Fix)1#关键点所有自由度(ALLDOFs)。

进行加载时间设定。选择菜单 GUI：Solution > Load Step Opts > Time/Frequenc > Time-Time Step..，在 Time and Time Step Option 对话框中的 Time at end of load step 栏键入“0”。在 Time stepsize 栏键入“0.001”。这样取 0.001s 为加载步长中的时间步长，如图 8-20 所示。

3）写入载荷步文件。选择菜单 GUI：Solution > Load Step Opts > Write LS File，弹出 Write Load Step File 对话框，如图 8-21 所示。在 LSNUM 键入 1，单击 OK 按钮。加载步长文件在工作目录下保存为 jobname. s01。

（4）加载第二载荷步

1）定义载荷。在关键点(梁的端点)定义位移约束，选择菜单 GUI：Solution > Define Loads > Apply > Structural > Displacement > On Keypoints，固定(Fix)1#关键点所有自由度

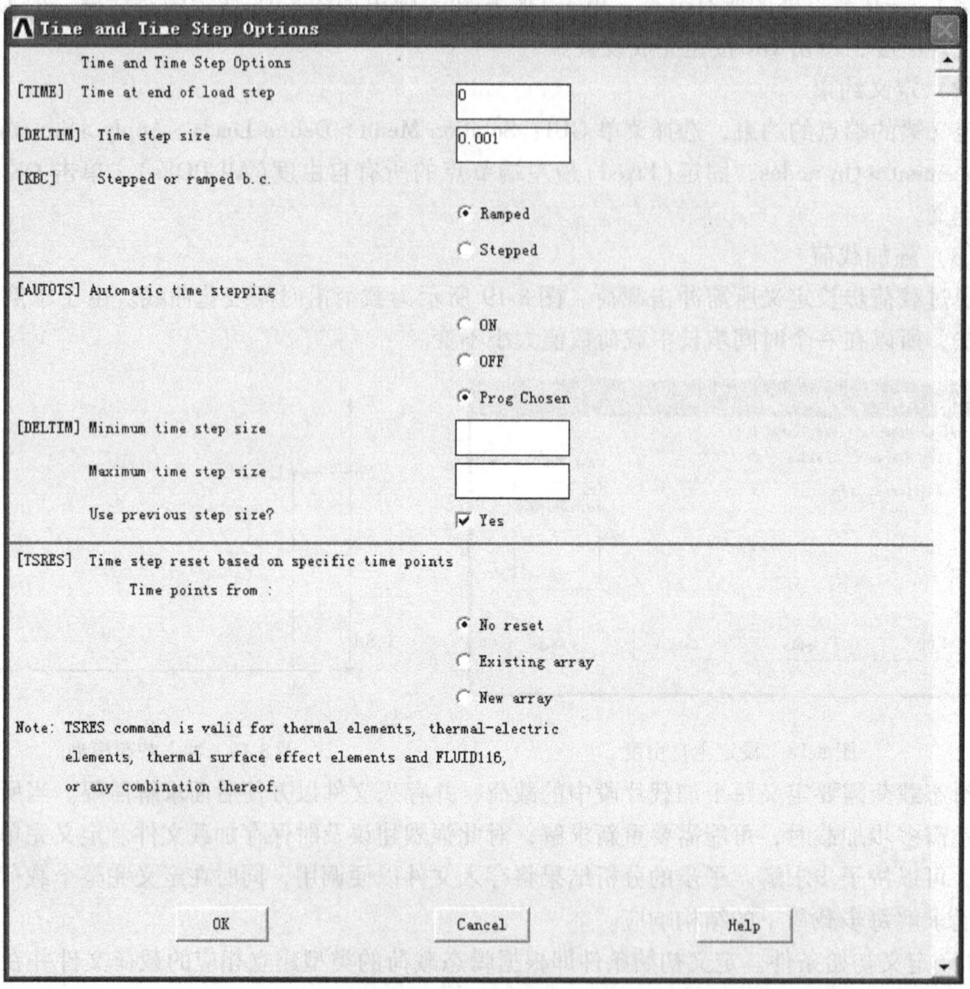

图 8-20　设置第一载荷步

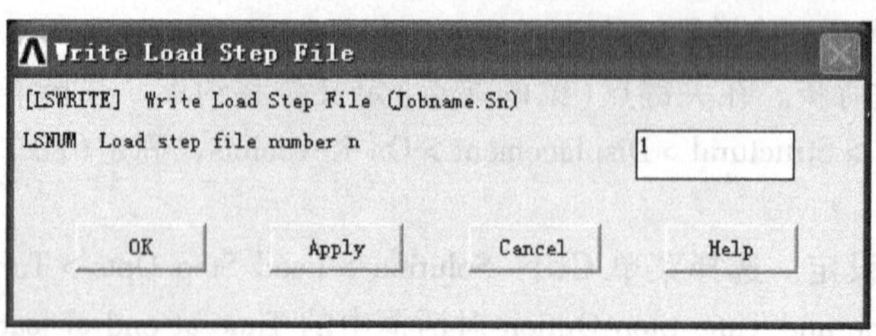

图 8-21　写入载荷步文件

(ALLDOFs)。

在节点上定义载荷。选择菜单 GUI：Solution > Define Loads > Apply > Structural > Force/Moment > On Nodes，选择梁最右端节点($x=1000$)，设定 FY 方向载荷，为 −100N。

2）定义时间步及相关选项。进行时间参数设定。选择菜单 GUI：Solution > Load Step Opts > Time/Frequenc > Time-Time Step..，取载荷步长末端值为“0.001”。

3）写入加载步文件。写入加载步文件。选择菜单 GUI：Solution > Load Step Opts > Write LS File，在 LSNUM 栏键入 2，单击 OK 按钮。

（5）加载第三载荷步

1）定义载荷。在关键点（梁的端点）定义位移约束，选择菜单 GUI：Solution > Define Loads > Apply > Structural > Displacement > On Keypoints，固定（Fix）1#关键点所有自由度（ALL DOFs）。

在节点上定义载荷。选择菜单 GUI：Solution > Define Loads > Apply > Structural > Force/Moment > On Nodes，删除在 $x=1000$ 节点上载荷。

2）定义时间及相关选项。首先进入 Time and Time Step Option 对话框，选择菜单 GUI：Solution > Load Step Opts > Time/Frequenc > Time-Time Step..，键入载荷步长末端值为 1，单击 OK 按钮。

3）写入加载步文件。选择菜单 GUI：Solution > Load Step Opts > Write LS File，在 LSNUM 栏键入 3，单击 OK 按钮。

在施加载荷后，跟踪观察梁在离散时间点上的响应情况，时间长短取决于观察的需要。加载时间步长大小由结构最高振荡频率决定。加载时间步长越小，得到的最高振荡频率就越高。ANSYS 系统对时间步长的简单计算如下：

$$time\_step = 1/20f$$

式中，f 为想要获取的最高振荡频率。

换句话说，需要首先确定载荷时间步长，这样才能在每个步长范围中得到 20 个最高振荡频率的离散点。

3. 求解

首先读入载荷步文件。选择菜单 GUI：Solution > Solve > From LS Files，弹出 Solve Load Step Files 对话框并按照图 8-22 进行设置，单击 OK 按钮进行求解。

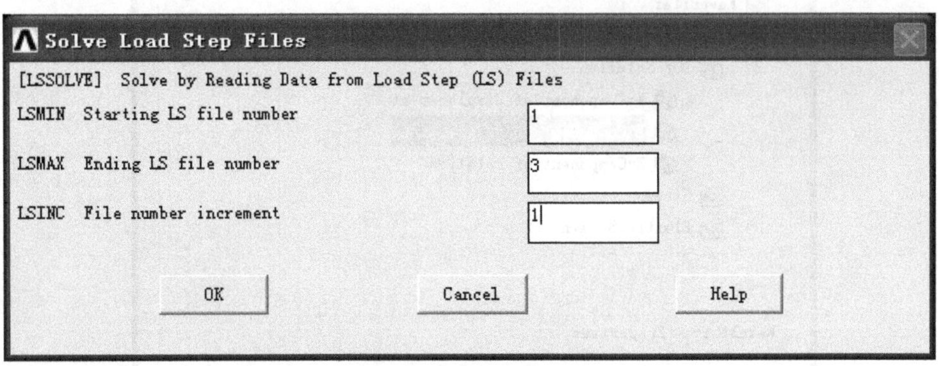

图 8-22　读入载荷步文件

4. 查看分析结果

求解完毕，下面观察结果。所有的瞬态动力学分析结果均保存到结果文件 Jobname. rst 中。文件中包含基本数据（节点位移）和由此派生出的数据（节点/单元应力应变、单元力、节点反作用力等）。如果在结构中定义了阻尼，响应与载荷出现相位差，所有结构数据将是复数形式，并以实部和虚部分开存储。下面介绍如何通过 POST26 查看 2#节点响应（UY），具体操作过程如下。

（1）定义 2#节点的 UY 变量

ANSYS 系统默认 1#变量(Variable1)可以是时间也可以是频率。希望获取坐标为 $x=1000$ 的 2#节点 UY 位移随时间的变化情况。选择菜单 GUI：Time Hist Postpro > Variable Viewer...，弹出 Time History Variables 对话框，如图 8-23 所示。

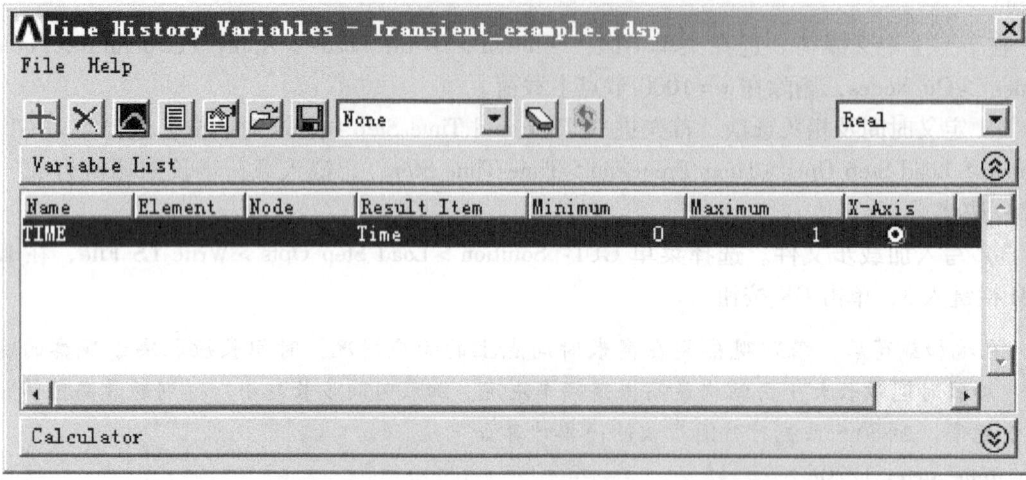

图 8-23　时间历程变量定义

单击添加数据按钮，弹出图 8-24 所示对话框，单击 Add 按钮，弹出 Add Time - History Variable 对话框。

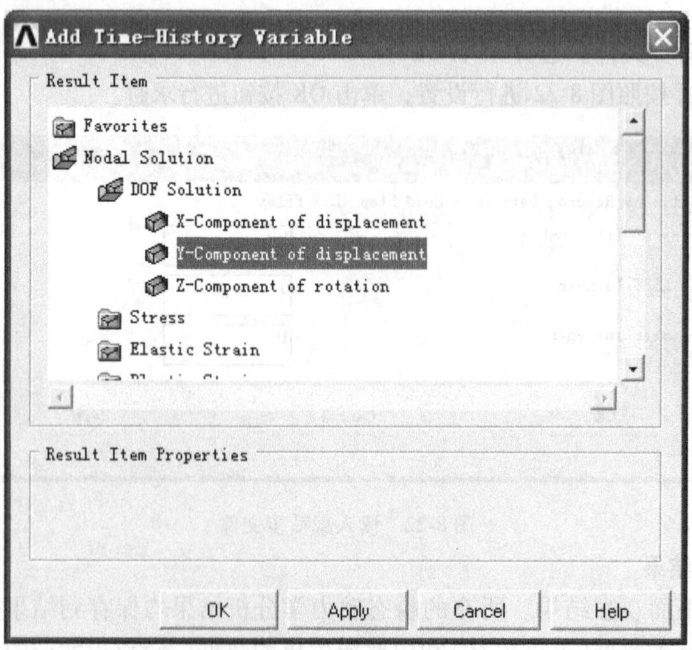

图 8-24　定义 2#变量

由于仅对 2#节点 UY 方向位移感兴趣，所以选择 UY 为 2#变量，选择菜单 GUI：Nodal Solution > DOF Solution > Y – Component of displacement，单击 OK 按钮。根据提示在图形对话框中选择 2#节点，然后单击 OK 按钮。2#变量定义完毕。

（2）列表显示 2#UY 变量结果

在时间历程变量(Time History Variables)对话框中，单击列表显示(List)按钮。显示出 2#节点在每个时间点上的 UY 值，如图 8-25 所示。

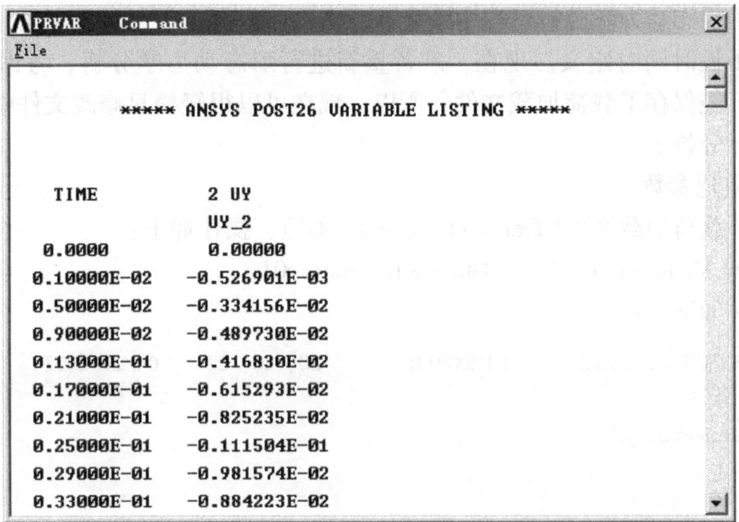
PRVAR　Command
File

***** ANSYS POST26 VARIABLE LISTING *****

TIME	2 UY UY_2
0.0000	0.00000
0.10000E-02	-0.526901E-03
0.50000E-02	-0.334156E-02
0.90000E-02	-0.489730E-02
0.13000E-01	-0.416830E-02
0.17000E-01	-0.615293E-02
0.21000E-01	-0.825235E-02
0.25000E-01	-0.111504E-01
0.29000E-01	-0.981574E-02
0.33000E-01	-0.884223E-02

图 8-25　UY 数据列表

（3）显示 UY 频率变化曲线

在时间历程变量对话框中单击按钮。在 ANSYS 主对话框中得到 UY 随时间变化图形，如图 8-26 所示。

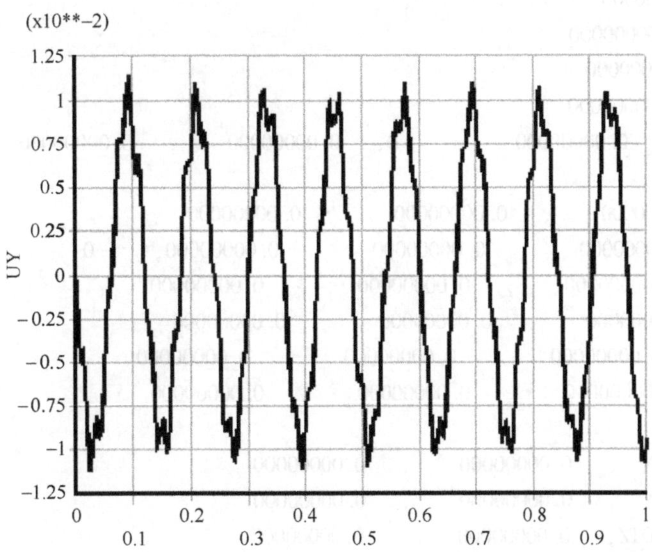

图 8-26　UY 时间变化曲线

注意：

1）在1s中大致出现8个周期。这是可以获取的悬臂梁的第一阶模态。

2）应该注意到的是，这些响应没有像预料的那样衰减。因为这里没有定义系统阻尼。

5. 重新分析

（1）阻尼响应分析

上面悬臂梁瞬态动力学分析过程中没有涉及结构的阻尼分析。设置阻尼分析，需要在定义时间及时间步长时同时定义。现在，准备重新进行瞬态动力学分析，考虑结构的阻尼因素。由于前面已经保存了载荷加载文件，所以，现在可以很轻松只修改文件中的几个参数值就可以重新进行分析了。

（2）设置阻尼参数

打开第一个载荷加载文件(Transient_example. s01)，操作如下：

GUI：Utility Menu > File > List > Other > Dynamic. s01。

打开后文件如下所示。

```
/COM, ANSYS RELEASE12.1      UP20091102      20:20:22      04/29/2012
/NOPR
/TITLE, TransientAnalysis
_LSNUM =    1
ANTYPE, 4
TRNOPT, REDU,, DAMP! 定义瞬态动力学分析类型，包括阻尼效应
BFUNIF, TEMP, _TINY
DELTIM, 1.000000000E-03
KBC,      1
TIME,    0.00000000
TREF,    0.00000000
ALPHAD,    0.00000000
BETAD,    0.00000000
DMPRAT,    0.00000000
NCNV,      1,    0.00000000     ,      0,    0.00000000     ,    0.00000000
ERESX, DEFA
ACEL,    0.00000000     ,    0.00000000     ,    0.00000000
OMEGA,    0.00000000     ,    0.00000000     ,    0.00000000,      0
DOMEGA,    0.00000000     ,    0.00000000     ,    0.00000000
CGLOC,    0.00000000     ,    0.00000000     ,    0.00000000
CGOMEGA,    0.00000000     ,    0.00000000     ,    0.00000000
DCGOMG,    0.00000000     ,    0.00000000     ,    0.00000000

D,         1, UX  ,    0.00000000     ,    0.00000000
D,         1, UY  ,    0.00000000     ,    0.00000000
D,         1, ROTZ,    0.00000000     ,    0.00000000
F,         2, FY  ,    0.00000000     ,    0.00000000
/GOPR
```

进行类似操作，在全部三个文件中修改阻尼值 BETAD，取值从 0 到 0.01，这里取值为0.01。

（3）利用新载荷加载，重新计算

清除当前数据，重新开始，选择菜单 GUI：Utility Menu > file > Clear and Start New。

（4）设置载荷步

具体设置过程与非阻尼分析相同，不再详述。

（5）求解

GUI：Solution > Solve > Current LS。

在弹出对话框中，加载选择 1#文件到 3#文件，进行求解。

（6）查看 2#节点 UY 时间变化曲线

考虑系统阻尼后响应如图 8-27 所示。

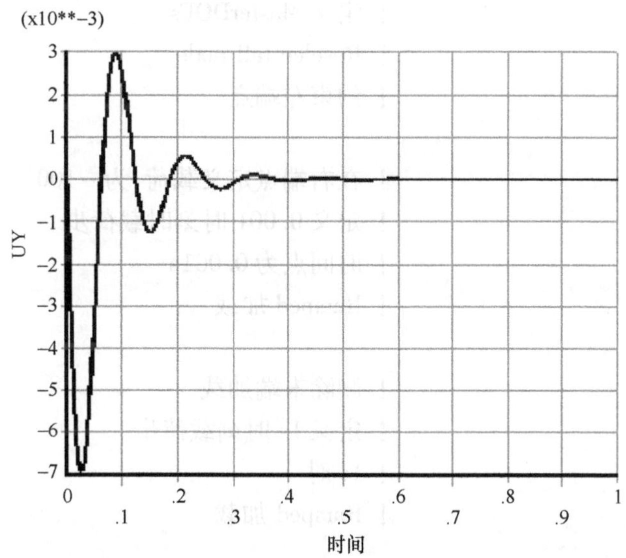

图 8-27　2#节点 UY 时间变化曲线

6. 命令流求解

ANSYS 命令流（ANSYS CommandListing）：

```
Finish
/clear                                  ! 下面两行命令将清除当前数据
/TITLE,Transient_example                ! 添加标题
/FILNAME,Transient_example,0            ! 定义文件名:Transient_example
/PREP7                                  ! 进入前处理
K,1,0,0                                 ! 定义关键点
K,2,1,0
L,1,2                                   ! 通过关键点定义线
ET,1,BEAM3                              ! 选择单元
R,1,0.0001,8.33e-10,0.01                ! 定义实常数
MP,EX,1,2.068e11                        ! 定义弹性模量
```

```
MP,PRXY,1,0.3                    ! 定义泊松比
MP,DENS,1,7830                   ! 定义材料密度
LESIZE,ALL,,,10                  ! 定义网格尺寸
LMESH,1                          ! 划分网格
FINISH                           ! 退出前处理
/SOLU                            ! 进入求解状态
ANTYPE,TRANS                     ! 分析类型:瞬态动力学分析
TRNOPT,REDUC,                    ! Reduced 法
DELTIM,0.001                     ! 定义 time step sizes
                                 ! 定义 0 时刻时载荷步
NSEL,S,,,2,11,                   ! 选定节点 2#
M,All,UY,,,                      ! 定义 MasterDOFs
NSEL,ALL                         ! Reselec tall nodes
D,1,ALL                          ! 约束左端点
LSWRITE,1,
F,2,FY,-100                      ! 在右端点定义载荷,为 -100
                                 ! 定义 0.001 时刻时载荷步
TIME,0.001                       ! 时间点为 0.001s
KBC,0                            ! Ramped 加载
LSWRITE,2,
FDELE,2,ALL                      ! 删除末端加载
                                 ! 定义 1s 时刻载荷步
TIME,1                           ! 1s 时
KBC,0                            ! Ramped 加载
LSWRITE,3,
LSSOLVE,1,3,1                    ! 多步加载求解
FINISH                           ! 退出求解器
/POST26                          ! 进入 POST26 后处理
FILE,Dynamic,rdsp,.              ! 调用 dynamic 文件
NSOL,2,2,U,Y,UY_2                ! 调用2#节点处 UY 数据 STORE,MERGE
                                 ! 保存数据
PLVAR,2,                         ! 显示随时间变化图形
```

8.2 某越野汽车二自由度振动瞬态动力学分析

8.2.1 问题描述

在某越野汽车二自由度振动模态分析(图 8-28)的基础上，进行瞬态动力学分析。

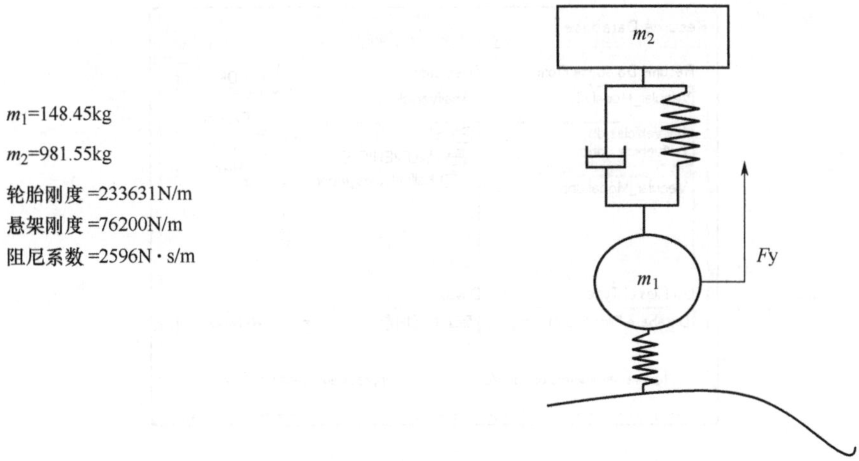

图 8-28　汽车二自由度振动模态分析模型

8.2.2　准备工作

假设汽车过凸起时车轮轴头垂向力为 F_y(图 8-29)，分析簧上质量 m_2 的位移响应。

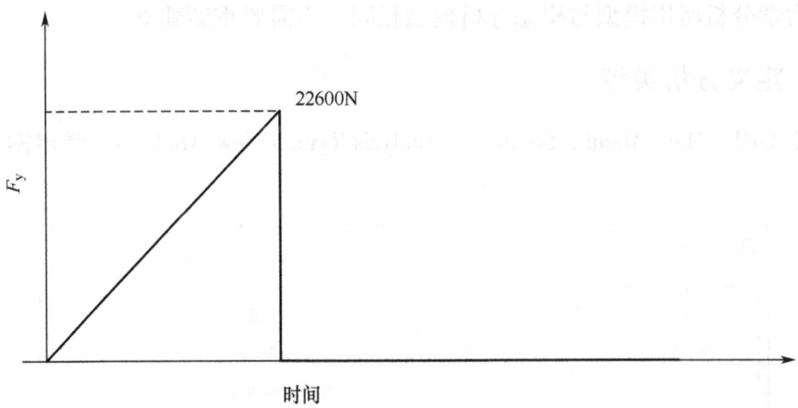

图 8-29　汽车轴头输入力 F_y

(1) 读入模态分析结果

选择菜单 Utility Menu > File > Resume From...，弹出图 8-30 所示对话框。

选择文件 Vecular_Modal. db，然后单击 OK 按钮。

(2) 修改工作名

选择菜单 GUI：Utility Menu > File > Change Jobname...，在弹出对话框键入工作名：Vecular_Transient。

命令：/FILNAME，Vecular_Transient。

(3) 进入前处理器

命令：/PREP7。

(4) 更改标题

选择菜单 GUI：Utility Menu > File > ChangeTitle...，在弹出对话框键入新标题：Vehicular

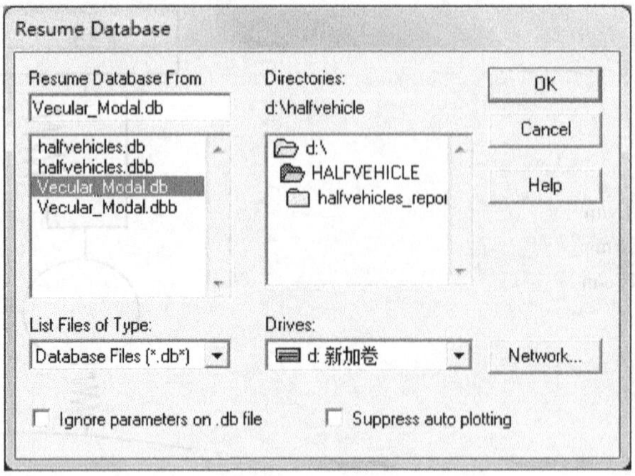

图 8-30　载入数据库

Transient Analysis。

命令：/TITLE，Vehicular Transient Analysis。

8.2.3　建立模型

瞬态动力学分析所用模型与模态分析模型相同，不需要重新建立。

8.2.4　定义分析类型

选择菜单 GUI：Main Menu > Solution > Analysis Type > New Analysis，弹出图 8-31 所示对话框。

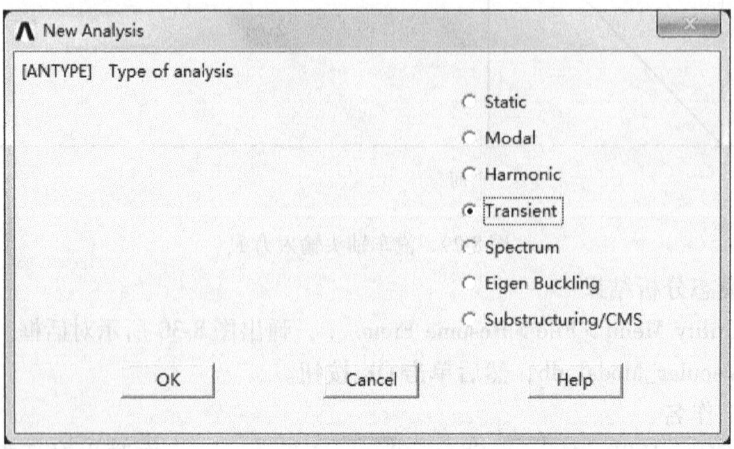

图 8-31　定义分析类型

选择 Transient 选项，单击 OK 按钮，弹出瞬态动力学分析对话框，如图 8-32 所示。将求解方法设置为 Reduced，然后单击 OK 按钮。

8.2.5　施加约束

（1）定义第 1 个载荷步

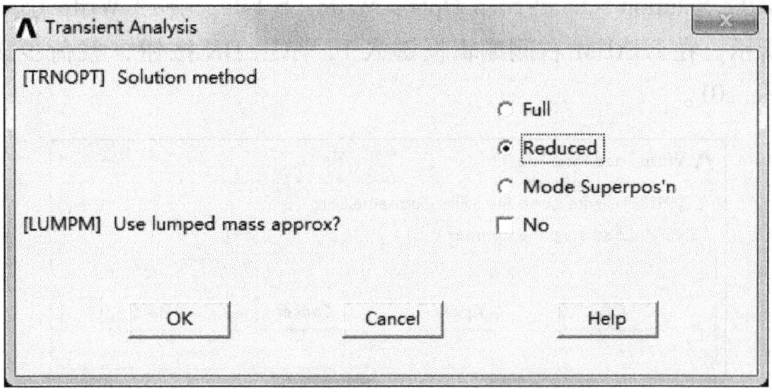

图 8-32　瞬态动力学分析

选择菜单 GUI：Solution > Load Step Opts > Time/Frequenc > Time-Time Step..，弹出图 8-33所示对话框。

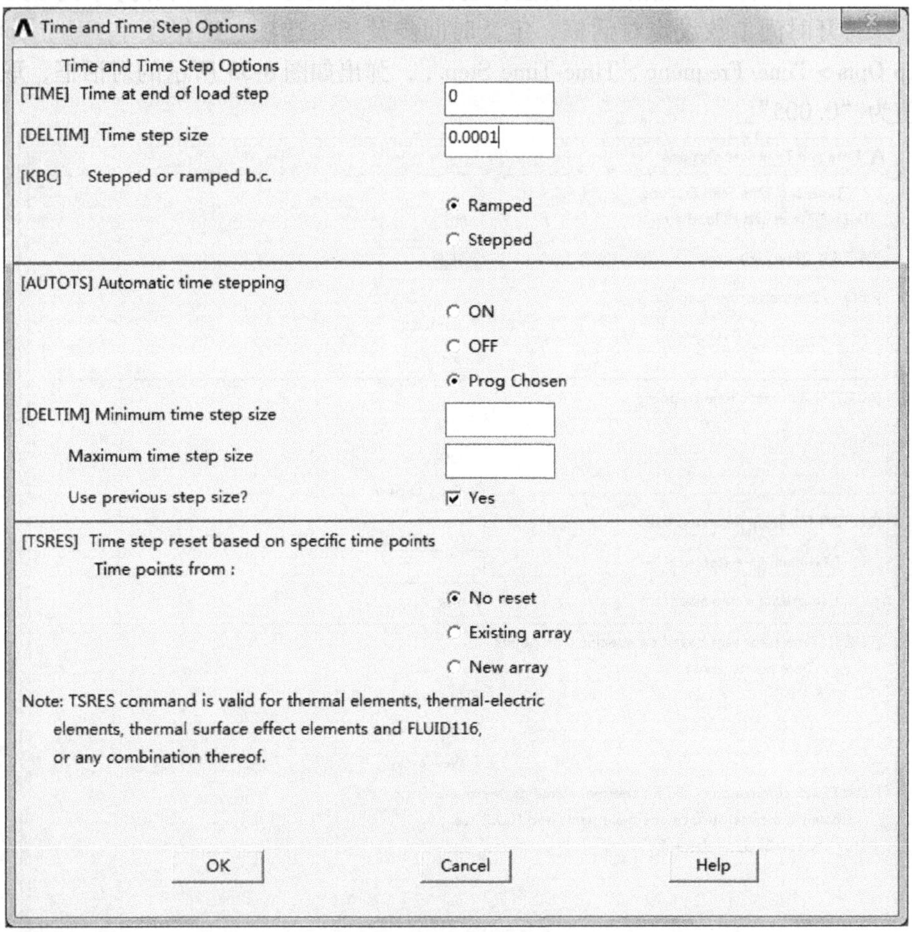

图 8-33　设置第一载荷步

按照图 8-33 所示进行设置，单击 OK 按钮，完成第一载荷步设置。

（2）写入载荷步文件

选择菜单 GUI：Solution > Load Step Opts > Write LS File，弹出 Write Load Step File 对话框，如图 8-34 所示。在 LSNUM 右侧编辑框键入 1，单击 OK 按钮，载荷步文件在工作目录下保存为 jobname. s01。

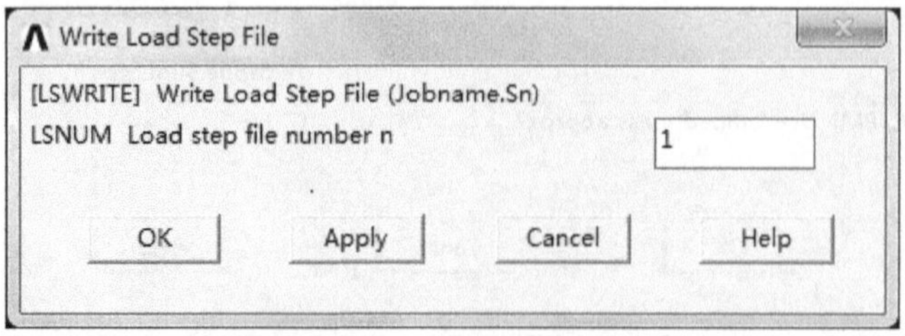

图 8-34　写入载荷步文件

（3）定义第二载荷步

在节点 2 上定义载荷，选择菜单 GUI：Solution > Define Loads > Apply > Structural > Force/Moment > On Nodes，弹出节点拾取对话框，选择节点 2，设定 F_y 方向载荷，大小为 22600N。

接下来打开时间参数设定对话框，定义时间步及相关选项。选择菜单 GUI：Solution > Load Step Opts > Time/Frequenc > Time-Time Step. . ，弹出如图 8-35 所示的对话框，取载荷步长末端值为“0. 005”。

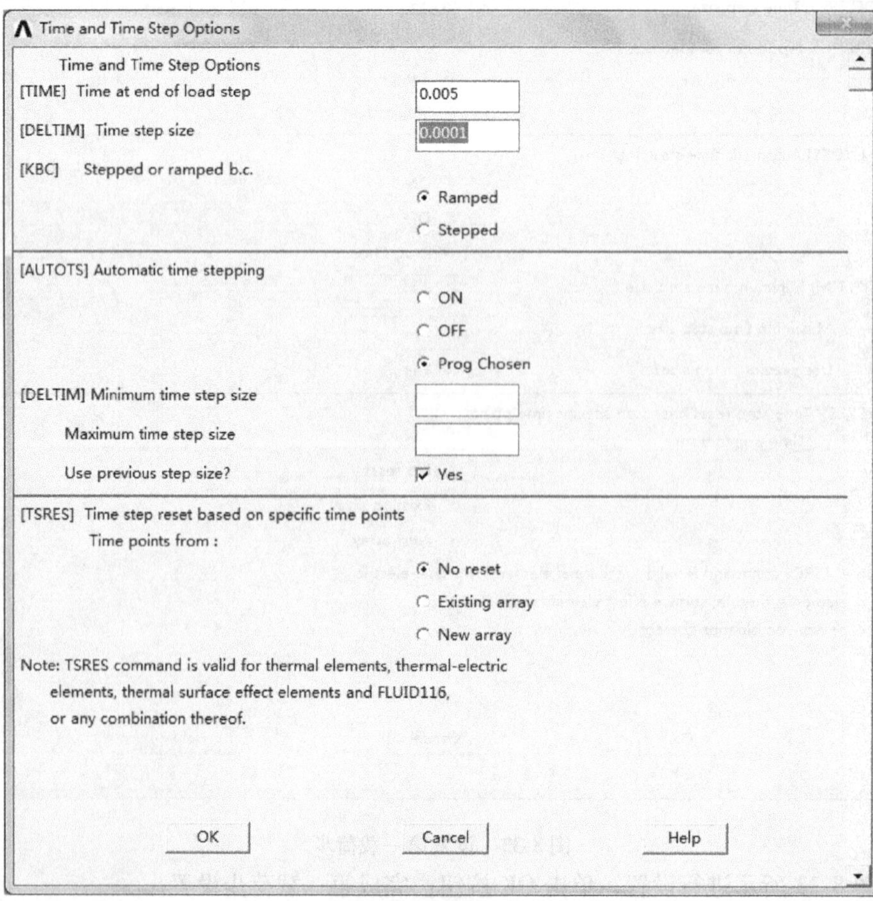

图 8-35　设置第二载荷步

(4) 写入载荷步文件

选择菜单 GUI：Solution > Load Step Opts > Write LS File，弹出 Write Load Step File 对话框，如图 8-36 所示。在 LSNUM 键入 2，单击 OK 按钮。加载步长文件在工作目录下保存为 jobname. s02。

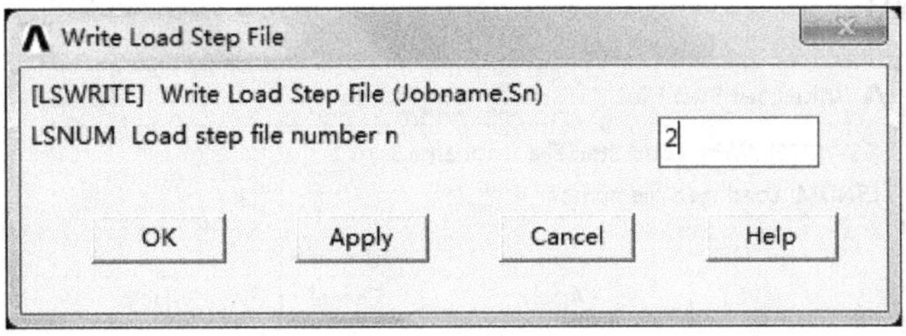

图 8-36　写入载荷步文件

(5) 定义第 3 载荷步

在节点 2 上定义载荷。选择菜单 GUI：Solution > Define Loads > Apply > Structural > Force/Moment > On Nodes，弹出节点拾取对话框，选择节点 2，设定 F_y 方向载荷，大小为 0N。

打开时间参数设定对话框，定义时间步及相关选项。选择菜单 GUI：Solution > Load Step Opts > Time/Frequenc > Time-Time Step. . ，弹出如图 8-37 所示的对话框，取载荷步长末端值

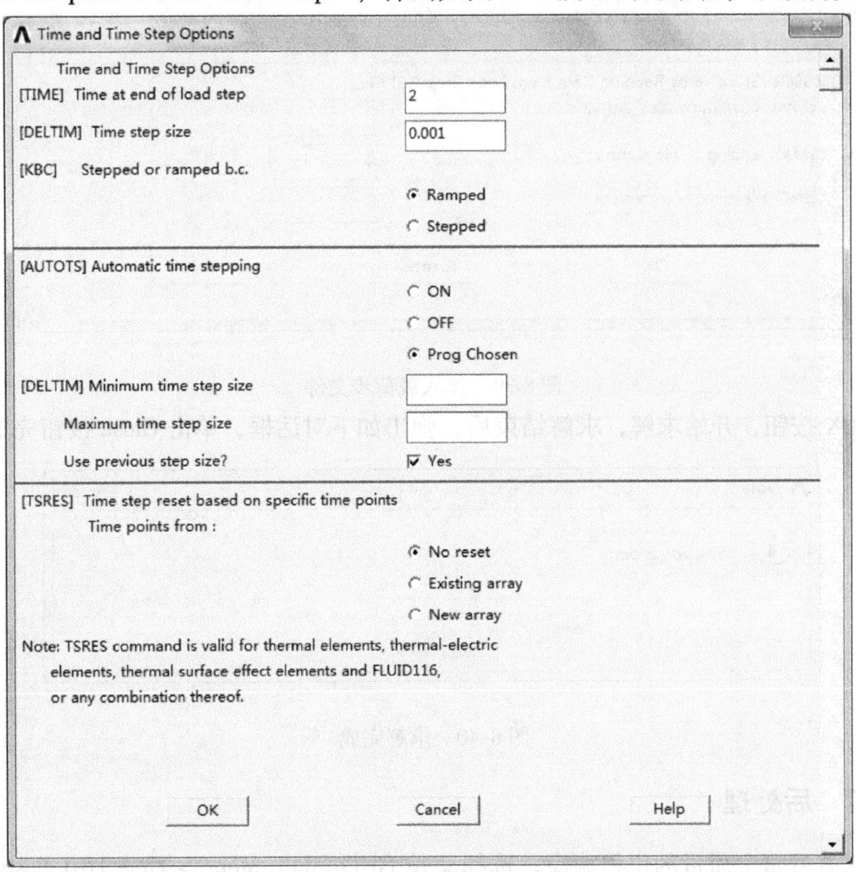

图 8-37　设置第三载荷步

为2。

(6) 写入载荷步文件

选择菜单 GUI：Solution > Load Step Opts > Write LS File，弹出 Write Load Step File 对话框，如图 8-38 所示。在 LSNUM 右侧编辑框键入 3，单击 OK 按钮。加载步文件在工作目录下保存为 jobname. s03。

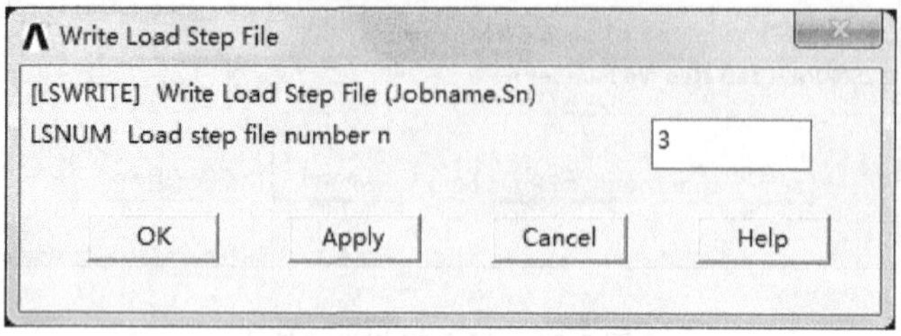

图 8-38　写入载荷步文件

8.2.6　求解

选择菜单 GUI：Solution > Solve > From LS Files，弹出 Solve Load Step Files 对话框并按照图 8-39 进行设置。

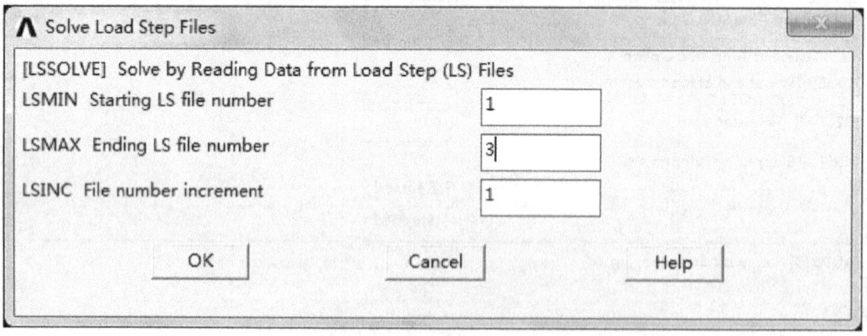

图 8-39　读入载荷步文件

单击 OK 按钮，开始求解，求解结束后，弹出如下对话框，单击 Close 按钮完成求解。

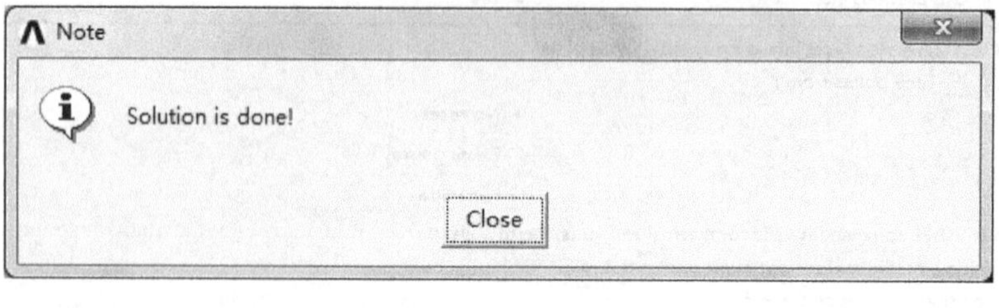

图 8-40　求解完成

8.2.7　后处理

接下来查看簧上质量的位移响应。选择菜单 GUI：Main Menu > Time Hist Postpro，弹出时间变量定义对话框。

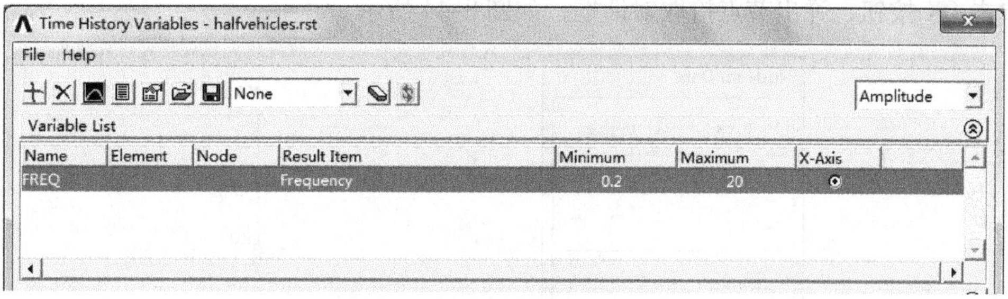

图 8-41 载荷时间历程变量定义

单击按钮，弹出变量选择对话框，如图 8-42 所示。

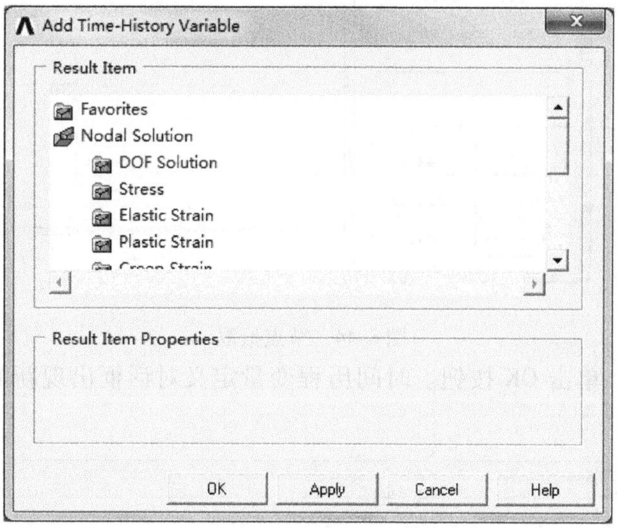

图 8-42 变量选择

单击 DOF Solution，选择 Y-Component of displacement，即 *Y* 方向的位移，如图 8-43 所示。

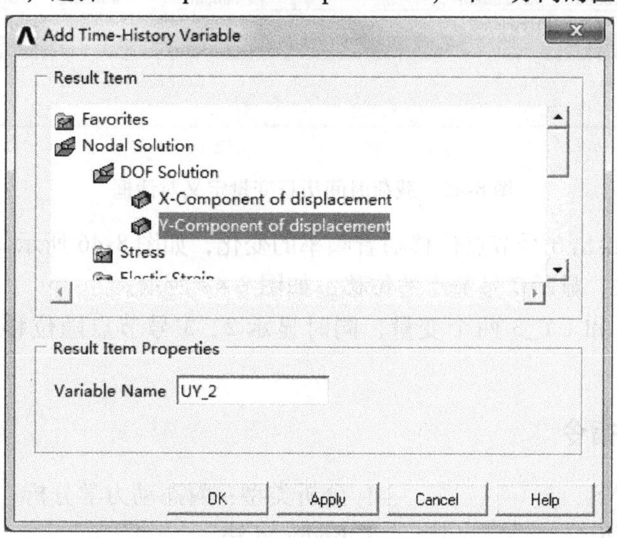

图 8-43 选择 *Y* 方向的位移

单击 OK 按钮，弹出节点拾取对话框，如图 8-44 所示。

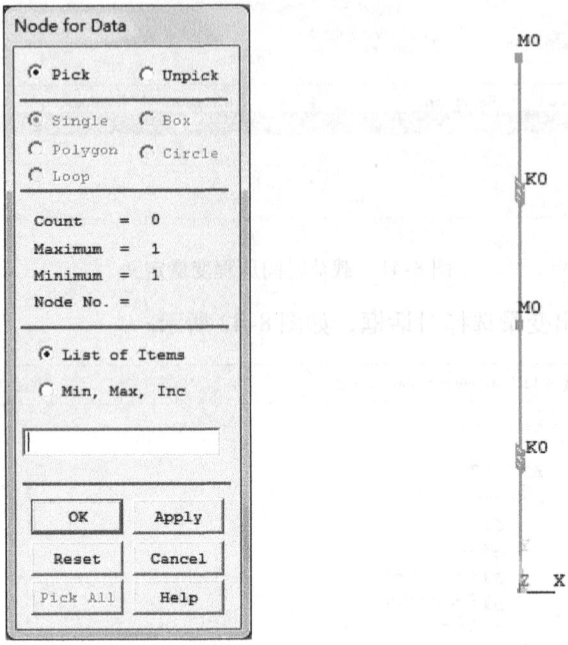

图 8-44　节点拾取

选择 3 号节点，单击 OK 按钮。时间历程变量定义对话框出现新的变量 UY_2，如图 8-45所示。

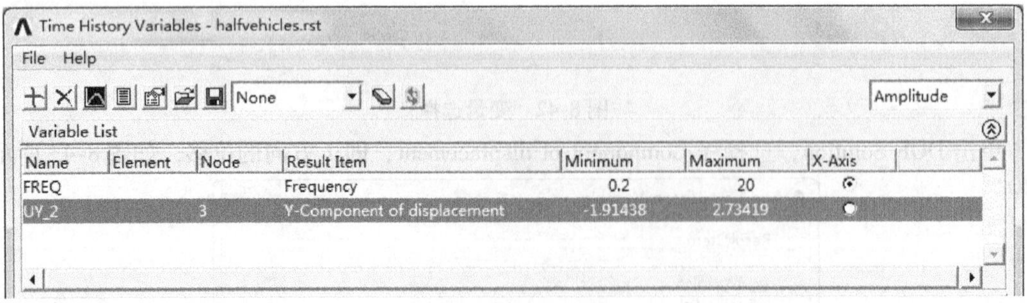

图 8-45　载荷时间历程变量定义对话框

单击按钮，绘出 3 号节点位移随着频率的变化，如图 8-46 所示。

按照同样的方法，显示 2 号节点的位移，如图 8-47 所示。

同时选择 UY_2 和 UY_3 两个变量，同时显示 2、3 号节点随位移的响应，如图 8-48 所示。

8.2.8　Apdl 指令

```
ANTYPE, TRANS                ! 分析类型：瞬态动力学分析
TRNOPT, REDUC,               ! Reduced 法
D, ALL, UX                   ! 约束所有节点在 x 方向的自由度为 0
```

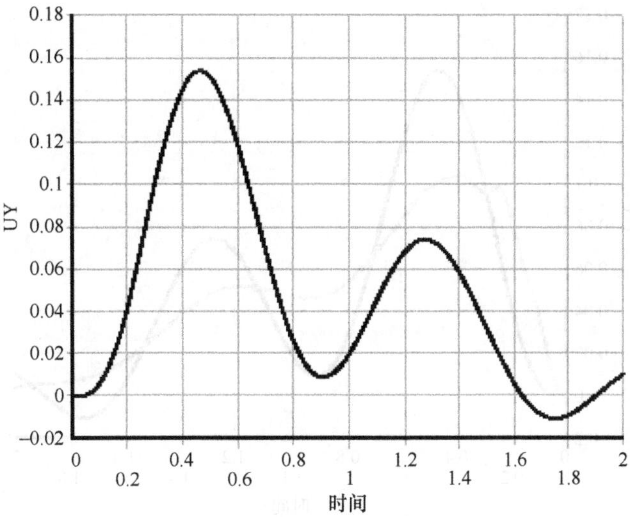

图 8-46　3 号节点位移随时间变化曲线

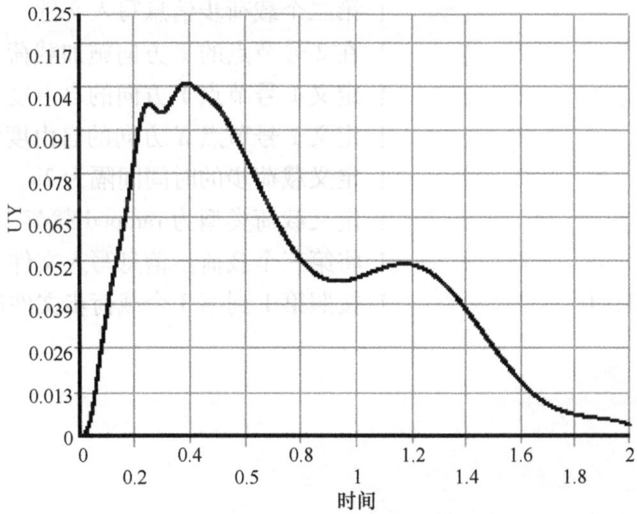

图 8-47　2 号节点位移随时间变化曲线

```
KBC, 0                    ! 定义载荷类型为阶跃载荷
d, 1, UY, 0               ! 定义1号节点Y方向的自由度为0
TIME, 0                   ! 定义初始时间
DELTIM, 0.0001            ! 定义载荷步的时间间隔
LSWRITE, 1,               ! 第一个载荷步信息写入文件
F, 2, FY, 22600           ! 在2号节点的Y方向施加载荷22600N
D, 1, UY, 0               ! 定义1号节点Y方向的自由度为0
D, 1, UX, 0               ! 定义1号节点X方向的自由度为0
TIME, 0.2                 ! 定义载荷步的时间间隔为0.2s
KBC, 1                    ! 定义载荷类型为ramped载荷
```

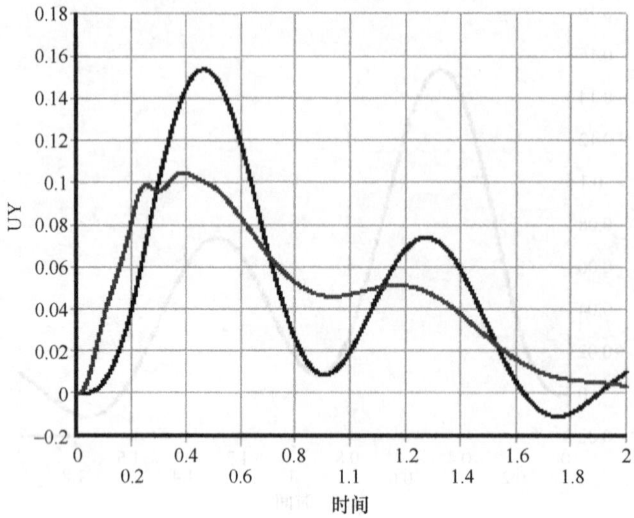

图 8-48　2、3 号节点位移随时间变化曲线

```
LSWRITE, 2,                  ! 第二个载荷步信息写入文件
F, 1, FY, 0                  ! 在 2 号节点的 Y 方向施加载荷 0N
D, 1, UY, 0                  ! 定义 1 号节点 Y 方向的自由度为 0
D, 1, UX, 0                  ! 定义 1 号节点 X 方向的自由度为 0
TIME, 2                      ! 定义载荷步的时间间隔为 2s
KBC, 1                       ! 定义载荷类型为 ramped 载荷
LSWRITE, 3,                  ! 将第三个载荷步信息写入文件
LSSOLVE, 1, 3, 1             ! 按照第 1 到第 3 个载荷步文件进行求解
```

第9章

车辆结构有限元疲劳分析

9.1 结构疲劳分析基础

车辆是运动并承载的机械，其结构承受的载荷大都是交变载荷，而不是静态载荷，所以在设计过程中需要从疲劳的观点出发进行结构设计。现代车辆结构设计中提出了轻量化设计的理念，使结构尽可能轻。因为结构重了，不但增加材料消耗和车辆成本，而且提高了车辆的油耗。由于车辆的大多数构件都要承受动态应力，引起疲劳损伤，其破坏形式很多是疲劳断裂，汽车轻量化设计实质上也是抗疲劳设计。疲劳失效的研究已经有超过150年的历史了，尽管如此，意外的疲劳失效仍然在发生，这是什么原因呢？因为疲劳问题具有复杂性。相信通过本章的学习能够有助于读者理解疲劳理论的大部分内容，并且通过软件解决相关的工程问题。

近年来，人们对车辆结构疲劳的研究主要集中在车辆的主要承载结构，如悬架、车轮、车架、横向稳定杆、发动机的连杆、传动轴等，采用的方法一般是基于有限元的疲劳分析。ANSYS Workbench 提供了疲劳分析模块(Fatigue Tool)，包括了应力疲劳方法和应变疲劳方法，为广大工程人员应用疲劳知识解决工程问题提供了很大的方便。

9.1.1 基本概念

美国试验与材料协会(ASTM)在“疲劳试验及数据统计分析之有关术语的标准定义”(ASTM E206-72)中给出了疲劳的定义：在某点或某些点承受扰动应力，且在足够多的循环扰动之后形成裂纹或完全断裂的材料中发生的局部的、永久结构变化的发展过程，称为疲劳。

疲劳通常分为两类：第一种是高周疲劳，在载荷的循环(重复)次数高(如 $10^4 \sim 10^9$)的情况下产生，应力通常比材料的极限强度低，一般采用应力疲劳(Stress-based)分析方法进行高周疲劳分析；第二种是低周疲劳，在循环次数相对较低时发生，塑性变形常常伴随低周疲劳，一般采用应变疲劳(Strain-based)分析方法进行低周疲劳分析。对于车辆结构的疲劳分析，承载系统的结构一般采用应变疲劳分析，传动系统的零部件一般采用应力疲劳分析。

9.1.2 疲劳破坏的特点

疲劳破坏不同于静强度破坏，主要有以下三个方面的特点。

1. 疲劳发生的外部原因是扰动应力

扰动应力是指随时间变化的应力，也可以将这一概念进行推广，称之为扰动载荷，载荷可以是力、应力、应变、位移等。

如图 9-1 所示，载荷随时间的变化可以是有规律的，也可以是无规律的，甚至是随机的。描述载荷-时间变化关系的图或表叫做**载荷时间历程**，也称为**载荷谱**。最简单的载荷循环历程是恒幅载荷，如图 9-1a 所示。

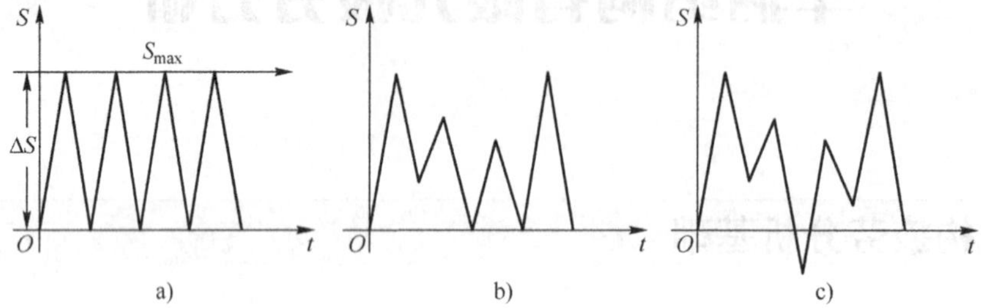

图 9-1　疲劳载荷形式分类

a）恒幅循环　b）变幅循环　c）随机载荷

下面介绍载荷循环的几个重要概念。图 9-2 所示是正弦恒幅载荷循环。它描述一个应力循环，至少需要两个量，**循环最大应力** S_{max} 和**循环最小应力** S_{min}，这是描述循环载荷的基本参量。疲劳分析中，还经常用到下述参量。

应力变程定义为　$\Delta S = S_{max} - S_{min}$；

应力幅 S_a 定义为　$S_a = \Delta S/2$；

平均应力 S_m 定义为　$S_m = (S_{max} + S_{min})/2$；

应力比 R 定义为　$R = S_{min}/S_{max}$。

上述各参量中，应力比 R 反映了载荷的循环特征，如当 $S_{max} = -S_{min}$ 时，$R = -1$，是对称循环；当 $S_{max} = S_{min}$ 时，$R = 1$，$S_a = 0$，是静载荷。

上述六个参量中，只需要知道其中任意两个，即可确定整个应力循环。为使用方便，在设计时，一般用最大应力和最小应力，这是由于二者比较直观，便于设计控制；在试验时，一般用平均应力和应力幅，便于施加载荷；分析时，一般用应力幅和应力比，便于按载荷的循环特征分类研究。

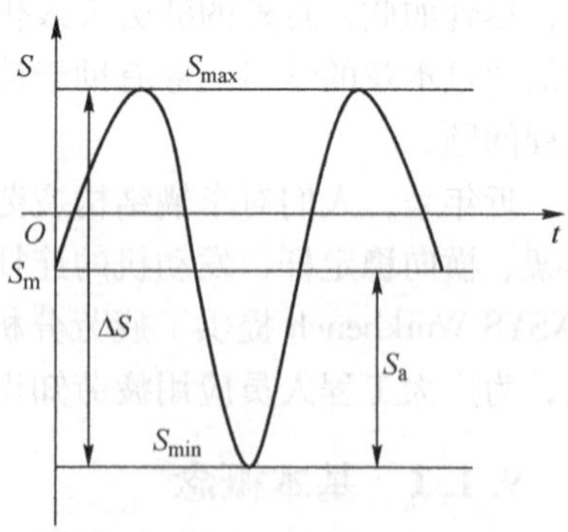

图 9-2　正弦恒幅疲劳载荷

2. 疲劳破坏产生于局部

零部件应力集中处，常常是疲劳破坏的起源，局部性是疲劳失效的特征。疲劳分析要从整体出发，注意结构细节，尽可能减少应力集中。

3. 疲劳是一个发展的过程

从疲劳裂纹的形成到裂纹扩展，以致最后断裂，是疲劳损伤逐渐累积的过程。这一过程中结构经历的时间或载荷循环次数称为疲劳寿命。它不仅取决于载荷水平，还与结构的抗疲劳能力有关。需要注意的是，疲劳分析的最终目标不仅是预测寿命，而是解决疲劳问题，使结构在使用过程中不发生疲劳失效。

疲劳破坏一般分为三个发展阶段：裂纹萌生、裂纹扩展和最后失稳扩展断裂。由于裂纹失稳扩展断裂是一个很快的过程，对疲劳寿命影响很小，在疲劳分析中一般不予考虑。所以一般只考虑裂纹萌生和裂纹扩展两部分的寿命，即

$$N_{total}=N_{initiation}+N_{propagation}$$

进行裂纹起始寿命分析时，一般采用应变疲劳分析方法；进行裂纹扩展寿命分析时，一般采用断裂力学的方法进行计算。当疲劳载荷相对较小时，不会使材料产生宏观塑性变形，一般直接采用应力疲劳分析方法，应力疲劳分析的结果是两个阶段疲劳寿命之和。

9.1.3　疲劳分析的基本流程

无论是应力疲劳分析还是应变疲劳分析，其基本分析流程如图 9-3 所示。

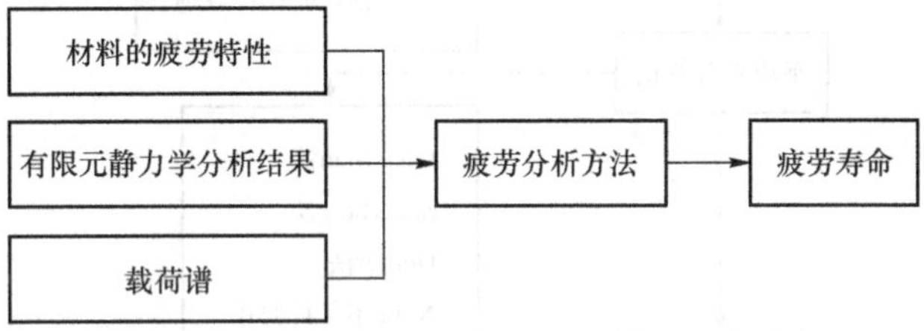

图 9-3　疲劳分析流程

首先定义材料的疲劳特性曲线，如果进行应力疲劳分析，则需要定义 *S-N* 曲线，即应力疲劳特性；如果进行应变疲劳分析，则需要定义 *E-N* 曲线，即应变疲劳特性；基于有限元的疲劳分析需要进行有限元静力学分析，疲劳分析需要用到静力学的分析结果；载荷谱是结构受到的载荷随着时间的变化，是在进行疲劳分析之前就准备好的数据，这些数据可以来自试验、仿真或相关标准。然后定义疲劳分析方法，选择应力疲劳分析或者应变疲劳分析。最后基于疲劳累积损伤理论计算疲劳寿命。

9.2　应力疲劳分析

9.2.1　应力疲劳分析方法

基于 ANSYS Workbench 的应力疲劳分析如图 9-4 所示。需要强调的是图中所示分析流程是基于静力学分析结果的进一步分析。

1. *S-N* 曲线

在整个应力疲劳分析流程中，第一步是定义 *S-N* 曲线，ANSYS Workbench 中 *S-N* 曲线的定义是通过点定义的，如图 9-5 所示。要做好应力疲劳分析，需要深刻理解 *S-N* 曲线的基本概念，这样有助于读者理解疲劳分析的结果。明确 *S-N* 曲线的数学表达式，才能定义好 *S-N* 曲线，保证分析结果正确有效。

S-N 曲线又被称为材料的疲劳性能，用于描述应力 *S* 和破坏时的寿命 *N* 之间的关系。在疲劳载荷作用下，最简单的载荷谱是恒幅循环应力。描述循环应力需要两个量：应力比 R 和应力幅 S_a。如前所述，应力比是载荷谱的循环特性，应力幅是疲劳破坏的主要控制参量。

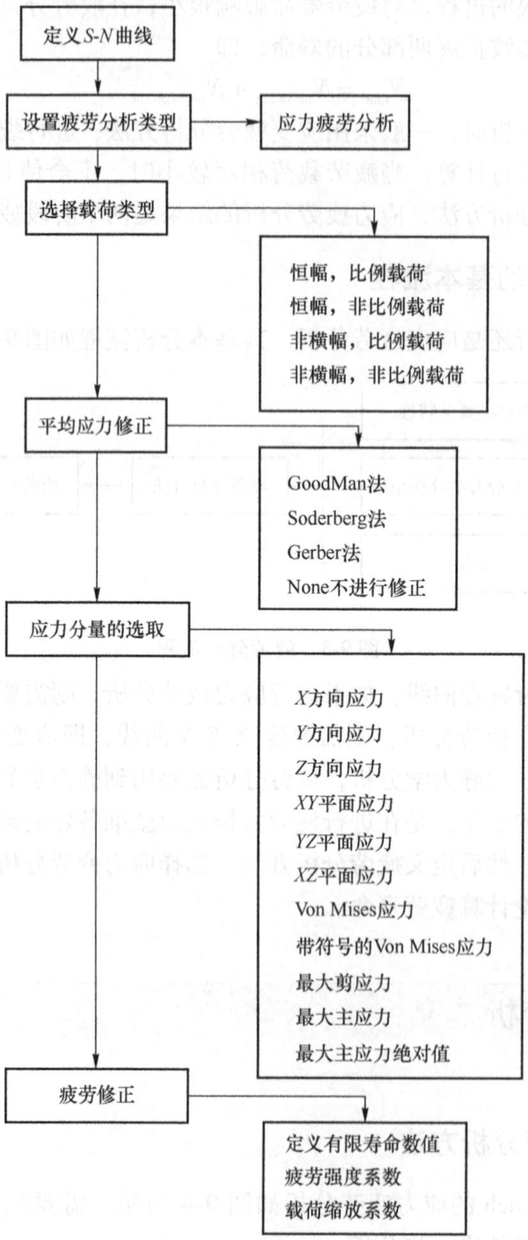

图 9-4　ANSYS Workbench 应力疲劳分析流程

在 $R=-1$，对称恒幅循环载荷控制下，试验给出的应力-寿命关系，用 S_a-N 曲线表达，是材料的基本疲劳性能曲线。应力比 $R=-1$ 时，有 $S_a=S_{max}$，故基本应力-寿命曲线称 S-N 曲线。寿命 N_f 定义为在对称恒幅载荷作用下，直到结构被破坏的循环次数。

疲劳破坏有裂纹萌生、稳定扩展和失稳扩展至断裂三个阶段，这里研究的是裂纹萌生寿命。因此，“破坏”可定义为：

1）**标准小尺寸试件断裂**。对于高、中强度钢等脆性材料，从裂纹萌生到扩展至小尺寸圆截面试件断裂的时间很短，对整个寿命的影响很小，考虑到裂纹萌生时尺度小，观察困

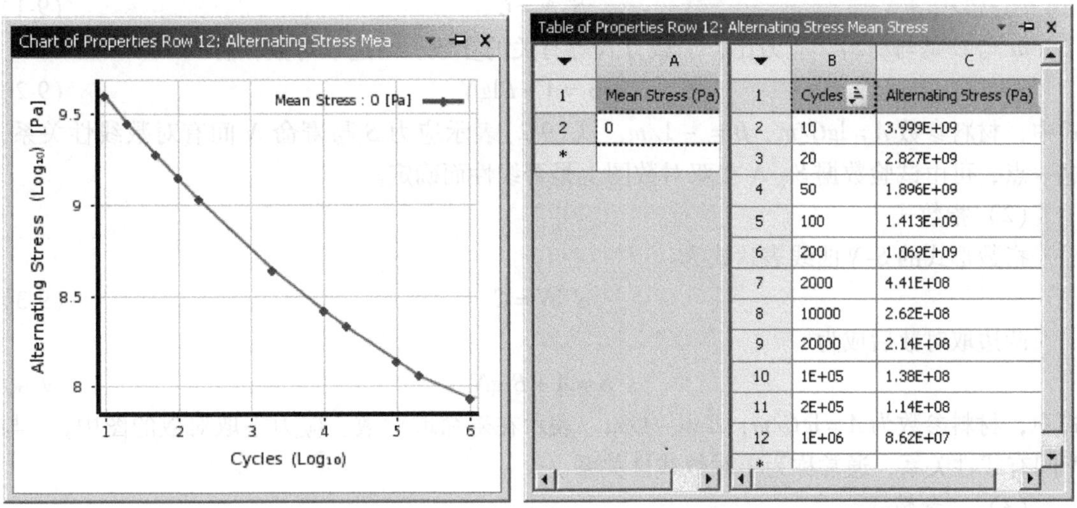

	A
1	Mean Stress (Pa)
2	0
*	

	B	C
1	Cycles	Alternating Stress (Pa)
2	10	3.999E+09
3	20	2.827E+09
4	50	1.896E+09
5	100	1.413E+09
6	200	1.069E+09
7	2000	4.41E+08
8	10000	2.62E+08
9	20000	2.14E+08
10	1E+05	1.38E+08
11	2E+05	1.14E+08
12	1E+06	8.62E+07
*		

图 9-5　ANSYS Workbench 中 *S-N* 曲线的定义

难，这样定义是合理的。

2）**出现可见小裂纹**(如 1mm)，或有 5%、15% 应变降。对于延性较好的材料，裂纹萌生后有相当长的一段扩展阶段，不应当计入裂纹萌生寿命。小尺寸裂纹观察困难时，可以监测恒幅循环应力作用下的应变变化。当试件出现裂纹后，刚度改变，应变也随之变化，故可用应变变化量来确定是否萌生了裂纹。

材料疲劳性能试验所用标准试件一般是小尺寸(3～10mm)光滑圆柱试件。**材料的基本 *S-N* 曲线，给出的是光滑材料在恒幅对称循环应力作用下的裂纹萌生寿命**。用一组标准试件(通常为 7～10 件)，在给定的应力比 R 下，施加不同的应力幅 S_a 进行疲劳试验，记录相应的寿命 N，即可得到图 9-6 所示的 *S-N* 曲线。

从图 9-6 可以看出，在给定的应力比下，应力 S(S_a 或 S_{max})越小，寿命越长。当应力 S 小于某极限值时，试件不发生破坏，寿命趋于无限长。由 *S-N* 曲线确定的、对应于寿命 N 的应力，称为寿命为 N 循环的疲劳强度(Fatigue Strength)，记作 S_N。寿命 N 趋于无穷大时所对应的应力 S 记作 S_f，称为材料的疲劳极限(Endurance Limit)。特别地，对应 $R=-1$ 的对称循环下的疲劳极限，记作 S_{-1}。

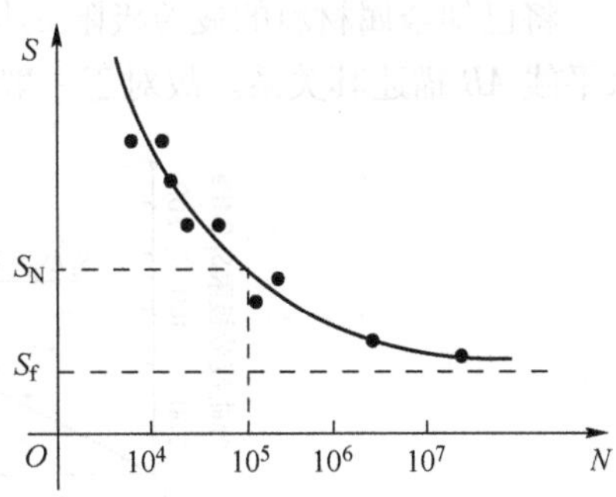

图 9-6　*S-N* 曲线

由于疲劳极限是由试验确定的，试验又不可能一直进行下去，故所谓的“无穷大”一般被定义为：钢材，10^7次循环；焊接件，2×10^6次循环；非铁金属，10^8次循环。

满足 $S<S_f$ 的设计，即无限寿命设计。

S-N 曲线的数学表达式有三种，熟悉这三种表达式有助于读者在 ANSYS Workbench 中定义 *S-N* 曲线，因为在软件中 *S-N* 曲线是用点定义的，需要利用这些数学表达式计算出点的坐标。

(1) 幂函数式

描述材料 *S-N* 曲线的最常用形式是幂函数式，即

$$S^m N = C \tag{9-1}$$

m 与 C 是与材料、应力比、加载方式等有关的参数。两边取对数，有

$$\lg S = A + B\lg N \tag{9-2}$$

式中，材料参数 $A = \lg C/m$，$B = -1/m$。式(9-2)表示应力 S 与寿命 N 间有对数线性关系，这一点，可由试验数据 S、N 在双对数图上是否线性而确定。

（2）指数式

指数形式的 S-N 曲线表达式为

$$e^{mS} N = C \tag{9-3}$$

两边取对数后成为

$$S = A + B\lg N \tag{9-4}$$

式中，材料参数为 $A = \lg C/m$，$B = -1/m$。表示在寿命取对数、应力不取对数的图中，S 与 N 间有线性关系，通常称为半对数线性关系。

（3）三参数式

有时希望在 S-N 曲线中考虑疲劳极限 S_f，写成

$$(S - S_f)^m N = C \tag{9-5}$$

与(9-3)式、(9-4)式相比，式(9-5)中多了一个参数，即疲劳极限 S_f，且当 S 趋近于 S_f 时，N 趋于无穷大。

以上三种形式中，最常用的是幂函数式表达的 S 与 N 间的双对数线性关系。注意到 S-N 曲线描述的是高周应力疲劳，故使用下限为 $10^3 \sim 10^4$，上限则由疲劳极限定义。

（4）S-N 曲线的近似估计

描述材料疲劳性能的基本 S-N 曲线，应当由 $R = -1$ 的对称循环疲劳试验给出，或查有关手册得到。在缺乏试验结果时，可依据材料强度 S 进行如下简单估计，供初步设计参考。

将已知金属材料的疲劳极限 S_f 与极限强度 S_u 的数据绘于图 9-7 中，发现可用斜线 OA 和水平线 AB 描述其关系。故对于一般常用金属材料，有图 9-7 所示的经验关系。

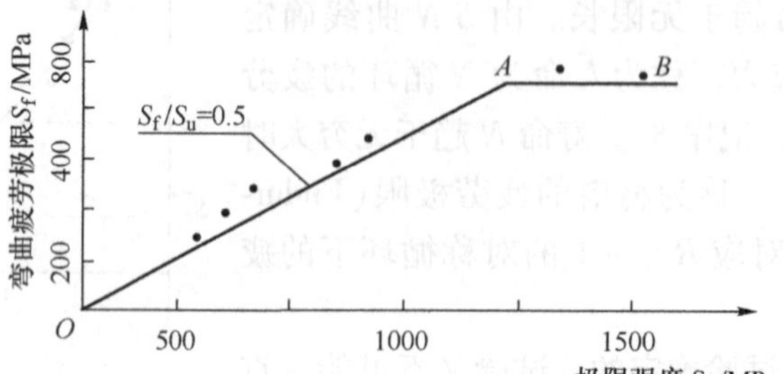

图 9-7　弯曲疲劳极限与极限强度关系

$R = -1$ 时，旋转弯曲载荷作用下的疲劳极限可估计为

$$S_{f(bending)} = 0.5S_u \qquad S_u < 1400\text{MPa} \tag{9-6}$$

$$S_{f(bending)} = 700\ \text{MPa} \qquad S_u \geqslant 1400\text{MPa}$$

不同材料旋转弯曲疲劳实验的结果表明，$S_{f(bending)}$ 为 $(0.3 \sim 0.6)S_u$。

轴向拉压载荷作用下的疲劳极限可估计为

$$S_{f(tension)}=0.7S_{f(bending)}=0.35S_u \quad (9\text{-}7)$$

不同材料的试验结果表明，$S_{f(tension)}$为$(0.3\sim0.45)S_u$。

承受对称扭转时有

$$S_{f(torsion)}=0.577S_{f(bending)}=0.29S_u \quad (9\text{-}8)$$

试验结果表明：$S_{f(torsion)}$大多为$(0.25\sim0.3)S_u$。对于高强度脆性材料，极限强度S_u取值为极限抗拉强度；对于延性材料，S_u取值为屈服强度。

> **注意：**
> 不同载荷作用形式下的疲劳极限和 S-N 曲线是不相同的。

若疲劳极限S_f和材料极限强度S_u为已知，S-N 曲线可用下述方法作偏保守的估计。S-N 曲线用双对数线性关系的幂函数形式(9-1)式表达，即

$$S^mN=C$$

寿命$N=1$时，$S_1=S_u$，即单调载荷作用下，试件在极限强度下破坏或屈服。考虑到 S-N 曲线描述的是长寿命疲劳，不宜用于$N<10^3$以下，故通常假定寿命$N=10^3$时，有

$$S_{10^3}=0.9S_u \quad (9\text{-}9)$$

对于金属材料，疲劳极限S_f所对应的循环次数一般为$N=10^7$次，考虑到估计S_f时产生的误差，作如下偏于保守的假定：

$$N=10^6\text{时，}\quad S_{10^6}=S_f=kS_u \quad (9\text{-}10)$$

式中，反映不同载荷作用形式的系数k，按照前述各式选取：弯曲时，k取 0.5；拉压时，k取 0.35；扭转时，k取 0.29。

由 S-N 曲线可写出

$$C=(0.9S_u)^m\times10^3=(kS_u)^m\times10^6$$

依据上述二式可求得参数如下：

$$m=3/\lg(0.9/k);\qquad C=(0.9S_u)^m\times10^6 \quad (9\text{-}11)$$

如此估计的 S-N 曲线，只用于寿命为$10^3\sim10^6$之间的疲劳强度估计，超出此范围时不宜使用。

> **注意：**
> S-N 曲线应由疲劳实验给出，任何形式的近似估计都只能供初步设计参考。

2. 设置疲劳分析类型

如图 9-4 所示，应力疲劳分析的第二步就是要定义分析类型。在 ANSYS Workbench 中的疲劳分析类型选择中，有两个选项：一个是应力疲劳分析(Stress Life)；另一个是应变疲劳分析(Strain Life)，如图 9-8 所示。

在应力疲劳分析过程中，疲劳寿命不再细分为裂纹形成寿命和裂纹扩展寿命，应力疲劳分析的计算结果即为整体寿命。一般来讲，应力疲劳分析的寿命结果都比较大，为10^5循环次数以上。所以应力疲劳分析一直用于高周疲劳分析 HCF (High Cycle Fatigue)或无限寿命分析。读者在利用 ANSYS Workbench 进行疲劳分析的过程中，可以参照这一原则选择分析类型。

3. 载荷类型

如图 9-4 所示，应力疲劳分析的第三步是定义载荷类型。在应力疲劳分析过程中，ANSYS Workbench 提供了以下四种载荷类型(图 9-9)供用户选择。

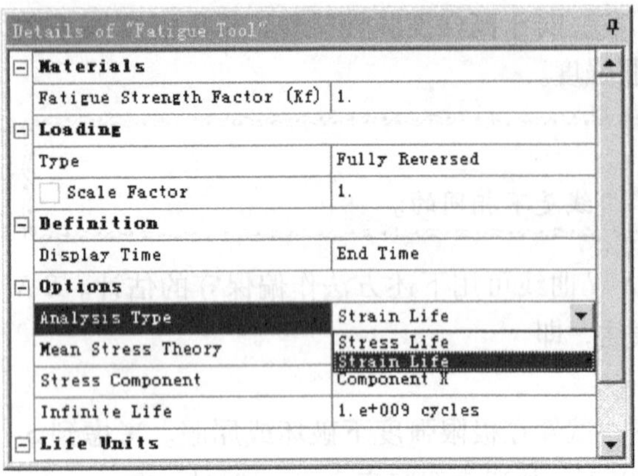

图 9-8　设置疲劳分析类型

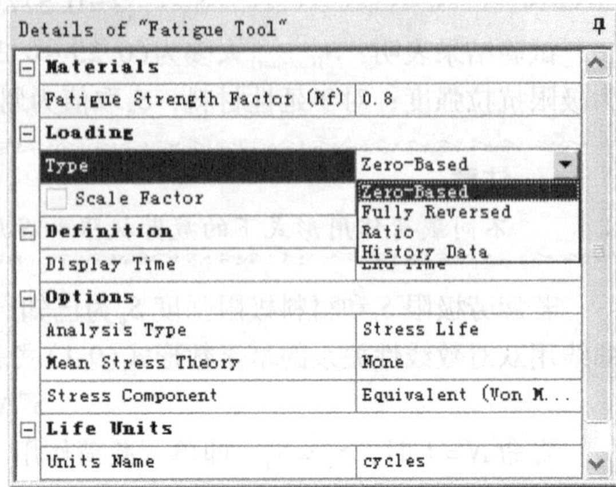

图 9-9　ANSYS Workbench 载荷类型选择

Zero-Based ($R=0$)：表示应力比为 0 的载荷(Constant Amplitude Load Zero-Based)，如图 9-10 所示。

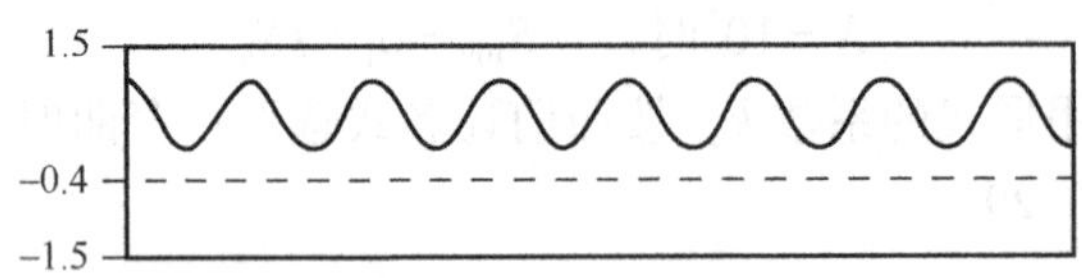

图 9-10　Zero-Based 载荷

Fully Reversed($R=-1$)：表示应力比为 -1 的载荷(Constant Amplitude Load Fully Reversed)，如图 9-11 所示。

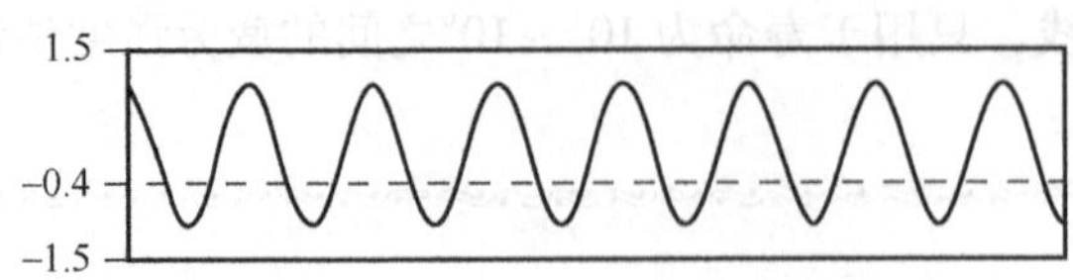

图 9-11　Fully Reversed 载荷

Ratio：指定应力比。

History Data：指定载荷时间历程。

前三种载荷都是恒定幅值比例载荷。第四种载荷是非恒定幅值比例载荷。

4. 平均应力对疲劳寿命的影响

材料疲劳性能的 *S-N* 曲线，是在给定应力比 R 下得到的。$R=-1$ 的对称循环时的 *S-N* 曲线，是基本 *S-N* 曲线。平均应力对疲劳寿命的影响就是考虑应力比 R 的变化对疲劳寿命会产生影响，从而需要对 *S-N* 曲线进行修正。ANSYS Workbench 提供了平均应力修正的五个选项，包括 None、Goodman、Soderberg、Gerber 和 Mean Stress Curves，如图 9-12 所示。

各种平均应力修正方法在工作表(Worksheet)区通过曲线形象地表达出来，加粗的线条

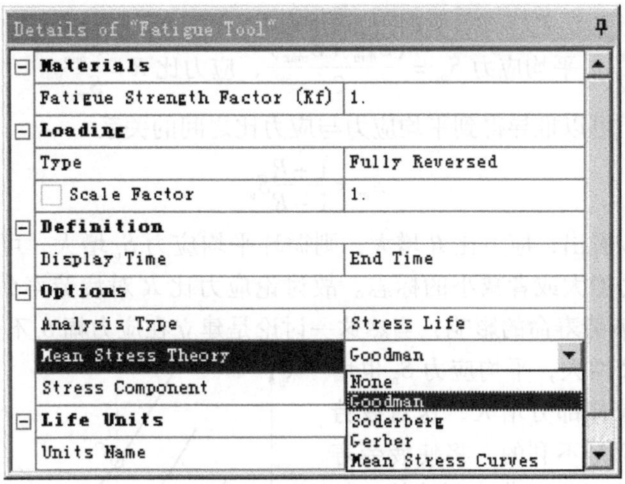

图 9-12　平均应力修正选项

表示相应的修正方法，图 9-13 所示的直线表示不进行修正。

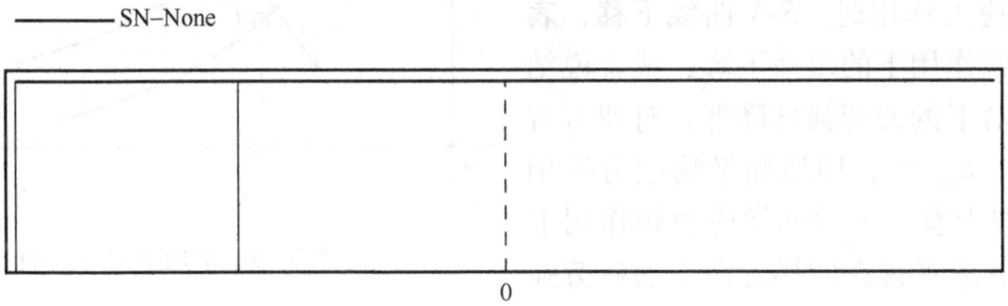

图 9-13　平均应力 None 修正

（1）None 修正(图 9-13)

所谓 None 修正就是不需要进行平均应力修正。这一选项一般用在结构实际服役过程中的应力是应力比为 -1 的载荷，因为进行材料疲劳特性试验过程中所加载荷都是应力比为 -1的载荷，所以不需要进行平均应力修正。

（2）Goodman 修正

Goodman 平均应力修正方法是应力疲劳常用的修正方法。如图 9-12 所示，选择 Goodman 选项，Worksheet 区指示出 Goodman 平均应力修正方法的示意图，如图 9-14 所示。

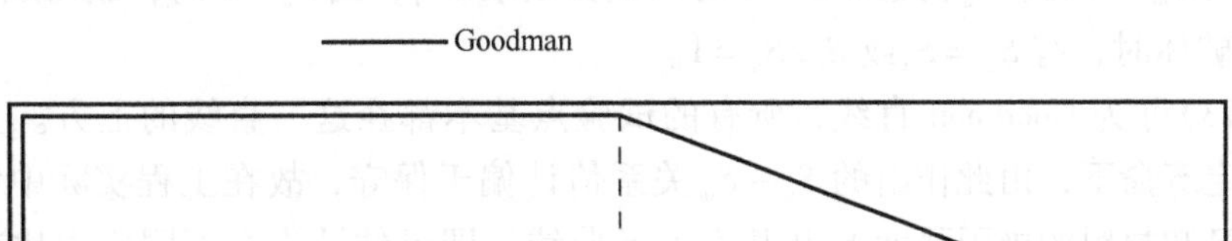

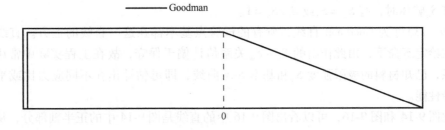

图 9-14　平均应力 Goodman 修正

要深刻理解这一方法，首先需要知道应力比 R 的变化对疲劳性能的影响。由 9.1.1 给出

的基本概念可知

应力幅值 $S_a=\dfrac{\Delta S}{2}$，平均应力 $S_m=\dfrac{(S_{min}+S_{max})}{2}$，应力比 $R=\dfrac{S_{min}}{S_{max}}$

基于以上公式，可以推导得到平均应力与应力比之间的关系

$$S_m=\frac{1+R}{1-R}S_a \tag{9-12}$$

从式(9-12)可以看出，应力比 R 增大，则循环平均应力 S_m 增大，可以理解为 R 的增大与减小，是平均应力增大或者减小的标志。故讨论应力比 R 对疲劳寿命的影响，实际上是讨论平均应力 S_m 对疲劳寿命的影响，当然这一讨论是建立在应力幅 S_a 不变的条件下。

当 S_a 给定时，R 增大，平均应力 S_m 也增大，循环载荷中的拉伸部分增大，这对疲劳裂纹的萌生和扩展都是不利的，将使疲劳寿命 N_f 降低。平均应力对 S-N 曲线影响的一般趋势如图 9-15 所示。平均应力 $S_m=0$ 时($R=-1$)的 S-N 曲线是基本 S-N 曲线；当 $S_m>0$，即拉伸平均应力作用时，S-N 曲线下移，表示同样应力幅作用下的寿命下降，或者说结构在同样寿命下的疲劳强度降低，对疲劳有不利的影响；$S_m<0$，即压缩平均应力作用时，S-N 曲线上移，表示同样应力幅作用下的寿命增大，或者说在同样寿命下的疲劳强度提高，压缩平均应力对疲劳的影响是有利的。因此，在实践中用喷丸、冷挤压和预应变等方法在高应力细节处引入残余压应力，是提高疲劳寿命的有效措施。

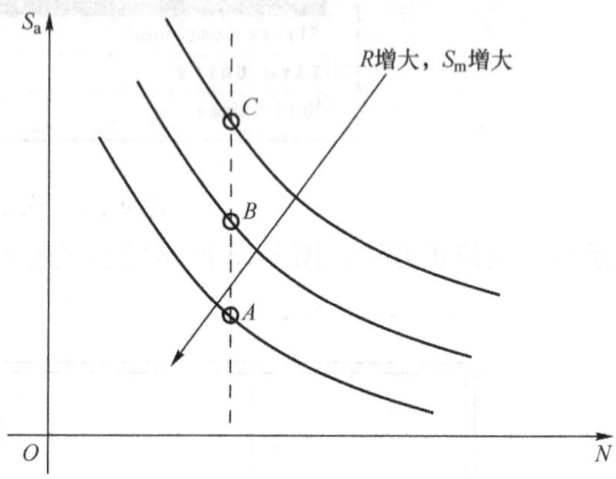

图 9-15　平均应力的影响

在给定寿命 N 下，研究循环应力幅 S_a 与平均应力 S_m 之关系，可得到图 9-16 所示的结果。当寿命给定时，平均应力 S_m 越大，相应的结构疲劳强度 S_a 就越小；但无论如何，平均应力 S_m 都不可能大于材料的极限强度 S_u。极限强度 S_u 为高强脆性材料的极限抗拉强度或延性材料的屈服强度。因此，等寿命条件下的 S_a-S_m 关系可以表达为

$$\frac{S_a}{S_{-1}}+\frac{S_m}{S_u}=1 \tag{9-13}$$

显然，当 $S_m=0$ 时，S_a 就是 $R=-1$ 时的疲劳极限 S_{-1}，当 $S_a=0$ 时，载荷成为静载，在极限强度 S_u 破坏时，有 $S_m=S_u$ 或 $S_m/S_u=1$。

式(9－13)称为 Goodman 直线，所有的试验点基本都在这一直线的上方。直线形式简单，且在给定寿命下，由此作出的 S_a-S_m 关系估计偏于保守，故在工程实际中常用。利用上述关系，已知材料的极限强度 S_u 和基本 S-N 曲线，即可估计出在不同应力比或平均应力下的疲劳性能。

对比图 9-14 和图 9-16，可以看出图 9-16 中的直线是图 9-14 中的正半轴部分，从图 9-14 可以看出，对于负半轴部分，也就是压缩应力为负的情况，不进行平均应力修正。

Goodman 方法除了具有上述描述方法外，S_a 和 S_m 还可以分别用疲劳极限 S_{-1} 和 S_u 进行归一化，形成图 9-17 所示的 Haigh 图。

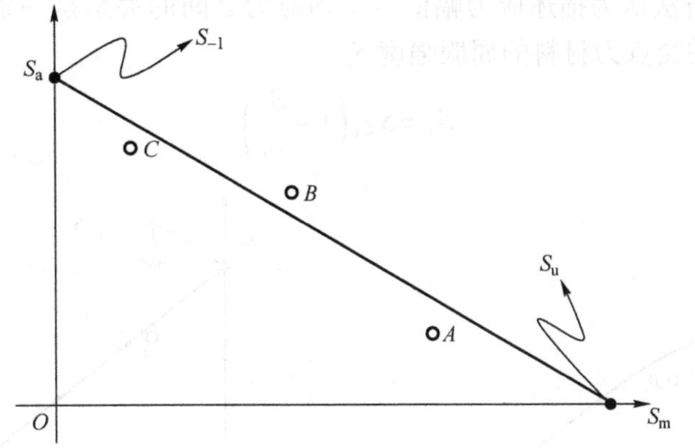

图 9-16　$S_a - S_m$ 关系

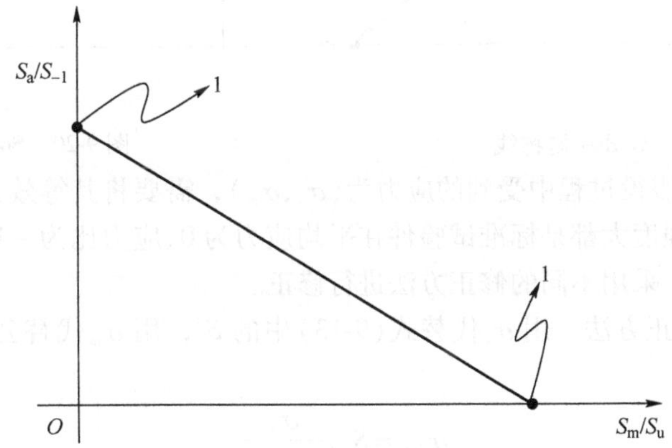

图 9-17　Haigh 图

（3）Gerber 修正

如图 9-12 所示，选择 Gerber 选项，Worksheet 区指示出 Gerber 平均应力修正方法的示意图，如图 9-18 所示。

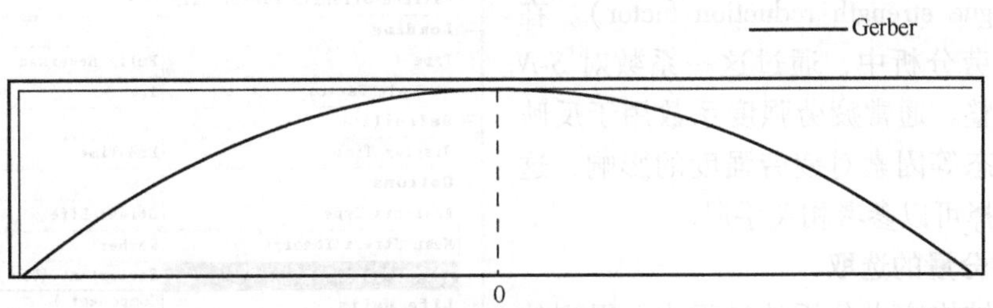

图 9-18　Gerber 修正方法

如果把平均应力和应力幅值间的关系用抛物线来描述，如图 9-19 所示，这种平均应力修正方法称为 Gerber 修正。Gerber 修正方法见式(9-14)。

$$S_a = S_{-1}\left(1 - \frac{S_m}{S_u}\right)^2 \tag{9-14}$$

（4）Soderberg 修正

Soderberg 修正方法认为描述应力幅值与平均应力之间的关系是一条直线(图 9-20)，但是这条直线与横轴的交点为材料的屈服强度 S_s。

$$S_a = S_{-1}\left(1 - \frac{S_m}{S_s}\right) \tag{9-15}$$

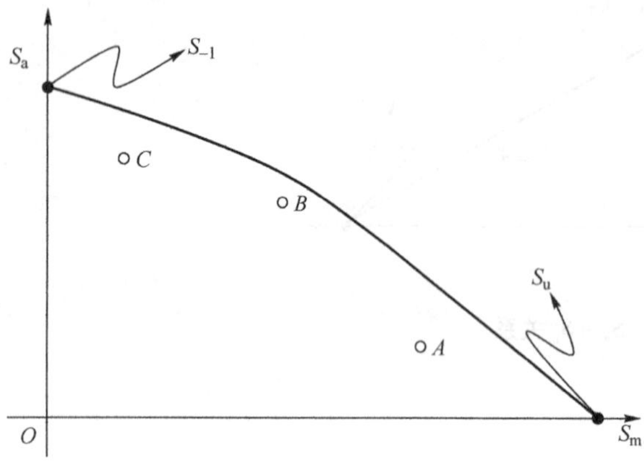

图 9-19　Gerber 抛物线

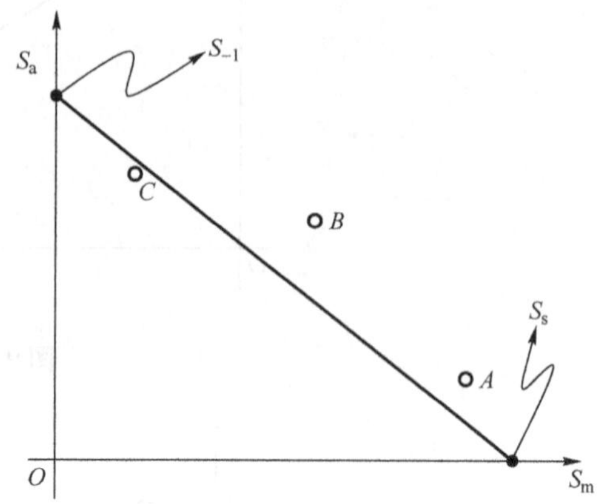

图 9-20　Soderberg 直线

如果结构在实际服役过程中受到的应力为(σ_a,σ_m)，需要将其等效为(σ_{-1},0)的载荷循环(因为材料的疲劳强度大都是标准试验件在平均应力为 0、应力比为 −1 的条件下试验得到的)，可以根据需要，采用不同的修正方法进行修正。

采用 Goodman 修正方法，用 σ_a代替式(9-13)中的 S_a，用 σ_m代替公式中的 S_m，S_u为已知，则

$$\sigma_{-1} = S_{-1}\frac{\sigma_a}{1 - \dfrac{\sigma_m}{S_u}} \tag{9-16}$$

其他平均应力修正方法的应用和 Goodman 方法相同，这里不再赘述。

5. 疲劳强度系数 K_f

K_f是疲劳强度系数，又称为疲劳强度缩减系数(fatigue strength reduction factor)。在进行应力疲劳分析中，通过这一系数对 *S-N* 曲线进行调整。通常疲劳强度系数用于反映表面加工状态等因素对疲劳强度的影响，这一参数的选择可以参考相关手册。

6. 应力分量的选取

在进行结构应力分析的过程中，得到的是多轴应力，但是试验过程中得到的一般是单轴应力。在 ANSYS Workbench 的应力疲劳分析过程中，可以选择 *X*、*Y*、*Z* 三个方向的应力分量，Von Mises 应力，带符号的 Von Mises 应力(将绝对值最大主应力的符号作为 Von Mises 应力的符号)等，如图 9-21 所示。在考虑压缩平均应力对疲劳寿命的影响中，带符号的 Von Mises 应力是非常有用的。

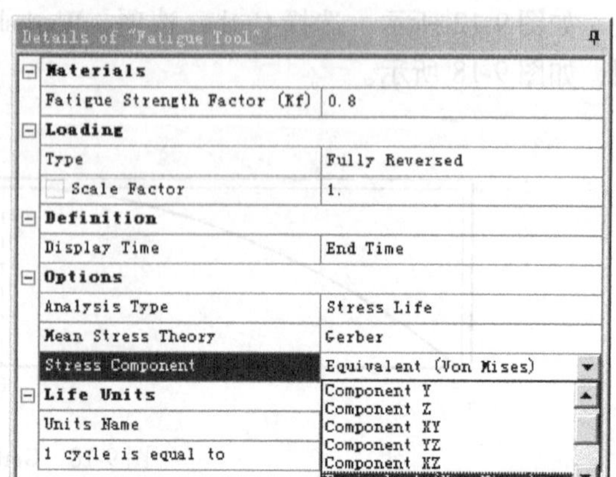

图 9-21　应力分量的选取

7. 载荷谱

进行疲劳分析时，首先必须确定零部件或结构工作状态下所承受的载荷谱。载荷谱的确定通常有两种方法：一是借助于已有的类似构件、结构或其模型，在使用条件或模拟使用条件下进行测量，得到各典型工况下的载荷谱，再将各工况组合起来得到的载荷谱，称为**实测载荷谱**；二是在没有适当的类似结构或模型可用时，依据设计目标分析工作状态，结合经验估计载荷谱，这样给出的是**设计载荷谱**。

例如，有一台商用汽车，设计寿命500000km，前轴设计承载为70kN，下面推导前轴的设计载荷谱。

前轴承受的静态垂直力 $F_{v,stat}$ 为70/2 =35kN，因前轴有两个车轮，各承载50%。

(1) 直线行驶的动态载荷谱

垂直动态力：

取动态系数为2.28，则垂直动态力为35kN×2.28 =80kN。

侧向动态力 F_y：

$$F_y = F_{v,stat} \times 0.35 \approx 12\text{kN}$$

纵向动态力：

$$F_x = F_{v,stat} \times 0.5 \approx 18\text{kN}$$

(2) 转弯行驶的最大动态力

侧向动态力 F_y：

$$F_y = F_{v,stat} \times 1.5 \approx 52\text{kN}$$

纵向动态力 F_x：

$$F_x = F_{v,stat} \times 0.9 \approx 31\text{kN}$$

(3) 制动行驶的最大动态力

制动时最大垂直力：

$$F_v = F_{v,stat} \times 2.2 = 77\text{kN}$$

制动时最大纵向力：

$$F_x = F_{v,stat} \times 1.4 = 49\text{kN}$$

在上述力的作用下，轮轴的关键部位的最大应力幅值应力比确定如下。设计寿命500000km，每1km轮轴转动300次，故总循环次数为 $500000 \times 300 = 1.5 \times 10^8$。

直线行驶：$0.96 \times 1.5 \times 10^8 = 1.44 \times 10^8$

转弯行驶：$0.02 \times 1.5 \times 10^8 = 3 \times 10^6$

制动：$1.5 \times 10^8 - 1.44 \times 10^8 - 3 \times 10^6 = 3 \times 10^6$

通过有限元计算，得到车辆的直线行驶、转弯行驶、制动三种工作状态下的应力和循环次数。该车轮轴的应力载荷谱见表9-1。

表 9-1 某商用汽车应力载荷谱

	应力幅值/MPa	循环次数
直线行驶	260	1.5×10^8
转弯行驶	420	3.0×10^6
制动	180	3.0×10^6

表 9-1 为简单的应力载荷谱的表达方式。

8. Miner 线性累积损伤理论

对载荷谱(载荷时间历程)计数,可得到图 9-22 所示的载荷(S)-循环次数(n)图。

若构件在恒幅应力水平 S 作用下,循环至破坏的寿命为 N,则可定义它在经受 n 次循环时的损伤为

$$D=n/N \tag{9-17}$$

显然,在恒幅应力水平 S 作用下,若 $n=0$,则 $D=0$,构件未受疲劳损伤;若 $n=N$,则 $D=1$,构件发生疲劳破坏。

构件在应力水平 S_i 作用下,经受 n_i 次循环的损伤为 $D_i=n_i/N_i$。若在 k 个应力水平 S_i 作用下,各经受 n_i 次循环,则其总损伤为

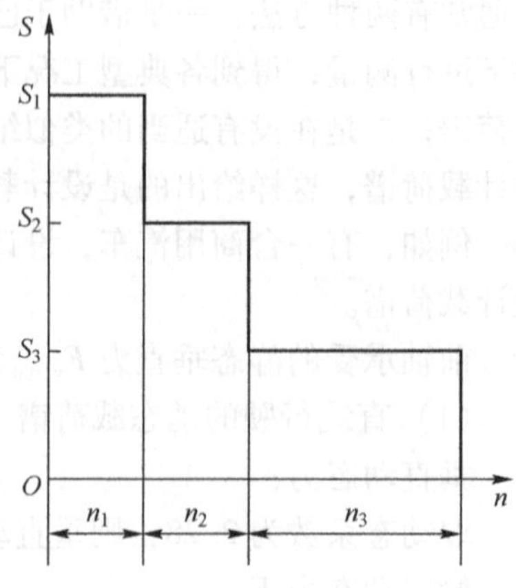

图 9-22 变幅载荷谱

$$D=\sum_{1}^{k} D_i=\sum n_i/N_i \qquad (i=1,2,\cdots,k) \tag{9-18}$$

破坏准则为

$$D=\sum n_i/N_i=1 \tag{9-19}$$

式中,n_i是在 S_i作用下的循环次数,**由载荷谱给出**;N_i是在 S_i作用下循环到破坏的寿命,**由 *S-N* 曲线确定**。

式(9－19)就是最简单、使用最广泛的 Miner 线性累积损伤理论。

图 9-23 给出了构件在最简单的变幅载荷(两水平载荷)下的累积损伤。从图中坐标原点出发的射线,是给定应力水平 S_i下的损伤线。注意到 N_f是由 *S-N* 曲线确定的常数,则损伤 D 与载荷作用次数 n 的关系可由式(9-19)的线性关系来描述。因此,上述 Miner 累积损伤理论是线性理论。图中,构件在应力水平 S_1下经受 n_1次循环后的损伤为 D_1,再在应力水平 S_2下经受 n_2次循环,损伤为 D_2,若总损伤 $D=D_1+D_2=1$,则构件发生疲劳破坏。

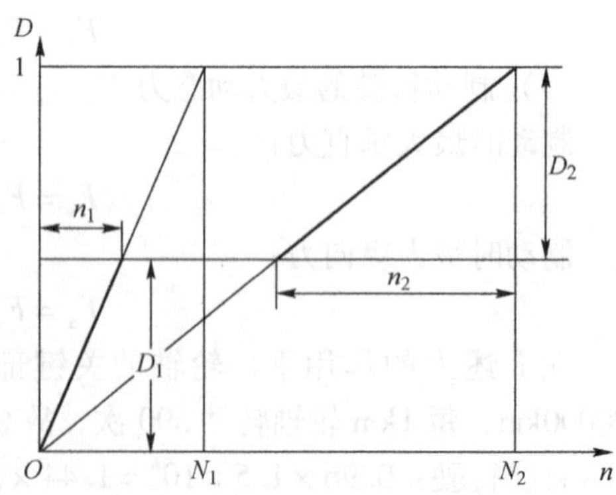

图 9-23 线性累积损伤

由式(9-19)还可看出,Miner 累积损伤与载荷 S_i作用的先后次序是无关的。利用 Miner 理论进行疲劳分析的一般步骤为:

1) 确定构件在设计寿命期的载荷谱,选取拟用的设计载荷或应力水平。

2) 选用适合构件使用的 *S-N* 曲线(通常需要考虑构件的具体情况,对材料 *S-N* 曲线进行修正而获得)。

3) 再由 *S-N* 曲线计算其损伤,$D_i=n_i/N_i$,按式(9-19)计算总损伤 D。

4) 判断是否满足疲劳设计要求。若在设计寿命内的总损伤 $D<1$,构件是安全的;若 $D>1$,则构件将发生疲劳破坏,应降低应力水平或缩短使用寿命。

例如,已知构件可用的 *S-N* 曲线为 $S^2N=2.5\times10^{10}$,如图 9-24 所示;设计寿命期的载

荷谱如表 9-2 中前两栏所列。试估计该构件可承受的最大应力水平。

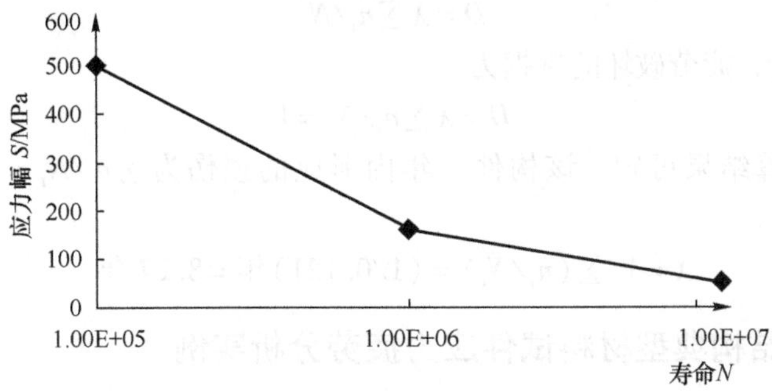

图 9-24　S-N 曲线

假定对应于 100% 载荷 P 时的应力 $S=200\text{MPa}$，其余各级载荷对应的应力水平列于表中第三栏。

表 9-2　构件设计载荷谱

设计载荷 P_i	循环数 $n_i(10^6)$	S_i/MPa	$N_i(10^6)$	$D_i=n_i/N_i$
P	0.05	200	0.625	0.080
$0.8P$	0.1	160	0.976	0.102
$0.6P$	0.5	120	1.736	0.288
$0.4P$	5.0	80	3.306	1.280

再由 S-N 曲线得到在各恒幅应力循环下的寿命 N_i，如表中第四栏所列。计算各级应力下的损伤，列于表中第五栏。求得的总损伤为 $\sum D_i=\sum n_i/N_i=1.75$。

由上述计算结果可知，若选取应力 $S=200\text{MPa}$，则在设计寿命内总损伤 $D=1.75>1$，构件将发生疲劳破坏。因此，需要降低所选取的应力水平，重新计算。

再取应力 $S=150\text{MPa}$，计算结果为：$D=\sum D_i=\sum n_i/N_i=0.985<1$，构件能够达到设计寿命。故 $S=150\text{MPa}$，基本上是构件可承受的最大应力水平。

某构件的 S-N 曲线为 $S^2N=2.5\times10^{10}$，若它一年内所承受的典型应力谱如表 9-3 中前两栏所列，试估计其寿命。

表 9-3　典型应力谱及其损伤计算

S_i/MPa	$n_i(10^6)$	$N_i(10^6)$	n_i/N_i
150	0.01	1.111	0.009
120	0.05	1.736	0.029
90	0.10	3.086	0.033
60	0.35	6.944	0.050

如前所述，如果构件的使用可以以年为周期，则可由此形成构件的典型应力谱，其后各年所承受的循环载荷，是该典型应力谱的重复。若将典型应力谱作为一个循环块，损伤为

$\sum n_i/N_i$，整个寿命有 λ 个循环块，则总损伤应为

$$D=\lambda\sum n_i/N_i$$

按照 Miner 理论，疲劳破坏的判据为

$$D=\lambda\sum n_i/N_i=1 \tag{9-20}$$

由表 9-3 中计算结果可知，该构件一年内形成的损伤为 $\sum n_i/N_i=0.121$，故由式(9-20)有

$$\lambda=1/\sum(n_i/N_i)=(1/0.121)\text{年}=8.27\text{ 年}$$

9.2.2 车辆结构典型材料试件应力疲劳分析实例

Q235 钢材断裂强度为 439MPa，S-N 曲线的数据表达式为 $\lg N_p=a_p+b_p\lg s$，99.9% 概率下的 $a_p=19.8662$，$b_p=-6.2982$。交变载荷 $F=94200$N(图 9-25)。

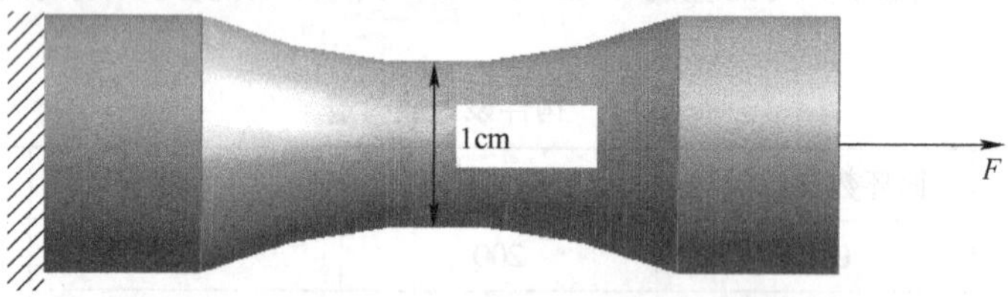

图 9-25 材料疲劳特性试件

1. 建立疲劳分析项目

首先启动 ANSYS Workbench，建立一个静力学分析流程的疲劳分析项目(图 9-26)，另存项目名称为 shaft-fatigue. wbpj。

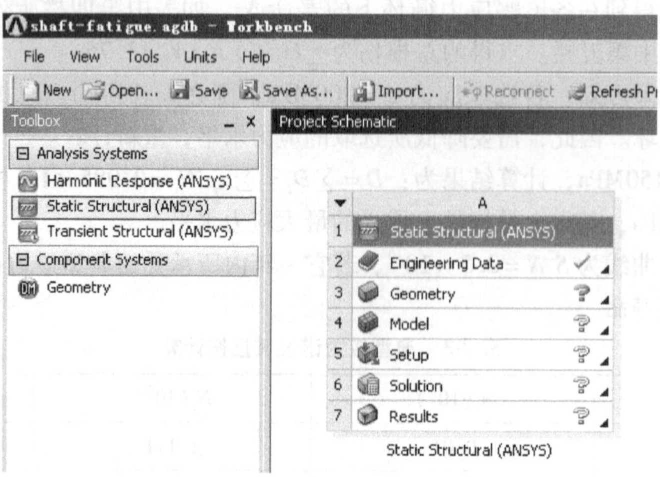

图 9-26 建立疲劳分析项目

2. 导入几何模型

用鼠标左键单击选择 A3—Geometry，单击鼠标右键，在弹出菜单中选择 Import Geometry > Browse，在弹出对话框选择随书光盘中的文件 Geom. agdb，如图 9-27 所示。

3. 添加材料特性

双击 B2—Engineering Data，打开材料特性数据库。选择 Structural Steel，在材料特性窗

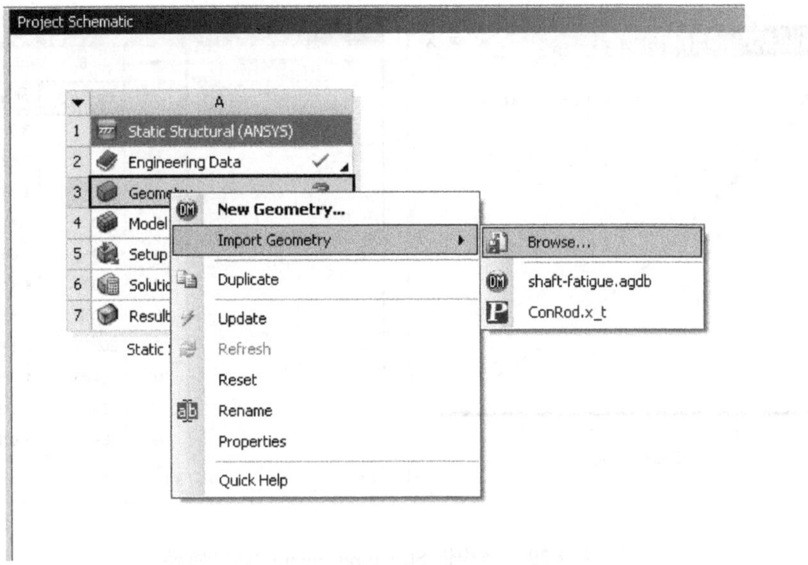

图 9-27　导入几何模型

口单击 Alternating Stress Mean Stress，如图 9-28 所示。

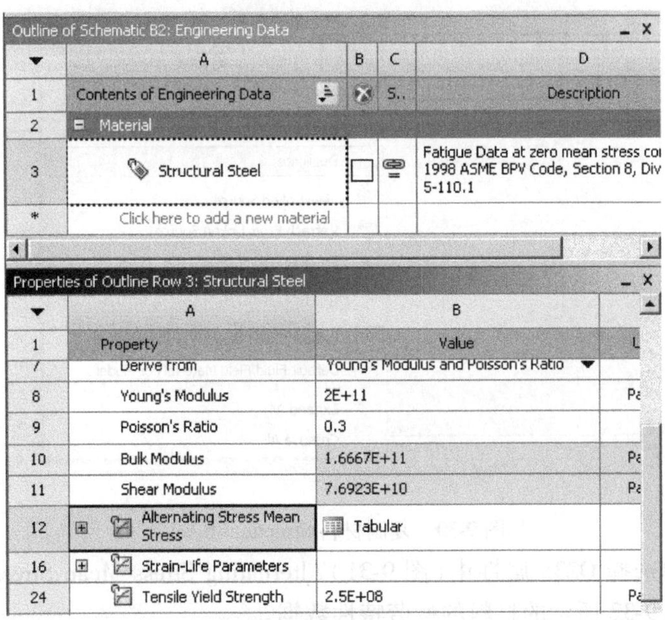

图 9-28　查看材料的疲劳特性

这时出现结构钢 Structural Steel 的疲劳特性，即 *S-N* 曲线和对应的数据表，如图 9-29 所示。

双击 B2—Engineering Data，单击鼠标左键选择 Structural Steel，单击鼠标右键，在弹出的菜单中选择 duplicate，如图 9-30 所示。生成新的材料 Structural Steel2。

选择 Structural Steel2，将其更名为 Q235，如图 9-31 所示。

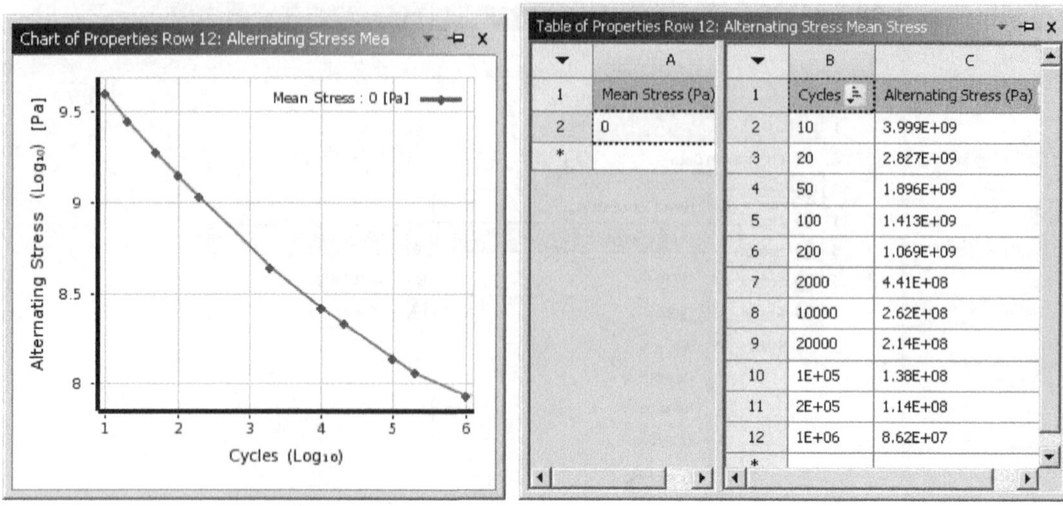

图 9-29　结构钢 Structural Steel 的疲劳特性

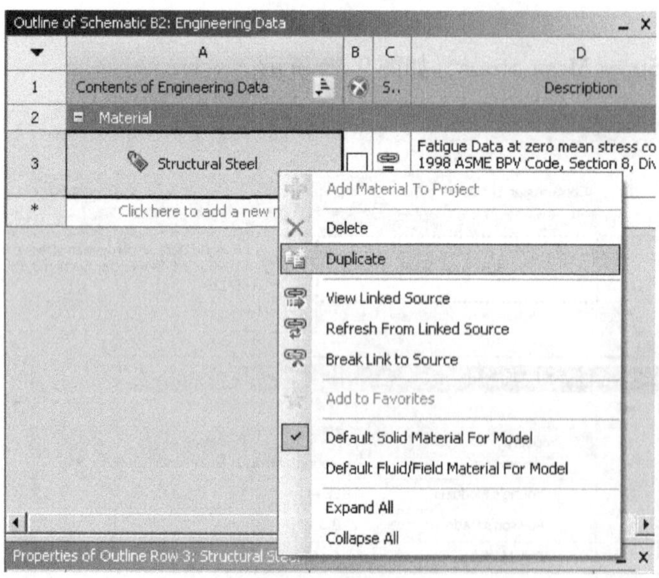

图 9-30　复制材料 Structural Steel

单击鼠标左键选择 Q235 属性中（图 9-31）Alternating Stress Mean Stress 右侧的 Tabular，接下来需要修改图 9-32 所示的材料的疲劳特性数据。

对于大多数工程问题，和本节给出的算例相同，一般给出材料的 *S-N* 曲线，需要在 ANSYS Workbench 中对其进行定义。将本题给出的 Q235 钢材的 *S-N* 曲线方程变形后可以得到

$$s = 10^{(\lg N_p - a_p)/b_p}$$

$$a_p = 19.8662,\ b_p = -6.2982$$

根据上式可以计算不同疲劳寿命下对应的疲劳强度，这一计算可以采用 Excel 软件方便地实现。图 9-32 表格中的数据可以直接复制到 Excel 软件中的电子表格中，输入公式 = 10^

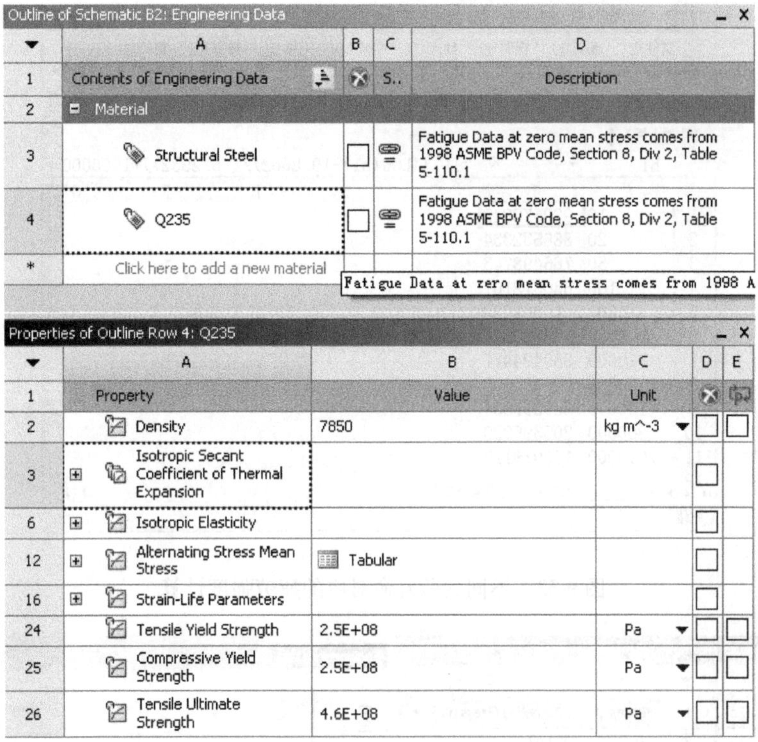

Outline of Schematic B2: Engineering Data

	A	B	C	D
1	Contents of Engineering Data		S..	Description
2	Material			
3	Structural Steel			Fatigue Data at zero mean stress comes from 1998 ASME BPV Code, Section 8, Div 2, Table 5-110.1
4	Q235			Fatigue Data at zero mean stress comes from 1998 ASME BPV Code, Section 8, Div 2, Table 5-110.1
*	Click here to add a new material			Fatigue Data at zero mean stress comes from 1998 A

Properties of Outline Row 4: Q235

	A	B	C	D	E
1	Property	Value	Unit		
2	Density	7850	kg m^-3		
3	Isotropic Secant Coefficient of Thermal Expansion				
6	Isotropic Elasticity				
12	Alternating Stress Mean Stress	Tabular			
16	Strain-Life Parameters				
24	Tensile Yield Strength	2.5E+08	Pa		
25	Compressive Yield Strength	2.5E+08	Pa		
26	Tensile Ultimate Strength	4.6E+08	Pa		

图 9-31　定义材料 Q235

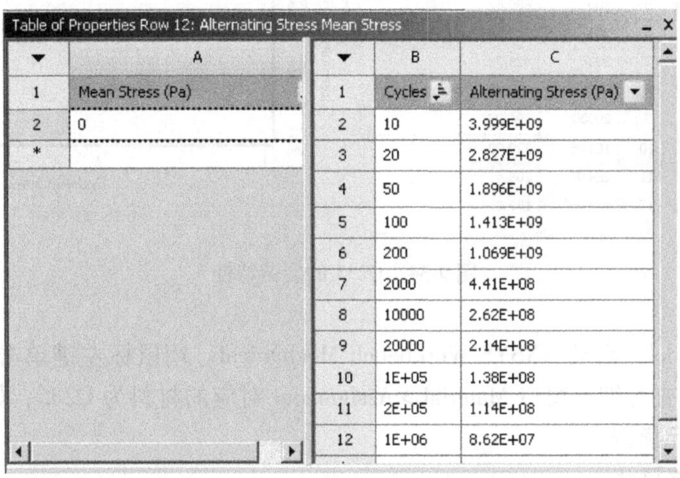

Table of Properties Row 12: Alternating Stress Mean Stress

	A
1	Mean Stress (Pa)
2	0
*	

	B	C
1	Cycles	Alternating Stress (Pa)
2	10	3.999E+09
3	20	2.827E+09
4	50	1.896E+09
5	100	1.413E+09
6	200	1.069E+09
7	2000	4.41E+08
8	10000	2.62E+08
9	20000	2.14E+08
10	1E+05	1.38E+08
11	2E+05	1.14E+08
12	1E+06	8.62E+07

图 9-32　待修改的材料的疲劳特性数据

((LOG(A1) - 19.8662)/(-6.2982)) * 1000000，计算出不同疲劳寿命下对应的疲劳强度，如图 9-33 所示。

可以将图 9-33 所示的 B 栏的疲劳特性数据直接复制，覆盖图 9-32 中的 Alternating Stress 一栏，如图 9-34 所示。

单击工具栏上的 Return to Project 按钮，系统返回到 ANSYS Workbench 主界面，如图 9-26

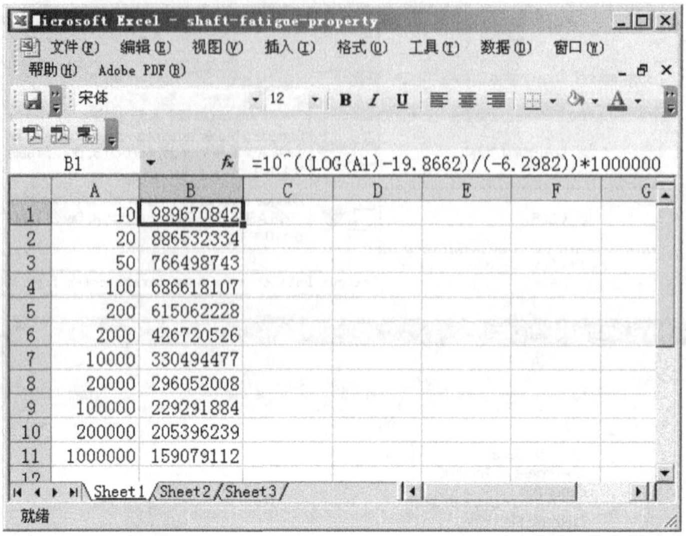

图 9-33　不同疲劳寿命对应的疲劳强度计算

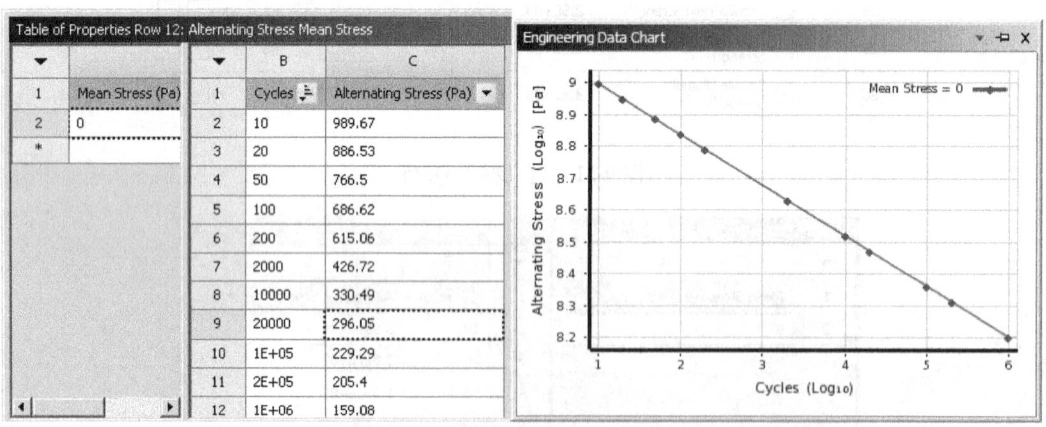

图 9-34　Q235 的疲劳特性

所示。

双击 A4—Model，启动 ANSYS Workbench Mechanical。用鼠标左键单击选择模型树中的 Geometry > Solid，查看细节窗口 Material > Assignment 对应的材料为 Q235，如图 9-35 所示。

4. 建立有限元模型

（1）定义网格尺寸

双击 A4—Model，启动 ANSYS Workbench Mechanical。用鼠标右键单击模型树中的 Mesh，在弹出的菜单中选择 Insert > Sizing，单击工具栏上的拾取工具按钮，选择几何图形区的直线，然后单击详细栏中的 Apply 按钮，在细节窗口按照图 9-36 所示进行设置。将直线分为 10 份，Type 设置为 Number of Divisions，Number of Divisions 设置为 10。

（2）生成网格

为了提高计算精度，采用六面体进行网格划分。用鼠标右键单击模型树中的 Mesh，在弹出的菜单中选择 Insert > Method，单击鼠标左键选择轴，在细节栏单击 Apply 按钮，将

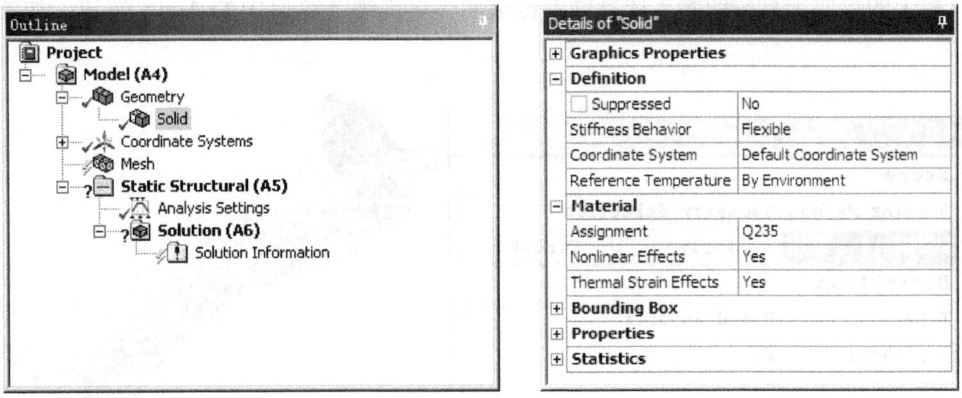

图 9-35　将材料特性赋值给几何模型

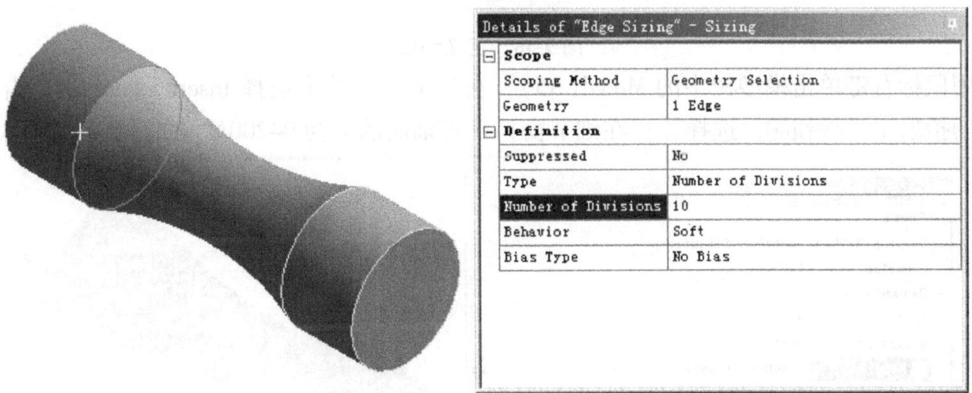

图 9-36　定义网格尺寸

Method 设置为 Sweep，如图 9-37 所示。在工具栏单击 Update 按钮，单击模型树中的 Mesh，生成的网格如图 9-37 所示。

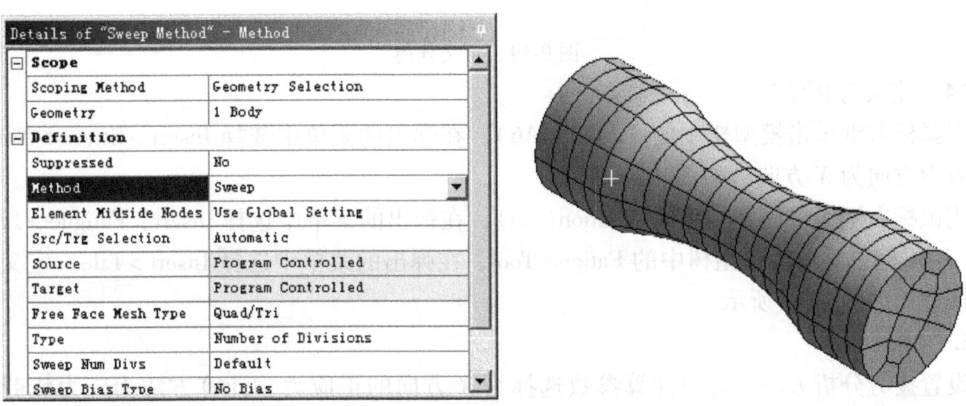

图 9-37　定义网格划分方式与网格生成

（3）施加载荷/约束

用鼠标右键单击模型树中的 Modal(A5)，在弹出的菜单中选择 Insert > Fixed Support，单击工具栏上的拾取工具按钮，选择轴左侧端面，单击细节窗口中的 Apply 按钮，如图 9-38 所示。

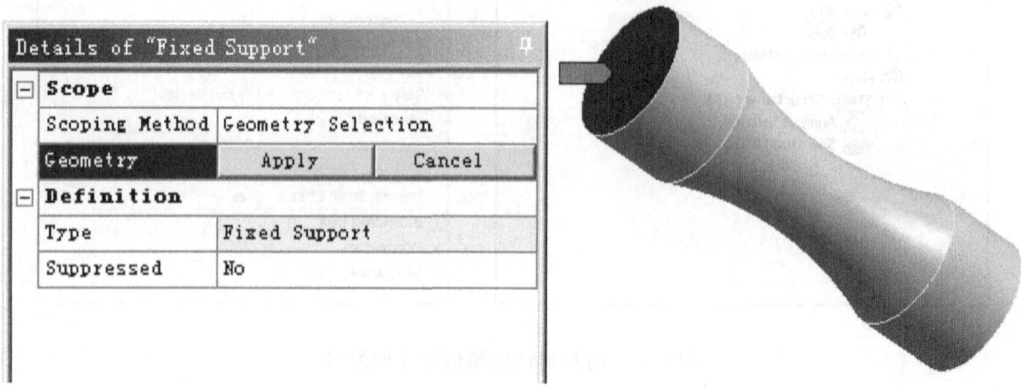

图 9-38　定义约束

用鼠标右键单击模型树中的 Modal(A5)，在弹出的菜单中选择 Insert > Force，单击工具栏上的拾取工具按钮，选择轴；在细节窗口设置轴向的力为 94200N，如图 9-39 所示。

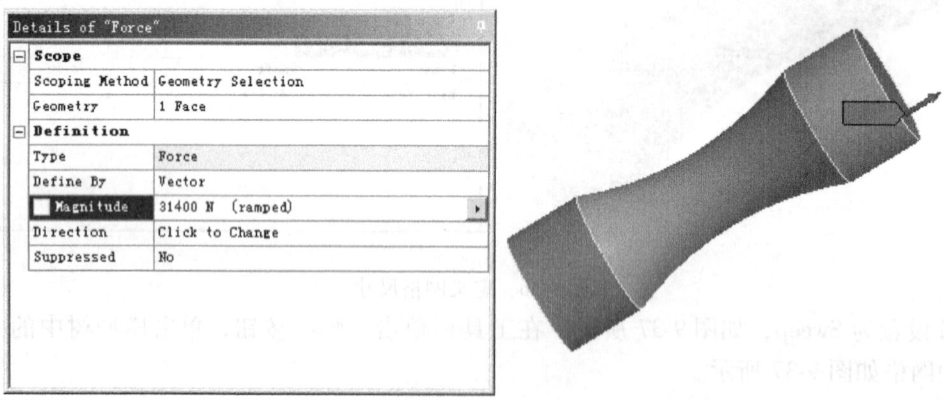

图 9-39　定义载荷

（4）定义分析结果

用鼠标右键单击模型树中的 Solution(A6)，在弹出的菜单中选择 Insert > Stress > Normal，默认应力方向为 X 方向，如图 9-40 所示。

用鼠标右键单击模型树中的 Solution(A6)，在弹出的菜单中选择 Insert > Fatigue > Fatigue Tool；用鼠标右键单击模型树中的 Fatigue Tool，在弹出的菜单中选择 Insert > Life。定义完毕后，模型树如图 9-41 所示。

5. 求解

设置疲劳分析方法，应力计算参数选择为 X 方向的正应力，计算方法为应力疲劳寿命分析方法，如图 9-42 所示。

用鼠标右键单击模型树中的 Modal(A5)，在弹出的菜单中选择 Solve，进行求解。

6. 查看分析结果

用鼠标左键单击模型树中的 Normal Stress，X 方向的正应力结果如图 9-43 所示。

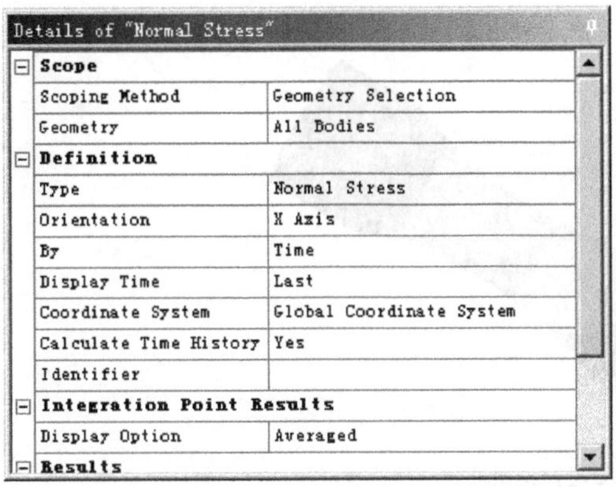

图 9-40　定义应力方向

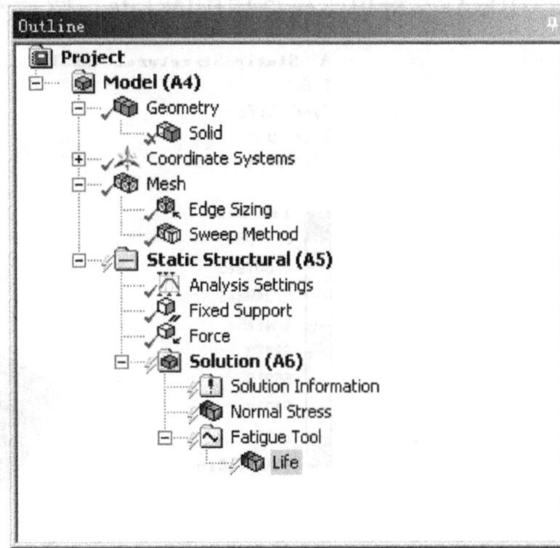

图 9-41　分析结果在模型树中的位置

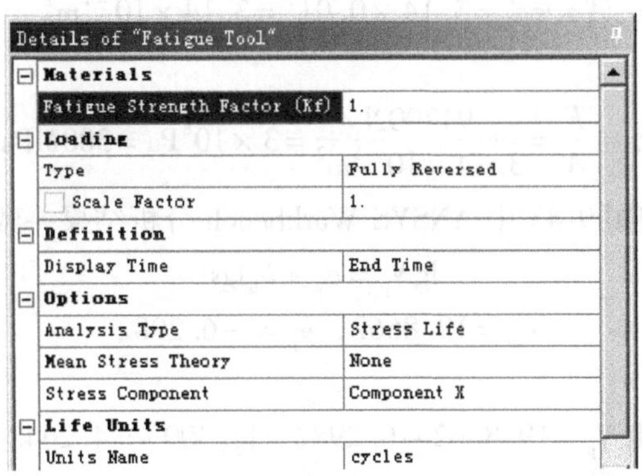

图 9-42　设置疲劳分析方法

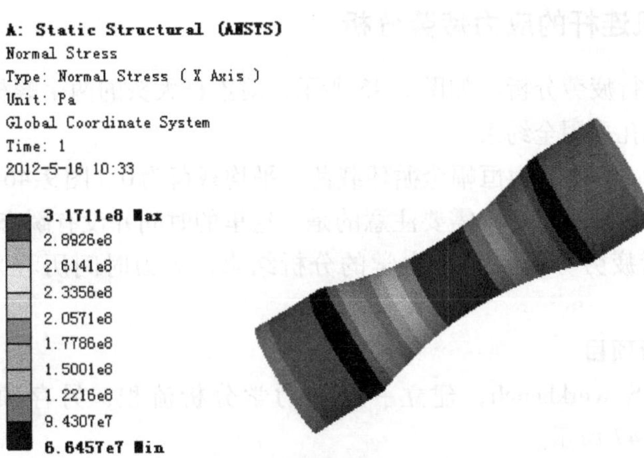

图 9-43　X 方向的正应力分析结果

用鼠标左键单击模型树中的 Life，疲劳寿命分析结果如图 9-44 所示。

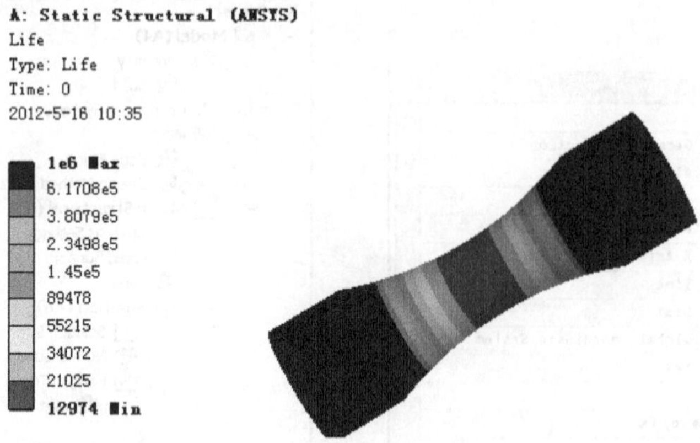

图 9-44　疲劳寿命分析结果

7. 结果分析

轴的最薄弱部位在中部，截面积为

$$A = \pi r^2 = 3.14 \times 0.01^2 = 3.14 \times 10^{-4}\text{m}^2$$

危险部位应力为

$$\sigma = \frac{F}{A} = \frac{94200\text{N}}{3.14 \times 10^{-4}\text{m}^2} = 3 \times 10^8\text{Pa} = 300\text{MPa}$$

上述应力分析结果与图 9-43 中 ANSYS Workbench 分析结果一致。对于疲劳寿命，有

$$\lg N_{\text{p}} = a_{\text{p}} + b_{\text{p}} \lg s$$

$$a_{\text{p}} = 19.8662,\ b_{\text{p}} = -6.2982$$

所以

$$\lg N_{\text{p}} = 19.8662 - 6.2982 \times \lg(300) = 4.2648$$

$$N_{\text{p}} = 10^{4.2648} = 18399$$

与图 9-44 中 ANSYS Workbench 分析结果 12974 之差在同一个数量级内，计算结果合理。

9.2.3　发动机连杆的应力疲劳分析

对发动机连杆进行疲劳分析。如图 9-45 所示，对连杆大头的两个螺栓孔采用径向约束，对连杆小头的活塞销孔采用全约束。

载荷的幅值 F 为 4500N，为恒幅全循环载荷，平均载荷为 0。图 9-46 中，纵轴表示交变载荷幅值的倍数，横轴表示时间。需要注意的是，这里的时间并没有瞬态载荷时间历程中时间的意义，因为进行疲劳分析采用静力学的分析结果，应力时间历程采用准静态法进行计算。

1. 建立疲劳分析项目

首先启动 ANSYS Workbench，建立一个静力学分析流程，另存项目名称为 Conrod-fatigue.wbpj，如图 9-47 所示。

2. 导入几何模型

用鼠标左键单击选择 A3—Geometry，单击鼠标右键，在弹出的菜单中选择 Import Geom-

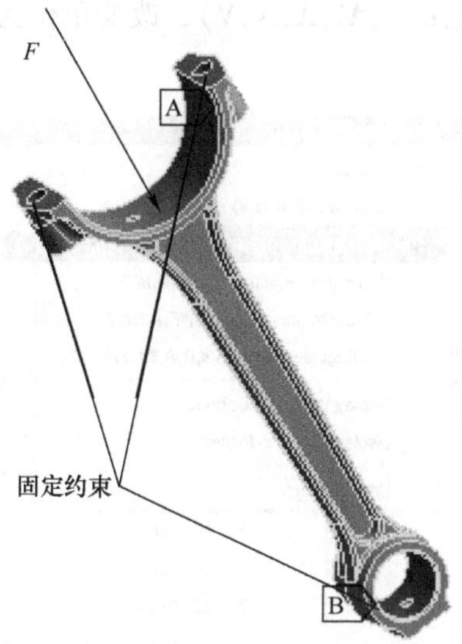

图 9-45　连杆的约束与受力

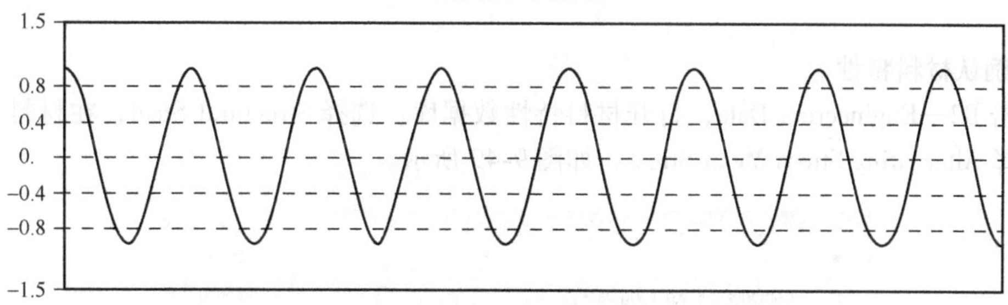

图 9-46　交变载荷 F

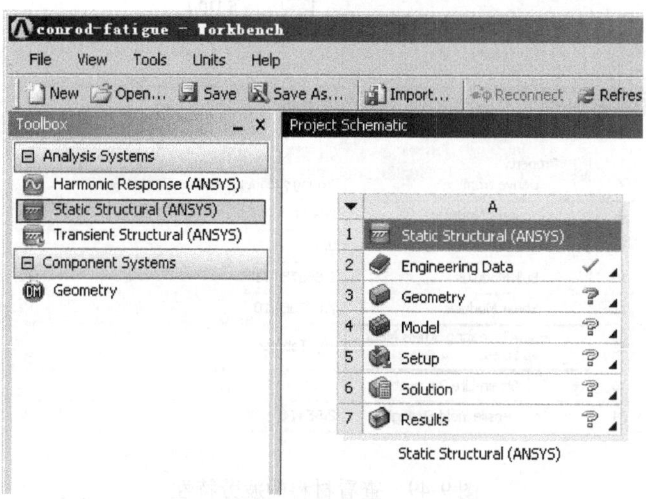

图 9-47　建立疲劳分析项目

etry > Browse，在弹出的对话框中选择随书光盘中的文件 ConRod. x _ t。

单击菜单 Units > Metric(kg,m,s,℃,A,N,V)，改变单位为 Metric(kg,m,s,℃,A,N,V)，如图 9-48 所示。

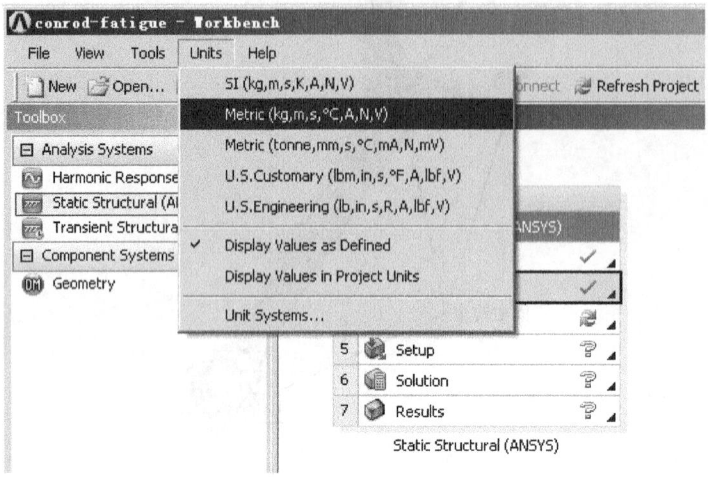

图 9-48　改变单位制

3. 确认材料特性

双击 B2—Engineering Data，打开材料特性数据库。选择 Structural Steel，在材料特性窗口中选择 Alternating Stress Mean Stress，如图 9-49 所示。

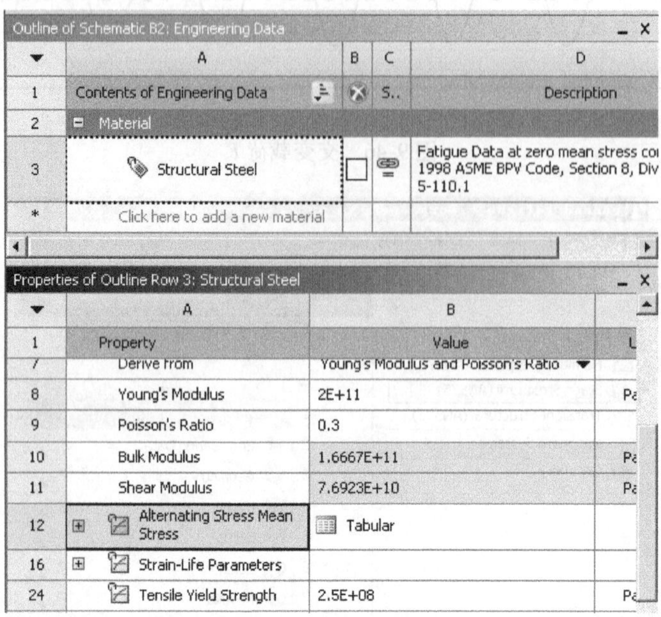

图 9-49　查看材料的疲劳特性

这时出现结构钢 Structural Steel 的疲劳特性，即 *S-N* 曲线和对应的数据表，如图 9-50 所示。

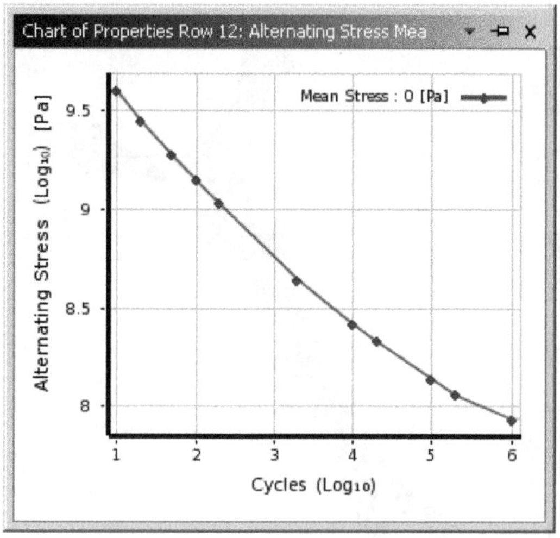

Table of Properties Row 12: Alternating Stress Mean Stress

	A
1	Mean Stress (Pa)
2	0
*	

	B	C
1	Cycles	Alternating Stress (Pa)
2	10	3.999E+09
3	20	2.827E+09
4	50	1.896E+09
5	100	1.413E+09
6	200	1.069E+09
7	2000	4.41E+08
8	10000	2.62E+08
9	20000	2.14E+08
10	1E+05	1.38E+08
11	2E+05	1.14E+08
12	1E+06	8.62E+07
*		

图 9-50　结构钢 Structural Steel 的疲劳特性

单击工具栏上的 Return to Project 按钮，系统返回到 ANSYS Workbench 主界面，如图 9-47 所示。

双击 A4—Model，启动 ANSYS Workbench Mechanical。用鼠标左键单击选择模型树中的 Geometry > Solid，在细节窗口单击 Assignment 右侧的箭头按钮“ > ”，选择 Q235，如图 9-51 所示。

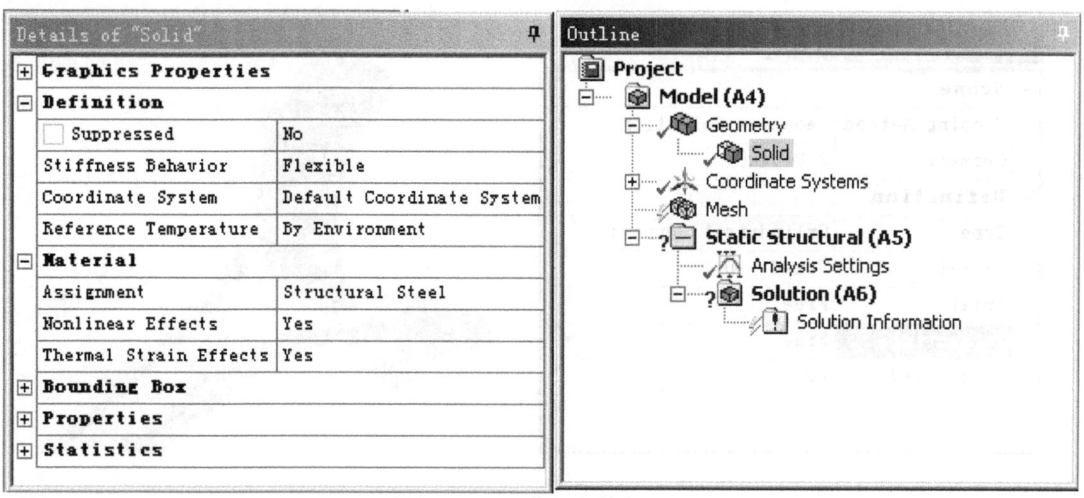

图 9-51　确认几何模型的材料特性

4. 建立有限元模型

（1）施加载荷/约束

用鼠标右键单击模型树中的 Modal(A5)，在弹出的菜单中选择 Insert > Force，单击工具栏上的拾取工具按钮，然后选择连杆大头端面，最后单击细节窗口中的 Apply 按钮，在 detail 窗口将载荷定义方式 Define by Vector 改成 Components，并设置 $Z = -4500\text{N}$，如图 9-52 所示。

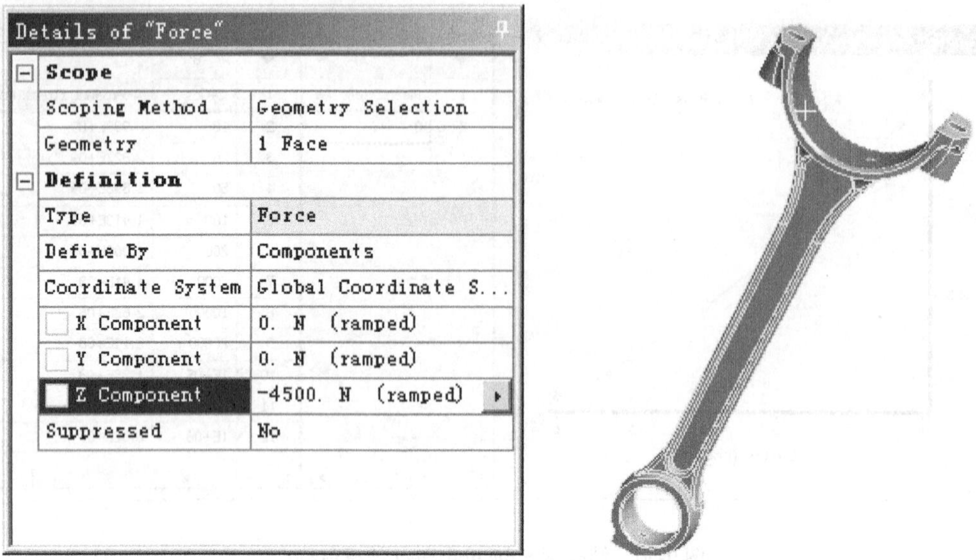

图 9-52 定义载荷方向及其大小

用鼠标右键单击模型树中的 Modal(A5)，在弹出的菜单中选择 Insert > Cylindrical Support，单击工具栏上的拾取工具按钮，选择连杆大头的两个螺栓孔，最后单击细节窗口中的 Apply 按钮，在细节窗口设置 Radial = "Fixed"，Axial = "Free"，Tangential = "Free"，如图 9-53 所示。

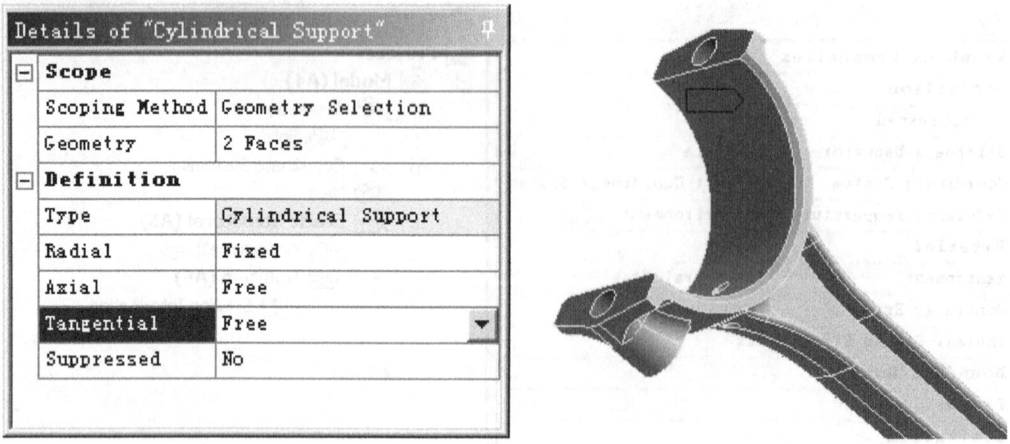

图 9-53 在连杆大头螺栓孔施加圆柱约束

在活塞销孔施加固定支撑，如图 9-54 所示。用鼠标右键单击模型树中的 Modal(A5)，在弹出的菜单中选择 Insert > Fixed Support，单击工具栏上的拾取工具按钮，选择连杆大头的两个螺栓孔，最后单击细节窗口中的 Apply 按钮。

(2) 定义分析结果

用鼠标右键单击模型树中的 Solution(A6)，在弹出的菜单中选择 Insert > Stress > Equivalent (von Mises)。

用鼠标右键单击模型树中的 Solution(A6)，在弹出的菜单中选择 Insert > Deformation > Total。

Details of "Fixed Support"

Scope	
Scoping Method	Geometry Selection
Geometry	1 Face
Definition	
Type	Fixed Support
Suppressed	No

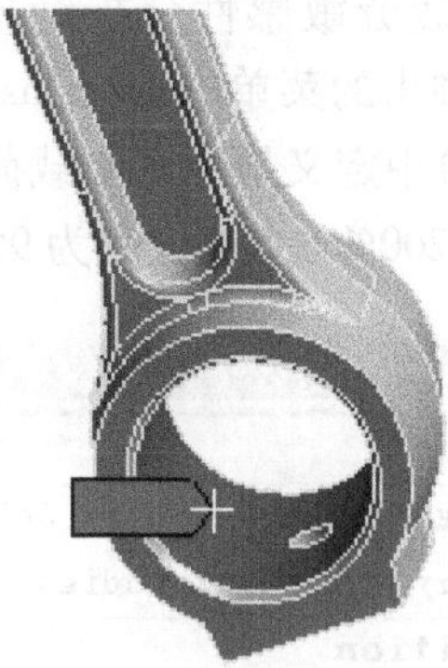

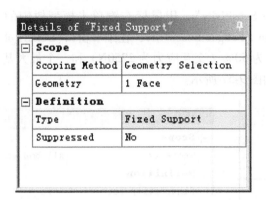

图 9-54　在活塞销孔施加固定支撑

用鼠标右键单击模型树中的 Solution(A6)，在弹出的菜单中选择 Insert > Fatigue > Fatigue Tool。

在 Details of "Fatigue Tool" 窗口定义疲劳强度因子(Fatigue Strength Factor, K_f)为 0.8(描述的材料数据表示在役构件相对光滑试件疲劳强度下降系数)，定义载荷为对称循环载荷(Fully Reversed Loading)，以建立交变应力循环；定义疲劳分析方法为应力寿命疲劳分析，由于 Fully Reversed Loading 平均应力为 0，所以不需要对平均应力进行修正；定义 Von Mises 应力为疲劳寿命计算参数。Fatigue Tool 疲劳分析设置细节窗口如图 9-55 所示。

Details of "Fatigue Tool"

Materials	
Fatigue Strength Factor (Kf)	0.8
Loading	
Type	Fully Reversed
Scale Factor	1.
Definition	
Display Time	End Time
Options	
Analysis Type	Stress Life
Mean Stress Theory	None
Stress Component	Equivalent (Von Mises)
Life Units	
Units Name	cycles
1 cycle is equal to	1. cycles

图 9-55　定义疲劳分析计算参数

接下来向 Fatigue Tool 添加结果：插入 "Safety Factor"（安全系数）。

用鼠标右键单击模型树中的 Fatigue Tool，在弹出的菜单中选择 > Insert > Fatigue > Safety Factor，在 Details of "Safety Factor" 窗口设置设计寿命 Design Life 为 10^6 循环次数，如图9-56 所示。

插入疲劳敏感性分析结果“Fatigue Sensitivity”，用鼠标右键单击模型树中的 Fatigue Tool，在弹出的菜单中选择 Insert > Fatigue > Fatigue Sensitivity，在细节窗口(Details of Fatigue Sensitivity)中定义最小基本载荷变化幅度为 50%（交互应力为 2250N）和一个最大基本载荷变化幅度 200%(交互应力为 9000N)，如图 9-57 所示。

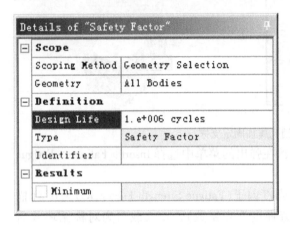

Details of "Safety Factor"

Scope	
Scoping Method	Geometry Selection
Geometry	All Bodies
Definition	
Design Life	1. e+006 cycles
Type	Safety Factor
Identifier	
Results	
Minimum	

图 9-56　定义设计寿命

Details of "Fatigue Sensitivity"

Scope	
Geometry	All Bodies
Definition	
Sensitivity For	Life
Options	
Lower Variation	50. %
Upper Variation	200. %
Number of Fill Points	25
Chart Viewing Style	Linear

图 9-57　定义载荷变化范围

向 Fatigue Tool 添加双轴分析结果，用鼠标右键单击模型树中的 Fatigue Tool，在弹出的菜单中选择 Insert > Fatigue > Biaxiality Indication。

用鼠标右键单击模型树中的 Modal(A5)，在弹出的菜单中选择 Solve，进行求解。

5. 查看分析结果

用鼠标左键单击模型树中的 Equivalent Stress，等效应力结果如图 9-58 所示。

用鼠标左键单击模型树中的 Total Deformation，总体变形分析结果如图 9-59 所示。

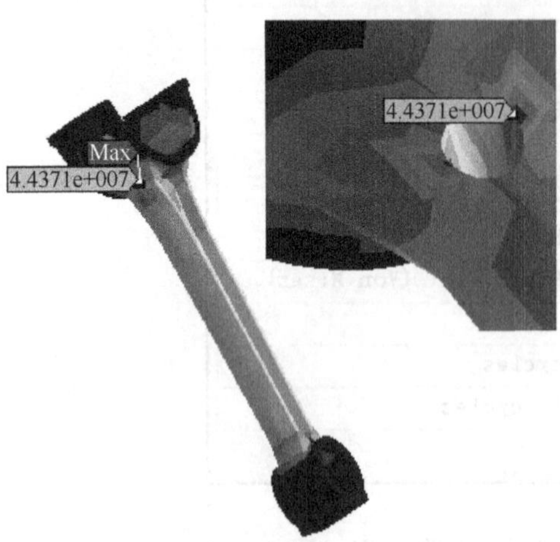

图 9-58　等效应力计算结果

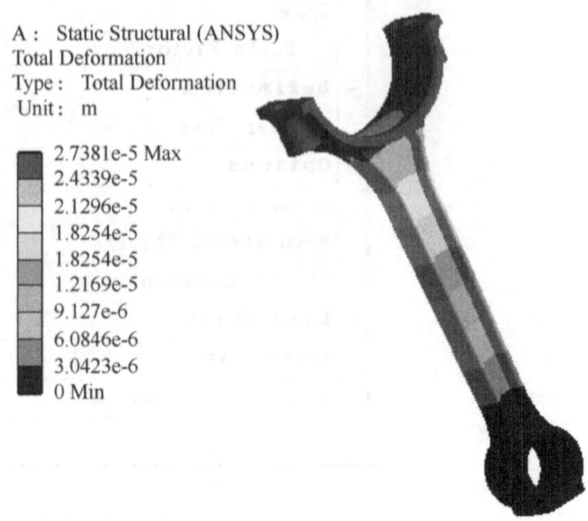

图 9-59　变形分析结果

查看对于设计寿命为 10^6 的循环次数的安全系数(Safety Factor)，用鼠标左键单击模型树中的 Safety Factor，安全系数计算结果如图 9-60 所示。

查看敏度分析结果，用鼠标左键单击模型树中的 Fatigue Sensitivity，敏度计算结果如图

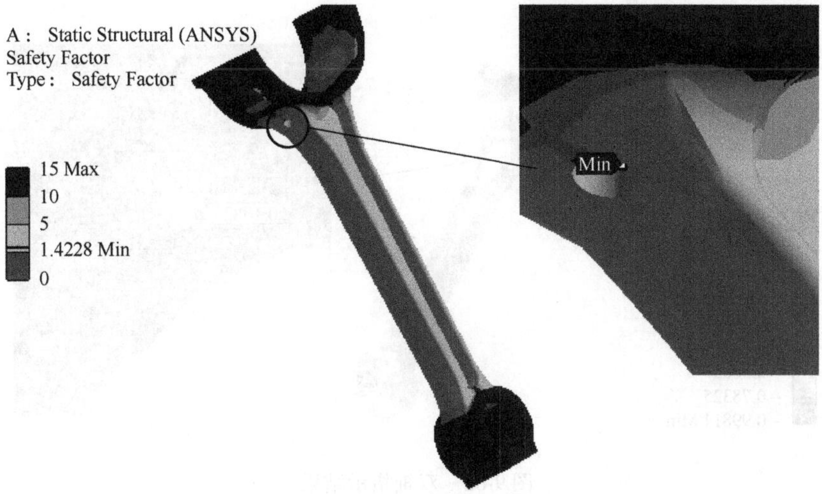

图 9-60　安全系数计算结果

9-61 所示。从图中可以看出，当疲劳载荷增加 100% 时，疲劳寿命缩小 80% 。

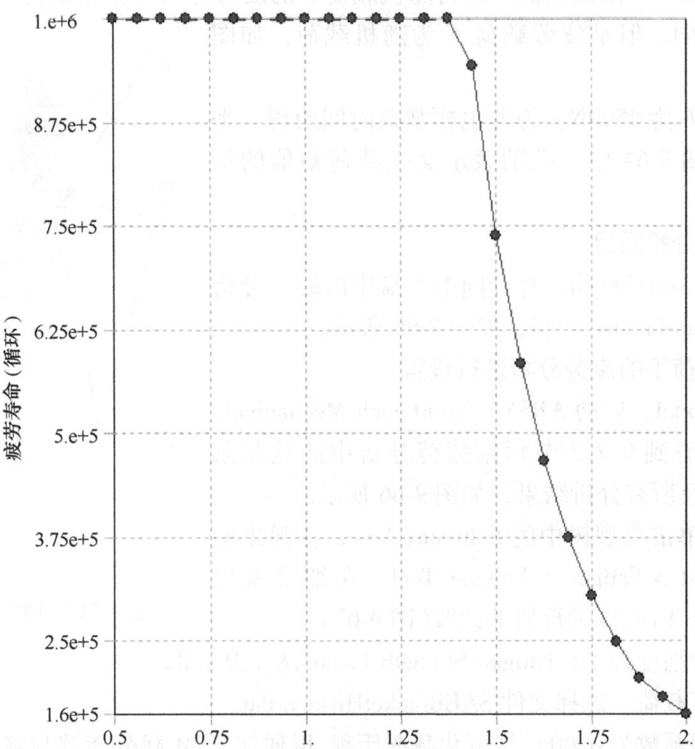

图 9-61　敏度分析结果

查看双轴指示结果 Biaxiality Indication（图 9-62）。用鼠标左键单击模型树中的 Biaxiality Indication。注意：接近危险区域的应力状态接近单轴（0.1～0.2），因为材料特性是单轴的。Biaxiality 为 0，应力状态与单轴应力一致；为 -1 时，为纯剪切；为 1 时，为纯双轴状态。

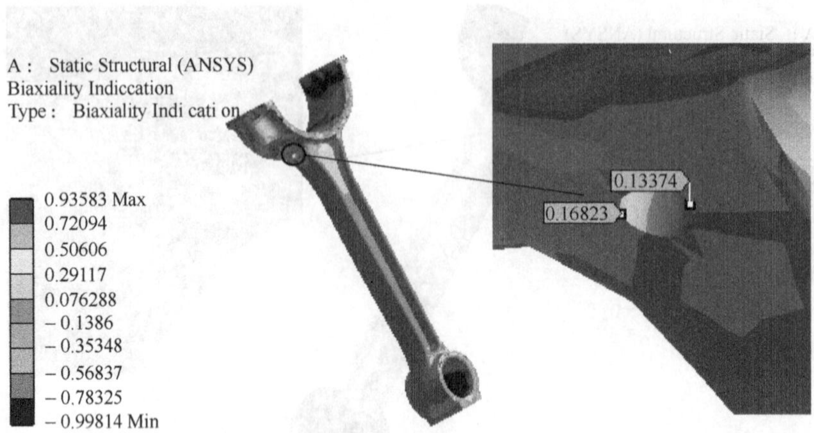

图 9-62 双轴指示结果

9.2.4 随机载荷下的应力疲劳分析实例

下面结合 9.2.3 节给出的例子进行随机载荷下的疲劳分析，基本的静力学模型与 9.2.3 节给出的例子相同，但是疲劳载荷 F 为随机载荷，如图 9-63所示。

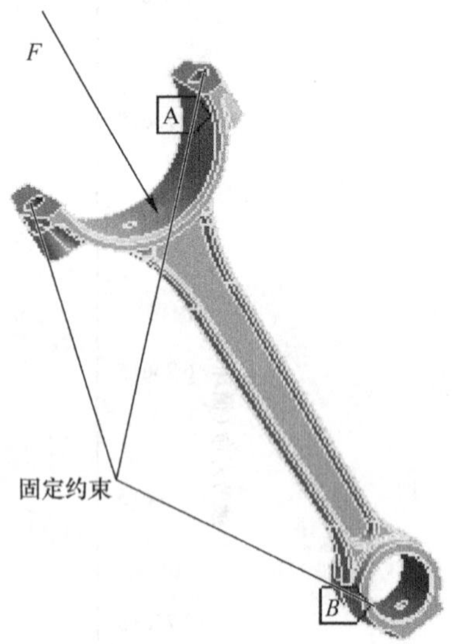

图 9-63 连杆的约束与受力

载荷的幅值 F 为 4500N，为非恒幅载荷时间历程，平均载荷不为 0。图 9-64 中，纵轴表示交变载荷幅值的倍数，横轴表示时间。

1. 打开疲劳分析项目

启动 ANSYS Workbench，打开随书光盘中的疲劳分析项目 conrod-random-fatigue. wbpj，如图 9-65 所示。

2. 对随机载荷下的疲劳分析进行设置

双击 A4—Model，启动 ANSYS Workbench Mechanical。在项目树中可以看到 9.2.3 节恒幅疲劳分析中的载荷条件、约束条件以及所有分析结果，如图 9-66 所示。

用鼠标右键单击模型树中的 Solution(A6)，在弹出的菜单中选择 Insert > Fatigue > Fatigue Tool。在细节窗口(Details of Fatigue Tool 2)进行如下设置(图 9-67)：

1) 定义疲劳强度因子(Fatigue Strength Factor,K_f)为 0.8。

2) 定义疲劳载荷，选择文件 SAEBracketHistory. dat。

3) 定义比例系数为 0.005(规范化载荷历程,以便使 FEM 载荷能够与载荷历程文件中的比例系数匹配)。

4) 定义 Goodman 方法修正平均应力。

5) 定义 signed Von Mises 应力，用于和疲劳材料数据进行比较(使用 signed 是由于 Goodman 理论处理负的和正的平均应力形式不同)。

6) 定义 bin size 为 32[雨流(Rainflow)和损伤矩阵(Damage matrices)是 32×32]。

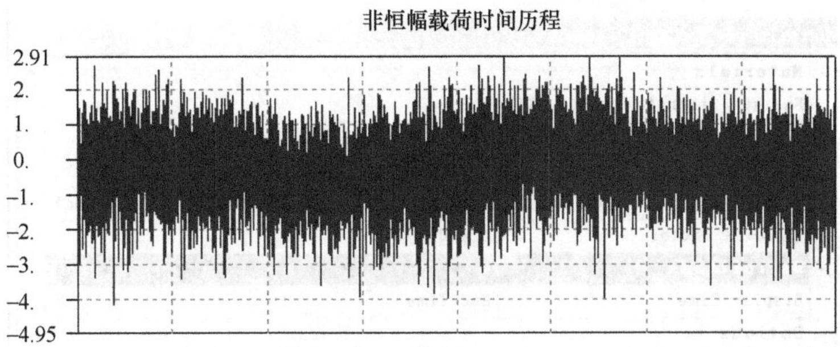

图 9-64　交变载荷 F

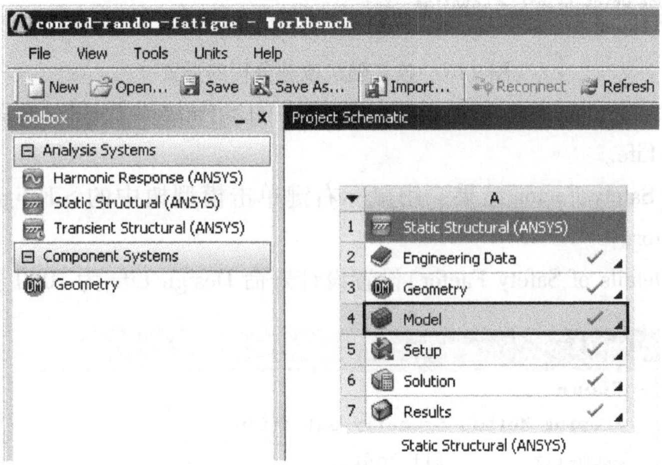

图 9-65　打开已有的疲劳分析项目

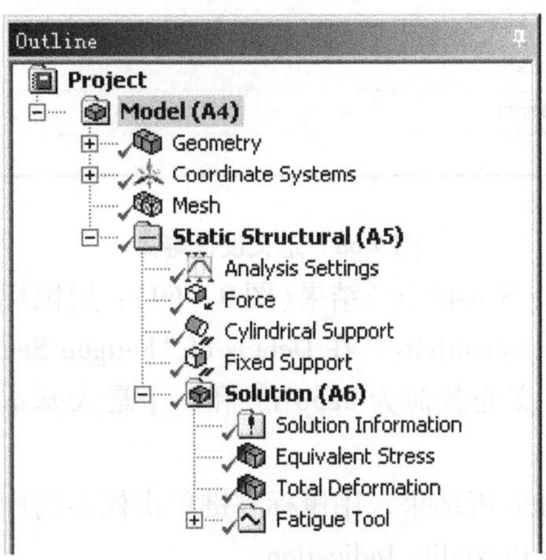

图 9-66　恒幅载荷下的疲劳分析

Details of "Fatigue Tool 2"

Materials	
Fatigue Strength Factor (Kf)	0.8
Loading	
Type	History Data
History Data Location	C:\Program Files...\SAEBracketHistory.dat
Scale Factor	5.e-003
Definition	
Display Time	End Time
Options	
Analysis Type	Stress Life
Mean Stress Theory	Goodman
Stress Component	Signed Von Mises
Bin Size	32
Use Quick Rainflow Counting	Yes

图 9-67　连杆随机疲劳分析的设置

插入疲劳寿命结果，用鼠标右键单击模型树中的 > Fatigue Tool2，在弹出的菜单中选择 Insert > > Fatigue > Life。

插入安全系数 Safety Factor 结果，用鼠标右键单击模型树中的 > Fatigue Tool2 > Insert > Fatigue > Safety Factor。

在细节窗口(Details of Safety Factor)设置设计寿命 Design Life 为 1000 次循环(图 9-68)。

Details of "Safety Factor"

Scope	
Scoping Method	Geometry Selection
Geometry	All Bodies
Definition	
Design Life	1000. blocks
Type	Safety Factor
Identifier	
Results	
Minimum	

图 9-68　定义设计寿命

插入疲劳敏感性(Fatigue Sensitivity)结果(图 9－69)：用鼠标右键单击模型树中的 > Fatigue Tool2 > Fatigue > Fatigue Sensitivity，在 Details of "Fatigue Sensitivity" 窗口定义一个最小基本载荷变化幅度为 50%（交变载荷为 2250N）和一个最大基本载荷变化幅度为 200%（交变载荷为 9000N）。

向 Fatigue Tool 添加双轴分析结果，用鼠标右键单击模型树中的 Fatigue Tool2，在弹出的菜单中选择 Insert > Fatigue > Biaxiality Indication。

插入雨流矩阵(RainflowMatrix)：用鼠标右键单击模型树中的 Fatigue Tool2，在弹出的菜单中选择 Insert > Fatigue > Rainflow Matrix。

插入损伤矩阵(Damage Matrix)：用鼠标右键单击模型树中的 Fatigue Tool2，在弹出的菜

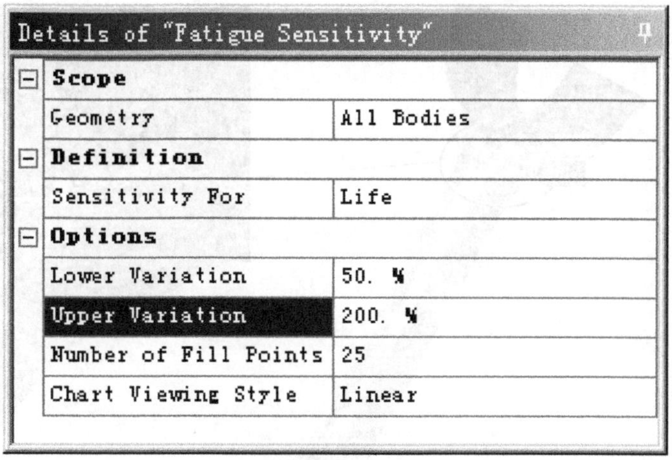

图 9-69　疲劳敏感性分析设置

单中选择 Insert > Fatigue > Damage Matrix。

在 Details of “Damage Matrix” 窗口设置设计寿命 Design Life 为 1000 次循环(图 9 – 70)。

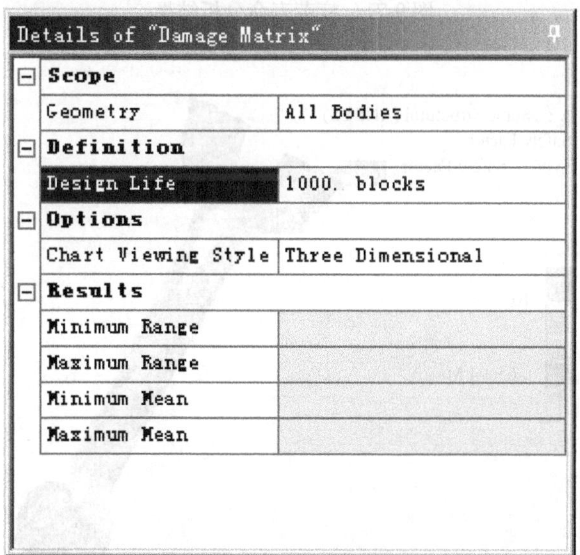

图 9-70　定义设计寿命

用鼠标右键单击模型树中的 Static Structual(A5)，在弹出的菜单中选择 Solve，进行求解。

3. 查看分析结果

用鼠标左键单击项目树中的 Life，图形区显示疲劳寿命分析结果，如图 9-71 所示。

用鼠标左键单击模型树中的 Safety Factor，画出设计寿命为 1000 次循环的安全系数(Safety Factor)，如图 9-72 所示。

查看敏度分析结果，用鼠标左键单击模型树中的 Fatigue Sensitivity，敏度计算结果如图 9-73 所示。

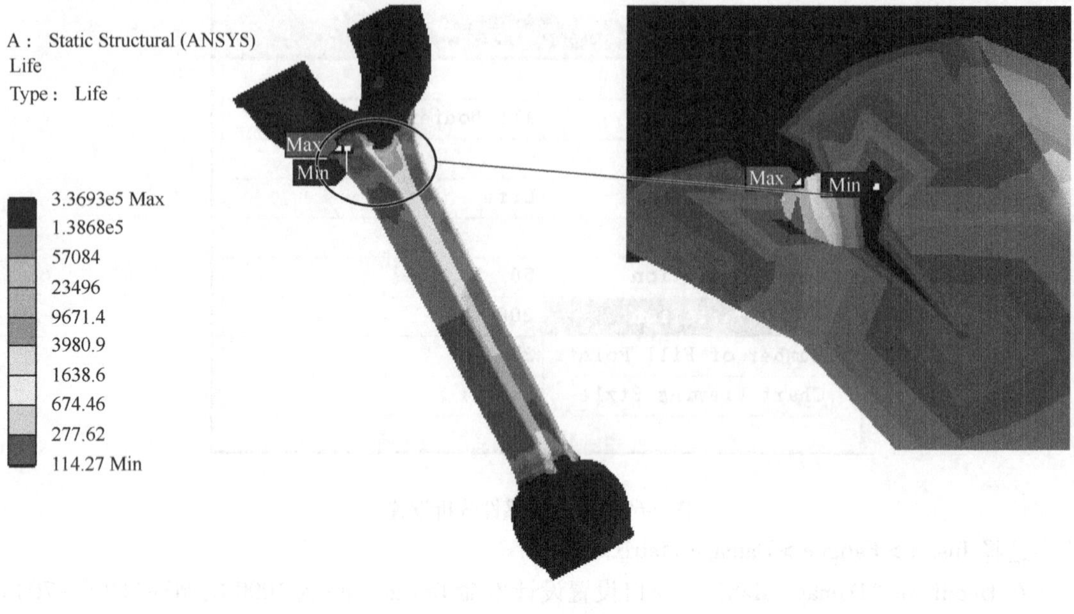

图 9-71　疲劳寿命分析结果

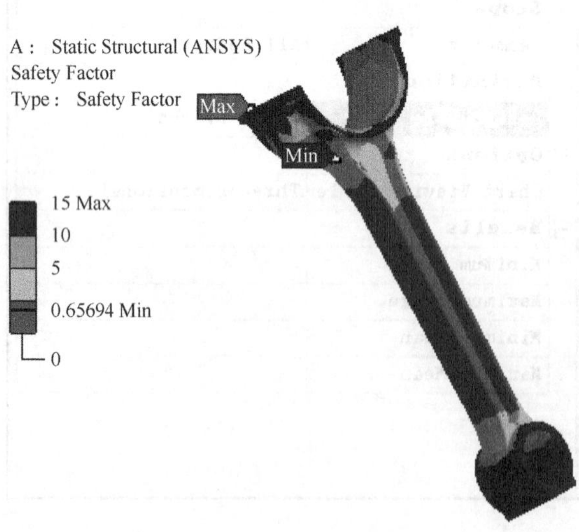

图 9-72　安全系数计算结果

查看双轴分析结果(Biaxiality Indication)。用鼠标左键单击模型树中的 Biaxiality Indication，显示结果如图 9-74 所示。

查看雨流矩阵(RainflowMatrix)。用鼠标左键单击模型树中的 Rainflow Matrix，如图 9-75 所示。可以从雨流矩阵看出，循环次数(Cycle Counts)绝大多数集中在低平均应力和低应力幅(Range)。

查看损伤矩阵(Damage Matrix)，用鼠标左键单击模型树中的 Damage Matrix，如图 9-76 所示。

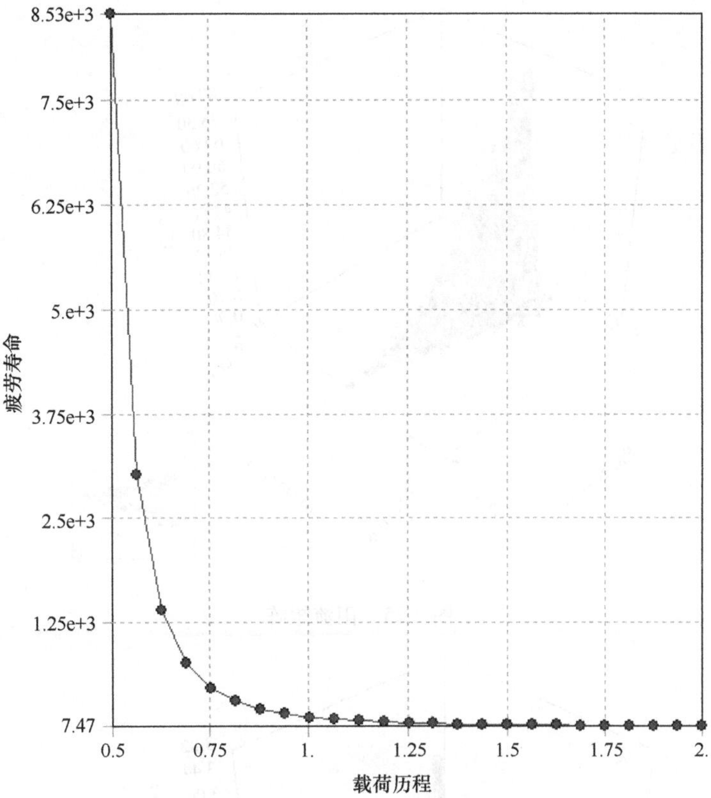

图 9-73 敏度计算结果

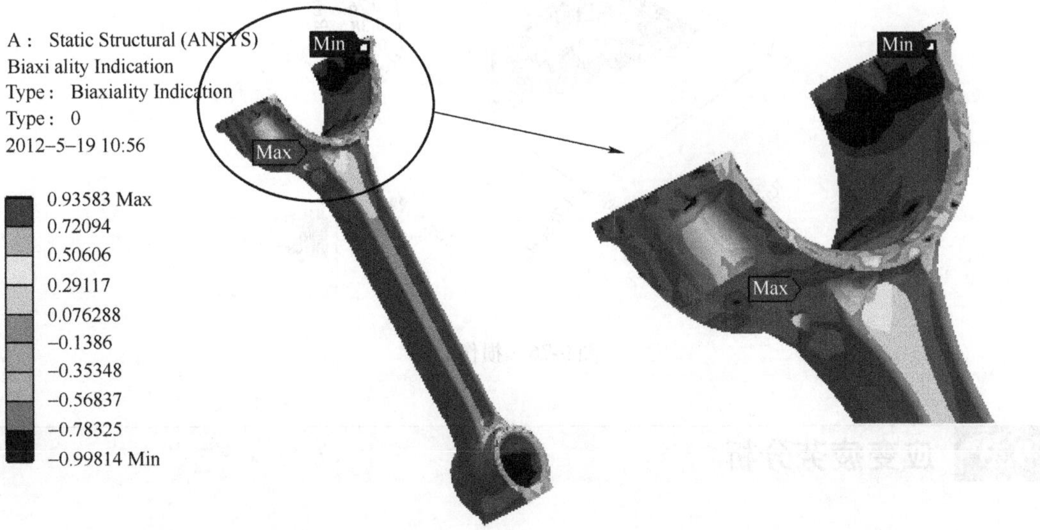

图 9-74 双轴分析结果(Biaxiality Indication)

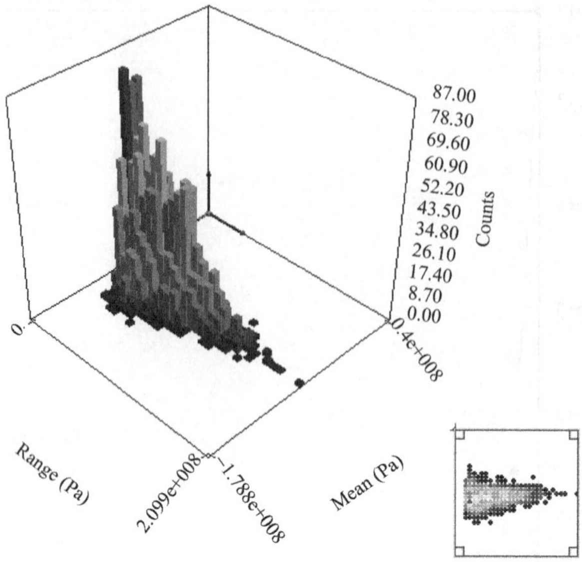

图 9-75　雨流矩阵

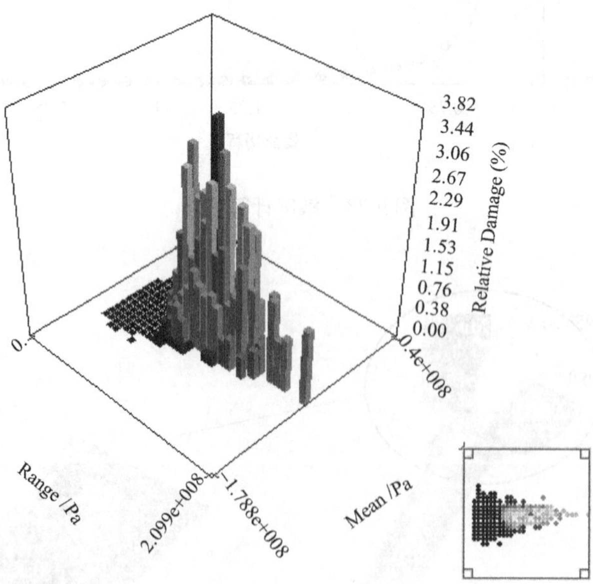

图 9-76　损伤矩阵

9.3 应变疲劳分析

对于循环应力水平较低($S_{max} < S_y$)、寿命长的情况，用应力-寿命曲线（S-N 曲线）来描述其疲劳性能是恰当的。然而，有许多工程构件，在其整个使用寿命期间所经历的载荷循环次数却并不多。在寿命较短的情况下，设计应力或应变水平当然可以高一些，以充分发挥材

料的潜力。对于延性较好的材料，屈服后应变的变化大，应力的变化小。因此，用应变作为疲劳性能的控制参量显然更合适。本节主要介绍载荷水平高（超过屈服应力）、寿命短（$N<10^4$）的应变疲劳问题，这称为低周疲劳。

基于 ANSYS Workbench 的应变疲劳分析流程如图 9-77 所示。图中所示分析流程也是基于静力学分析结果的进一步分析。

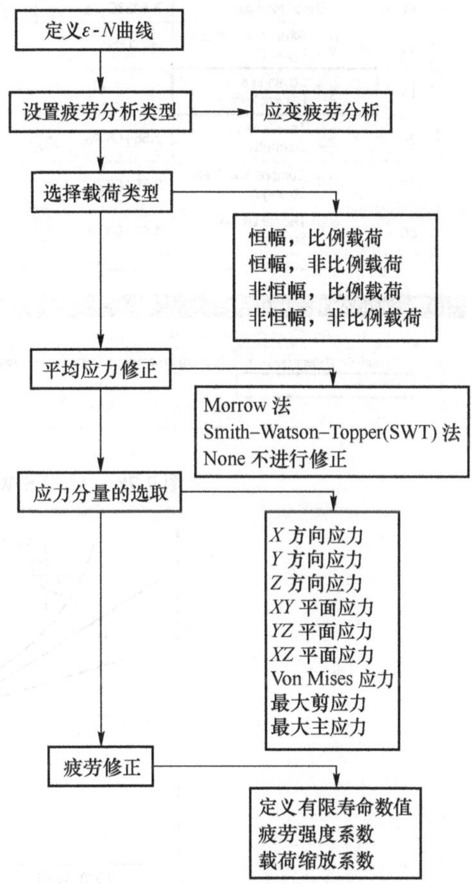

图 9-77　应变疲劳分析流程

9.3.1　应变疲劳基础

1. 应变疲劳性能

在整个应变疲劳分析流程中，第一步是定义 ε-N 曲线，ANSYS Workbench 中 ε-N 曲线的定义是通过应变寿命曲线的参数定义的，如图 9-78 所示。

（1）应变疲劳性能曲线的描述

应变疲劳性能定义的是应变与寿命之间的关系，用 ε-N 曲线来描述。因为应变疲劳研究的是载荷大（超过屈服应力）、寿命短（一般小于 10^6）的情况，故试验时加载频率通常较低（0.1 ~ 1 Hz）。

按照标准试验方法，在 $R=-1$ 的对称循环下，进行给定应变幅下的对称恒幅循环疲劳试验，可得到图 9-79 所示的一般规律。图中，载荷用应变幅 ε_a 表示，寿命用载荷反向次数 $2N$ 表示。注意到一个载荷循环有两次反向，N 即为循环次数。应变幅 ε_a 越小，寿命 N 就越长；低于某一载荷水平，寿命可以趋于无穷大。

由试验记录可知应变幅 ε_a、应力幅 σ_a 和破坏时的循环次数 $2N_f$。将总应变幅 ε_a 写成弹性应变幅 ε_{ea} 和塑性应变幅 ε_{pa} 两部分，有

$$\varepsilon_{ea}=\sigma_a/E \qquad \varepsilon_{pa}=\varepsilon_a-\varepsilon_{ea}$$

分别画出 $\lg\varepsilon_{ea}-\lg(2N_f)$、$\lg\varepsilon_{pa}-\lg(2N_f)$ 的关系，如图 9-79 中直线所示，二者呈对数线性关系。由此，可分别有

$$\varepsilon_{ea}=\frac{\sigma'_f}{E}(2N)^b \tag{9-21}$$

$$\varepsilon_{pa}=\varepsilon'_f(2N)^c \tag{9-22}$$

式(9-21)反映了弹性应变幅 ε_{ea} 与寿命 $2N$ 间的关系，σ'_f 称为疲劳强度系数，具有应力量纲；E 为弹性模量，b 为疲劳强度指数。式(9-22)反映了塑性应变幅 ε_{pa} 与寿命 $2N$ 间的关系，ε'_f 称为疲劳延性系数，与应变一样，无量纲；c 为疲劳延性指数。b、c 分别为图中两直线的斜率。对于大多数金属材料，疲劳强度指数 b 一般为 $-0.06\sim0.14$，估计时可取 0.1。疲劳延性指数 c 一般为 $-0.7\sim0.5$，常取 -0.6 作为其典型值。综合式(9-21)和式(9-22)

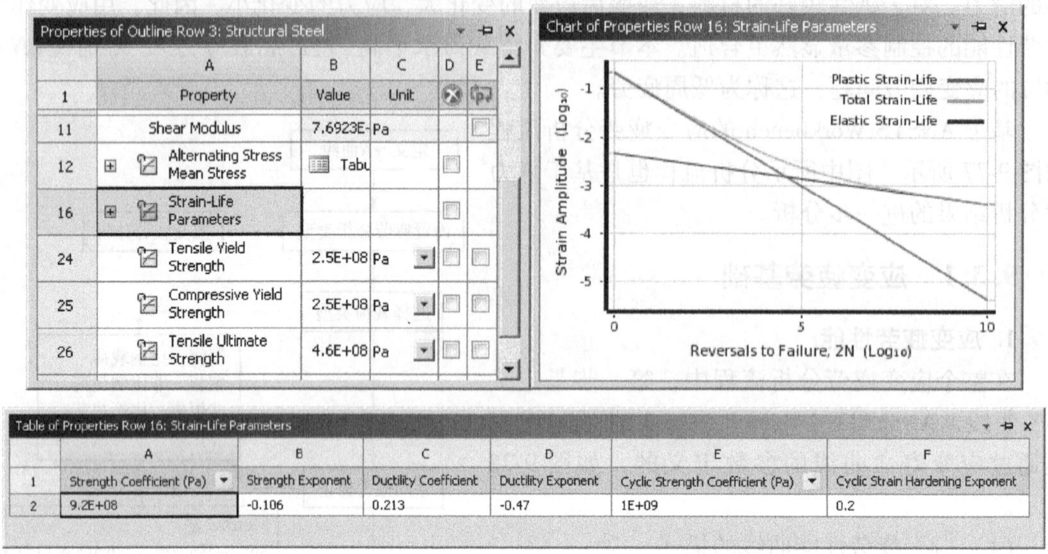

图 9-78 ANSYS Workbench 中 ε-N 曲线的定义

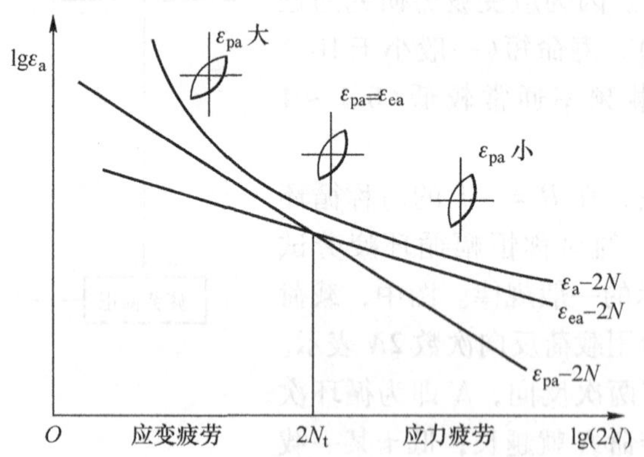

图 9-79 典型的应变疲劳特性曲线

ε-N曲线可写为

$$\varepsilon_{\mathrm{a}}=\varepsilon_{\mathrm{ea}}+\varepsilon_{\mathrm{pa}}=\frac{\sigma_{\mathrm{f}}'}{E}(2N)^{b}+\varepsilon_{\mathrm{f}}'(2N)^{c} \tag{9-23}$$

如图 9-79 所示，在长寿命阶段，以弹性应变幅 $\varepsilon_{\mathrm{ea}}$为主，塑性应变幅 $\varepsilon_{\mathrm{pa}}$的影响可忽略，$\varepsilon_{\mathrm{a}}\approx\varepsilon_{\mathrm{pa}}$，所以

$$\varepsilon_{\mathrm{ea}}=\frac{\sigma_{\mathrm{f}}'}{E}(2N)^{b}\quad \text{或写为}\ \varepsilon_{\mathrm{ea}}^{m_1}N=C_1$$

在短寿命阶段，以塑性应变幅 $\varepsilon_{\mathrm{pa}}$为主，弹性应变幅 $\varepsilon_{\mathrm{ea}}$影响可以忽略，$\varepsilon_{\mathrm{a}}\approx\varepsilon_{\mathrm{pa}}$，且有

$$\varepsilon_{\mathrm{pa}}=\varepsilon_{\mathrm{f}}'(2N)^{c}$$

或写为

$$\varepsilon_{\mathrm{pa}}^{m_2}N=C_2$$

这就是著名的 Manson-Coffin 低周应变疲劳公式(1963 年)。

当 $\varepsilon_{\mathrm{ea}}=\varepsilon_{\mathrm{pa}}$时，有

$$\frac{\sigma_f'}{E}(2N_t)^b = \varepsilon_f'(2N_t)^c$$

由此可求得

$$2N_t = \left(\frac{\varepsilon_f' E}{\sigma_f'}\right)^{1/(b-c)}$$

若寿命大于 $2N_t$，以弹性应变为主，是应力疲劳；寿命小于 $2N_t$，以塑性应变为主，是低周应变疲劳(图 9-79)。因此 $2N_t$ 被称为**临界寿命**。

式(9-23)中，ε_a 可以通过由 σ_a-ε_a 关系求取。不同应变恒幅对称循环控制下的疲劳试验，可得到一族稳态滞后环。将这些稳态环置于同一坐标内，如图 9-80 所示。各稳态滞后环顶点的连线反映了不同应变幅 ε_a 循环下的应力幅 σ_a 响应，由此所给出的 σ_a-ε_a 关系，称为循环 σ_a-ε_a 曲线。

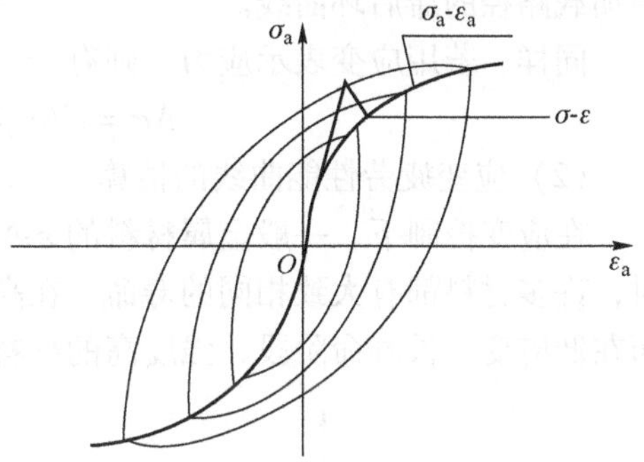

图 9-80　循环应力-应变曲线

值得注意的是，与单调 $\sigma-\varepsilon$ 曲线不同，循环载荷作用下的 σ_a-ε_a 曲线，并不反映加载路径，反映加载路径的是滞后环。

循环 σ_a-ε_a 曲线，可以按照式(9-24)进行数学描述，即

$$\varepsilon_a = \varepsilon_e + \varepsilon_p = \frac{\sigma_a}{E} + \left(\frac{\sigma_a}{K'}\right)^{1/n'} \tag{9-24}$$

式中，K' 为循环强度系数，具有应力量纲（MPa）；n' 为循环应变硬化指数，是无量纲量。对于大多数金属材料，循环应变硬化指数 n' 之值一般在 0.1 ~0.2 之间。

将应变幅 ε_a 写为弹性应变幅 ε_{ea} 与塑性应变幅 ε_{pa} 两部分，分别表示它们与应力幅的关系，有

$$\sigma_a = E\varepsilon_{ea} \qquad \sigma_a = K'(\varepsilon_{pa})^{n'}$$

由此，已知应变幅 ε_a，则可知 $\varepsilon_{ea} = \sigma_a/E$，与其相应的塑性应变幅则为 $\varepsilon_{pa} = \varepsilon_a - \varepsilon_{ea}$。

滞后环曲线($\Delta\sigma$-$\Delta\varepsilon$ 曲线)：

如前所述，循环应力-应变曲线给出的是在不同应变幅 ε_a 控制下，循环稳定状态时的应力幅 σ_a，它不反映实际的 σ-ε 加载路径。反映加载路径的是滞后环曲线。

对于拉压性能对称的材料，其滞后环曲线的上升与下降两个半支是关于原点对称的，如图 9-81 所示，故只需考虑半支即可。

以滞后环曲线下顶点 O' 为坐标原点，考虑滞后环曲线的上升半支。注意此时的坐标轴分别为应力变程 $\Delta\sigma$ 和应变变程 $\Delta\varepsilon$。

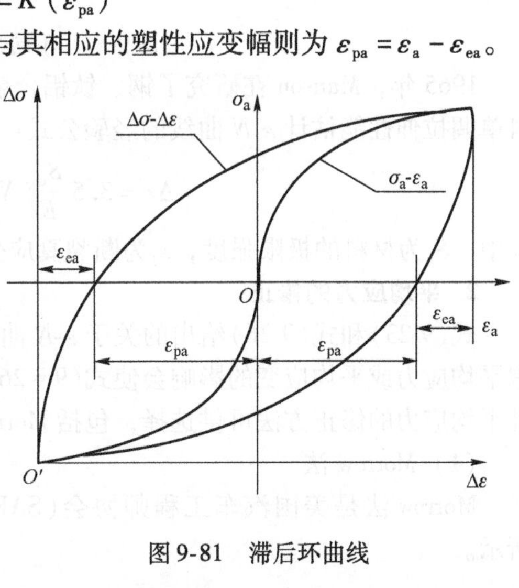

图 9-81　滞后环曲线

在试验观察的基础上，**假设滞后环曲线与循环应力-应变曲线几何相似**，即在 σ_a-ε_a 坐标系中的 σ_a、ε_a 分别是 $\Delta\sigma$-$\Delta\varepsilon$ 坐标系中的 $\Delta\sigma/2$

和 $\Delta\varepsilon/2$，由二者的相似性，并仿照式(9-24)可写出**滞后环曲线**为

$$\frac{\Delta\varepsilon}{2}=\frac{\Delta\varepsilon_{ea}}{2}+\frac{\Delta\varepsilon_{pa}}{2}=\frac{\Delta\sigma}{2E}+\left(\frac{\Delta\sigma}{2K'}\right)^{1/n'}$$

或

$$\Delta\varepsilon=\Delta\varepsilon_e+\Delta\varepsilon_p=\frac{\Delta\sigma}{E}+2\left(\frac{\Delta\sigma}{2K'}\right)^{1/n'} \tag{9-25}$$

上述假设称为 Massing 假设。满足这一假设的材料，称为 Massing 材料。式(9-25)是反映加载路径的滞后环曲线。

同样，若用应变表示应力，则有

$$\Delta\sigma=E\Delta\varepsilon_e \text{和} \Delta\sigma=2K'(\Delta\varepsilon_p/2)^{n'}$$

(2) 应变疲劳性能曲线的估算

在应变控制下，一般金属材料的 ε-N 曲线有图 9-82 所示的特征。即当应变幅 $\varepsilon_a=0.01$ 时，许多材料都有大致相同的寿命。在高应变范围内，寿命的增加主要取决于材料的延性；而在低应变、长寿命阶段，强度高的材料，寿命长一些。

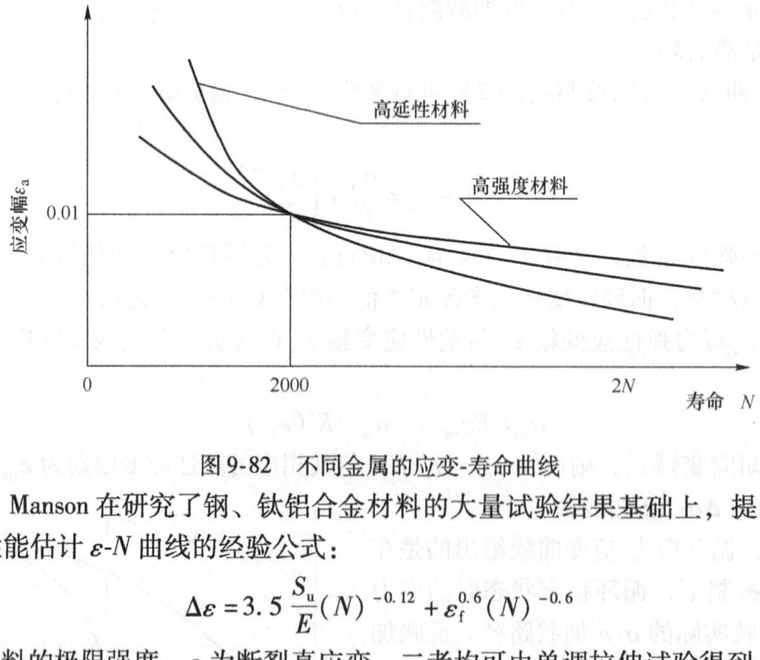

图 9-82 不同金属的应变-寿命曲线

1965 年，Manson 在研究了钢、钛铝合金材料的大量试验结果基础上，提出了一个由材料单调拉伸性能估计 ε-N 曲线的经验公式：

$$\Delta\varepsilon=3.5\frac{S_u}{E}(N)^{-0.12}+\varepsilon_f^{0.6}(N)^{-0.6} \tag{9-26}$$

式中，S_u为材料的极限强度；ε_f为断裂真应变。二者均可由单调拉伸试验得到。

2. 平均应力的修正

式(9-23)和式(9-26)给出的关于 ε-N 曲线的估计，仅可用于恒幅对称应变循环性能。考虑平均应力或平均应变的影响会使式(9－26)变得非常复杂，在 ANSYS Workbench 中，有两种平均应力的修正方法可供选择，包括 Morrow 法和 SWT 法，当然也可以选择不修正 None。

(1) Morrow 法

Morrow 法是美国汽车工程师协会(SAE)的疲劳设计手册中的推荐方法，如式(9-27)所示。

$$\varepsilon_a=\frac{\sigma_f-\sigma_m}{E}(2N)^b+\varepsilon_f'(2N)^c \tag{9-27}$$

式中，σ_m为平均应力。在对称循环时，$\sigma_m=0$。注意到$b<0$、$c<0$，当寿命N相同时，平均应力越大，可承受的应变幅ε_a越小；或应变幅不变，平均应力越大，则寿命N越短。可见，拉伸平均应力是有害的，压缩平均应力则可提高疲劳寿命。

Morrow 法在美国应用比较广泛，这是由于在以压缩应力为主的应力状态，用这种方法计算损伤要比用 Smith-Watson-Topper 方法简便。

（2）SWT 方法

SWT 方法，又被称为 Smith-Watson-Topper 方法，是 Smith 等人为了考虑平均应力的影响，对试验结果进行了分析，提出用$\sigma_{max}\Delta\varepsilon$来计算损伤，并推导出了以下损伤计算公式：

$$\sigma_{max}\Delta\varepsilon=\frac{2\sigma_f'^2}{E}(2N)^{2b}+2\sigma_f'\varepsilon_f'(2N)^{b+c}$$

Smith-Watson-Topper 公式包含了应力和应变幅值、平均应力对疲劳损伤的影响，已被证明与多种工况的物理试验结果相一致。

3. 应变疲劳寿命的估算方法

对于应变疲劳寿命估算，需要把应变（包括弹性应变和塑性应变）参数作为输入，但是当结构总体上响应在弹性范围内的情况下，用有限元分析方法确定这一应变是非常奢侈（主要表现在需要占用计算机的资源非常大）和浪费的，这时可以采用线性方法或 Neuber 方法将应力集中位置的名义应力/应变转化成为局部应力/应变。

（1）线性方法

假定应变集中系数K_ε等于弹性应力集中系数K_t，即

$$K_t=\varepsilon/e=K_\varepsilon \tag{9-28}$$

这称为应变集中的不变性假设，可用于平面应变情况。

已知名义应力S，由应力-应变关系可求名义应变e；或已知名义应变e，由应力-应变关系求出名义应力S；然后利用线性理论，即可确定缺口局部应变为

$$\varepsilon=K_te$$

（2）Neuber 方法

Neuber 方程给出的应力和应变关系如式(9-29)所示。

$$\sigma\varepsilon=K_t^2eS \tag{9-29}$$

式(9-29)称为 Neuber 双曲线。由此补充方程与应力-应变关系式一起，即可联立求解缺口局部应力σ和局部应变ε。图 9-83 中，Neuber 双曲线与材料σ-ε曲线的交点D，即为 Neuber 理论的解答值。

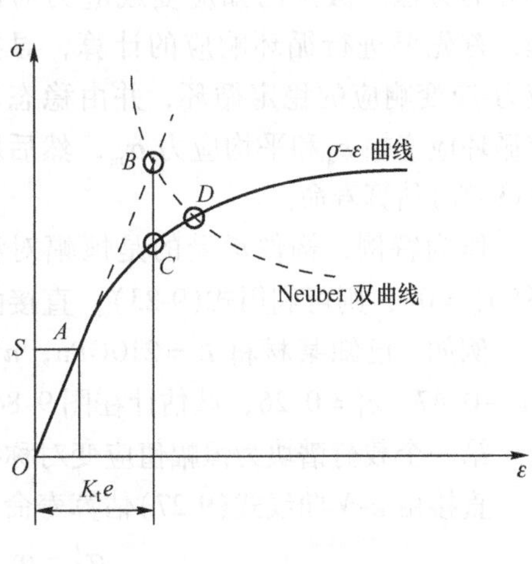

图 9-83　缺口局部应力-应变

例如，已知材料弹性模量$E=60$ GPa，单调强度系数$K=2000$MPa，单调硬化指数$n=0.125$。若缺口名义应力$S=600$MPa，弹性应力集中系数$K_t=3$，求缺口局部应力、应变。

已知$S=600$MPa，材料应力-应变曲线为

$$e=S/60000+(S/2000)^8$$

求得名义应变为

$$e = 0.01 + (0.3)^8 \approx 0.01$$

1）线性理论

$$\varepsilon = K_t e = 3 \times 0.01 = 0.03$$

由材料应力-应变曲线

$$\varepsilon = 0.03 = \sigma/60000 + (\sigma/2000)^8$$

可解出

$$\sigma = 1138\text{MPa}$$

2）Neuber 理论

由 Neuber 双曲线方程可得

$$\sigma\varepsilon = K_t^2 eS = 9 \times 0.01 \times 600 = 54$$

由材料应力-应变曲线可得

$$\varepsilon = 0.03 = \sigma/60000 + (\sigma/2000)^8$$

联立后得到

$$\sigma/60000 + (\sigma/2000)^8 = 54/\sigma$$

可解出

$$\sigma = 1245\text{MPa}$$

且有

$$\varepsilon = 54/\sigma = 0.043$$

由此可见，用 Neuber 理论估计的 σ、ε 大于线性理论，是偏于保守的。故工程中常用 Neuber 理论进行缺口应力-应变估计，这一方法也是 ANSYS Workbench 采用的方法。

下面讨论利用 ε-N 曲线进行疲劳寿命估算的方法。假定已知应变或应力时间历程，首先要进行循环响应的计算，寻找出应力-应变响应的稳定循环，并由稳态环确定循环应变幅 ε_a 和平均应力 σ_m，然后利用式(9-27)估算寿命。

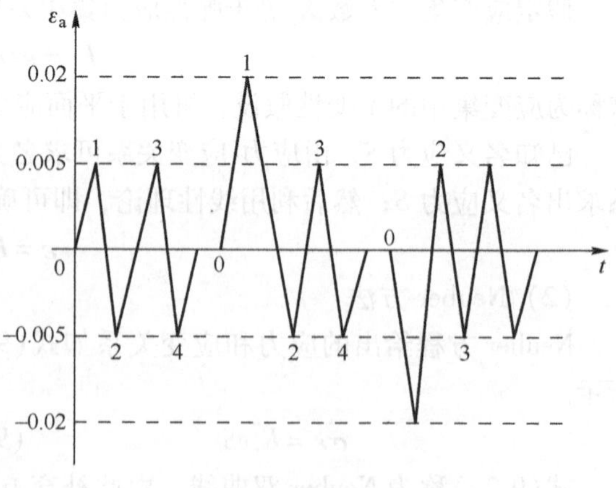

图 9-84　三种应变时间历程

作为特例，构件承受的是恒幅对称循环($\sigma_m = 0$)，则可利用式(9-23)，直接由已知的应变幅 ε_a 估算疲劳寿命。

例如，已知某材料 $E = 210\text{GPa}$，$n' = 0.2$，$K' = 1220\text{MPa}$，$\sigma_f' = 930\text{MPa}$，$b = -0.095$，$c = -0.47$，$\varepsilon_f' = 0.26$，试估计在图 9-84 所示三种应变下的寿命。

第一个载荷谱块为恒幅值应变对称循环，且 $\varepsilon_a = 0.005$；$\sigma_m = 0$。

直接由 ε-N 曲线式(9-27)估算寿命，有

$$\varepsilon_a = \frac{\sigma_f' - \sigma_m}{E}(2N)^b + \varepsilon_f'(2N)^c = 0.005$$

求得 $2N = 11716$，$N = 5858$ 次循环。

第二个载荷谱块为非恒幅应变循环，疲劳寿命按如下步骤进行计算：

1）计算 σ-ε 响应如下：

0—1　$\varepsilon_1 = 0.02 = \sigma_1/E + (\sigma_1/K')^{1/n'}$　可得 $\sigma_1 = 542\text{MPa}$

1—2　$\Delta\varepsilon_{1-2} = 0.025 = \Delta\sigma_{1-2}/E + 2(\Delta\sigma_{1-2}/2K')^{1/n'}$

求得　$\Delta\sigma_{1-2} = 972\text{MPa}$

有　$\varepsilon_2 = \varepsilon_1 - \Delta\varepsilon_{1-2} = -0.005$

$\sigma_2 = \sigma_1 - \Delta\sigma_{1-2} = -430\text{MPa}$

2—3　$\Delta\varepsilon_{2-3} = 0.01$，　因此有 $\Delta_{\sigma 2-3} = 772\text{MPa}$

有　$\varepsilon_3 = 0.005$　$\sigma_3 = 342\text{MPa}$

3—4　注意到 2—3—4 形成封闭环，有 $\varepsilon_4 = \varepsilon_2 = -0.005$，$\sigma_4 = \sigma_2 = -430\text{MPa}$。

2）画 $\sigma - \varepsilon$ 响应曲线，如图 9-85 所示，图中稳态环为

$\varepsilon_a = (\varepsilon_3 - \varepsilon_4)/2 = 0.005$，$\sigma_4 = \sigma_2 = -430\text{MPa}$，$\sigma_m = (\sigma_4 + \sigma_3)/2 = -44\text{MPa}$

3）估算寿命

$$\varepsilon_a = \frac{\sigma_f' - \sigma_m}{E}(2N)^b + \varepsilon_f'(2N)^c$$

代入数值后解得 $2N = 12340$，所以，$N = 6170$ 次循环。

可见，拉伸高载后引入了残余压应力（$\sigma_m < 0$），疲劳寿命延长，是有利的。

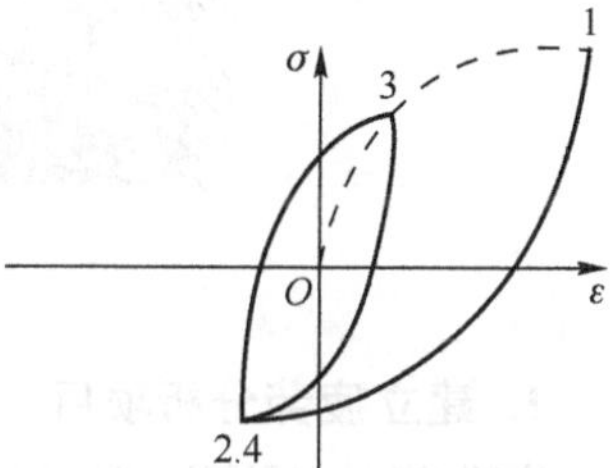

图 9-85　载荷谱块 2 作用下的应力-应变循环

对于第三个载荷谱块，同样可以按照如下步骤进行计算：

1）循环响应计算：

0—1　$\varepsilon_1 = 0.02 = \sigma_1/E + (\sigma_1/K')^{1/n'}$　可得：$\sigma_1 = 542\text{MPa}$

注意到拉压对称性且此处是压缩，故 $\varepsilon_1 = -0.02$ 时，$\sigma_1 = -542\text{MPa}$

由滞后环曲线计算后续响应得

1—2　$\varepsilon_2 = 0.005$，　$\sigma_2 = 430\text{MPa}$

2—3　$\varepsilon_3 = -0.005$，　$\sigma_3 = -342\text{MPa}$

2）画 $\sigma - \varepsilon$ 响应曲线，如图 9-86 所示，求得

$$\varepsilon_a = 0.005$$

$$\sigma_m = (\sigma_4 + \sigma_3)/2 = -44\text{MPa}$$

3）由式(9-27)求寿命得

$2N = 11130$，$N = 5565$

因此有 5565 次循环。

可见，**压缩高载后引入了残余拉应力**（$\sigma_m > 0$），使疲劳寿命缩短，**是有害的**。

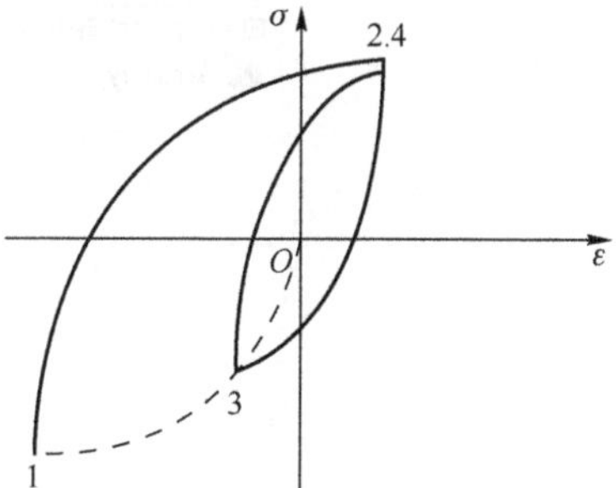

图 9-86　载荷谱块 3 作用下的应力-应变循环

4. 载荷类型

同应力疲劳分析。

5. 疲劳强度系数 K_f

K_f是疲劳强度系数，又称为疲劳强度缩减系数（Fatigue Strength Reduction Factor）。在进行应变疲劳分析过程中，通过这一系数对 ε-N 曲线进行调整。这一系数用于考虑结构实际服役环境比实验室条件更为严酷。通常疲劳强度系数用于反映表面加工状态等因素对疲劳强度

的影响，这一参数的选择可以参考相关手册。

6. 应力分量的选取

同应力疲劳分析。

9.3.2 车辆结构典型材料试件应变疲劳分析实例

如图 9-87 所示，Q235 钢材试件受到交变载荷 $F=94200\text{N}$ 作用，断裂强度为 439MPa，S-N 曲线的数据表达式为

$$\lg N_p = a_p + b_p \lg s$$

99.9%概率下的 $a_p = 19.8662$，$b_p = -6.2982$。

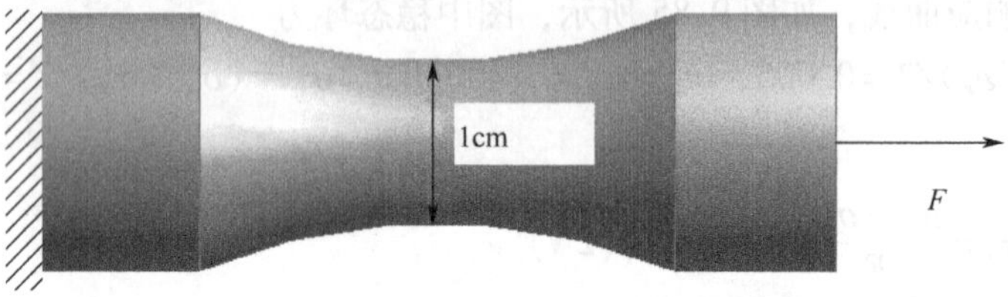

图 9-87 材料疲劳特性试件

1. 建立疲劳分析项目

首先启动 ANSYS Workbench，建立一个静力学分析流程，另存疲劳分析项目名称为 conrod-strain-fatigue. wbpj（图 9-88）。

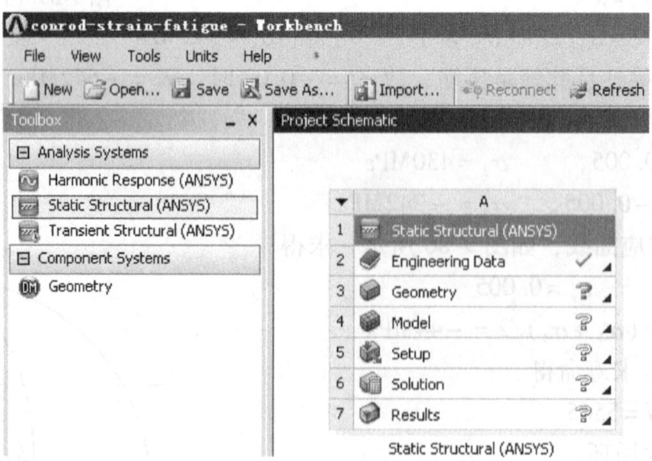

图 9-88 建立疲劳分析项目

2. 导入几何模型

用鼠标左键单击选择 A3—Geometry，单击鼠标右键，在弹出的菜单中选择 Import Geometry > Browse，在弹出的对话框中选择随书光盘中的文件 Geom. agdb，如图 9-89 所示。

3. 查看材料的应变疲劳特性

双击 B2—Engineering Data，打开材料特性数据库。选择 Structural Steel，在材料特性窗口选择 Strain-Life Parameters，如图 9-90 所示。

这时出现结构钢 Structural Steel 的疲劳特性，即 ε-N 曲线和对应的数据表，如图 9-91 所示。

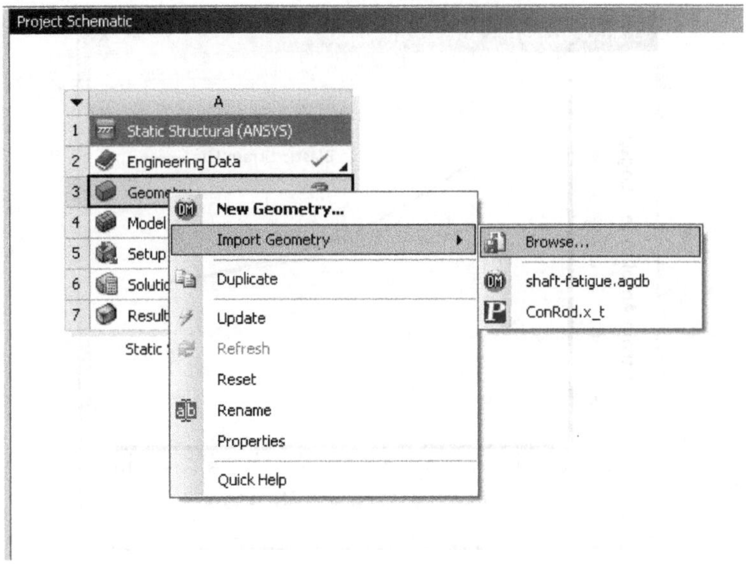

图 9-89　导入几何模型

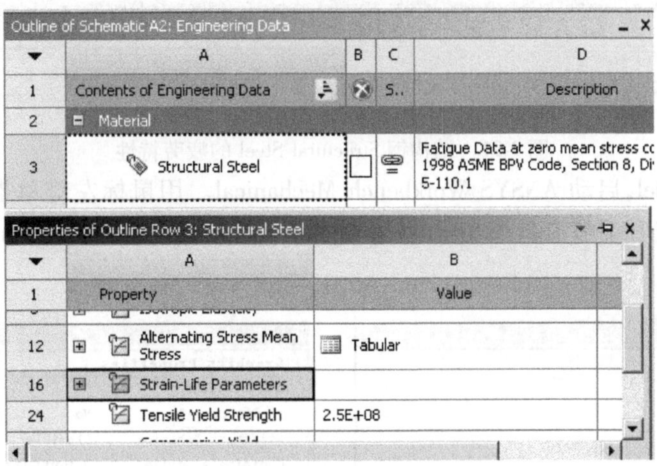

图 9-90　查看材料的疲劳特性

图 9-91 给出了应变寿命疲劳特性的主要参数，Strength Coefficient 对应 σ_f'，称为疲劳强度系数；Strength Exponent 对应 b，为疲劳强度指数；Ductility Coefficient 对应 ε_f'，称为疲劳延性系数，与应变一样，无量纲；Ductility Exponent 对应 c，为疲劳延性指数。

$$\varepsilon_a = \varepsilon_{ea} + \varepsilon_{pa} = \frac{\sigma_f'}{E}(2N)^b + \varepsilon_f'(2N)^c$$

Cyclic Strain Hardening Exponent 对应循环 σ_a-ε_a 曲线 n'，为循环应变硬化指数。

$$\varepsilon_a = \varepsilon_e + \varepsilon_p = \frac{\sigma_a}{E} + \left(\frac{\sigma_a}{K'}\right)^{1/n'}$$

单击工具栏上的 Return to Project 按钮，系统返回到 ANSYS Workbench 主界面，如图 9-26 所示。

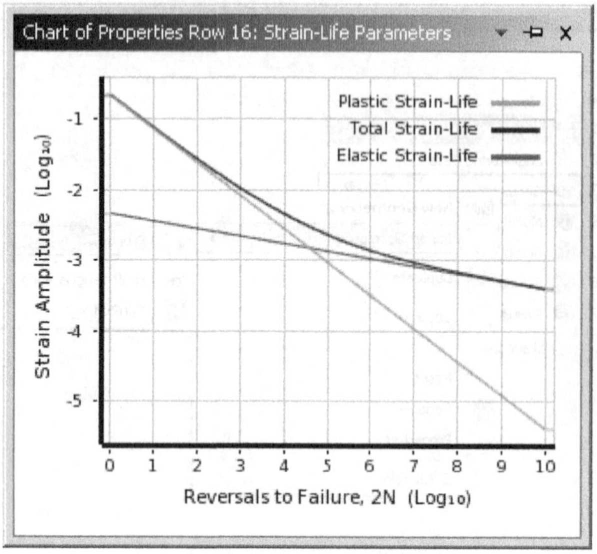

Table of Properties Row 16: Strain-Life Parameters

	A	B	C	D	E	F
1	Strength Coefficient (Pa)	Strength Exponent	Ductility Coefficient	Ductility Exponent	Cyclic Strength Coefficient (Pa)	Cyclic Strain Hardening Exponent
2	9.2E+08	-0.106	0.213	-0.47	1E+09	0.2

图 9-91　结构钢 Structural Steel 的疲劳特性

双击 A4—Model，启动 ANSYS Workbench Mechanical。用鼠标左键单击选择模型树中的 Geometry > Solid，查看细节窗口 Material > Assignment 对应的材料为 Structural Steel，如图 9-92 所示。

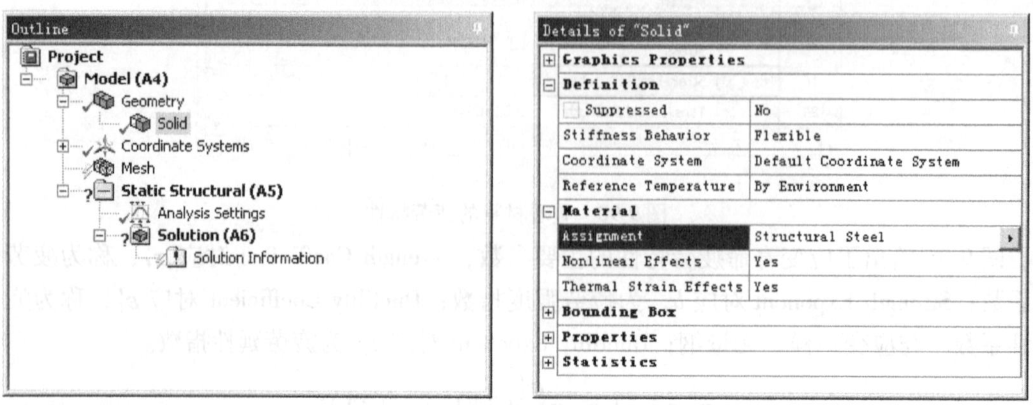

图 9-92　将材料特性赋值给几何模型

4. 建立有限元模型

（1）定义网格尺寸

双击 A4—Model，启动 ANSYS Workbench Mechanical。用鼠标右键单击模型树中的 Mesh，在弹出的菜单中选择 Insert > Sizing，单击工具栏上的拾取工具按钮，选择几何图形区的直线，然后单击详细栏中的 Apply 按钮，在细节窗口按照如图 9-93 所示进行设置。将直线分为 10 份，Type 设置为 Number of Divisions，Number of Divisions 设置为 10。

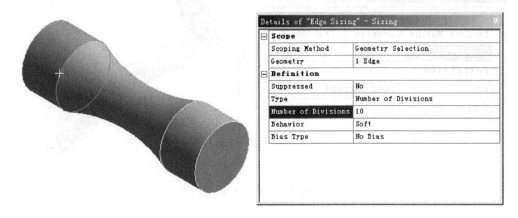

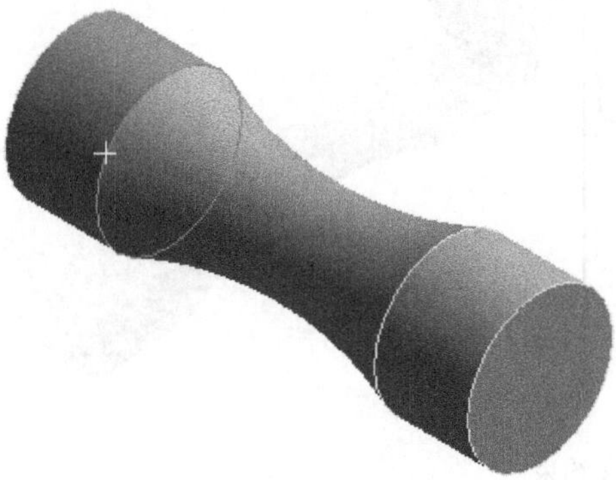

Details of "Edge Sizing" - Sizing

Scope	
Scoping Method	Geometry Selection
Geometry	1 Edge
Definition	
Suppressed	No
Type	Number of Divisions
Number of Divisions	10
Behavior	Soft
Bias Type	No Bias

图 9-93　定义网格尺寸

（2）生成网格

为了提高计算精度，采用六面体进行网格划分。用鼠标右键单击模型树中的 Mesh，在弹出的菜单中选择 Insert > Method，单击鼠标左键选择轴，在细节栏单击 Apply 按钮，将 Method 设置为 Sweep，如图 9-94 所示。在工具栏单击 Update 按钮，单击模型树中的 Mesh，生成的网格如图 9-94 所示。

Details of "Sweep Method" - Method

Scope	
Scoping Method	Geometry Selection
Geometry	1 Body
Definition	
Suppressed	No
Method	Sweep
Element Midside Nodes	Use Global Setting
Src/Trg Selection	Automatic
Source	Program Controlled
Target	Program Controlled
Free Face Mesh Type	Quad/Tri
Type	Number of Divisions
Sweep Num Divs	Default
Sweep Bias Type	No Bias

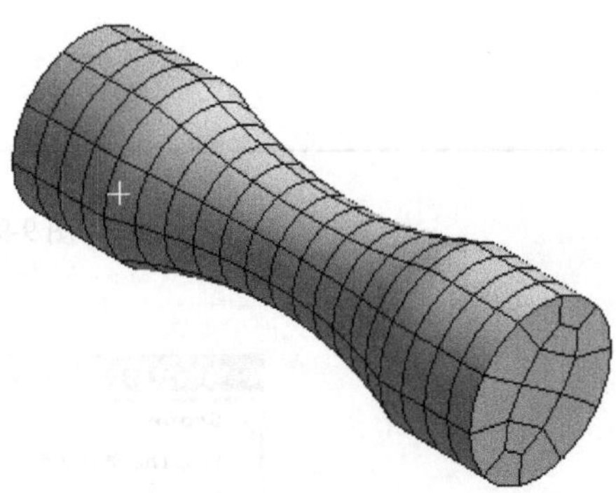

图 9-94　定义网格划分方式与网格生成

（3）施加载荷/约束

用鼠标右键单击模型树中的 Static Structual(A5)，在弹出的菜单中选择 Insert > Fixed Support，单击工具栏上的拾取工具按钮，选择轴左侧端面，单击细节窗口中的 Apply 按钮，如图 9-95 所示。

用鼠标右键单击模型树中的 Modal(A5)，在弹出的菜单中选择 Insert > Force，单击工具栏上的拾取工具按钮，选择轴右侧端面；在细节窗口设置轴向的力为 31400N，如图 9-96 所示。

5. 定义分析结果

用鼠标右键单击模型树中的 Solution(A6)，在弹出的菜单中选择 Insert > Strain > Normal，在细节窗口默认应力方向为 *X* 方向，如图 9-97 所示。

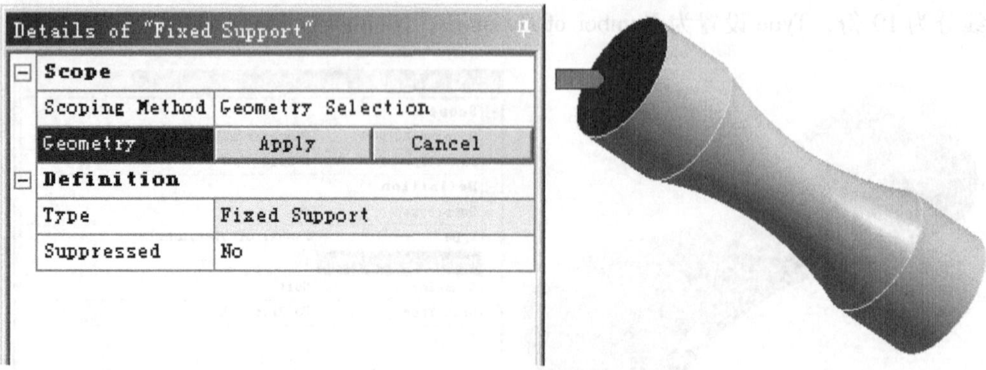

图 9-95　定义约束

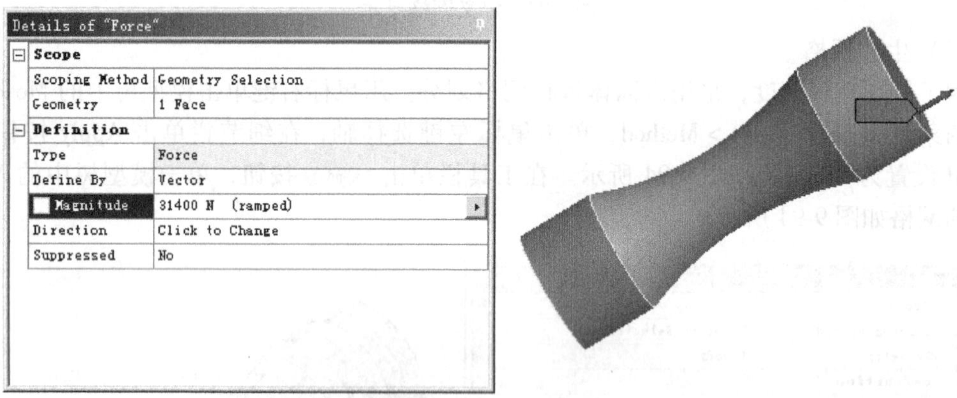

图 9-96　定义载荷

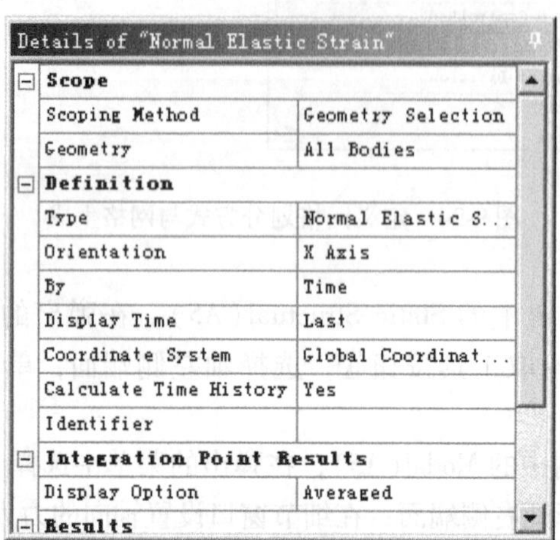

图 9-97　定义应力方向

用鼠标右键单击模型树中的 Solution(A6)，在弹出的菜单中选择 Insert > Fatigue > Fatigue Tool，在细节窗口按照图 9-98 设置。疲劳分析类型 Analysis Type 定义为应变寿命(Strain Life)，应力方向 Stress Component 定义为 Component X。

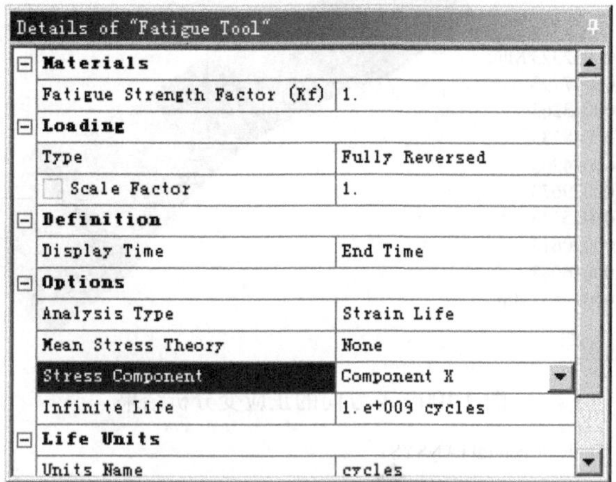

图 9-98　进行疲劳分析相关选项设置

用鼠标右键单击模型树中的 Fatigue Tool，单击鼠标右键，在弹出的菜单中选择 Insert > Life。定义完毕后，模型树如图 9-99 所示。

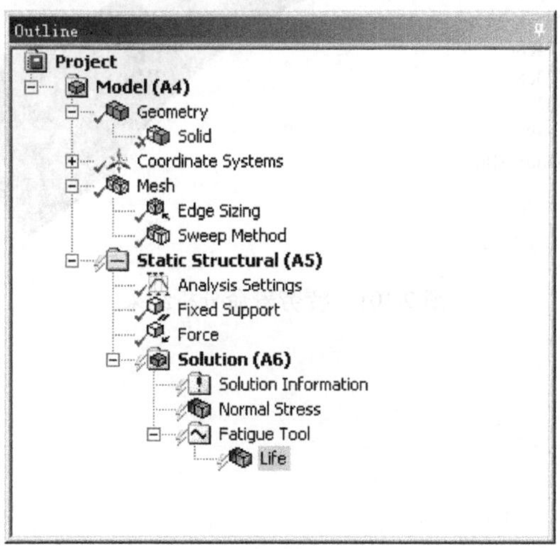

图 9-99　分析结果在模型树中的位置

6. 求解

用鼠标右键单击模型树中的 Soulution(A5)，在弹出的菜单中选择 Solve，进行求解。

7. 查看分析结果

用鼠标左键单击模型树中的 Normal Strain，*X* 方向的应变结果如图 9-100 所示。

用鼠标左键单击模型树中的 Life，*X* 方向的疲劳寿命分析结果如图 9-101 所示。

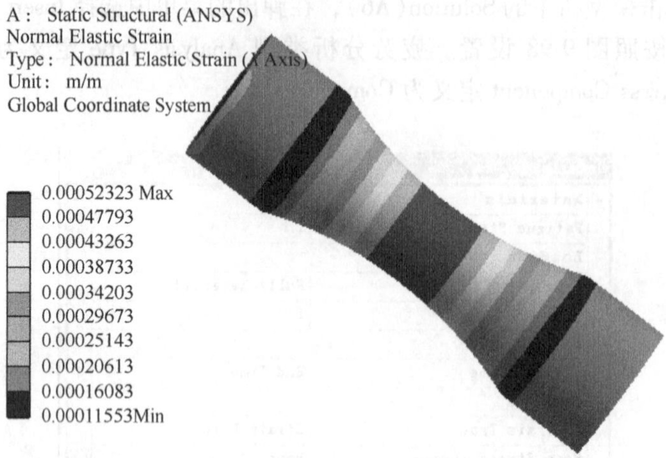

图 9-100　*X* 方向的正应变分析结果

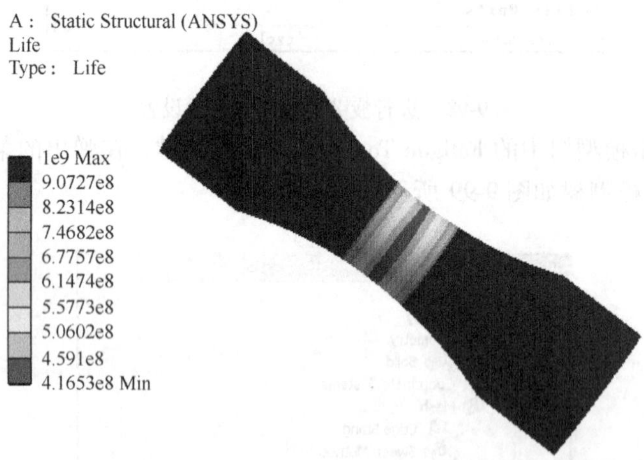

图 9-101　疲劳寿命分析结果

参 考 文 献

[1] 谷安涛. CAE 在汽车产品开发中的应用[J]. 汽车设计, 2000(6).
[2] 陈欣. 战术轮式车辆机动性概论[M]. 北京: 兵器工业出版社, 2011.
[3] 高卫民, 王宏雁. 汽车结构分析有限元法[J], 汽车研究与开发, 2000(6).
[4] 马鸣图. 汽车用合金结构钢的现状和研究进展(一)[J]. 汽车工艺与材料, 2004(1): 1-5.
[5] 马鸣图. 汽车用合金结构钢的现状和研究进展(二)[J]. 汽车工艺与材料, 2004(2): 6-11.
[6] 李冰, 何正嘉, 陈雪峰. ANSYS Workbench 设计、仿真与优化[M]. 北京: 清华大学出版社, 2008.
[7] 浦广益. ANSYS Workbench 12 基础教程与实例详解[M]. 北京: 中国水利水电出版社, 2010.
[8] 罗开玉, 李伯全, 鲁金钟, 等. 轻型客车悬架机构模拟研究[J]. 机械设计与研究, 2003(4): 66-68.
[9] 顾培英. 结构模态分析及其损伤诊断[M]. 南京: 东南大学出版社, 2008.
[10] 黄超群, 来飞, 胡玉梅. 货车车架纵梁异常开裂分析及结构改进[J]. 现代制造工程, 2010(6) : 86-88.
[11] 杨义, 李志远, 马庆丰. 基于动态特性的车架再设计[J]. 机械设计与制造, 2010(7) : 24-26.
[12] 苏文桂, 温洁明, 陈家权. 大型货车车架失效分析及试验研究[J]. 广西大学学报(自然科学版), 2010(7) : 740-745.
[13] 陈伟, 李军, 郭超. 轻型载货电动汽车车架的模态分析[J]. 汽车实用技术, 2011(7): 494-496.
[14] 余志生. 汽车理论[M]2 版. 北京: 清华大学出版社, 2000.
[15] 牛恩拂, 张玉增, 柴山. 基于谐响应方法的某载货车振动分析[J]. 农业装备与车辆工程, 2012(5).
[16] 赵少汴, 蓝伙金. 抗疲劳设计—方法与数据[M]. 北京: 机械工业出版社, 1997.
[17] 郦明. 汽车结构抗疲劳设计[M]. 合肥: 中国科学技术出版社, 1995.